21世纪经济与管理规划教材·国际经济与贸易系列

国际金融学

国际货币体系变迁视角

梅冬州 编著

北京大学出版社
PEKING UNIVERSITY PRESS

图书在版编目(CIP)数据

国际金融学:国际货币体系变迁视角 / 梅冬州编著. -- 北京:北京大学出版社,2025.9. -- (21世纪经济与管理规划教材). -- ISBN 978-7-301-36717-9

Ⅰ.F831

中国国家版本馆CIP数据核字第2025VT4917号

书　　　名	国际金融学:国际货币体系变迁视角
	GUOJI JINRONGXUE: GUOJI HUOBI TIXI BIANQIAN SHIJIAO
著作责任者	梅冬州　编著
责任编辑	高　源
标准书号	ISBN 978-7-301-36717-9
出版发行	北京大学出版社
地　　　址	北京市海淀区成府路205号　100871
网　　　址	http://www.pup.cn
微信公众号	北京大学经管书苑(pupembook)
电子邮箱	编辑部 em@pup.cn　总编室 zpup@pup.cn
电　　　话	邮购部 010-62752015　发行部 010-62750672　编辑部 010-62752926
印　刷　者	北京溢漾印刷有限公司
经　销　者	新华书店
	787毫米×1092毫米　16开本　19.25印张　458千字
	2025年9月第1版　2025年9月第1次印刷
定　　　价	58.00元

未经许可,不得以任何方式复制或抄袭本书之部分或全部内容。
版权所有,侵权必究
举报电话:010-62752024　电子邮箱:fd@pup.cn
图书如有印装质量问题,请与出版部联系,电话:010-62756370

丛书出版说明

教材作为人才培养重要的一环，一直都是高等院校与大学出版社工作的重中之重。"21世纪经济与管理规划教材"是我社组织在经济与管理各领域颇具影响力的专家学者编写而成的，面向在校学生或有自学需求的社会读者；不仅涵盖经济与管理领域的传统课程，还涵盖学科发展衍生的新兴课程；在吸收国内外同类最新教材优点的基础上，注重思想性、科学性、系统性，以及学生综合素质的培养，以帮助学生打下扎实的专业基础和掌握最新的学科前沿知识，满足高等院校培养高质量人才的需要。自出版以来，本系列教材被众多高等院校选用，得到了授课教师的广泛好评。

随着信息技术的飞速进步，在线学习、翻转课堂等新的教学/学习模式不断涌现并日渐流行，终身学习的理念深入人心；而在教材以外，学生们还能从各种渠道获取纷繁复杂的信息。如何引导他们树立正确的世界观、人生观、价值观，是新时代给高等教育带来的一个重大挑战。为了适应这些变化，我们特对"21世纪经济与管理规划教材"进行了改版升级。

首先，为深入贯彻落实习近平总书记关于教育的重要论述、全国教育大会精神、《关于深化新时代学校思想政治理论课改革创新的若干意见》以及《教育强国建设规划纲要（2024—2035年）》，我们按照国家教材委员会《习近平新时代中国特色社会主义思想进课程教材指南》《关于做好党的二十大精神进教材工作的通知》和教育部《普通高等学校教材管理办法》《高等学校课程思政建设指导纲要》等文件精神，将课程思政内容尤其是党的二十大精神融入教材，以坚持正确导向，强化价值引领，落实立德树人根本任务，立足中国实践，形成具有中国特色的教材体系。

其次，响应国家积极组织构建信息技术与教育教学深度融合、多种介质综合运用、表现力丰富的高质量数字化教材体系的要求，本系列教材在形式上将不再局限于传统纸质教材，而是会根据学科特点，添加讲解重点难点的视频音频、检测学习效果的在线测评、扩展学习内容的延伸阅读、展示运算过程及结果的软件应用等数字资源，以增强教材的表现力和吸引力，有效服务线上教学、混合式教学等新型教学模式。

为了使本系列教材具有持续的生命力，我们将积极与作者沟通，争取按学制周期对教材进行修订。您在使用本系列教材的过程中，如果发现任何问题或者有任何意见或建议，欢迎随时与我们联系(请发邮件至 em@pup.cn)。我们会将您的宝贵意见或建议及时反馈给作者，以便修订再版时进一步完善教材内容，更好地满足教师教学和学生学习的需要。

最后，感谢所有参与编写和为我们出谋划策提供帮助的专家学者，以及广大使用本系列教材的师生。希望本系列教材能够为我国高等院校经管专业教育贡献绵薄之力！

北京大学出版社
经济与管理图书事业部

前　言

当前凡设有经管类专业的高校都十分重视"国际金融"这门课程,大多数财经类高校或综合性大学经济管理学院、商学院都有自己编写的国际金融教材。据不完全统计,公开出版的国际金融教材已有上百种,数量众多,质量却参差不齐。国际金融这一学科的研究主题随时代背景不断发生变化,时代浪潮滚滚向前,各国所处的外部环境与内部局势不断变化,需要应对的问题也随之改变。每个时代的背景和约束显著影响着政策制定的效果,也决定了理论研究的主题。自20世纪50年代以来,随着国际资本流动加剧,国与国之间的金融联系对一国经济主体的影响也越来越大,这一时期伴随出现了许多国际金融的新发现和新理论。特别是2008年国际金融危机以来,随着经济金融一体化趋势的进一步增强,经济周期的跨国传导和政策的外溢效应日益普遍,国际金融风险的传播也更加迅速和广泛。在这样的大背景下,传统的国际金融理论也面临众多挑战。

国际金融的发展来源于对现实问题的积极思考,国际金融研究的问题,例如国际收支、汇率、金融危机与开放经济中的宏观政策制定等,都是重要的现实问题,也是国家政策制定和金融市场运行时刻关注的问题。随着中国进一步扩大金融开放,朝着人民币国际化的目标不断迈进,还有许多理论和现实问题有待解决。金融全球化和中国金融业开放的新形势要求我们加强国际金融学领域的人才培养和理论研究。开展国际金融理论的学习是为了深入了解国际金融体系和国际金融市场的运行,更好地应对现实问题,服务实践。然而,现有国际金融教材往往存在以下几个方面的不足。

第一,现有教材的理论教学与对国际金融现实问题的分析存在一定的割裂和脱节。在当前的国际金融教学体系下,学生学习了大量的理论知识,却不知道如何将课本上的理论知识应用于分析现实国际金融问题,没有达到教学目标,造成这个现象的背后原因有三个:

首先,现有教材对国际金融理论的讲解是碎片化的,大多将汇率决定理论、国际收支理论和开放经济政策理论分开教学。这样的章节安排没有考虑到不同理论之间的联系,也没有用系统的框架将各部分理论串联起来。这使得学生只能机械地记忆知识点,不能较好地理解不同知识点之间的区别和联系。

其次,现有教材对很多问题的分析不够系统,缺乏一个清晰一致的框架。在使用多个理论解释同一现象时,这些理论所得出的结论有时会相互冲突,容易使学生产生困惑。例如,汇率决定理论有购买力平价理论、利率平价理论,还有超调理论和巴拉萨-萨缪尔森效应,这些理论都讨论了汇率的决定,但结论却不相同。到底哪个理论更合适,什么情况下用哪个理论?影响国际收支的因素有很多,在哪些情况下什么因素起作用?对于这些问题的分析,需要我们在厘清不同理论内涵的前提下,基于统一的框架展开讨论。

最后,现有教材在对理论一般性和问题具体性的处理上存在不足。我们希望从很多案例中总结规律、提炼理论,并用理论解释其他案例和预测未来。现在的国际金融学教材,为了让读者便于理解,大都采用案例的方式进行教学。一个现实案例对应一个原因、一个理论,多个案例则对应多个原因、多个理论。案例中存在的规律和理论没有被有效地提炼总结,这将无法指导实践。各个案例之间存在什么关系?各个理论又有何联系?我们应基于一致的理论框架梳理存在共性的案例,尝试解决一类问题。

第二,没有结合具体的时代讨论研究的问题和研讨理论的发展。随着时代的更替,不同时代下各国所处的外部环境和制度背景不同,所面临的政策约束存在差异。这种约束既表现为外部的政策约束,又表现为观念的约束。这样的约束严重影响了各国宏观政策的制定和政策实施的效果。显然不能基于以往的时代背景讨论当前时代的问题,更不能使用过去的经验对所处的时代提出政策建议。具体而言,时代的变化会对国际金融的教学产生以下三个新的挑战:

首先,新的时代会伴随出现很多新的现象。不同时代下,关注的问题有所不同,讨论的主题存在很大的差异。例如,布雷顿森林体系之前从来没有出现过像现在这样长期的经常项目失衡,关于经常项目失衡的问题现今才得到广泛关注。布雷顿森林体系崩溃后,各国之间汇率波动加剧,尤其20世纪80年代以来新兴经济体货币危机频繁爆发,这些新的现象又成为当前各国宏观政策关注的焦点问题。货币危机为何在布雷顿森林体系崩溃和瓦解后变得如此普遍?为什么不同的时代会出现不同的现象?为什么不同时代背景下,经典理论会受到挑战?因此,我们在开展研究时需要结合所处的时代背景进行具体分析。

其次,时代在变化,不同历史时期的变化对当前政策实践的借鉴意义值得深入探讨。为何在第二次世界大战前,各国费心尽力建立金本位制,而布雷顿森林体系瓦解后,再也没有国家建立金本位制?学习金本位制和布雷顿森林体系的历史,仅仅是为了应试吗?过去的经验是否仍有意义?过去的重大时代变迁对当前的政策和新现象有哪些启示或借鉴意义?现有教材往往忽视了这些讨论。虽然主题发生了变化,但历史经验依然具有重要价值。如果不加以讲解,那么读者可能会觉得学习历史经验毫无意义。因此,本教材将深入探讨历史经验对当前政策实践的借鉴意义。

最后,时代的变化会显著影响政策的效果。国际金融学致力于研究现实问题,每个时代的制度约束决定了研究的主题,也决定了在不同制度约束下,理论假设变化对结论的影响。同样的政策在不同的时代效果迥异,同样的现象在不同的时代其原因解读也不同。例如,第一次世界大战前实行的金本位制、第一次世界大战后实行的金本位制和布雷顿森林体系虽然都属于金本位体系,但它们的运行逻辑和基础是相同的吗?为何第一次世界大战前的金本位制是国际经济的稳定器,而第一次世界大战后该制度却导致全球经济陷入大萧条？为何在大萧条期间，各国中央银行无所作为，助长了危机，将一场小的经济衰退演变成大萧条？如果忽视当时的国际环境和时代背景，很难理解为何各国中央银行会在大萧条期间做出这样的抉择。在当前的美元霸权体系下，三元悖论是否依然成立？国际收支失衡调节理论面临哪些新的挑战？这些问题都需要我们深入了解。每个时代的制度约束决定了研究的主题，不同的制度约束也会对政策效果产生不同的影响。因此，我们需要结合具体的时代背景来选择研究问题和探讨理论的发展。

第三，对于国际金融的学习而言，国际货币体系和国际经济格局的变迁是最重要的时代约束。现有的教材往往缺乏关于时代背景如何影响政策制定的分析，并且对驱动国际货币体系变迁的原因着墨不多。事实上，时代的变化会带来研究问题的变化，不同时代下各国所处的环境会影响政策效果。要理解国际金融问题并正确运用国际金融理论，必须考虑时代的变化。我们应该先确定时代主题，然后在这一主题下、在制度框架内讨论其约束，找出在该主题下存在的问题并进行分析。同时，我们还需要探讨推动不同时代主题变化背后的原因。以往的国际金融教材通常只是将国际货币体系的变迁作为一章的内容，实际上这是远远不够的。不同时代的外部环境和制度环境有什么区别？时代的变化是否存在规律？时代变化背后的驱动因素是什么？具体而言：国际货币体系是国际金融最大的制度背景和时代特征，不同的国际货币体系有什么区别？例如，同样是金本位制，古典金本位制、两次世界大战之间的金本位制和布雷顿森林体系，它们的区别在哪里？为何存在这些制度差异？推动国际货币制度变迁的背后原因是什么？国际货币体系演进的逻辑是什么？历史的演进是有一定规律的，这种规律背后的原因是什么？是否存在一个一致的理论框架来进行分析？我们需要将国际货币体系的变迁作为一个整体环节进行深入探讨，而不仅仅是将其作为一章的内容简略带过。这种整体性研究有助于更好地理解国际金融问题及其政策制定的背景和约束。

本教材首先讲解了国际金融的相关知识，并将这些知识系统地整合到一个统一的理论框架中，在此基础上详细介绍了一些核心的基本理论，并通过这些理论对典型的国际金融事件进行深入分析，以便读者更好地理解和掌握国际金融问题的发展规律。本教材可分成两篇。第一篇是第一章到第六章，系统介绍了国际金融的基础理论，为后文发生的事件与政策分析提供了理论基础。第一篇包括三个方面的内容。第一部分涵盖了国际收支平衡表、汇率与国际金融市场两章的内容，具体介绍了国际收支平衡表各个账户的构成，然后介绍了汇率的构成以及不同的汇率制度，提供了国际金融的基础知识。第二部分讲解了汇率决定理论的内容，并将汇率决定理论进一步划分为长期汇率决定理论与短期汇率决定理论。在长期汇率决定理论中首先详细介绍了经典的购买力平价理论，考虑到购买力平价理论在现实中存在系统性偏离，因此引入了贸易品和非贸易品模型来深入讨论绝对购买力平价偏离的原因。在短期汇率决定理论中讨论了利率平价理论，并借助汇率超调模型将其与长期的购买力平价理论结合起来。第三部分涉及开放经济下的宏观政策的内容，具体而言，在 IS-LM 模型基础上引入汇率市场，并介绍了开放经济下的蒙代尔-弗莱明模型，通过该模型讨论不同汇率制度下财政政策和货币政策的影响,该内容为后文的政策分析提供了基础的理论模型。

第二篇为第七章到第十六章,该部分内容以国际金融市场和国际经济格局的发展以及国际货币体系的变迁为主线,从国际货币体系变迁的视角讲述了各个时代所面临的国际金融问题,并展现了国际金融理论随着时代问题的变化而发展完善的过程。这一部分详细讲解了国际货币体系的制度变迁过程,并根据时代的演变依次介绍了古典金本位制、布雷顿森林体系、布雷顿森林体系崩溃后的美元本位制以及当前的美元霸权,讨论了各个制度诞生与衰落的历史进程。此外,着重探讨了当今美元本位制所面临的挑战,如全球贸易失衡、货币危机、国际金融危机等,并且阐述了新兴经济体包括中国所实施的应对举措。

本书的章节内容在逻辑安排上呈现这样一个特点:以经典模型为基础,以现实国际金融的重大历史事件为脉络,用逻辑演绎的方法去推导和讲解一系列理论与政策,从而串联不同的章节理论,增强理论学习的逻辑性。

具体而言,第一,本教材在基础理论的学习中介绍了一些基本的概念和理论,在解释基础理论的同时,通过现实数据验证理论并进行修正,即在实证中验证基本理论,在实践中观察理论的发展,以正确理解理论脉络及其局限性。例如,在介绍长期汇率决定理论时,采用多个国家的数据对购买力平价理论进行实证检验,发现相对购买力平价理论在长期中表现得较好,在短期内存在偏离,而绝对购买力平价理论存在系统性偏离。随后,本教材引入贸易品和非贸易品模型,阐述了不同国家非贸易品的不同价格会导致绝对购买力平价理论产生偏移。再如,制度是顺应时代发展的产物,但任何制度都有其优缺点并且短期内难以发生改变。随着时代的不断演进,现有的制度可能会暴露出越来越严重的问题,成为社会进步的障碍,于是在各方力量的推动下,新的制度又得以建立,并对相关理论造成影响,如此循环前进。

第二,本教材采用了统一的框架,将各个理论串联起来。国际货币体系不断发生演进,从最早的国际金本位制演变到现在的美元本位制,目前还不知当前的美元本位制未来又会如何演进。本教材将所有的国际货币体系变迁都归纳为三方面力量此消彼长、共同作用的结果:首先,跨境资本流动的规模持续扩大,各国在全球金融中受到的影响日益显著;其次,在追求内外部平衡的过程中,各国普遍更倾向于内部平衡,即更加关注国内的失业、通货膨胀等经济问题;最后,国家实际的演变也是必须考量的因素。

第三,在探讨国际金融的具体问题时,本教材注重理论的推演,做到利用统一的理论框架对所有重大的国际金融问题进行全面的解释。以国际货币体系的变革为主线,本教材从早期的金本位制讲起,一直延续到当前美元霸权下的全球金融周期。利用上述制度变迁的统一框架,本教材分析了国际货币体系的变迁规律,推演出当前国际货币体系面临的挑战以及未来变迁的方向,引导读者深入理解国际货币体系变迁背后的驱动力与影响因素。例如,第一次世界大战后,为解决国际货币秩序混乱的问题,金本位制得以重建,但战争已然严重破坏了欧美各国之间的信任与合作关系,加之英国地位衰落,欧洲各国在面对失业、财政赤字等现实问题时纷纷退出金本位制,最终导致金本位制彻底崩溃。再如,布雷顿森林体系崩溃后,全球进入浮动汇率时代,跨境资本流动规模进一步扩大,危机频发。新的经济形势下,现有的国际货币体系面临挑战,需对其做出进一步的改革以顺应时代的发展。

在国际货币体系变迁的视角下研究国际金融问题并学习相关理论知识具有三个方面的益处:

第一,使我们能够深入了解每个时代的主题及其背后的演变原因,有助于我们将零碎的事件串联起来,形成一个清晰连贯的脉络,防止知识的碎片化以实现系统化的学习。具体而言,国际金融理论的发展往往与重大的经济事件密切相关,历史上发生的几次货币危机便是这一点的明证,它们催生了相应的货币危机理论。新的国际金融理论不仅能够深入解读新兴的经济现象,而且能与先前的理论紧密相连,以展示现实经济发展的连贯性及理论之间的革新与继承。随着国际金融市场的发展,新的重大经济问题也不断涌现。例如,国际资本流动的加剧导致贸易失衡长期存在,并推动了新兴经济体货币危机的爆发,在这一过程中,美元霸权借助国际资本流动对许多国家造成了普遍影响,推动了全球金融周期的形成,传统理论中的"三元悖论"逐渐演变为"两难困境",美元霸权也因此面临一系列挑战。新问题的出现表明当前的国际货币体系亟须改革,而人民币的国际化无疑是推动现有国际货币体系改革的重要因素之一。上述国际货币体系的演变逻辑不仅有助于我们深入理解国际金融的复杂性,还能使我们更加清晰地把握其发展趋势,为未来的学习和研究提供有力的支持。

第二,使我们能够认识到国际金融学的发展有一般性规律,这些规律往往隐藏在重要的历史事件之中。通过对这些事件进行逐一、具体的分析,我们可以深入理解其背后的逻辑。经济学的研究目标正是从这些具体的历史事件中寻找和提炼出一般性规律。掌握这些一般性规律,是科学研究的核心任务,也是我们理解和分析现实问题的关键。利用相关规律,我们可以更好地应对经济冲击甚至改造现实世界。例如,自布雷顿森林体系崩溃以来,国际货币体系经历了频繁的变迁,这些变迁背后的推动力量是什么?各种经济金融危机之间是否存在某种关联?这些危机的背后是否存在共同的驱动规律?这些规律在不同的国家又呈现出怎样的差异?进一步地,我们还可以思索布雷顿森林体系的崩溃是不是必然的?欧元的未来将会如何发展?人民币的国际化又将如何发展?这些问题都涉及国际金融学的深层次规律,需要我们继续深入研究和探讨。总之,国际金融学的发展有其规律可循,我们需要通过不断的研究和探索来揭示这些规律,为现实世界的发展提供有益的指导和借鉴。

第三,使我们能够更加深刻地意识到,理论虽然有用,但其运用是有限制条件的,并且可能会受到挑战。基础的理论框架能够解释现实经济中的众多现象和事件,帮助我们理解世界的运作方式。然而,许多现象和事件可能超出了现有理论的解释范围,尤其是随着时代的变迁,一些理论可能无法完全适应新的情境。在实践中,我们可以验证理论的有效性,发现其中的不足,并进一步推动理论的发展。三代货币危机模型的提出就是很好的例证。第一代货币危机模型认为是一国过度扩张的财政、货币政策引发了对固定汇率的投机性攻击,从而导致货币危机。然而,1992—1994年爆发的欧洲货币危机却无法通过第一代货币危机模型来解释,于是基于危机自我实现的第二代货币危机模型进入大众视野,指出一国放弃固定汇率并非因其自身经济基本面出现了问题,而是不愿意承担过高的代价。第三代货币危机模型源自 1997 年的东南亚金融危机,由于当时东南亚国家经济基本面良好,且不存在汇率浮动与固定之间不得不做的权衡,因此,不具备第一、第二代货币危机模型中的现实基础,这催生了以发展中国家负债美元化与货币错配为核心的第三代货币危机模型。可以看出,这种通过对比发现问题的方式推动了相关理论的不断发展与完善。另外,更重要的是,我们一方面可以在实践中理解理论的不足,熟悉其发展脉络;另一方面可以在实践中发现理论的优势,从而在总结过去的基础上对未来做出预测。当然,任何一本教科书都无法涵盖最新的经济现象,然而,只要我们掌握了社会发展的一般性规律,就可以准确地预见未来的变化。

本教材是在我于中央财经大学国际经济与贸易学院为高年级本科生开设的"国际金融学"课程讲稿基础上修改而成的。在试用期间,中央财经大学国际经济与贸易专业 2019 级、2020 级的学生指出了讲稿中很多的错误和不够完善之处。在此,对他们表示感谢!对多年来教导和关心我的老师龚六堂教授表示感谢!没有他的鼓励和督促,这本书不可能成形和问世。最后,对长期支持我的家人表示感谢!

梅冬州

2025 年 9 月

目 录
CONTENTS

第一篇 国际金融基础理论

第一章 国际收支平衡表 / 3
　　第一节　经常账户 / 4
　　第二节　经常账户案例分析 / 7
　　第三节　资本和金融账户 / 15
　　第四节　编制国际收支账户 / 17

第二章 汇率与国际金融市场 / 22
　　第一节　汇率概要 / 23
　　第二节　汇率制度 / 26
　　第三节　外汇市场 / 33

第三章 长期汇率决定理论 / 40
　　第一节　古典二分法 / 41
　　第二节　长期的汇率与价格：购买力平价与商品市场均衡 / 44
　　第三节　长期的货币、价格与汇率 / 45
　　第四节　货币需求模型的拓展 / 47
　　第五节　购买力平价的实证检验 / 50

第四章 贸易品与非贸易品模型 / 62
　　第一节　巴拉萨-萨缪尔森效应 / 62
　　第二节　贸易品与非贸易品模型 / 67
　　第三节　贸易品与非贸易品模型和实际汇率 / 72
　　第四节　荷兰病 / 75
　　第五节　关于实际汇率决定因素的总结 / 78

第五章 利率平价理论和汇率超调 / 81
　　第一节　利率平价理论和外汇市场均衡 / 81
　　第二节　货币市场均衡与汇率的短期资产理论 / 87
　　第三节　汇率超调理论 / 91

第六章 开放经济下的宏观政策 / 97
　　第一节　蒙代尔-弗莱明模型 / 97
　　第二节　开放经济下的宏观政策目标和政策工具 / 108

第二篇 国际货币体系变迁与国际金融理论发展

第七章 布雷顿森林体系之前的国际货币体系 / 121
    第一节 国际金本位制出现之前的货币制度 / 121
    第二节 古典金本位制 / 125
    第三节 第一次世界大战后的国际货币体系 / 129

第八章 布雷顿森林体系 / 135
    第一节 布雷顿森林体系的建立 / 135
    第二节 布雷顿森林体系的影响和挑战 / 138
    第三节 布雷顿森林体系的危机和崩溃 / 141
    第四节 布雷顿森林体系崩溃的原因 / 144

第九章 后布雷顿森林体系下汇率制度的选择 / 147
    第一节 浮动汇率制的优缺点 / 147
    第二节 浮动汇率制的实践 / 150
    第三节 各国的经验选择 / 156

第十章 固定汇率与货币危机（一） / 161
    第一节 中央银行与外汇干预 / 161
    第二节 第一代货币危机模型 / 167
    第三节 第二代货币危机模型 / 171

第十一章 固定汇率与货币危机（二） / 179
    第一节 第三代货币危机模型 / 179
    第二节 资本账户逆转与货币危机 / 187

第十二章 全球经济失衡与美元霸权 / 194
    第一节 全球失衡 / 195
    第二节 美国对外资产负债表的演进 / 202
    第三节 安全资产理论 / 210

第十三章 欧元区与欧债危机 / 215
    第一节 最优货币区理论 / 216
    第二节 欧元区的建立 / 219
    第三节 欧元区的货币制度 / 226
    第四节 欧债危机 / 231

第十四章　全球金融周期 / 243
　　第一节　全球金融周期与金融一体化 / 243
　　第二节　全球金融周期与美国货币政策外溢 / 250

第十五章　国际货币体系挑战与改革 / 258
　　第一节　当前国际货币体系下的挑战 / 258
　　第二节　国际货币体系改革建议 / 263
　　第三节　新兴经济体的应对建议 / 268

第十六章　资本账户开放与人民币国际化 / 273
　　第一节　资本账户开放的收益、风险和条件 / 273
　　第二节　人民币国际化 / 279
　　第三节　中国金融业开放 / 283

参考文献 / 291

第一篇　国际金融基础理论

第一章　国际收支平衡表

第二章　汇率与国际金融市场

第三章　长期汇率决定理论

第四章　贸易品与非贸易品模型

第五章　利率平价理论和汇率超调

第六章　开放经济下的宏观政策

第一章　国际收支平衡表

引　言

在经济全球化的大背景下,国与国之间大都存在一定的经济往来,这些往来体现了一国与世界经济的联系,而国民经济核算中的国际收支账户就是专门用于记录这些联系的工具,其具体表现形式为国际收支平衡表。因此,想要全面了解一国宏观经济在开放环境下的运行情况,就需要掌握国际收支账户的具体内容并熟悉国际收支平衡表的编制方法。

总体上,国际收支账户包括经常账户与资本和金融账户两个大的部分。本章第一节将主要介绍经常账户的具体构成,包括用于记录货物与服务进出口的贸易差额账户、用于记录跨境要素报酬支付的初次收入账户和记录除资本外单边转移的二次收入账户。本章第二节将以部分代表性国家的经常账户数据为例,通过介绍一国经常账户中各细分账户的占比情况分析各国主要以何种方式与世界经济建立联系,并分析与经常账户收支不平衡密切相关的全球贸易失衡的现象及原因。本章第三节将主要介绍资本和金融账户的具体构成,包括记录跨境金融资产交易的金融账户和记录资产转移等其他经济活动的资本账户。本章最后一节将主要介绍国际收支账户的记录方法,说明从宏观上经常账户、资本和金融账户如何通过国际收支恒等式进行关联,以及从微观上各细分账户如何通过国际收支平衡表的复式记账法实现均衡。

学习目标

1. 学习开放经济下居民收入的核算方法,了解各个账户及分项。
2. 结合不同国家的案例了解各国国际收支账户的构成与特点。
3. 了解资本和金融账户。
4. 学习如何记录国际收支账户。

我们将以国民经济总量为线索,以收入为核心,展开对国际收支账户的梳理。在介绍国际收支之前,我们需要先明确居民与非居民的概念以及国民经济总量的核算方法。居民是指在本国长期从事生产和消费的自然人或法人,非居民是指除居民外的自然人或法人。自然人是指在本国居住时间长达一年以上的个人,但官方外交人员、驻外军事人员等一律是所在国的非居民。而对于国民经济总量的核算,通常有以下三种方法:

第一种是**收入法**,它着眼于对要素报酬的支付,考虑国内不同要素取得的收入。经济中的所有活动都需要各种不同要素,例如劳动、资本和政府的参与。创造活动的人会获得相应的收入,具体而言,包括经济中的工资收入、资本获得的回报以及税收,这三部分加起来就是整个社会获得的总收入。度量这个总收入的一个关键指标是国民总收入(Gross National Income,GNI),即经济中所有居民获得的要素报酬的支付价值。

第二种是**支出法**,其着眼于商品的需求,主要考察在最终商品和服务需求上的支出。各经济主体在支出上的总花费,包括居民购买了多少商品用于消费、企业使用了多少商品用于投资以及政府购买了多少商品。对应的关键指标是国民总支出(Gross National Expenditure,GNE),即该经济体在最终商品和服务上的全部支出价值,国民总支出等于消费(C)加投资(I)加政府购买(G)。

第三种是**增加值法**,主要关注商品的供给,度量的是一国生产的所有商品和服务的净价值。这种方法衡量了一国在一定时期内生产的所有商品和服务的市场价值,即最终商品和服务的价值减去中间商品和服务的价值。其关键指标是国内生产总值(Gross Domestic Product,GDP),即该经济体中的企业所生产的所有商品和服务的价值减去企业购买的所有中间商品和服务的价值。

在封闭经济中,衡量购买了多少商品的指标是 GNE。而这些商品都是这个国家在规定时间内生产的,即一国的 GDP。购买多少商品就需要支付多少钱,这些钱最终全部用于支付本国居民的工资、企业的资本回报和本国政府的税收,即 GNI。所以在一个封闭经济中,无论采用的是收入法、支出法还是增加值法计算的经济活动总量,都是完全相等的。

$$\text{封闭经济下:GNI} = \text{GNE} = \text{GDP} \tag{1.1}$$

以上是在封闭经济中核算的经济总量,下面我们介绍开放经济中货物、服务、要素和资本的流动情况。

第一节 经常账户

在封闭经济中,用收入法、支出法以及增加值法计算的经济总量都相等,但在开放经济中,经济体之间还有货物贸易和服务贸易等经济活动。例如,中国消费者可以买到国外生产的苹果手机、Steam 平台推出的游戏,外国消费者也可以买到中国生产的老干妈。我们能够发现一个国家生产的产品可能并没有被本国消费者消费,而是转移到了国外。这些经济活动导致在开放条件下国民收入不等于国民支出和商品总供给,之前的逻辑忽略了本国与外部世界的收支往来,这并不适用于开放经济。我们把货物、服务、要素的流动情况记录在经常账户中,下面我们从贸易差额、初次收入和二次收入三个方面来介绍经常账户。

一、贸易差额

在封闭经济中消费(C)加投资(I)加政府购买(G)等于 GDP,但是在开放经济中前三者之和与 GDP 却不相等,这是因为在开放经济中,存在一些支出被用来购买国外商品和服务。由于这些支出不会到达国内企业,因此进口(Imports)必须从 GNE 中扣除。此外,还存在一些外国支出用来购买国内商品,因为对出口的支出会付给国内企业,所以这些出口(Exports)必须加到 GDP 上。进口额与出口额之间的差额被称为贸易差额(Trade Balance,TB),也被称为净出口(Net Export)。它等于由贸易而形成的对国内企业的净支付。如果出口大于进口,那么这个国家就存在贸易顺差;如果出口小于进口,那么这个国家就存在贸易逆差。考虑贸易差额,GNE 加上贸易差额等于 GDP 或总增加值,即在开放经济中,国内生产总值等于国民总支出加上出口再减去进口。所以,国民总支出与国内生产总值之间相差一个贸易差额。

综上所述,我们把进出口的商品和服务考虑进来后,GDP 和 GNE 的关系如下:

$$\underbrace{\text{GDP}}_{\text{国内生产总值}} = \underbrace{[C+I+G]}_{\text{GNE}} + \underbrace{[\text{EX} - \text{IM}]}_{\text{TB}} \tag{1.2}$$

这个重要的表达式被称为 GDP **恒等式**(GDP Identity)。

二、初次收入

一个国家的 GDP 能够全部转化为国民收入吗?GDP 用来衡量一国在一定时期内生产的商品和服务,那么生产的商品和服务是不是都能转化为收入呢?在封闭经济中答案是肯定的,但在开放经济中却不是,因为生产 GDP 除了使用国内的生产要素,也使用了国外的生产要素,国内一些实体对资本、劳动以及土地的支付可能归国外实体所有,相似地,国外一些实体对资本、劳动以及土地的支付可能归国内实体所有。例如,美国或者其他发达国家在中国投资建立企业生产商品,它们将会把卖出商品所获得的收入的一部分拿到它们国家去。同时,中国在其他国家也有投资和劳务输出,这些要素为其他国家创造了GDP,其他国家必须向中国支付相应的报酬,这必然会影响到中国的收入。所以在计算国民总收入的时候一定要考虑跨国的要素报酬。

要素报酬主要包括两个部分:第一部分是劳动要素的报酬,例如支付给海外但仍保留国籍工人的收入,这里既指在国外工作的本国工人,也指在本国工作的国外工人;第二部分是资本要素的报酬,例如股票、债券等资本。因此,一些本国的 GDP 可能被作为要素服务支付给国外实体,这些要素服务进口(Factor Service Imports)可能永远不会进入国内实体的收入支付。相似地,一些国外 GDP 可能作为对要素服务的支付而被汇到国内实体,这些要素服务出口(Factor Service Exports)是对国内实体收入的支付。其差额来自国外的净要素收入(Net Factor Income from Abroad,NFIA),这等于要素服务出口减去要素服务进口。自 2015 年起,根据国际货币基金组织(International Monetary Fund,IMF)发布的第六版《国际收支与国际投资头寸手册》,净要素收入被重命名为初次收入。GDP 加上来自国外的初次收入等于 GNI,即国内实体挣得的总收入。

正如上文所述,根据定义,GDP 是作为收入来支付的。这些收入中的一部分作为报酬支付给了外国人,以 IM_{FS} 表示,因为本国进口了要素服务;剩余的部分付给国内实体。此外,国内实体把收到的来自国外的报酬支付作为收入到账,以 EX_{FS} 表示,因为本国出口了要素服务。因此,GNI 即国内实体所挣得的总收入可表示为:

$$GNI = GDP + \underbrace{EX_{FS}}_{\text{外国对国内要素的支付}} - \underbrace{IM_{FS}}_{\text{本国支付给国外的要素}} \quad (1.3)$$

这就是 GNI **恒等式**(GNI Identity)。最后两项,是本国来自国外的净要素收入,以 $NFIA = EX_{FS} - IM_{FS}$ 表示。它可正可负,取决于收入到账是否大于报酬支付。GNI 恒等式表明国民总收入等于国内生产总值加上来自国外的初次收入(净要素收入)。

根据前面的方程和 GDP 恒等式,可得:

$$GNI = \underbrace{\underbrace{(C + I + G)}_{GNE} + \underbrace{(EX - IM)}_{TB}}_{GDP} + \underbrace{(EX_{FS} - IM_{FS})}_{NFIA} \quad (1.4)$$

三、二次收入

前面讨论的都是在市场上进行的交易,即投资带来的收益或劳务输出带来的收入。然而非市场化交易也能影响收入,这里引入一个新的概念叫**国民可支配收入**(Gross National Disposable Income, GNDI)。国民可支配收入是指整个国家最终获得的可用于支配的收入,它与国民总收入相比引入了非市场化的交易,包括援助、捐赠等。具体来看,一是政府的对外援助或者外国对国内的援助;二是私人的捐赠;三是个人的收入汇款,当然这种个人的收入汇款不是因为工作所带来的,而是亲戚朋友的赠予。这三类收入都不是通过市场化方式获得的,统称为转移支付。

净单边转移(Net Unilateral Transfer, NUT)等于该国收到的来自外国的单边转移数额减去该国给予国外的数额。自 2015 年起,根据 IMF 发布的第六版《国际收支与国际投资头寸手册》,净单边转移被重命名为二次收入。

$$NUT = UT_{IN} - UT_{OUT} \quad (1.5)$$

二次收入(净单边转移)加上 GNI 得到 GNDI。GNDI 恒等式(GNDI Identity)被概括为:

$$Y = GNDI = GNI + NUT \quad (1.6)$$

我们介绍了很多概念,可以看出 GDP 并不是度量收入的,它只衡量了一国范围内生产的商品和服务的市场价值;GNI 虽然衡量了收入,但因为它遗漏了跨国的转移资金,也并不是完美的指标;GNDI 考虑的因素最多,它是衡量收入最好的一个指标。

根据前面的推导,我们可以得到三个关键方程,这三个方程定义了开放经济中重要的国民经济总量:

$$GDP = GNE + TB \quad (1.7)$$

$$GNI = GDP + NFIA \quad (1.8)$$

$$GNDI = GNI + NUT \quad (1.9)$$

综合这三个方程,能够得到关于国民收入 Y 的测度:

$$Y = GNDI = GNE + TB + NFIA + NUT \quad (1.10)$$

如果根据定义展开方程等号右边的项目,那么可以发现:

$$\underbrace{Y}_{GNDI} = \underbrace{C + I + G}_{GNE} + \underbrace{\{\underbrace{(EX - IM)}_{TB} + \underbrace{(EX_{FS} - IM_{FS})}_{NFIA} + \underbrace{(UT_{IN} - UT_{OUT})}_{NUT}\}}_{CA} \quad (1.11)$$

方程等号左边的是国民可支配总收入;右边的第一个项目是国民总支出。右边的其他项目测量了二者间的差额,该项目由所有的货物、服务以及收入的国际交易构成。被称为经常账户(Current Account,CA)。经常账户的构成详见图1-1。

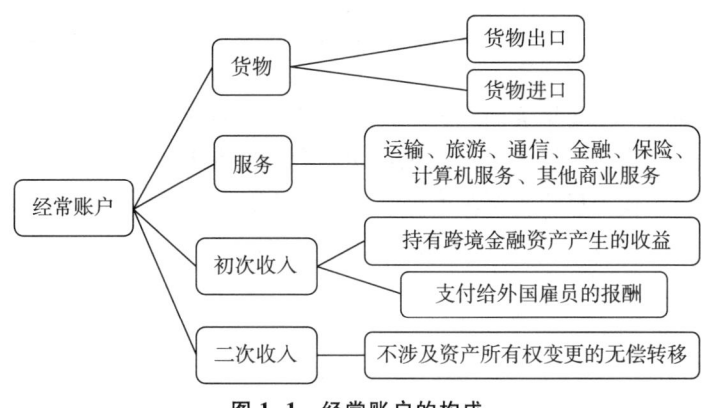

图1-1 经常账户的构成

总结一下,经常账户包括三项:贸易差额,初次收入(净要素收入),二次收入(净单边转移)。贸易差额包括货物差额和服务差额,货物的进口额和出口额全都记录在经常账户中,服务的进口和出口也记录在经常账户中,服务包括的门类相对较多,如运输、旅游、通信、金融、保险等;初次收入包括资本报酬和劳动报酬;二次收入包括私人捐赠和政府捐赠。

第二节 经常账户案例分析

一、不同国家经常账户的构成

在2022年美国的经常账户统计中(表1-1)可以看到美国经常账户的赤字主要是由大量的贸易逆差造成的。美国通常在商品贸易上存在逆差,而在服务贸易上存在顺差。不仅仅是在2022年,在过往的几年中,美国的经常账户状况都有相同的特点。

表1-1 2022年美国经常账户

项目	金额(十亿美元)	占GDP比例(%)
经常账户	-971.6	-3.8
贸易差额	-951.2	-3.7
货物差额	-1 183.0	-4.6
服务差额	231.8	0.9
初次收入	148.6	0.6
资本报酬	164.6	0.6
劳动报酬	-16.0	-0.1
二次收入	-169.0	-0.7

(续表)

项目	金额(十亿美元)	占GDP比例(%)
私人捐赠	−129.5	−0.5
政府捐赠	−39.4	−0.2

资料来源：美国经济分析局。

图1-2为1960—2022年美国经常账户和贸易差额的变动趋势。由图1-2可以看到，在很长一段时间内，美国的经常账户总额和贸易差额差异极小。对于世界上其他贸易大国，贸易差额也是经常账户的主要组成部分（由下文对于中国的分析可知）。这说明对于一些国家来说贸易差额是经常账户中很重要的一部分。

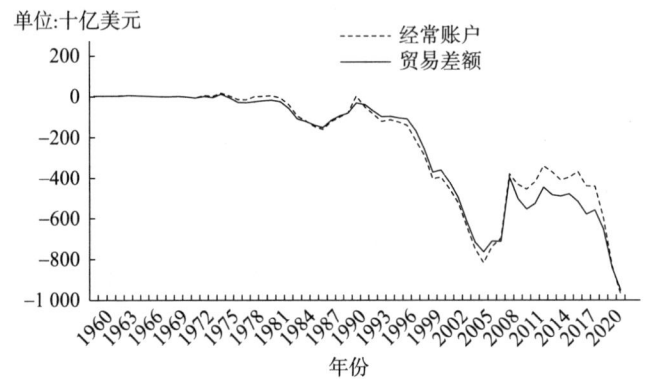

图1-2　1960—2022年美国经常账户和贸易差额

资料来源：美国经济分析局。

然而，所有国家的经常账户都是以贸易差额为主的吗？答案是否定的。表1-2展示了2005年阿根廷、爱尔兰、菲律宾、美国四个国家贸易差额和经常账户在GDP中的占比。由表1-2可以看到，美国的贸易差额和经常账户在GDP中的占比相差极小，这是由于美国的经常账户中有很大一部分是由贸易差额提供的，这与上文所提及的一致。然而对于表1-2中的其他国家，可以看到贸易差额和经常账户有较大的差异，对于这些国家来说这表明除贸易差额以外的另外两个账户在经常账户中占较大的份额。

表1-2　2005年四国贸易差额和经常账户

单位：%

国家	贸易差额/GDP	经常账户/GDP
阿根廷	5.9	2.9
爱尔兰	11.7	−3.5
菲律宾	−5.6	1.9
美国	−3.4	−3.0

资料来源：世界发展指标。

要素服务由NFIA测算，使用增加值法与收入法核算国民经济总量之间存在的差额。要素服务造成了净要素回报，包括劳务和资本（净投资收益）。虽然在美国等贸易大国，这种差额所占的份额往往较小,但对于部分其他国家而言,NFIA 可以在经济活动的测算中起重要作用。以 2005 年的菲律宾为例,其贸易差额占 GDP 的比例为-5.6%,然而其经常账户占 GDP 的比例却为 1.9%。这是由于菲律宾常年向海外地区输送劳动力,大量的菲律宾劳动者在世界各地(以阿拉伯地区、中国香港地区、中国台湾地区为主)从事航海、建筑、服务等行业。由于具有较强的家庭观念,在海外做船员、建筑师、佣人等的菲律宾劳动者会将大部分的收入汇回国内以改善家人生活。外出务工人员的收入对菲律宾的 GDP 做出了很大的贡献,菲律宾政府对于这种行为也是大力支持的。基于这些原因,菲律宾的净要素收入为正值,其 GNI 大于 GDP,净要素收入(初次收入)为其国民收入做出了很大的贡献。

对于爱尔兰来说则恰恰相反,在表 1-2 中爱尔兰的贸易差额占 GDP 的比例为 11.7%,然而其经常账户差额为负数,经常账户的逆差占 GDP 的比例为 3.5%。其 GNI 小于 GDP,净要素收入为负。

图 1-3 展示了从 1980 年到 2021 年爱尔兰人均 GDP、人均 GNI 以及 NFIA 的变化趋势。20 世纪 80 年代到 90 年代,由于支付给外国投资者的 NFIA 占 GDP 的份额越来越大,爱尔兰的人均 GNI 增长要慢于其人均 GDP 增长。NFIA 占 GDP 的份额在 1980 年时接近于零,而到 2000 年已经增长到占 GDP 的份额为 15% 左右,后续 14 年基本保持在这一水平,并在 2015 年之后进一步扩大。2000 年之后的几年,爱尔兰 GDP 中的 15% 到 20% 被用于向外国人支付要素报酬,这些外国人通过购买股票、债券及购买土地并在上面建工厂等方式在爱尔兰进行大量投资,使大笔财富流向外国,这体现在国际收支上则是被初次收入拖累的经常账户产生了大量的逆差。

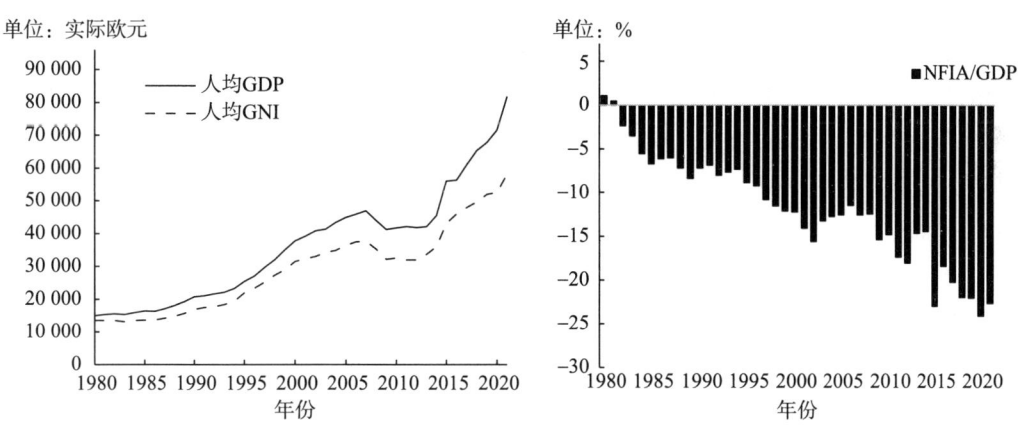

图 1-3　1980—2021 年爱尔兰人均 GDP、人均 GNI 和 NFIA/GDP

资料来源:世界发展指标。

二次收入对于某些国家来说也是经常账户的重要组成部分,二次收入主要包含两种:一种是一国对另一国的援助,另一种是移民向国内的汇款。对于全世界经联合国认定的最不发达国家来说,其经常账户差额几乎完全由二次收入驱动。对于这些国家来说,援助占据了其经常账户差额相当大的一部分。而有一些国家有大量的海外移民,会获得大量的海外汇款,这也导致其二次收入的规模较大。

图 1-4 展示了 2001—2021 年平均净单边转移 NUT(二次收入)占 GNI 的比例超过 15% 的所有国家或地区。其中很多国家或地区,包括世界上最贫穷的一些国家或地区,如

厄立特里亚、利比里亚和尼泊尔等严重依赖于外国援助。汤加、萨尔瓦多、洪都拉斯和佛得角这些收入较高的国家或地区因为有许多海外工作的移民进行大量汇款,所以其二次收入在经常账户的差额中占比较高。

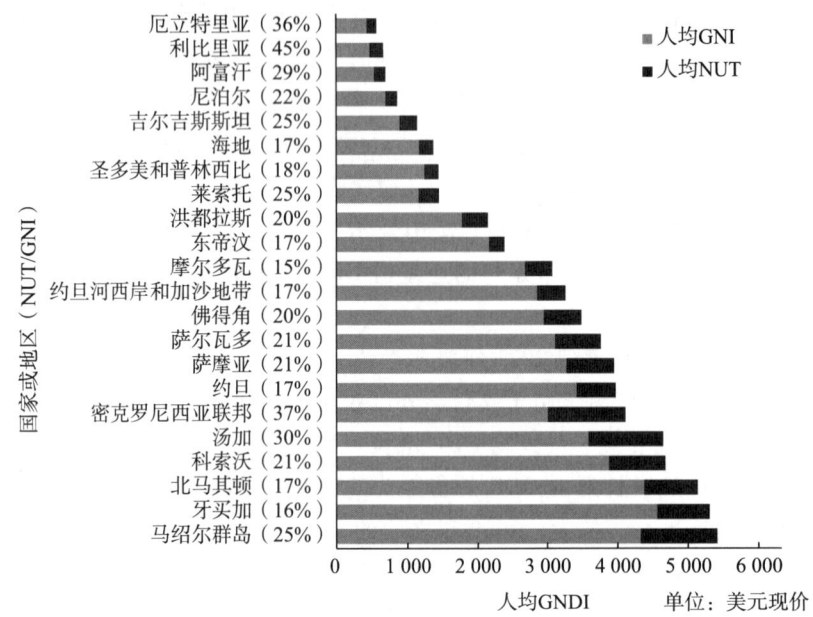

图1-4 2001—2021年各国或地区NUT占GNI的比例

资料来源:世界发展指标。

通过以上几个具有代表性的案例分析可以发现,各个国家经常账户的具体构成比例大相径庭。原因在于不同国家在经济发展水平、国际地位、发展的战略目标等方面都存在差异,因此,对不同国家而言,贸易活动、要素流动和单边转移在国民收入中的重要性也不相同。由于经常账户中各个组成项目分别记录了不同类型的经济活动,因此,在分析一国的经济状况时,不仅要观察其总体水平,还应了解其具体结构,做到全面掌握。

二、中国的经常账户

下面我们具体分析一下中国的经常账户。从统计数据来看,如图1-5所示,在改革开放的前二十年里,中国经常账户收支差额时正时负,并没有明显的升降趋势,且经常账户收支差额的整体规模相对较小,在1997年以前,其绝对值均在200亿美元以下。而在随后的年份里,中国经常账户开始持续保持顺差,尤其在2001年以后,中国经常账户顺差趋势迅速扩大,由2001年的174亿美元增长至2007年的3 532亿美元,且同期内的相对规模(经常账户/GDP)也在不断扩大,从0.94%上升到7.85%。2008年以后,中国经常账户虽依然保持顺差,但规模相对稳定,经常账户差额占GDP的比例甚至呈现出缓慢下滑的趋势。

那么,为何中国经常账户在不同时期有着不同的表现?是什么因素驱动了中国经常账户的变化?对此,我们观察了经常账户下各个细分项目的变化,由此判断经常账户在不同时期的驱动因素。

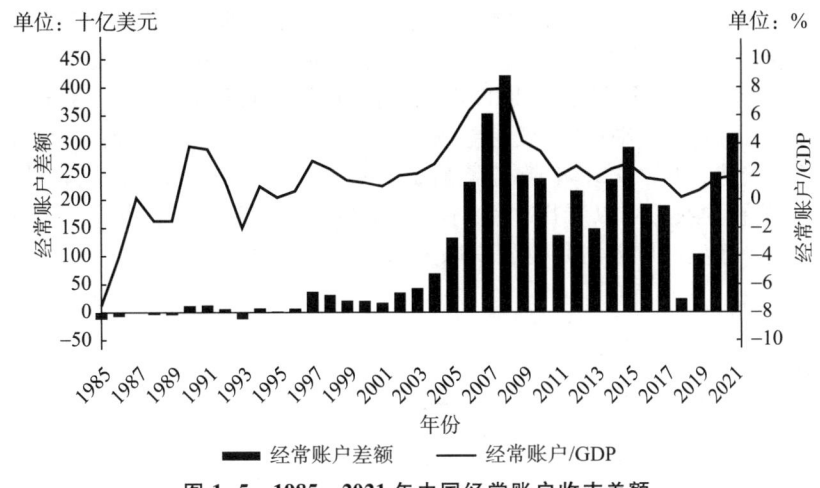

图 1-5　1985—2021 年中国经常账户收支差额

资料来源：国家统计局。

图 1-6 刻画了 1985—2021 年中国经常账户差额与货物贸易差额的变动。可以看出，在 2008 年以前，经常账户差额与货物贸易差额几乎完全相等，虽然 1995—2007 年，两者之间出现了小幅度的偏离，但整体相差规模最大不超过 400 亿美元。这说明，2008 年以前我国经常账户的变化主要由货物贸易变化所驱动，同时，我国的经常账户顺差主要来自货物贸易，货物贸易顺差对我国经常账户的常年顺差贡献很大。

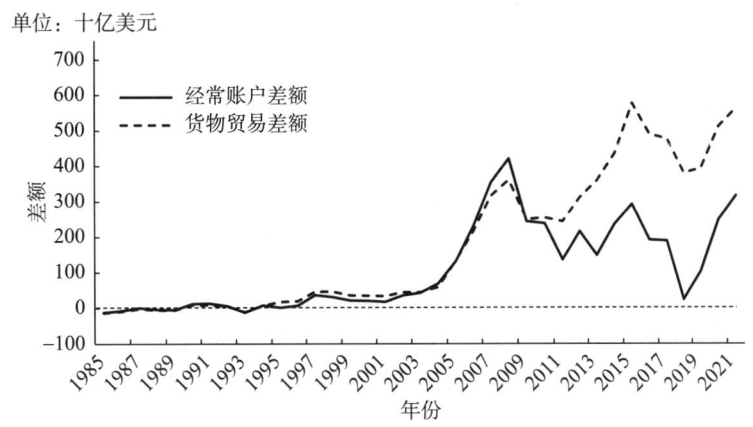

图 1-6　1985—2021 年中国经常账户差额与货物贸易差额

资料来源：国家统计局。

进一步地，我们继续考察中国货物贸易长期保持顺差的主要原因。我国货物贸易按贸易方式可分为三类：一般贸易、加工贸易和其他贸易。**一般贸易**指国内普通企业和贸易企业从事的进出口活动。**加工贸易**则通过进口原料、材料或零件，利用本国的生产能力和技术，加工成成品后再出口，从而获得以外汇体现的附加价值。加工贸易是以加工为特征的再出口业务，根据所承接业务的不同特点，常见的加工贸易方式包括进料加工、来料加工、装配业务和协作生产。加工贸易有两头在外的特征，即其用于加工成品的全部或部分材料购自境外，而其加工的成品也销往境外。**其他贸易**主要指保税区贸易及边境贸易等活动。

第一章　国际收支平衡表　11

图1-7展示了中国货物贸易差额按照贸易方式划分后的三种构成,可以看出,三种贸易方式在所观察时期有不同的变动情形,其中,加工贸易是我国货物贸易顺差的主要贡献部分。具体来看,加工贸易顺差自2002年以来持续扩大,直至2010年以后开始逐步维持在3 000亿美元的顺差水平;一般贸易差额在2014年以前时正时负,而在2014年以后呈现快速增长的趋势,并在2021年超过了加工贸易差额;其他贸易差额则持续保持逆差。因此,从上述分析中我们可以看出,货物贸易的顺差在2014年以前主要来自加工贸易顺差,而近年来,一般贸易顺差对货物贸易顺差的贡献则在逐渐上升。

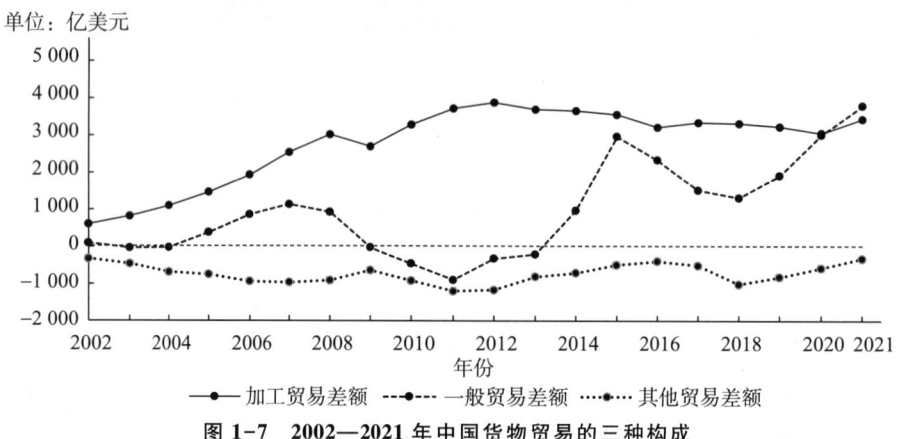

图1-7 2002—2021年中国货物贸易的三种构成

资料来源:国家统计局。

除货物贸易外,服务贸易同样是经常账户的重要组成部分之一。图1-8展示了1985—2021年中国服务贸易差额及其与GDP的比例。可以看出,在1994年以前服务贸易有时存在顺差,有时存在逆差,但在此后一直处于逆差状态,即中国服务贸易自20世纪90年代中期以后出现了持续性逆差的局面,尤其自2008年以来服务贸易逆差迅速扩大,2018年更是达到近3 000亿美元的逆差水平。

通过分析服务贸易细分项目得知,服务贸易逆差的扩大主要是由旅游项目导致的,但是仅源于旅游需求的增长似乎难以解释。事实上,旅游项目背后隐藏的是资本的外逃,由于中国资本受到较为严格的监管,居民采用这种方式使资本外流,这部分资本流出后可能用于购置海外金融资产、房产等。

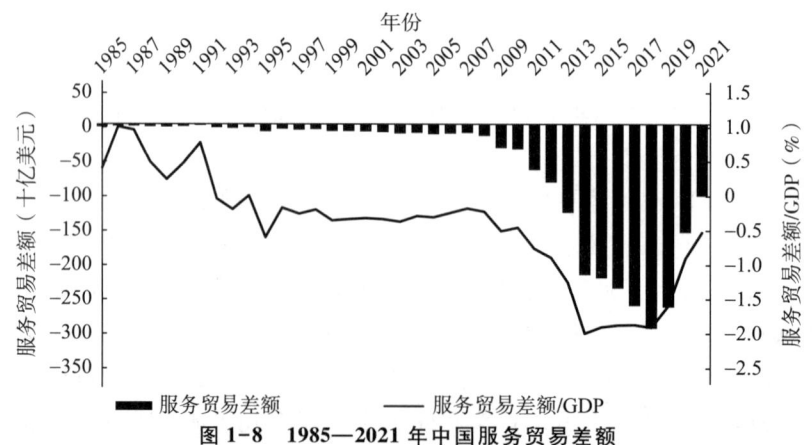

图1-8 1985—2021年中国服务贸易差额

资料来源:国家统计局。

我们进一步观察经常账户中初次收入项目的变化,该项目主要包括职工报酬与投资收益两部分,前者指国外居民在境内工作取得的工薪报酬及本国居民在外就业取得的工薪报酬,后者指外商在华投资所得及本国在外投资所得。图1-9展示了1997—2021年中国的职工报酬差额与投资收益差额的变动。可以看出,整体而言职工报酬差额近年来的变化较为平滑,而投资收益差额则呈现出较大的波动性,由此可以认为,近年来中国经常账户中收益项目的波动或变动主要由投资收益差额所引起。

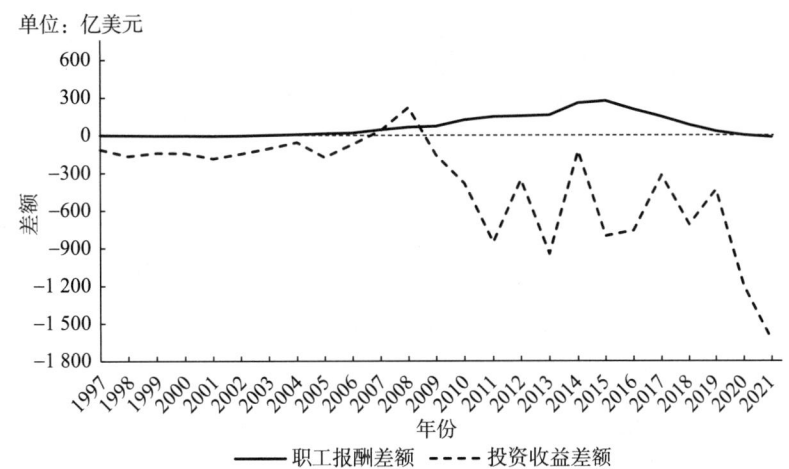

图 1-9　1997—2021 年中国的职工报酬差额与投资收益差额

资料来源:国家外汇管理局。

总的来看,中国的经常账户占 GDP 的比例一直为顺差,这个顺差主要是由货物贸易导致的,而货物贸易顺差又主要是由加工贸易顺差所致。自 2014 年以来,一般贸易顺差也逐渐成为驱动货物贸易顺差的主要因素。同时,中国服务贸易持续保持逆差,且自 2008 年以来迅速扩大。

三、全球贸易失衡

上一节内容介绍了国际收支平衡表中的经常账户,贸易差额是其中的重要组成部分。接下来,我们结合之前学习的知识,对现实中比较受关注的一个重大问题——全球贸易失衡——进行讨论。

前文中图 1-2 展示了 1960—2022 年美国贸易差额的变化(实线表示)。可以发现,自 20 世纪 70 年代开始,美国贸易差额由正转负,从贸易顺差变成贸易逆差。从 80 年代至今逆差规模不断扩大,高峰时在 2006 年达到超过 7 600 亿美元的逆差。虽然随后几年的贸易逆差有所减小,但也保持在 5 000 亿美元左右。2020 年起,贸易逆差呈现断崖式扩大。

进一步使用贸易差额占 GDP 的比例来衡量美国贸易差额的相对变化,如图 1-10 所示。可以发现,贸易差额占 GDP 的比例走势与贸易差额基本保持一致,从 1960 年到 20 世纪 80 年代初,贸易差额占比在 0 附近上下波动。随后,贸易赤字稳步增大,在 2007—2008 年金融危机时期的占比甚至接近 6%。危机过后,贸易差额虽有所改善,但仍在 3%

左右,这种状况一直持续至今,并在2020年新冠疫情后再度扩大。美国的这种情况与中国近年来贸易持续顺差的现象形成鲜明的对比,是全球贸易失衡的表现之一。

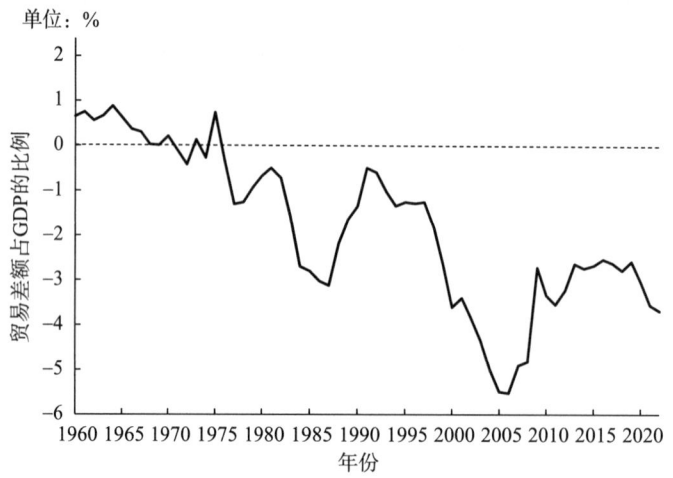

图1-10 1960—2022年美国贸易差额占GDP的比例

资料来源:美国经济分析局。

那么是什么原因造成了全球贸易失衡的现象呢?相关的解释和理论繁多且富有争议。接下来,本书将从储蓄和投资的角度解释全球贸易失衡的现象。

现在介绍一个普遍的框架,结合前文的分析,从投资和储蓄的角度来解释此现象。在引入这个理论框架之前,回顾式(1.11)对国民可支配收入的相关分析,使用支出法进行核算,可得国民可支配总收入等于消费、投资、政府支出及整个经常项目之和,即 $Y = C + I + G + CA$。有这么多支出自然会形成相关的收入,那么这些收入用于何处?

$$Y = C + S + T \tag{1.12}$$

如式(1.12)所示,使用收入法进行核算,国民可支配总收入等于消费、储蓄和政府征税(T)之和。对个体而言,所赚得的可支配收入,一部分用于消费,一部分用于缴纳税收,剩余的部分则用于储蓄。把这两个式子联立并进行整理,可得:

$$S = I + (G - T) + CA \tag{1.13}$$

其中,政府支出减去税收,实际上衡量了政府的预算赤字,如果政府支出大于税收,则意味着政府财政赤字。该式反映了经济中储蓄的三个去向:一是用于投资,二是弥补政府的财政赤字,三是用于贸易差额的支付。这个式子就是储蓄投资的恒等式。

根据这个式子,可以对全球贸易失衡展开一个"储蓄投资"角度的分析。如果一国的储蓄和投资保持不变,财政赤字越大,那么其经常项目差额越小;若投资和政府赤字保持不变,储蓄下降,则其经常项目差额也会减小。

我们可以使用上述理论框架解释美国为什么拥有全球最大的贸易逆差。一方面,美国的储蓄率很低,美国消费占GDP的比例在83%左右,收入几乎全都用于消费,其储蓄率自然很低;另一方面,美国的财政赤字率一直很高,尤其是自2000年以来不断扩大。图1-11展示了1960—2022年美国的财政收支情况,为正代表盈余,为负代表赤字。可见,从20世纪90年代末至今,美国一直呈现财政赤字且规模非常大的状态。这是因为2001—2002

年,美国发动了阿富汗战争,耗费了大量的资金,造成了庞大的政府赤字。储蓄率很低,财政赤字又非常大,最后的结果是贸易赤字不断恶化,贸易逆差越来越严重。

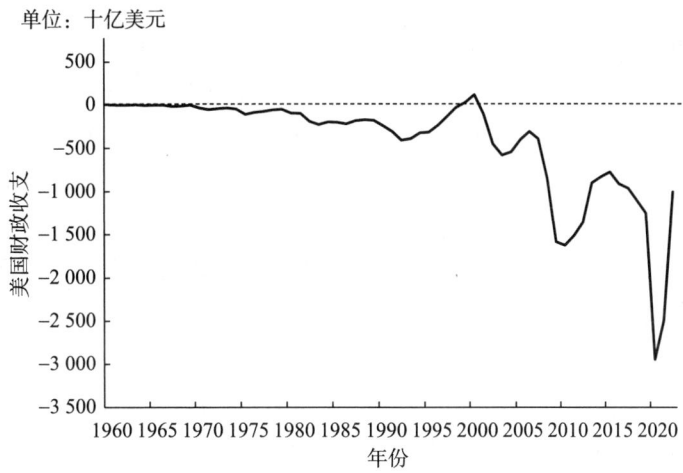

图 1-11　1960—2022 年美国财政收支

资料来源:美国经济分析局。

同样从投资储蓄的角度,我们分析一下为什么东亚国家如中国、韩国等会有很大的贸易顺差。首先,这些东亚国家的储蓄率相对较高,例如中国的消费占 GDP 的比例只有 65%,远低于美国的 83%;同时,这些国家的政府赤字都控制在较低水平,大多数时间都是预算盈余的。高的储蓄率结合低的预算赤字或者预算盈余,必然会导致较大的贸易顺差。

由上述分析可知,美国经常指责中国或其他新兴经济体通过操纵汇率降低出口商品的价格,导致美国商品出口缺乏竞争力并引起贸易逆差的不断扩大,这实际上是无端的指责。美国巨大的贸易赤字,本质上是因为美国只生产了少量的商品,但美国居民每年消费额巨大,加之政府的巨额消耗,导致国内生产的商品无法满足国内需求,所以只能从国外进口,形成贸易逆差。因此,不提高美国的储蓄率、不降低美国政府的财政赤字,单纯地挑起贸易摩擦、汇率摩擦,美国的贸易赤字是不会减小的。

而事实也证明了这一点。2018 年 3 月,美国特朗普政府签署对华贸易备忘录,宣称对中国出口美国的 600 亿美元商品加征关税,并限制中国企业对美投资并购,打响了中美贸易摩擦的第一枪。然而,2019 年、2020 年和 2021 年美国贸易逆差分别达到 6 168 亿美元、6 787 亿美元以及 8 591 亿美元,同期对华贸易逆差分别为 3 456 亿美元、3 103 亿美元、3 553 亿美元。显然,美国政府的贸易保护主义政策未能扭转对华贸易逆差,而赤字额的继续扩大证伪了美国对华发起贸易摩擦能解决贸易逆差的说法。

第三节　资本和金融账户

总收入的构成包括国内的支出和记录在经常账户中的三个项目,下面我们沿着这个思路思考收入的构成。不难想象,除了能够和其他国家进行货物、服务的贸易获得要素的收入和援助,我们还可以与外国进行资产的交易。例如,张三的公司在美国上市,美国人购买张三公司的股票;中国购买了大量美国发行的债券。这些行为都能够影响居民的收入,而这些项目就被记录在资本和金融账户中。

我们先通过图1-12了解一下资本和金融账户的构成。

为了测度国际资产的交易,我们引入了资本和金融账户,并对金融账户和资本账户的各个构成内容进行定义,金融账户包括直接投资、证券投资、其他投资、储备资产,资本账户包括资本转移和非生产、非金融资产的处置与获得,下面我们将分别展开介绍。

金融账户(FA) 记录居民和非居民之间的金融资产交易。我们把世界其他国家从本国获得的金融资产总值称为本国资产输出,以EX_A表示(下标"A"表示资产),例如外国购买本国的股票、债券等金融资产;同样地,把本国从世界其他国家获得的金融资产总值称为本国资产输入,以IM_A表示,例如本国购买外国的金融资产。金融账户$FA=EX_A-IM_A$,表示本国资产净输出。

金融账户按照投资类型或功能可分为直接投资、证券投资、其他投资和储备资产。**直接投资**是投资者对在外国投资的企业拥有10%及以上的普通股或投票权,从而对该企业的管理拥有有效发言权的投资。直接投资包括股本资本、其他资产投资和利润收益的再投资等。**证券投资**又称间接投资,是跨越国界的股本证券和债务证券的投资。股本证券包括股票、参股或其他类似文件等。债务证券包括三种:一是中长期债券、无抵押品的公司债券等;二是货币市场工具,或称可转让的债务工具,如短期国库券、商业票据、银行承兑汇票、可转让的大额存单等;三是衍生金融工具,如各种金融期权、期货等。**其他投资**,是指除直接投资和证券投资之外的金融交易,包括贷款、预付款、金融租赁项目下的货物、货币和存款(指居民持有外币和非居民持有本币)等。

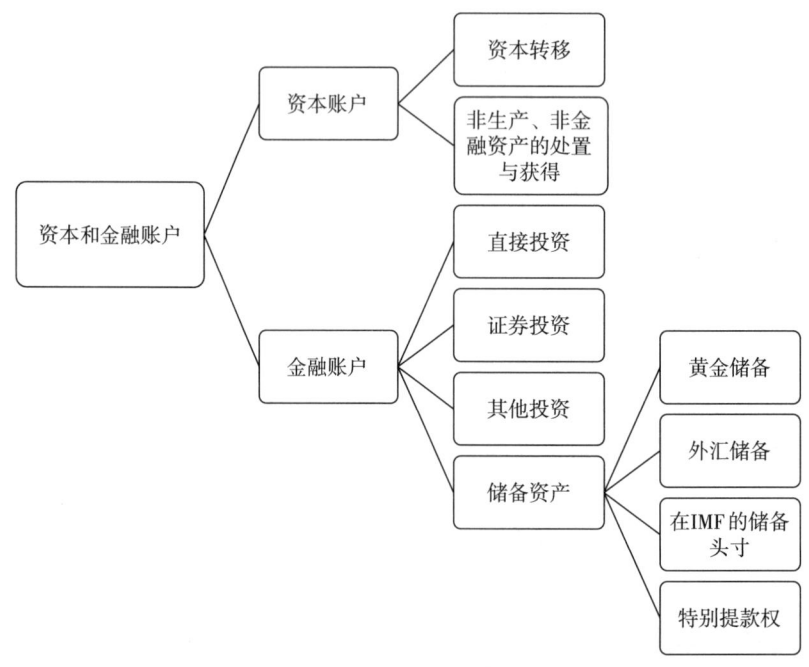

图1-12 资本和金融账户的构成

储备资产,是一国金融当局持有的储备资产(亦称官方储备、国际储备)及对外债权,包括黄金储备、外汇储备、在IMF的储备头寸、特别提款权等。由于一国的国际收支中经常账户的差额与资本和金融账户(除了储备资产)的差额经常会出现不平衡,货币当局可以通过储备资产调整国际收支失衡。当一国经常账户出现顺差(逆差)时,就会导致储备资产增加(减少);当一国资本流入(流出)时,也会导致储备资产增加(减少)。除此之外,货币当局在外汇市场上的操作也会影响储备资产。货币当局买入外汇会导致储备资产增加,卖出外汇会导致储备资产减少。因此,储备资产具有调节国际收支、干预外汇市场维持汇率水平、偿还外债等作用。

资本账户(KA) 包括两个部分的内容。一个是非生产、非金融资产的处置与获得(如专利、版权、商标、特许经营权等)。另一个是跨国的资本转移,主要是跨国的债务赦免,它也存在流入和流出的区别,例如本国对外国的债务赦免就是资本流出。将本国收到的资本转移即资本流入记为KA_{IN},将本国支付的资本转移即资本流出记为KA_{OUT},则资本账户$KA = KA_{IN} - KA_{OUT}$表示本国收到的净资本转移。

第四节 编制国际收支账户

一、国际收支恒等式

要进一步了解商品、服务、收入和资产之间的联系,我们必须了解经常账户、资本账户和金融账户之间是如何关联的。

考虑到国际货物、服务等贸易往来,收入的表达式为$Y = GNE + CA$,当再加入资产贸易时,可以得到最终的收入表达式:

$$Y = GNE + CA + KA + FA \tag{1.14}$$

这个总收入必然等于在本国最终商品和服务上的总支出价值GNE,因此我们得到:

$$Y = GNE + CA + KA + FA = GNE \tag{1.15}$$

我们可以在表达式两边同时减去GNE以得到一个重要的结果,也就是国际收支恒等式或BOP恒等式(BOP identity):

$$\underbrace{CA}_{经常账户} + \underbrace{KA}_{资本账户} + \underbrace{FA}_{金融账户} = 0 \tag{1.16}$$

BOP恒等式告诉我们,宏观上,国际收支账户必平衡。于是我们就可以得到$CA = -(FA+KA)$,若一国发生顺差($CA>0$),那就意味着出口大于进口,获取了更多的收入,获得更多的国外资产,则该国居民持有的国外资产增加、负债减少(资本净流出);若一国发生逆差($CA<0$),那就意味着出口小于进口,为了弥补缺口就需要卖出资产或增加负债,则该国居民持有的国外资产减少,负债增加(资本净流入)。也就是说经常账户的流动与资本和金融账户的流动方向刚好相反,资本的流动和贸易差额就像是一枚硬币的两面,相互依存。

由图1-13我们能看到中国存在贸易顺差,而美国存在贸易逆差,这意味着中国资本流出,美国资本流入。根据古典经济学理论假设,由于资本收益递减,在贫穷国家的潜在投资收益大于在富有国家的潜在投资收益,资本应从富国流向穷国。然而在现实的国际收支核算中,我们却没有看到这种现象,即穷国的资本反而流向富国。这个现象被称为"**卢卡斯之谜**"。卢卡斯分析了其中可能的原因:一是由于人力资本的异质性,即新古典理论将不同国家的工人人均有效劳动投入视为相等的,忽略了劳动质量或人力资本的差异,富国工人有着更高的劳动技能,因此能提供更多有效劳动,资本在富国也能产生较高的边际收益;二是穷国的政治风险或资本市场发展不完全,产权保护制度薄弱,政府更迭更加频繁,甚至还有可能出现违约,外国资本面临着巨大的政治风险。

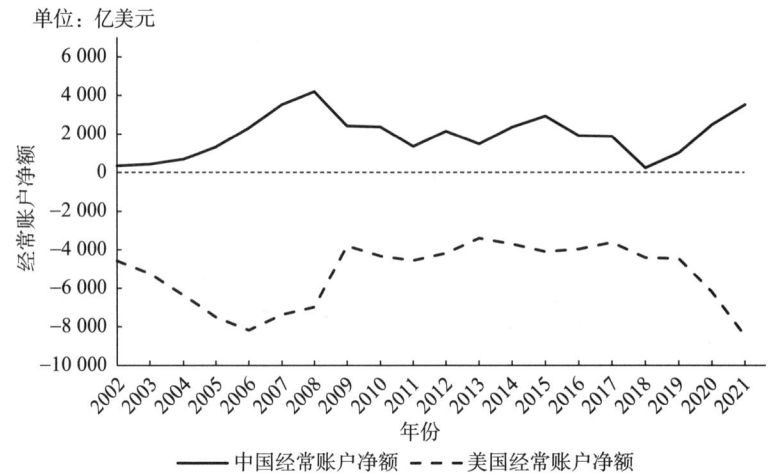

图 1-13 2002—2021 年中国和美国经常账户净额

资料来源:国家外汇管理局、美国经济分析局。

二、国际收支平衡表的编制原则和应用

上文已经介绍了经常账户、资本和金融账户的构成,那么对于一笔具体的交易,我们如何将其记入相应的账户呢?接下来从下面的式子开始分析:

$$\underbrace{\underbrace{(EX - IM)}_{TB} + \underbrace{(EX_{FS} - IM_{FS})}_{NFIA} + \underbrace{(UT_{IN} - UT_{OUT})}_{NU}}_{CA} + \underbrace{(KA_{IN} - KA_{OUT})}_{KA} + \underbrace{(EX_A - IM_A)}_{FA} = 0$$

(1.17)

考虑一下统计人员的工作。要合理追踪所有国际交易,这些统计人员就要遵循上述方程总结出来的简单规则。这里的交易(每一种之前要么是正号要么是负号),它们出现在 3 个账户中。如果一个项目有一个正号,那么它被称作国际收支的贷方或 BOP 贷方(BOP Credit)。如下交易有正号,记录在其相应的账户。

经常账户(CA):商品和服务出口($+EX$)

要素服务出口($+EX_{FS}$)

收到的单边转移($+UT_{IN}$)

资本账户(KA):收到的资本转移($+KA_{IN}$)

金融账户(FA):本国资产输出($+EX_A$)

如果一个项目有一个负号,那么它就被称作国际收支的借方或 BOP 借方(BOP Debit)。如下交易有负号,记录在其相应的账户。

经常账户(CA):商品和服务进口($-IM$)

要素服务进口($-IM_{FS}$)

支付的单边转移($-UT_{OUT}$)

资本账户(KA):支付的资本转移($-KA_{OUT}$)

金融账户(FA):本国资产输入($-IM_A$)

因为每个市场交易都有两部分,所以确保了 BOP 账户在总量上是平衡的。如果 A 方与 B 方从事同一笔交易,当 A 方从 B 方收到一件一定价值的物品时,B 方也同样从 A 方收到了一件等值的物品。一般来说,这些物品可能是商品、服务、要素服务或资产。这表明一笔交易无论记入 BOP 账户哪个项目的贷方,都必须记入 BOP 账户相应项目的借方,即有借必有贷,所以这些交易的正负最终总会抵消,确保了 BOP 账户在总量上是平衡的,即从微观上解释了国际收支账户是平衡的。

例:甲国企业出口价值 100 万美元的设备,这一出口行为导致该企业在海外银行存款增加。

不考虑账户内容:

    借:资本流出   100 万美元

    贷:商品出口   100 万美元

准确记录:

    借:本国在外国银行的存款   100 万美元

    贷:商品出口   100 万美元

可以看到,任何一笔交易,都会同时记入借方和贷方,原则上任何时候借方金额和贷方金额都是相等的。但是现实中各项交易特别烦琐复杂,一笔交易的信息可能是通过不同的渠道获得的,在范围精确度以及发生的时间上可能存在差异,这使得记录不可避免地存在各种错误。这就会造成国际收支账户很难达到理论上的平衡,那么应该如何处理这个借贷不平衡呢?我们无法像会计学那样进行核查。为什么难以核查?第一个原因是核查的成本太高,第二个原因是很多事情发生在过去,难以核查。根据前面的分析,国际收支平衡表理论上肯定是平衡的,但我们又不可能重新检查,为此我们引入一个技术性调整项目,即净误差与遗漏账户,该账户用于反映统计过程中由数据来源、时间差、未记录交易等因素所导致的国际收支差额无法完全匹配的问题。

 小 结

本章首先阐述了一些重要的核算概念,介绍了支出法、收入法和增加值法三种国民经济总量的核算方法;然后由封闭经济的核算引申出开放经济下的国际收支账户,介绍了国际收支账户下经常账户的具体内容,并对几个国家经常账户的构成情况做了比较,另外还对我国的经常账户做了详细分析;之后又对国际收支账户的另一部分内容——资本和金融账户——做了具体介绍;最后阐释了国际收支恒等式与国际收支平衡表的编制原则。

相较于封闭经济,开放经济由于涉及跨境的贸易往来,其经济核算更为复杂。为便于理解这些跨境的经济活动,我们引入了国际收支账户,该账户包括经常账户与资本和金融账户两大部分内容。经常账户又细分为贸易差额账户、初次收入账户和二次收入账户。货物与服务的进口支出与出口收入之间的差额被称作贸易差额,出口大于进口的国家是贸易顺差国,出口小于进口的国家则是贸易逆差国。劳动、资本等生产要素报酬的跨境支付被记录在初次收入账户中,当初次收入为正值时,表明一国的净要素收入大于零,这会提高国民总收入水平,反之则会拉低国民总收入水平。除市场交易创造的收入外,经常账户还通过细分的二次收入账户记录了非市场行为的单边转移,包括境外的援助、捐赠、汇款等,这构成了国民可支配收入的一部分。现实数据表明,不同国家经常账户的具体构成可能相差较大,有些国家有巨大的贸易逆差,而有些国家有贸易顺差;有些国家可能十分依赖货物和服务出口,有些国家可能主要通过输出劳务来创造外部收入,而有些国家的二次收入可能是经常账户中占比最大的部分。因此,通过分析经常账户的结构便能大致了解一国主要通过何种方式与外部世界建立经济联系。

金融账户用于测算金融资产的所有跨境流动,体现一国如何通过国际交易增加或减少资产的持有;资本账户则用于记录国际收支账户中一些剩余的不太重要的经济活动,一个是非生产、非金融资产的处置与获得(如专利、版权、商标、特许经营权等),另一个是资本转移,主要是指跨国的债务赦免。

经常账户与资本和金融账户类似于一枚硬币的两面。宏观方面,经常账户、资本和金融账户通过国际收支恒等式建立联系,经常账户与资本和金融账户的总和等于零,国际收支始终保持平衡。微观方面,国际收支账户按照有借必有贷、借贷必相等的复式记账法记录,从而确保了国际收支账户在总量上的平衡。

 关键词

国际收支	卢卡斯之谜	经常账户
资本账户	金融账户	国民总支出
国内生产总值	国民总收入	贸易差额
初次收入	二次收入	国际收支恒等式
全球贸易失衡	加工贸易	储备资产
净误差与遗漏账户		

 练习题

1. 以甲国为例列举交易,请描述贷方与借方项目,并说明在每一种情况下哪些特定账户会受影响。

(1) 甲国企业出口价值 50 万元的设备,所得收入存入银行。

(2) 甲国居民到外国旅游花销 1 万元,该居民用国际信用卡支付了该款项,并在回国后用自己的外汇存款偿还。

(3) 外商将价值 1 000 万元的设备投入甲国,兴办合资企业。

(4) 甲国政府动用 40 万元外汇储备向外国提供无偿援助,另提供相当于 60 万元的粮食、药品援助。

2. 2020 年,乙国的经常账户赤字 10 亿元,以及非储备金融账户盈余 7.5 亿元。乙国的资本账户有 1 亿元的盈余。此外,乙国在外国的要素收益为 7 亿元。乙国有 8 亿元的贸易赤字。假设乙国既没付出也没收到单边转移。乙国的 GDP 是 90 亿元。

(1) 2020 年,乙国的净外国资产发生了怎样的变化?在这一年,它是获得了还是失去了外国资产?

(2) 2020 年,乙国的外国生产要素获得了多少收入?

(3) 计算初次收入。

(4) 应用 BOP 恒等式 BOP = CA + FA + KA,表明 BOP = 0。

(5) 计算乙国的国民总支出(GNE)、国民总收入(GNI)和国民可支配总收入(GNDI)。

3. 下表展示了 2005 年贸易差额和经常账户占该国 GDP 的比例。从表中可以看出,菲律宾的贸易差额占 GDP 的比例为 -5.6%,而经常账户占 GDP 的比例为 1.9%,两者相差很大;爱尔兰的贸易差额占 GDP 的比例为 11.7%,但经常账户占 GDP 的比例为 -3.5%,同样相差很大。请结合所学知识并查阅相关资料,简要分析菲律宾和爱尔兰的经常账户和贸易差额相差如此之大的原因。

国家	贸易差额/GDP	经常账户/GDP
爱尔兰	11.7%	-3.5%
菲律宾	-5.6%	1.9%

4. 国际收支平衡表的编制原则是什么?其各账户之间有什么关系?

5. 查阅中国的国际收支平衡表,分析和讨论国际收支平衡表中净误差与遗漏账户余额的可能来源。

6. 请简要分析我国为什么要大力推进金融业的开放。

7. 请简述全球贸易失衡可能的原因。

第二章　汇率与国际金融市场

引　言

汇率是两国货币的互换比例或相对价格，一国的汇率变动影响着该国货币的购买力，导致两国居民的相对收入水平发生变化。例如，日本人渡边于2022年暑期来中国旅游，为了方便旅游，渡边在外汇市场上按照五月底的市场汇率将100万日元兑换成约53 000元人民币，即1日元可以兑换约0.053元人民币。后来由于计划有变，渡边提前结束了旅程，手上还剩下49 000元人民币，而七月中旬外汇市场上1日元可以兑换约0.049元人民币，渡边将这笔钱换回了100万日元，也就是说这一趟旅游他所拥有的日元并没有减少。渡边在所拥有日元没有减少的情况下能完成旅游的原因是，汇率在这期间发生了变化，日元相对于人民币贬值了。而汇率的变动也正是在日本实行浮动汇率制下才能发生。这种汇率的变动意味着两国货币的相对比价发生变化，通过影响以不同货币计价的进出口商品和服务的价格，汇率的变动会对进出口贸易产生影响。

本章的第一节将会对汇率概念与计量进行介绍。随着时间的推移，汇率的行为模式受到关注，不同汇率制度分类相继出现。汇率制度决定了汇率变动的幅度、频率与模式，一国所采取的汇率制度，关系到该国的经济增长与经济结构。基于汇率制度的重要性，本章的第二节将介绍汇率制度的分类，包括法定汇率制度分类、事实汇率制度分类这两种主要的汇率制度分类方法。此外，外汇的交易影响着汇率，而外汇的交易离不开外汇市场，为此，本章的第三节将介绍外汇市场的相关概念，以及外汇市场上几种常见的外汇交易合约。

学习目标

1. 了解汇率的相关概念。
2. 掌握汇率制度的分类及其特点，理解汇率制度的划分依据。
3. 了解外汇市场及各种外汇衍生品。

第一节 汇率概要

一、汇率的定义

当国家间发生各种消费和投资行为时,由于各国使用的货币不同,需要将一国货币兑换成另一国货币,这就出现了货币的兑换比率问题,这个兑换比率通常被称为汇率。汇率是一国货币对另一国货币的价值,是两国货币间的相对比价,它有两种不同的报价方式:直接标价法和间接标价法。

直接标价法即用本币表示外币的价格,也就是一单位外国货币可以兑换成多少单位本国货币。若中国为本国,则人民币对美元的汇率可以表示成 1 美元对 6.43 元人民币(或写成 6.43 元人民币/美元)。间接标价法则是指用外币表示本币的价格,即一单位本国货币可以兑换成多少单位外国货币。例如,若中国为本国,则以间接标价法表示的人民币对美元汇率为 1 元人民币对 0.16 美元(或写成 0.16 美元/元人民币)。部分国家如美国和英国在外汇上采用间接标价法,除此之外包括中国在内的大多数国家都采取直接标价法。本书在未特殊说明的情况下,分析问题时一般都使用直接标价法。

如果知道两国之间的汇率,就可以计算出一国出口的商品以另一国货币衡量的价格。例如,在汇率为 6.5 元人民币对 1 美元的前提下,购买一件价值 50 美元的毛衣所需支付的人民币金额为: $6.5 \times 50 = 325$ (元)。

二、升值和贬值

如果一种货币能够兑换更多的另一种货币,那么就称这种货币升值(Appreciation)了——它的价值上升了、增值了或者走强了。如果一种货币只能兑换更少的另一种货币,那么就称这种货币贬值(Depreciation)了——它的价值下降了、贬值了或者走弱了。在使用直接标价法时,要注意区分汇率上升(下降)和货币升值(贬值)。

以人民币为例,当人民币对美元汇率 $E_{¥/\$}$ 上升时,即兑换一美元需要更多的人民币,以人民币表示的一美元价格上涨了,人民币贬值了(在直接标价法下,汇率上升则本币贬值)。当人民币对美元汇率 $E_{¥/\$}$ 下降时,兑换一美元只需要更少的人民币。以人民币表示的一美元价格下降了,人民币升值了(在直接标价法下,汇率下降则本币升值)。

那么怎么来计算货币升值和贬值的幅度呢? 根据汇率变动的幅度,可以计算出相应的升值率或贬值率,贬值率/升值率的计算公式为:

$$贬值率/升值率 = (E_{t+1} - E_t)/E_t \tag{2.1}$$

例如在 2021 年,美元兑换人民币的汇率是 $E_{¥/\$,t}$ = 6.356 元人民币/美元。而在 2022 年,美元兑换人民币的汇率是 $E_{¥/\$,t+1}$ = 7.279 元人民币/美元。美元兑换人民币的汇率变化是 $\Delta E_{¥/\$,t}$ = 7.279 - 6.356 = 0.923 元人民币/美元。变化的百分比是 $\Delta E_{¥/\$,t}/E_{¥/\$,t}$ = 0.923/6.356 = 14.52%。此时,美元相对于人民币升值了 14.52%。

在前面的例子中提到,通过汇率把不同货币标价的同一种商品换成以相同的货币进行标价,可以比较不同国家商品价格的差异,所以当汇率发生变动时,各国商品的价格也会发生相应的变化,进而影响进出口贸易的变化。当本国货币相对于外国货币贬值时,本国的出口品(外国的进口品)变得相对便宜,外国的出口品(本国的进口品)变得相对昂贵(本币贬值有利于出口本国商品,但不利于进口外国商品)。当本国货币相对于外国货币升值时,本国的出口品(外国的进口品)变得相对昂贵,外国的出口品(本国的进口品)变得相对便宜(本币升值不利于出口本国商品,但有利于进口外国商品)。

举个例子,假设当汇率发生变化时,短期内毛衣在美国的价格暂未改变,还是50美元(不考虑税费的影响),如果人民币对美元的汇率从6.5元人民币/美元变为6元人民币/美元,即人民币升值了,对于中国消费者而言,原本需要花325元人民币购买的商品现在只需要花300元人民币,即本币升值使得从国外进口的商品变得更便宜,有利于进口商品,但此时,本国的出口商品在国际市场上更贵了。反之,如果人民币对美元的汇率变为7元人民币/美元,即人民币贬值了,则需要花费350元人民币才能买到该毛衣,对中国消费者而言商品变昂贵了,但此时中国商品在国际市场上的相对价格会下降,出口竞争力得到提升。

三、多边汇率

两个国家或两种货币间的汇率,在经济学上被称为双边汇率。为了衡量这种汇率水平的变动情况,需要计算出相应的双边汇率指数。双边汇率指数是指以两种货币间某一时点的汇率为基础(即基期汇率),计算出来的其他时期(即报告期)相对于基期的指数。其计算公式为:

$$双边汇率指数 = \frac{报告期汇率}{基期汇率} \times 100 \tag{2.2}$$

例如,以2021年为基期,2022年为报告期,可以计算出人民币对美元的双边汇率指数 $= \frac{7.279}{6.356} \times 100 = 114.5$。但在多国进行交易的情况下,一种货币可能在对某些货币贬值的同时,又对另一些货币升值了,比如人民币在对美元贬值的同时对日元、欧元等货币升值,那么这个时候是说人民币贬值了还是升值了呢?

有效汇率(Effective Exchange Rate)克服了双边汇率的不足,它是一种以某个变量为权重计算的加权汇率指数。有效汇率的计算首先以选定的变量为权重构建了一个包含多种货币的货币篮子,计算基期与当期之间一种货币相对于一篮子货币的汇率变化。货币篮子中币种的构成一般按照与本国经贸关系的密切程度来选择,一般选择双边贸易作为计算权重的基础。在此基础上还可以根据该国在世界经济中的地位、双边资本流动、直接投资等因素对权重进行调整。当权重以算术平均加权时有效汇率($E_{\text{effective}}$)的计算公式为:

$$本币的有效汇率 = \Sigma 本国货币对 i 国货币的汇率 \times \frac{本国同 i 国的贸易值}{本国全部对外的贸易值} \tag{2.3}$$

假设由 N 种货币组成了货币篮子,本国与 N 个国家的贸易可以表示为 Trade = Trade$_1$ + Trade$_2$ + ⋯ + Trade$_N$(Trade$_N$ 表示本国与第 N 个国家的贸易量)。将对应于每一种双边汇率变化的贸易权重考虑进来,本国的有效汇率($E_{\text{effective}}$)将根据如下的加权平均发生变化:

$$\frac{\Delta E_{\text{effective}}}{E_{\text{effective}}} = \frac{\Delta E_1}{E_1}\frac{\text{Trade}_1}{\text{Trade}} + \frac{\Delta E_2}{E_2}\frac{\text{Trade}_2}{\text{Trade}} + \cdots + \frac{\Delta E_N}{E_N}\frac{\text{Trade}_N}{\text{Trade}} \quad (2.4)$$

一般选取有代表性的国家来计算,例如对于中国:

$$\text{中-美 } E_1 \to E_1' \qquad \text{中-日 } E_2 \to E_2' \qquad \text{中-欧 } E_3 \to E_3'$$

人民币的有效汇率将根据如下的加权平均发生变化:

$$\frac{\Delta E_{\text{effective}}}{E_{\text{effective}}} = \frac{E_1' - E_1}{E_1}\frac{\text{Trade}_1}{\text{Trade}} + \frac{E_2' - E_2}{E_2}\frac{\text{Trade}_2}{\text{Trade}} + \frac{E_3' - E_3}{E_3}\frac{\text{Trade}_3}{\text{Trade}}$$

可以通过具体的例子来观察在参考不同货币篮子的情况下人民币汇率指数的走势。图 2-1 为根据中国外汇交易中心定期公布的 BIS 货币篮子(含 40 种货币)、CFETS 货币篮子(含 24 种货币)和 SDR 货币篮子(含 4 种货币)三个货币篮子计算的人民币汇率指数。如图所示,2020 年到 2021 年,人民币有效汇率逐步上升,将外币视作一个整体来讲,人民币的价值相对于外币逐步升高,但这并不意味着人民币对每一种外币都升值。三个货币篮子指数的涨幅差异与币种构成有关。其中,BIS 货币篮子较 CFETS 货币篮子多出 16 种货币,多数为新兴市场货币。

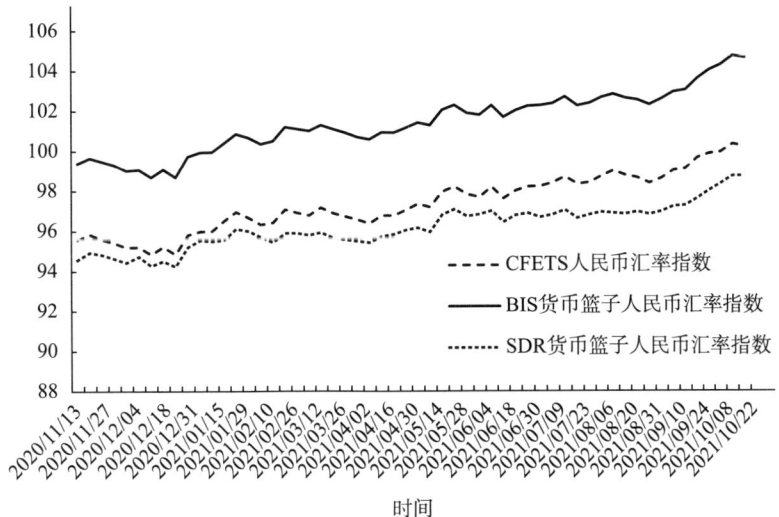

图 2-1 人民币汇率指数

 阅读材料

在 2015 年 8 月 11 日实行的人民币汇率中间价定价机制改革之后,为了减少美元对人民币汇率形成和外汇储备变动的影响,降低人民币对单一美元的依赖,中国外汇交易中心正式发布了参考国际清算银行(Bank for International Settlements, BIS)货币篮子计算的人民币汇率指数、中国外汇交易中心(China Foreign Exchange Trade System, CFETS)货币篮子计算的人民币汇率指数以及特别提款权(Special Drawing Rights, SDR)货币篮子计算

的人民币汇率指数。人民币汇率指数的推出使人民币汇率的参考目标从单一钉住美元转向钉住一篮子货币。

BIS货币篮子人民币汇率指数：BIS货币篮子人民币汇率指数的计算主要参考BIS货币篮子，该货币篮子包括美元、欧元、日元、韩元、新台币等40种货币，样本货币权重采用BIS货币篮子权重。对于中国外汇交易中心挂牌交易人民币外汇币种，样本货币取价是当日人民币外汇汇率中间价和交易参考价，对于非中国外汇交易中心挂牌交易人民币外汇币种，样本货币取价是根据当日人民币对美元汇率中间价和该币种对美元汇率套算形成的。指数基期是2014年12月31日，基期指数是100点。指数计算方法是几何平均法，即：

$$e_{\text{BIS}} = \sqrt[\sum_{i=1}^{40} f_i]{\prod_{i=1}^{40} e_i^{f_i}}, E_{\text{BIS}} = \frac{e_{\text{BIS}_t}}{e_{\text{BIS}_0}} \times 100 \tag{2.5}$$

E_{BIS}为BIS货币篮子人民币汇率指数，e_{BIS}为某一期BIS货币篮子人民币汇率，f_i为BIS货币篮子中第i种货币的权重，e_i为BIS货币篮子中第i种货币以人民币直接标价的汇率。

CFETS人民币汇率指数参考了CFETS货币篮子，货币篮子具体包括中国外汇交易中心挂牌的人民币对各外汇交易币种，包含美元、欧元、日元、韩元、澳大利亚元等24种货币，样本货币权重采用考虑转口贸易因素的贸易权重法计算而得。样本货币取价是当日人民币外汇汇率中间价。指数基期是2014年12月31日，基期指数是100点。指数计算方法是几何平均法，即：

$$e_{\text{CFETS}} = \sqrt[\sum_{i=1}^{24} f_i]{\prod_{i=1}^{24} e_i^{f_i}}, E_{\text{CFETS}} = \frac{e_{\text{CFETS}_t}}{e_{\text{CFETS}_0}} \times 100 \tag{2.6}$$

E_{CFETS}为CFETS人民币汇率指数，e_{CFETS}为某一期CFETS人民币汇率，f_i为CFETS货币篮子中第i种货币的权重，e_i为CFETS货币篮子中第i种货币以人民币直接标价的汇率。

SDR货币篮子人民币汇率指数：SDR货币篮子人民币汇率指数主要参考SDR货币篮子，包括美元、欧元、日元、英镑这4种货币，样本货币权重由各样本货币在SDR货币篮子的相对权重计算而得。样本货币取价是当日人民币外汇汇率中间价。指数基期是2014年12月31日，基期指数是100点。指数计算方法是几何平均法，即：

$$e_{\text{SDR}} = \sqrt[\sum_{i=1}^{4} f_i]{\prod_{i=1}^{4} e_i^{f_i}}, E_{\text{SDR}} = \frac{e_{\text{SDR}_t}}{e_{\text{SDR}_0}} \times 100 \tag{2.7}$$

E_{SDR}为SDR货币篮子人民币汇率指数，e_{SDR}为某一期SDR货币篮子人民币汇率，f_i为SDR货币篮子中第i种货币的权重，e_i为SDR货币篮子中第i种货币以人民币直接标价的汇率。

第二节　汇率制度

表2-1展示了在国际市场上大量流通的几种货币的汇率。第（1）栏至第（3）栏列出的是2021年12月31日的汇率。例如，第（1）栏显示在2021年12月31日，1美元可兑换1.26加元、9.04瑞典克朗、0.88欧元等。作为对比，第（4）栏至第（6）栏列出的是2020年12月31日的汇率。

表 2-1 主要汇率

国家或地区（货币）	货币符号	汇率 2021年12月31日			汇率 2020年12月31日		
		（1）	（2）	（3）	（4）	（5）	（6）
		每美元	每欧元	每英镑	每美元	每欧元	每英镑
加拿大（加元）	C$	1.26	1.44	1.71	1.27	1.55	1.74
丹麦（克朗）	DKr	6.54	7.44	8.85	6.09	7.44	8.33
欧元区（欧元）	€	0.88	—	1.19	0.82	—	1.12
日本（日元）	¥	115.08	130.82	155.69	103.24	126.09	141.16
挪威（克朗）	NKr	8.81	10.01	11.91	8.58	10.48	11.73
瑞典（克朗）	SKr	9.04	10.28	12.23	8.21	10.03	11.23
瑞士（法郎）	SFr	0.91	1.04	1.23	0.89	1.08	1.21
英国（英镑）	£	0.74	0.84	—	0.73	0.89	—
美国（美元）	$	—	1.14	1.35	—	1.22	1.37

资料来源：Refinitiv。

通过以上引例以及上一小节的介绍，可以明白汇率是波动的，有上升和下降。在一天之内，在几个小时甚至几分钟内，汇率都可能会发生相当大的变化。一年内，它们可能就会沿某一方向大幅变动，不同的汇率制度之下汇率会产生不同的波动。汇率制度是指各国或国际社会对于确定、维持、调整与管理汇率的原则、方法、方式等所做出的系统规定。而任何有关汇率决定因素的完整理论，都必须考虑汇率不同的变动和它的变动模式，在这一节中我们将对各种汇率制度及其分类进行简单的介绍。

一、汇率制度的分类

根据上述对于汇率制度的介绍，可以知道不同的汇率制度下汇率的波动会有不同的表现。一年内，汇率可能就会沿着某一方向大幅变动，也有可能在很长的一段时间内对于某国的货币保持长期的稳定。大体而言，可按照上述所提到的汇率的变动幅度，粗略地将汇率制度分为两大类型，也就是固定汇率制和浮动汇率制。

固定汇率制（Fixed Exchange Rate Regime）是指在一个相当长的时期内（通常是一年或更长），一国对某外国货币或其他货币的汇率在狭小范围内进行波动（或完全不波动）的情形。显然，只有一国或两国政府干预外汇市场时，一国汇率才能在很长时间内保持固定不变。

浮动汇率制（Floating Exchange Rate Regime）是指一国货币对另一国货币在外汇市场上根据供求关系自由波动的情形。也就是说一国货币当局不再规定本国货币与外国货币比价和汇率波动的幅度，货币当局也不承担维持汇率波动界限的义务，而是使汇率随外汇市场供求变化自由波动的一种汇率制度，即一国汇率在一个较大范围内波动，政府不想固定本国对其他任何基础货币的汇率。货币每时每刻都在发生升值或贬值。

综上所述,应该如何区分货币采用的是固定汇率制还是浮动汇率制呢?通常来说,如果一国汇率在短期内可以明显看到较大的浮动,那就可以初步判断其为浮动汇率制;如果一国汇率在一段时期内都稳定在一个较小的区间内,便可初步判断其为固定汇率制。然而对于一些采用浮动汇率制的国家,一段时间内,平稳的外汇供求关系同样也会使汇率稳定在一个区间内,因此这个经验法则只能作为一个简单的判断标准,具体的实际汇率制度还要结合多方面的因素来判断。

二、汇率制度分类的细化

上面粗略地向大家介绍了固定汇率制和浮动汇率制的基本定义与特点,然而现实生活中的汇率制度远不止这两种,因此接下来我们会对不同的汇率制度进行细致划分,从最具刚性的汇率制度到最具弹性的汇率制度,都会向大家进行介绍,并举例说明。

首先是几种较为严格的固定汇率制,在这种情况下还可以根据国家是否有发行货币的主权再分成两个种类。

其一,对于有发行货币主权的国家或地区来说,有一种严格固定的汇率制度,也就是货币局(Currency Board)或称货币局制度,这是一种具有特殊的旨在"更严格地"(即更持久地)钉住汇率的法律与程序规则的固定汇率制。货币局制度是指政府以立法形式明确规定,承诺本币与某一确定的外国货币之间可以以固定比率进行无限制兑换,并要求货币当局确保这一兑换义务实现的汇率制度。它有两项基本原则:一是本国货币钉住一种强势货币,与之建立货币联系,此强势货币为锚货币;二是本国通货的发行以外汇储备,特别是锚货币的外汇储备为保证,保证本国货币与外币随时可按固定汇率兑换。中国香港地区的联系汇率制就是一种货币局制度,港币的发行权由三家商业银行执行,由金融管理局对货币的发行进行监管。现在市场上流通的每一港币,都有100%的美元外汇储备提供保障。从图2-2中可以看到,自1983年10月17日开始实行联系汇率制起,港币对美元的汇率变化幅度始终保持在一个极小的范围之内。

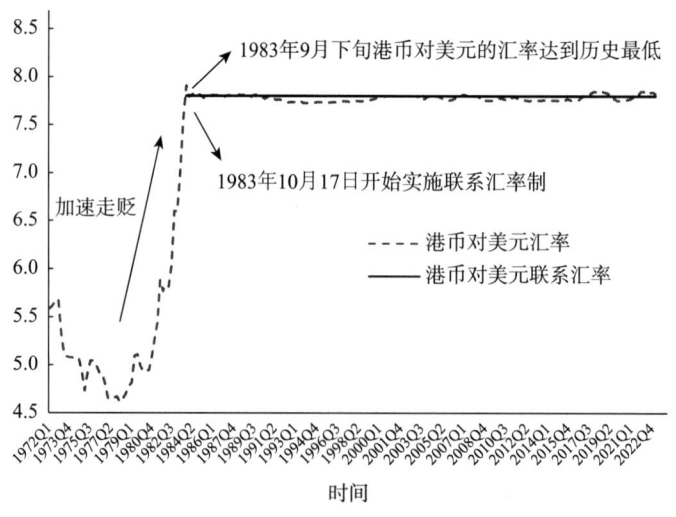

图2-2 港币对美元的汇率

其二，有些国家自身并没有独立的发行货币的主权，在这种情况下它们的货币汇率也是以一种硬钉住的形式展现的。一种情况是，一群经济体同意形成一个货币联盟并采用共同货币。在货币联盟条件下，存在对成员负责的单一中央银行或货币当局那样的跨国结构。最典型的货币联盟的一个例子是欧元区，欧元区内的国家没有自己独立的货币和货币政策。其他货币联盟包括非洲金融共同体和太平洋金融共同体法郎区（由在非洲和太平洋地区的一些前法国殖民地组成）以及有6个成员的东加勒比货币联盟。另一种情况是，单个经济体把另一国货币作为自身的货币，从而实行美元化（Dollarization）。美元化是指一个国家居民在其资产中持有相当大的一部分美元资产，且美元大量进入流通领域，具备货币的全部或部分职能，并逐步取代本国货币，成为该国经济活动的主要媒介。在完全的美元化制度下，国家完全放弃了自己的货币，并且它们不是和贸易伙伴共同使用一种货币，而是直接使用美元，这种制度的缺点是丧失了自己独立制定利率和汇率政策来适应国内情况的主权。实行美元化制度一般都是因为公民对中央银行完全失去信心，也不期望中央银行将来会变好。例如，1999年，厄瓜多尔油价持续下跌，再加上国内超高的通货膨胀率，国际局势动荡而自身的经济基础很差，使得国家对于风险的抵抗能力非常差，民众对于中央银行以及国家的经济失去了信心，进而实行废除本国货币苏克雷，改用美元的货币制度。

其次是兼具浮动与固定两种汇率制度特征的中间汇率制。中间汇率制是指介于固定汇率制与浮动汇率制之间的汇率制度，包括水平区间钉住汇率制、爬行钉住汇率制、爬行区间钉住汇率制等。其中水平区间钉住是指使汇率的浮动稳定在不小于±1%或最大值和最小值之差不小于2%的区间之内；爬行钉住是指本国货币以固定速率小幅调整，或者根据某些指标进行调整（如国家间通货膨胀率之差等）；爬行区间钉住是指在爬行钉住的基础之上将固定的小幅增长速率稳定在一个固定的区间之内。除了以上几种，IMF的分类法中还囊括了其他的一些分类，例如类爬行安排（Crawl-like Arrangement）、稳定安排（Stabilized Arrangement）等。这些钉住往往通过一国的直接干预（即通过在市场上出售或购买外汇）或间接干预（例如通过使用与汇率相关的利率政策、实施外汇法规等）来维持与实现。下面通过印度的汇率制度进行举例说明。

印度汇率制度自1993年汇率并轨起便实行以市场供求为基础、参考一篮子货币进行调节、有管理的浮动汇率制度。从图2-3中可以看出虽然其汇率一直在不断波动，但能够保证在较长一段时间内的波动控制在一定范围内。如2014—2017年印度卢比对美元的汇率一直维持在0.015左右。

最后是自由浮动（Free Float）汇率制度。图2-4展示的是1995—2024年日元对美元的汇率。可以看到，日元与美元是一种浮动关系。汇率每天都在上下波动，汇率波动的频率非常大。这种浮动汇率制被称为自由浮动的汇率制度。在自由浮动的汇率制度下，货币当局对汇率的波动不加干预，汇率随外汇市场供求关系的变化而自由涨跌。因此从图2-4中可以看到无论是短期内的小幅高频波动，还是长期中的汇率整体波动都是实实在在发生的，最大限度上反映出汇率市场上供求关系的变动。这也正是将这种浮动叫作自由浮动的原因。

图 2-3 印度卢比对美元的汇率

图 2-4 日元对美元的汇率

资料来源：联邦储备经济数据。

世界各国和地区汇率制度的最新分类如表 2-2 所示。

表 2-2 世界各国和地区的汇率制度

硬钉住（25）	无独立法定货币的汇率制度（14）：安道尔，厄瓜多尔，萨尔瓦多，基里巴斯，科索沃，马绍尔群岛，密克罗尼西亚，黑山，瑙鲁，帕劳，巴拿马，圣马力诺，东帝汶，图瓦卢 货币局制度（11）：安提瓜和巴布达，波斯尼亚和黑塞哥维那，文莱，保加利亚，吉布提，多米尼克国，格林纳达，中国香港，圣基茨和尼维斯，圣卢西亚，圣文森特和格林纳丁斯
软钉住（92）	传统的钉住制度（40）：阿鲁巴，巴哈马，巴林，巴巴多斯，伯利兹，贝宁，不丹，布基纳法索，佛得角，喀麦隆，中非共和国，乍得，科摩罗，刚果共和国，科特迪瓦，库拉索和圣马丁，丹麦，赤道几内亚，厄立特里亚，斯威士兰王国，斐济，加蓬，几内亚比绍共和国，伊拉克，约旦，莱索托，利比亚，马里，纳米比亚，尼泊尔，尼日尔，阿曼，卡塔尔，

(续表)

	萨摩亚,圣多美与普林西比,沙特阿拉伯,塞内加尔,多哥,土库曼斯坦,阿拉伯联合酋长国 在水平区间内钉住(1):摩洛哥 爬行钉住(3):博茨瓦纳,洪都拉斯,尼加拉瓜 类爬行安排(24):阿富汗,阿根廷,布隆迪,中国内地,刚果民主共和国,哥斯达黎加,多米尼加共和国,埃塞俄比亚,加纳,几内亚,老挝,马拉维,毛里塔尼亚,莫桑比克,菲律宾,罗马尼亚,卢旺达,所罗门群岛,南苏丹,瑞士,突尼斯,乌兹别克斯坦,越南,赞比亚 稳定安排(24):阿尔及利亚,阿塞拜疆,孟加拉国,玻利维亚,柬埔寨,克罗地亚,埃及,冈比亚,危地马拉,圭亚那,伊朗,黎巴嫩,马尔代夫,蒙古,尼日利亚,北马其顿共和国,巴布亚新几内亚,塞尔维亚,新加坡,苏丹,苏里南,塔吉克斯坦,坦桑尼亚,特立尼达和多巴哥
浮动汇率制(64)	浮动汇率制度(32):阿尔巴尼亚,安哥拉,亚美尼亚,白俄罗斯,巴西,哥伦比亚,格鲁吉亚,匈牙利,冰岛,印度,印度尼西亚,以色列,牙买加,哈萨克斯坦,韩国,马达加斯加,马来西亚,毛里求斯,摩尔多瓦,新西兰,巴基斯坦,巴拉圭,秘鲁,塞舌尔,南非,斯里兰卡,泰国,土耳其,乌干达,乌克兰,乌拉圭,也门 自由浮动汇率制度(32):澳大利亚,奥地利,比利时,加拿大,智利,塞浦路斯,捷克,爱沙尼亚,芬兰,法国,德国,希腊,爱尔兰,意大利,日本,拉脱维亚,立陶宛,卢森堡,马耳他,墨西哥,荷兰,挪威,波兰,葡萄牙,俄罗斯,斯洛伐克,斯洛文尼亚,索马里,西班牙,瑞典,英国,美国
其他(12)	其他管理安排(12):海地,肯尼亚,科威特,吉尔吉斯斯坦,利比里亚,缅甸,塞拉利昂,叙利亚,汤加,瓦努阿图,委内瑞拉,津巴布韦

资料来源:IMF公布的《汇兑安排与汇兑限制年报(2021)》。

三、不同的汇率制度分类方法

实际上,现实的汇率制度之间的区别不可能这么明确。因此,确定一国汇率制度是固定汇率制度还是浮动汇率制度,关键是看政府有没有直接大规模干预外汇市场。举个简单的例子:自布雷顿森林体系崩溃后,许多发达国家开始采用浮动汇率制度,而很多发展中国家仍然实行固定汇率制度。因此人们可能下意识认为发达国家的汇率变动幅度要大一些,而发展中国家的汇率变动幅度要小很多,然而事实并不符合人们的预期。图2-5呈现的是发展中国家阿根廷和发达国家日本近年来的汇率变动情况。如图2-5所示,作为实行固定汇率制度的阿根廷,由于国内不断上涨的物价水平以及巴西带来的出口竞争压力,阿根廷不得不放宽对美元钉住的货币局制度,而这也致使其汇率大幅波动,并在不断的经济冲击下走向崩溃。反观日本,其实行的是浮动汇率制度,但其汇率波动却相当平稳。

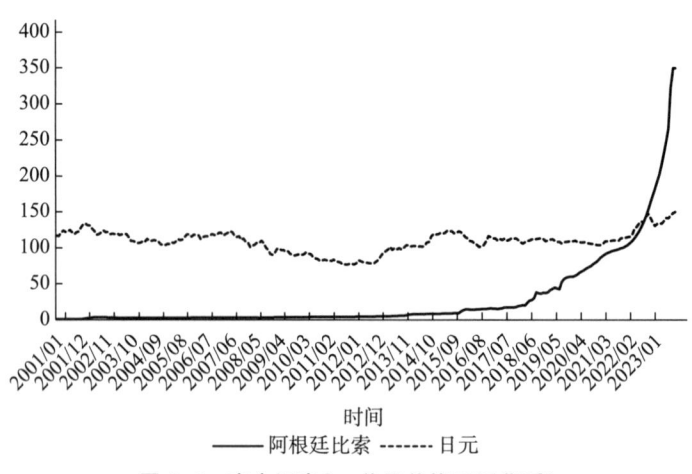

图 2-5 官方汇率（一美元兑换不同货币）

资料来源：联邦储备经济数据。

由此可以引入法定汇率制度与事实汇率制度的概念。IMF 根据一国宣称的汇率制度确定该国的汇率制度，这种汇率制度被称为法定汇率制度。在某种程度上，如果一国以前遵循其法定汇率制度，那么法定汇率制度可以被认为是其汇率未来表现的一个参考指标。然而现实中，许多国家实际所采用的汇率制度与其官方宣称的汇率制度之间往往存在较大差异。例如，很多宣称采用浮动汇率制度的国家往往频繁地采用各种手段来影响汇率水平，其对汇率的控制结果实际上与那些采用固定汇率制度的国家一致。基于这一事实，从 20 世纪 80 年代开始，研究者们着手探讨各国实际采用的事实汇率制度。与官方宣称的汇率制度分类不同，事实汇率制度是根据实际观察到的汇率的波动情况来进行分类的汇率制度。相比法定汇率制度分类而言，事实汇率制度分类可以更好地反映实际情况，但该分类会受到诸如变量选择的影响，例如，在对汇率灵活程度的衡量中，是选择双边汇率还是多边汇率；在分类指标中，是否考虑外汇储备、利率以及国内价格水平等相关影响因素，等等。因此，选择不同的衡量因素得到的事实分类结果会存在差异，根据这些分类结果进行研究而得出的结论也会大相径庭。

现实中，常见的事实汇率制度分类法包括 IMF 事实分类法、RR 分类法等。其中，IMF 事实分类法是基于汇率弹性的程度、对汇率变化管制的承诺等因素对汇率制度进行分类的，并将汇率制度分类与货币政策框架联系在一起；RR 分类法由 Reinhart 和 Rogoff 于 2002 年提出，他们结合官方宣称的汇率制度、通货膨胀率等因素，按照汇率弹性从小到大排序，将汇率制度细分为 15 种。

除去实际汇率制度与法定汇率制度不符的情况，判断一个国家采用的是浮动汇率制还是固定汇率制，并不能单单从汇率长期的变化幅度来看。例如从图 2-5 中截取一段时间来看就会发现：宣称实行固定汇率制的国家能够使汇率在一段时间内保持稳定，并且汇率的时间曲线也会呈现为很细的长直线，不存在任何短期内的小幅波动，而是固定在某一数值之上。那些宣称实行浮动汇率制的国家，虽然从长期来看，其汇率波动幅度很小，但是汇率每时每刻都在变化。

第三节　外汇市场

外汇市场(Foreign Exchange Market)是指进行外汇买卖的交易场所,是由外汇供给者、外汇需求者以及买卖外汇的中介机构所构成的交易系统。外汇市场按组织形式,可以划分为抽象市场和具体市场。抽象市场又称无形市场,它没有具体的交易场所,没有统一的交易时间,买卖双方也不是面对面地进行交易,所有交易都是通过电话、电报、电传以及其他通信工具进行的。英国、美国、加拿大、瑞士等国家的外汇市场均采取这种方式,因此这种方式被称为英美体制,它是外汇市场的主要组织形式。具体市场又称有形市场,在有形市场上,外汇交易者于每个营业日规定的营业时间内集中在交易所进行交易,这也是德国、法国、荷兰、意大利等国遵循的传统的国际汇兑方式。由于这种方式只流行于欧洲大陆,因而被称为大陆体系。采用这种方式进行交易的交易目的非常有限,主要用于调整即期的外汇头寸,决定与顾客交易的公平汇率。

一、外汇市场概述

外汇市场的参与者众多,了解这些主要参与者,能够更好地认识外汇市场的主体活动。首先,这些参与者中,中央银行扮演着重要的角色。具体而言,各国政府为了防止因国际短期资金大规模流动对外汇市场产生猛烈冲击,往往通过中央银行对外汇市场进行干预,即在外汇短缺时大量抛售,外汇过多时大量买入,从而使本币汇率不至于发生过于剧烈的波动。

其次,外汇银行也是参与外汇市场的重要组成部分。外汇银行又叫外汇指定银行,是指经过本国中央银行批准,可以经营外汇业务的商业银行或其他金融机构。外汇银行可以分为三种类型:专营或兼营外汇业务的本国商业银行,在本国的外国商业银行分行,其他经营外汇买卖业务的本国金融机构(如信托投资公司等)。银行间外汇市场在外汇交易中扮演着重要的角色。以我国为例,根据国家外汇管理局公布的数据,2020—2021年我国平均每月外汇交易量接近20万亿元人民币,其中银行间外汇市场平均每月的交易量约为15万亿元人民币,占总交易量的70%以上。日常中,银行间外汇市场的交易量大于中央银行,但在汇率危机时,中央银行为了维护本国汇率的相对稳定,其交易量远远大于外汇银行间的交易量。

再次是外汇经纪人。外汇经纪人是指为外汇交易双方介绍交易以获得佣金的中间商人。其主要任务是利用已掌握的外汇市场的各种行情和与银行的密切关系,向外汇买卖双方提供信息,以促进外汇交易的顺利进行。

最后是进出口商及其他外汇供求者。进出口商从事进出口贸易活动,是外汇市场上外汇主要的和实际的需求者和供给者。其他的外汇供求者是指银行、进出口商之外的客户,主要指由运费、保险员差旅费、留学费、赠款、外国有价证券买卖、外债本息收付、政府及民间私人贷款以及由其他原因产生外汇供给者和需求者。

参与者活跃在世界上的外汇市场中。外汇市场主要包括伦敦外汇市场、纽约外汇市场、新加坡外汇市场和香港外汇市场。伦敦外汇市场一直是世界最大的外汇交易中心,对世界外汇市场走势有着重要的影响。作为世界上最悠久的国际金融中心,伦敦外汇市场的形成和发展也是全世界最早的。纽约外汇市场是北美洲最活跃的外汇市场,同时也是世界第二大外汇交易中心、全球美元交易的清算中心,对世界外汇走势有着重要的影响。得益于其独特的地理位置,新加坡外汇市场获得迅速发展,并在2013年挤下东京外汇市场,成为全球第三大外汇交易中心,且外汇交易量仅次于伦敦外汇市场和纽约外汇市场。香港外汇市场在世界外汇交易排名中处于第四位,是亚洲第二大外汇交易中心。香港外汇市场是20世纪70年代以后发展起来的国际性外汇市场。自1973年香港取消外汇管制后,国际资本大量流入,经营外汇业务的金融机构不断增加,外汇市场越来越活跃,香港外汇市场由此发展成为国际性的外汇市场。从时间上看,以上四大外汇市场在一天的营业时间能相互衔接。伦敦早晨8时是香港的下午4时,伦敦外汇市场可与新加坡、香港等远东外汇市场的尾市衔接,而开盘不久,便可与中东、非洲以及欧洲大陆的外汇市场进行外汇交易。伦敦下午3时正是纽约上午10时,又可与纽约外汇市场进行交易。

二、离岸市场与汇率

在岸市场(Onshore Market),也就是指传统的国内市场,即金融机构从事的金融活动是要受到货币发行国中央银行管辖、干预的。离岸市场(Offshore Market)是指主要为非居民提供境外货币借贷服务的国际金融市场,亦称境外金融市场,其特点可简单概括为市场交易以非居民为主,基本不受所在国法规和税制限制。世界主要的离岸金融市场包括伦敦、纽约、香港等地,以及一些岛屿国家或地区,如开曼群岛、维尔京群岛和百慕大群岛等。

欧洲货币市场(Euro-currency Market)指欧洲银行在不受当地金融当局监管的条件下,从事以各种境外货币定值的存贷业务及其他金融交易的场所。作为离岸金融市场的一个核心组成部分,欧洲货币市场是非居民以银行为中介在某种货币发行国之外开展借贷活动的场所,而离岸金融市场只需要是非居民之间的交易即可。

欧洲货币市场的形成可以追溯到20世纪50年代。当时,美国在朝鲜战争中冻结了中国存放在美国的资金,苏联和东欧国家为了本国资金的安全,将原来存在美国的美元转存到开设在欧洲的商业银行,这即是最初的欧洲美元;同时,英国政府为了重建英镑的地位,在对英镑区以外的英镑贷款实施严格外汇管制的同时,却准许伦敦的商业银行接受美元存款并发放美元贷款,从而在伦敦开放了以美元为主体的外币交易市场。这些因素促进了欧洲货币市场的形成。1973年和1979年,石油输出国组织两次大幅度提高油价,从而获得了巨额国际收支盈余,积累了大量石油美元,这些国家把石油美元投放到欧洲美元市场获利,使得欧洲美元市场存款总额急剧增加,市场规模迅速扩大。同时,因油价上涨而产生国际收支逆差的石油进口国纷纷向欧洲美元市场举债,形成欧洲美元的现实需求方。因此,石油美元充实和扩大了欧洲美元市场。其他欧洲货币是在美元危机中逐渐形成的。自20世纪60年代以来,美元的霸权地位日益衰落,抛售美元、抢购黄金或其他硬通货的风潮频繁发生。而各国的企业与投机商,以及西方各国中央银行所掌握的外汇储备,绝大部分是美元。因此,它们在金融业务中必须遵循谨慎行事这一最简单的原则,使它们的外汇储备构成多样化。外汇储备多样化的过程，必然导致美元在国际市场的价格下降。美元价格下降，又会使大量持有美元的外国企业以及各国中央银行的储备头寸价值下降。在外汇储备多元化的过程中，人们动摇了对美元的信心，致使当时国际市场上的硬通货，如联邦德国马克、瑞士法郎、日元等，身价倍增，成为被抢购的对象。再加上有些国家对非本国居民储户存入所在国货币施加种种限制，而对外国货币不加限制或限制较少，形成了"欧洲德国马克""欧洲瑞士法郎"等其他欧洲货币。最初的欧洲美元市场也就逐渐发展成为欧洲货币市场了。同时，欧洲货币市场的范围也在不断扩大，它的地区分布扩展至亚洲、北美洲和拉丁美洲。

在欧洲货币市场上交易的货币统称为欧洲货币。最早的欧洲货币几乎全都是欧洲美元。欧洲美元是指存放在美国境外各家银行（主要是西欧国家的银行，包括美国的商业银行设在欧洲的分行）里的不受美国政府法令限制的美元存款，以及这些银行所提供的美元贷款。任何可自由兑换的货币都能以"欧洲货币"的形式存在，除欧洲美元以外，还有欧洲日元（即在日本境外所吸收的日元存款和提供的日元贷款）、欧洲英镑（即在英伦三岛以外，欧洲大陆国家的银行及其他金融机构所借贷的英镑）等。凡是从事欧洲货币借贷业务的银行都被称作欧洲银行（包括美国银行设在欧洲的分行）。

欧洲货币市场主要由短期资金借贷市场、中长期资金借贷市场和欧洲债券市场组成。短期资金借贷市场是指在欧洲货币市场上借贷期限在1年以内所形成的市场。中长期资金借贷市场则是指在欧洲货币市场借贷期限大于1年所形成的市场。工业化国家的大型工商企业、地方政府、团体以及一些国际组织，为了筹措中长期资金，在欧洲货币市场上发行的以市场所在国以外的货币所标示的债券被称为欧洲债券，该市场即为欧洲债券市场。

欧洲货币市场具有市场自由、资金规模大、不受地理条件限制、拥有独特的利率体系等特点。具体而言，主要包括以下几个方面：第一，欧洲货币市场经营非常自由，不受任何国家政府管制和税收限制，其借贷用途不受限制；第二，资金规模极其庞大，交易品种繁多，可兑换货币种类齐全，除美元、日元、英镑、瑞士法郎等币种外，发展中国家的货币也频繁出现；第三，不受地理条件限制，如今更凭借现代化的网络体系形成了全球性的统一市场；第四，拥有独特的利率结构体系，其存款利率较高，放款利率较低，存放款利率差额很小，这是因为它不受法定准备金和存款利率最高额限制。因此，欧洲货币市场对存款人和借款人都具有吸引力。如今，随着各国金融市场的逐渐放开，资金流动性加强，欧洲货币市场的存贷利差优势有所削弱，但由于欧洲货币市场的交易者多为政府、跨国公司等高信誉团体，降低了交易风险，因此仍吸引着大批交易者进入该市场。

阅读材料

从主要货币国际化经验来看，货币国际化的过程总伴随着离岸市场的不断发展壮大。作为我国对外开放战略的重要组成部分，人民币国际化进程同样离不开人民币离岸市场，即我国境外可经营人民币存、贷款业务的市场的支持。对此，我国政府实施了跨境贸易人民币结算试点，迅速推动了香港人民币离岸金融市场的发展，并成功地将人民币跨境使用扩大到新加坡、伦敦等全球金融中心。离岸市场上人民币与其他货币的兑换价格,也被称为离岸人民币汇率(CNH)。这里的"H"最初指香港(Hong Kong),但随着离岸人民币市场的不断扩大,现在的"H"也泛指海外。在岸人民币市场是与离岸人民币市场相对的概念,在岸人民币汇率(CNY)是指中国境内的人民币即期汇率,由中国人民银行授权中国外汇交易中心公布。在岸和离岸市场的参与主体、定价机制等方面均存在显著差异,进而形成了不同的价格体系。具体地,在岸市场参与主体包括中央银行、境内银行等,而离岸市场参与主体主要由一些境外金融机构、贸易商组成;汇率定价机制上,在岸人民币汇率在一定程度上受到中央银行的严格监管,离岸人民币汇率受限较少,受国际因素,特别是海外经济金融局势的影响较大。由于汇率定价机制存在差异,加上我国的资本账户尚未完全开放,因此,在岸人民币汇率和离岸人民币汇率存在一定的价差。尽管如此,境内外人民币资金通过跨境贸易让人民币结算等多种渠道基本实现了跨境双向流动,跨境资金流动的增长显著增强了人民币在岸市场与离岸市场的联系,使得在岸与离岸市场的人民币汇率价差逐渐收窄。

三、外汇衍生品

最简单的外汇交易是双方之间用一种货币即刻兑换另一种货币。这种交易被称为即期合约(Spot Contract),因为它是"当场"发生的。相应地,这种交易所使用的汇率通常被称为即期汇率(Spot Exchange Rate)。在本书中,"汇率"一词通常指即期汇率。即期交易几乎是没有风险的。除此之外,外汇交易合约还包括外汇远期合约、外汇掉期、外汇期货和外汇期权。这些相关的外汇合约被统称为衍生品(Derivatives),因为这些合约和定价都是由即期汇率衍生而来的。

外汇远期合约(Forward Contract)不同于即期合约,是指由外汇买卖双方先签订合约,约定在未来某一特定时间按照协议汇率(远期汇率)进行外汇实际交割的外汇交易合约。交割日期(或者称为到期日)依合约不同而不同,可以分为30日、90日、6个月、1年或者更长时间。然而,由于价格是按今天的价格固定的,因此合约不承担风险。

例2-1 某企业在2022年6月1日时预计未来一个月将有一笔美元支出,为规避汇率波动风险,该客户与银行进行200万欧元的外汇远期交易,约定1个月后卖出欧元买入美元,远期汇率为1欧元兑换1.1美元。在签订交易协议、落实客户相关交易担保手续、提交交易申请书、银行向客户进行充分的风险揭示后,交易开始执行。在产品到期时,客户与银行正常交割,若客户无资金进行交割,则需委托银行进行违约、展期等,银行也可以根据具体情况进行强制平盘。到期时市场上欧元兑换美元汇率为1欧元兑换1.043美元,而客户按照与银行事先约定的1欧元兑换1.1美元的汇率进行交割,可以比按实际的汇率交割多获得$200 \times 1.1 - 200 \times 1.043 = 11.4$万美元。该笔交易保证了一个月后当欧元贬值导致1欧元兑换的金额少于1.1美元时,客户都能按照1.1美元/欧元的汇率进行交割,这相当于提前锁定了汇率变动的风险。

外汇掉期合约(Swap Contract)是指将币种相同但交易方向相反、交割日不同的两笔或两笔以上的外汇交易结合起来进行交易的合约。常见的形式是交易双方约定即期以货币A交换一定数量的货币B,并以约定价格在未来的约定日期用货币B反向交换同样数量的货币A。外汇掉期是有效的外汇风险规避工具,且交易成本较低。

例2-2 某企业为出口加工型企业,在2021年10月需支付1 000万美元购买机器设备,同时预计在2022年3月初有一笔约1 000万美元的出口收入。当时,该企业的人民币资金较充裕而美元资金紧张,且预测未来五个月内美元会贬值,为了解决自身美元收入、支出的时间匹配问题并规避外汇风险,该企业可以于2021年10月1日与银行进行一笔人民币外汇掉期交易。交易流程包括银行与客户签订交易协议,提交交易申请,执行交易,在到期日进行资金交割等。交易方向为企业换入1 000万美元,同时在到期日2022年3月1日换出1 000万美元。根据即期汇率1美元兑换6.4452元人民币,客户为换入美元需支付人民币6 445.2万元;如果10月份银行的5个月掉期报价50个基点,那么客户可在到期日换回(6.4452 + 0.0050)× 1 000 = 6 450.2万元。

如果该企业没有与银行进行该掉期交易,而是采用交易日即期购汇、到期日即期结汇的方式满足管理头寸的需求,并且到期日当天的美元对人民币汇率为1美元兑换6.3116元人民币,则该企业可用1 000万美元结汇6 311.6万元。因此在这种情况下,该笔掉期交易在满足该企业自身外币头寸调剂需求的基础上,还为其创造了6 450.2 - 6 311.6 = 138.6万元的汇兑收益。

货币互换(Currency Swap)是指将一种货币的本金和固定利息与另一种货币的等价本金和固定利息进行交换的合约。与外汇掉期不同的是,货币互换在合约期初先将不同货币的本金交换,在合约期内交换不同的货币利息,在合约到期时再换回原先的本金,在某些情况下,合约到期日也可不必交换本金和利息,而只需支付净差价。货币互换产生的主要原因在于合约双方在各自国家中的金融市场上具有比较优势。

例2-3 中央银行间的本币互换协议是指一国(或地区)的中央银行(或货币当局)与另一国(或地区)的中央银行(或货币当局)签订一份协议,约定在一定的条件下,任何一方都可以用一定数量的本币交换等值的对方货币,用于双边贸易投资结算或为金融市场提供短期流动性支持,到期后双方换回本币,资金使用方同时支付相应的利息。通过协议,任何一方都可以发起交易,以一定数量的本币交换等值的对方货币。互换的发起和收回都为本币,并不承担汇率风险。以对方中央银行发起动用我方人民币为例,本币互换发起动用流程如下:首先,对方中央银行向中国人民银行发起互换申请,约定到期日期与条件;接着,两方中央银行按照交易日当期汇率交换等值对方货币;之后,在互换发起后,协议双方将定期根据最新双边汇率调整互换金额,降低因某一方货币汇率波动引起的质押物减值风险;最后,在到期日时双方互换回本金并向对方支付利息。2008年以来,我国不断推动对外货币合作,与境外中央银行或货币当局的本币互换合作成效显著。目前,我国已与韩国、马来西亚、瑞士、俄罗斯等32个国家和地区的中央银行或货币当局签署了双边本币互换协议,总金额超过3.1万亿元人民币。

外汇期权(Option)赋予买方,在未来某一天以预先约定的汇率买入(看涨)或卖出(看跌)一种货币以换取另一种货币的权利。在买方要求行使这种权利时卖方必须履行这种交易,但是买方没有交易的义务,尤其是在到期日的即期价格对买方更为有利时买方就不会行使这种权利。外汇期货合约(Futures Contract)是指持有合约的双方在未来某个日期以预先约定的汇率彼此进行外汇交割的承诺,就像远期合约一样。但与远期合约不同的是,期货合约是标准化的,在某个指定日期到期前,可以在一个有形的期货交易所进行交易。因此,期货合约并不要求交割之日的双方与最初进行交易的双方相同。外汇期货合约和外汇期权合约都能锁定未来的汇率,如果汇率实际发生的变动与买方的预测相符,那么买方在一定程度上就能规避风险。但与外汇期权合约不同的是,外汇期货合约的买卖双方都要交纳一定比例的保证金;并且,外汇期货合约中双方都要承担期货合约到期交割的义务,也就是如果到了交割日期货交易的当事人仍持有合约,那就必须在交易所的安排下履行实际交割义务,即接受或交付在期货合约中已明确规定数量和质量的外汇;而期权合约是单向合约,买卖双方的权利与义务不对等,买方有权利以合约规定的价格买入或卖出外汇,此外也可以不行使权利,而卖方则需要被动履行义务。

例 2-4 假设你所经营的公司预计 90 天后会收到出口到法国的 100 万欧元货款。而 2022 年 7 月底的即期汇率为 1 欧元兑换约 1.02 美元。如果美元升值到 1 欧元换取不到 1 美元,那么交易就会遭受损失。你建议公司以每欧元兑换 1.01 美元的汇率向银行买入 100 万欧元的美元看涨期权,以确保公司的欧元收入至少可以在这个汇率水平售出。具体而言,交易流程包括:银行与客户签订交易协议,客户提交交易申请和相关背景材料,银行向客户进行充分的风险揭示并执行交易。若期权在到期日执行,则银行与客户进行资金交割。

这样,即使即期汇率低于 1.01 美元/欧元,公司的微薄利润仍然能够实现,因为公司仍能以每欧元兑换 1.01 美元的汇率兑换美元。这种方式让公司 90 天后兑换美元的汇率最低也不会低于每欧元兑换 1.01 美元,确保了公司无论在欧元如何贬值的情况下都能获得收益。如果未来 90 天后的汇率高于每欧元兑换 1.01 美元,那么公司可以放弃行使权利,此时公司尽管浪费了期权费,但相比行使权利能得到更大的收益。

小 结

本章探讨了汇率与外汇市场的基本概念与相关知识,旨在为学习汇率打下基础。具体而言,第一节介绍了汇率的一些基本概念。读者通过学习第一节,可以了解什么是汇率,汇率是如何变动和被衡量的,汇率的上升和下降意味着什么。并且,第一节也介绍了有效汇率这一概念。由于不同的汇率制度涉及不同的汇率行为模式,因此第二节介绍了汇率制度的分类情况,并围绕法定汇率制度分类与事实汇率制度分类这两种汇率制度分类方法展开讨论,通过实例向读者介绍了汇率制度法定上与事实上的不同以及造成这种现象的原因。外汇市场是国际货币的交易场所,汇率是在外汇市场上形成的。第三节介绍了外汇市场的相关知识,说明了主要的外汇市场有哪些,外汇市场上的主要参与者有哪些。由于离岸市场也是一种外汇市场,因此,通过第三节的介绍,读者可以了解离岸市场的定义及其相关发展历程。此外,第三节还介绍了一些经常被使用的外汇衍生品,如远期汇率、外汇掉期、货币互换、外汇期权、外汇期货。

 关键词

直接标价法　　　　　间接标价法　　　　　固定汇率制度
浮动汇率制度　　　　双边汇率　　　　　　有效汇率
货币局制度　　　　　法定汇率制度　　　　外汇市场
在岸市场　　　　　　离岸市场　　　　　　欧洲货币市场
欧洲美元　　　　　　离岸人民币汇率　　　在岸人民币汇率
外汇掉期　　　　　　外汇期权　　　　　　外汇期货
货币互换　　　　　　贬值率

练习题

1. 请简述将汇率制度分类细化后的不同的汇率制度及其特点。

2. 请简述欧洲货币市场的特点。

3. 请简述在岸人民币汇率与离岸人民币汇率形成的原因及其影响。

4. 假设 M 国的主要贸易伙伴为 A、B、C 三国。M 国与 A、B、C 三国的汇率分别为 1∶5、1∶10、1∶20。M 国与 A、B、C 国的贸易值分别占本国对外总贸易值的 20%、30%、50%。则 M 国的有效汇率为多少?

5. 假设此时英镑和美元汇率约为 1 英镑=1.2 美元。A 公司想借入 1 年期的 1 200 万美元借款,B 公司想借入 1 年期的 1 000 万英镑借款。市场向它们提供的固定利率为:A 公司能以 5.0% 的利率借到美元,以 8% 的利率借到英镑;而 B 公司能以 6.0% 的利率借到美元,以 10.0% 的利率借到英镑。假设此时 A、B 公司进行货币互换,且货币互换带来的收益两公司平分,则通过货币互换每家公司能得到的收益为多少?

第三章 长期汇率决定理论

引　言

　　汇率的变动会对一国进出口和国民收入产生显著影响,那么汇率受什么因素影响、由哪些因素决定呢?汇率决定理论主要分析了这一问题。经济学中,长期与短期的区别一直是需要重点关注的内容。而在汇率决定理论中,同样存在长期汇率决定理论和短期汇率决定理论。汇率决定理论为什么会有长期与短期的区别呢?为了解答这个问题,本章将回顾读者在其他课程中学过的费雪效应和货币数量论,且从一个最重要的理论基础——古典二分法——开始讲起,并以古典二分法为基础,对长期汇率决定理论展开论述。购买力平价理论是长期汇率决定理论的重要组成部分。对此,本章将介绍绝对购买力平价和相对购买力平价,以及汇率的货币理论基本方程。根据基本方程,读者可以对长期汇率的变动进行预测。本章还将引入实际汇率并介绍实际汇率与购买力平价理论之间的关系。

　　在介绍完相关理论后,本章将对相对购买力平价与绝对购买力平价进行现实数据的验证,以验证购买力平价理论在现实中是否成立。通过研究发现,相对购买力平价在长期中成立而绝对购买力平价在现实中则存在系统性偏离,对此本章将进一步探究了购买力平价发生偏离的原因。在购买力平价理论的应用方面,本章还将运用购买力平价调整后的人均 GDP 来比较不同国家的生活水平和收入差距。

学习目标

1. 理解并掌握古典二分法、货币数量论和费雪效应。
2. 理解并掌握购买力平价理论。
3. 利用货币需求模型对汇率的长期变化进行预测。
4. 理解并掌握实际汇率的概念。
5. 理解并掌握购买力平价理论在现实中的表现。
6. 思考购买力平价偏离的原因。

第一节 古典二分法

古典二分法是将经济学变量分为名义变量和实际变量并分别进行研究的方法。这一方法可以在长期中运用。古典二分法的理论基础是货币中性,也就是说,货币供给的增加在长期中只会引起价格水平的上升,而不会影响其实际值。可以从直觉上理解"长期中货币为中性"的概念:假如货币在长期中是非中性的,那么可以通过调节货币供给量来影响实际产出,从而影响长期的经济增长,但这显然是不可能的。在长期中,由于价格是完全弹性的,可以充分调整到市场出清状态,因此货币供给的变动会带来价格的同比例变动,从而引起名义值发生同比例变动;而实际产出水平是由生产函数中的资本、劳动和技术进步共同决定的,因此不会受到影响。所以,在探讨长期经济增长时,就可以暂时把价格和货币政策搁置一旁,只探讨和实际产出水平相关的生产率和资本、劳动的投入等。而在短期内,货币是非中性的。由于价格具有黏性,实际值会随着名义值的变动而发生变动,因此,这个时候,货币政策就会对实际经济产生影响。

下面的两个例子有助于更加深入地理解古典二分法。第一个例子是货币数量论。货币数量论认为在其他条件不变的情况下,长期中价格水平的高低是由货币数量决定的。

首先来看货币的需求,名义货币余额的需求为:

$$M^d = \bar{L} \cdot PY \tag{3.1}$$

其中,$\bar{L}$ 是单位收入增加对货币产生的需求,假定为常数。PY 指一个经济体总的名义收入,它等于价格水平 P 乘以实际收入 Y。将两边除以价格水平 P 从而使名义货币余额转换成实际货币余额。这就推导出了实际货币余额的需求为:

$$\frac{M^d}{P} = \bar{L} \cdot Y \tag{3.2}$$

其中,$\frac{M^d}{P}$ 表示实际货币需求,它衡量了货币存量对商品和服务的购买力。根据货币市场的均衡,货币需求 M^d 必须等于货币供给 M^s,从而可以得到实际货币供给等于实际货币需求的等式:

$$\frac{M^s}{P} = \bar{L} \cdot Y \tag{3.3}$$

在长期中,实际收入 Y 是一个外生变量,只和技术、资本、劳动等因素有关,名义值 M^s 只影响名义值 P 而不影响 Y,即货币供给的变化同比例决定价格水平与名义收入的变化。这也就是说长期中货币供给的增加将导致价格水平以相同比例提高,从而造成名义收入水平以同比例提高,但并不影响实际收入,这便是货币中性论的体现。而在短期中,价格具有黏性,此时名义值 M^s 的变动会影响实际值 Y,即货币政策会对实际经济产生影响。

根据货币数量论,在其他条件不变的情况下,货币供给增长率的提高会导致通货膨胀率等比例提高。下面利用实际的数据对货币理论进行验证。

图 3-1 中的散点展现了 1975—2005 年来自 76 个样本国家的数据,其中既包括发达国家也包括发展中国家。图 3-1 中的横轴代表 1975—2005 年各样本国相对于美国的货币增长率差额,纵轴代表 1975—2005 年各样本国相对于美国的通货膨胀率差额。如果货币数量论成立,那么各国相对于美国的货币增长率差额将会导致各国相对于美国的通货膨胀率差额成等比例变动。如图 3-1 所示,图中的散点集中在 45°线附近,这一结果为货币数量论提供了一定程度的支持。

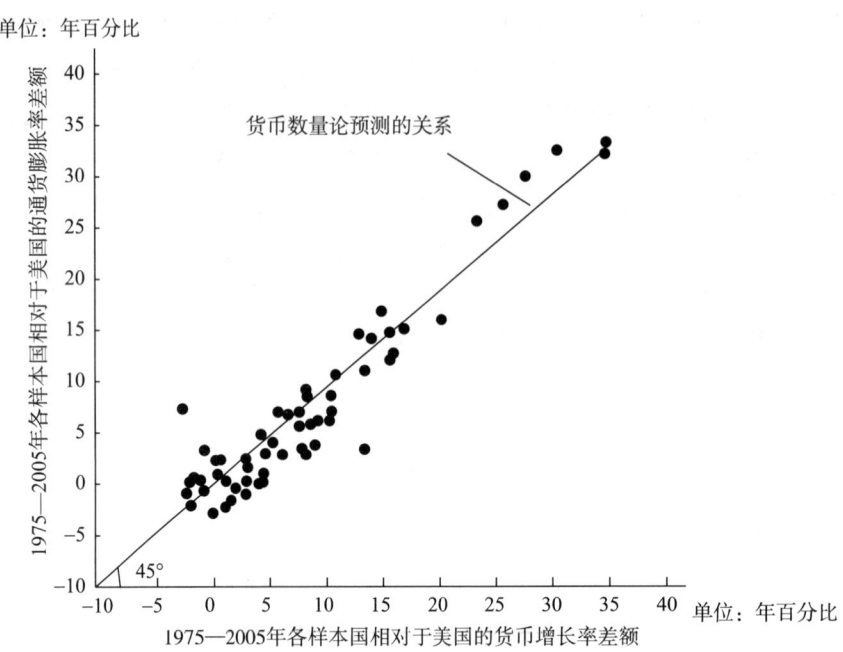

图 3-1　1975—2005 年各样本国相对于美国的货币增长率差额与通货膨胀率差额

第二个例子是一个著名的定理——费雪效应:

$$i_t = r_t + \pi_t^e \tag{3.4}$$

式(3.4)就是著名的费雪效应公式,它是以美国经济学家欧文·费雪的名字命名的。其中 i_t 是名义利率,r_t 是实际利率(资本的边际产出回报率),π_t^e 是预期通货膨胀率。费雪效应充分体现了古典二分法的观点,即在长期中,货币供给的变动只能影响名义变量,即通过影响预期通货膨胀率进而影响名义利率,而不会影响实际利率。从长期来看,在商品和金融市场上的套利导致各国资本边际产出回报率的均衡,从而使得实际利率实现均等化,即 $r_t = r_t^*$。由 $r_t = i_t - \pi_t^e = i_t^* - \pi_t^{e*} = r_t^*$,可以得到:

$$i_t - i_t^* = \pi_t^e - \pi_t^{e*} \tag{3.5}$$

上述公式表明,如果长期中费雪效应成立,那么两国的名义利率之差应该等于两国的预期通货膨胀率之差。在实际中,费雪效应在长期中是否成立呢?可以用数据验证一下。图 3-2 展现了 1960 年以来美国(3 个月期国债)名义利率和(用 CPI 衡量的)通货膨胀率的变化趋势。能够观察到,当通货膨胀率高的时候,名义利率一般也较高。

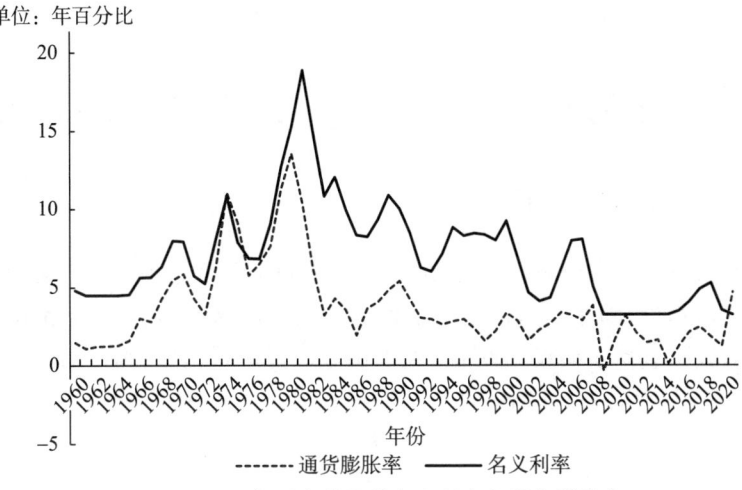

图 3-2　1960 年以来美国的名义利率和通货膨胀率

图 3-3 的纵轴是 1995—2005 年各样本国相对于美国的平均利率差额,横轴是 1995—2005 年各样本国相对于美国的通货膨胀率差额。该图展示了 62 个样本国在长达 10 年的时间里相对于美国的平均利率差额与通货膨胀率差额之间的关系。可以看出这两个变量之间的相关性较强,图中的散点集中在 45°线附近,这一证据在一定程度上验证了费雪效应的预测。

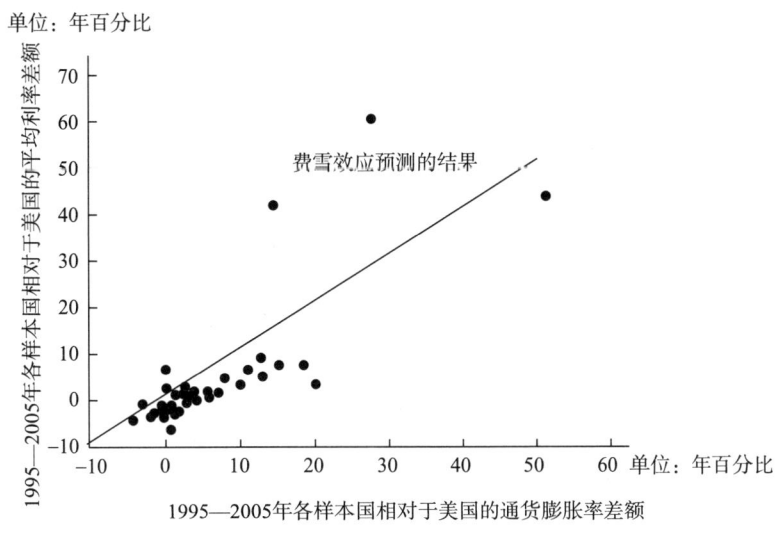

图 3-3　1995—2005 年各样本国相对于美国的平均利率差额与通货膨胀率差额

在本章接下来的部分,我们将以古典二分法为基础,对长期汇率决定理论展开论述。通过对本章的学习,读者可以掌握长期中的货币供给会如何决定价格水平进而决定国家之间的汇率,即货币、价格和汇率三者在长期中有着怎样的关系。我们把这一长期理论称为汇率的货币理论。本章将从一价定律和购买力平价原理入手,通过解释绝对购买力平价与相对购买力平价,探讨两国价格水平是如何决定汇率的。解决完这些问题后,就会出现一个新的问题——两国的价格水平又是如何决定的?接着本章会研究如何由货币的供给与需求决定各国的价格水平。这样,一个长期汇率决定理论的基本框架就构造完成了。

第二节 长期的汇率与价格:购买力平价与商品市场均衡

一、一价定律与购买力平价

一价定律(Law of One Price)认为,在无贸易摩擦、自由竞争以及价格弹性的情况下,若以同一种货币标价,则在不同市场上销售的相同商品必须以相同价格销售。一价定律可以用数学公式来表达。假设某商品 i 在本国和外国进行销售,则商品 i 的本币价格应该等于商品 i 的外币价格乘以外币对本币的汇率。具体的表达式如下:

$$P_{it} = E_t \cdot P_{it}^* \tag{3.6}$$

这里的 P_{it} 为商品 i 在 t 时期的本币价格,P_{it}^* 为商品 i 在 t 时期的外币价格,E_t 为直接标价法下的汇率。式子两边相等意味着商品 i 无论在哪个地方出售,以相同货币计价的销售价格都是一致的。但是在现实生活中人们或许会发现,并不是所有的商品都符合一价定律。不符合一价定律的典型代表是非贸易品,主要包括不动产(如房子)和个人服务项目(如餐饮)。这是因为非贸易品之间的价格差异无法通过国与国之间的套利进行消除。符合一价定律的典型代表是大宗商品(如铁矿石、原油、黄金等)。由于大宗商品的单位运输成本极低,并且易于保存,因此其交易成本几乎可以忽略不计。

需要注意的是,一价定律是微观层面的,针对的是某一种特定的商品。如果将一价定律背后的经济思想运用到针对整体价格水平的宏观层面,则称之为购买力平价理论。具体而言,购买力平价理论指两国货币的汇率等于两国的价格水平之比,即两国标准的一篮子商品价格之比。相应的表达式如下:

$$E_t = P_t / P_t^* \tag{3.7}$$

这里的 P_t 为 t 时期一个商品篮子在国内的价格,P_t^* 为 t 时期在外国购买该商品篮子的外币价格,E_t 为直接标价法下的汇率。式子两边相等意味着购买力平价理论成立。虽然这个式子和一价定律相似,但是购买力平价理论认为,即使一价定律不成立,各国的购买力水平也将趋于一致。这是因为,在没有交易成本和商品要素流动壁垒的情况下,如果人们可以跨国自由流动,并且如果同样的收入在不同的国家生活水平不一样,那么人们自然会搬到在收入相同的条件下生活水平更高的地方去,带动物价更低地方的物价上升,直到购买力水平一样的时候,人口才停止流动。所以购买力平价本质上也是套利的结果。这是购买力平价的经济学直觉和逻辑,是一价定律的经济学直觉与逻辑在整个商品市场宏观层面的自然扩张。

总结一下购买力平价和一价定律之间的关系。其一,一价定律适用于单个商品的情况,而购买力平价适用于总体价格水平。其二,一价定律是购买力平价的特殊情况,购买力平价成立的条件比一价定律更宽松。如果一价定律对所有商品都成立,那么只要用来计算不同国家价格水平的基准商品篮子是一样的(商品种类相同,权重也相同),那么购买力平价就成立。反之,购买力平价成立,一价定律并不一定成立。其三,即使一价定律不成立,背后隐藏的经济力量也最终会使得各国的购买力水平趋于一致。

二、绝对购买力平价与相对购买力平价

一个国家的价格水平为商品篮子中所有商品价格的加权平均值,假设外国商品篮子的构成及权重与本国的完全相同,如果换算成同一币种之后,该商品篮子在两个国家的价格相等,就表明绝对购买力平价成立。绝对购买力平价是很重要的,它意味着两种货币的交换汇率等于两国相对价格水平,也意味着找到了一个能够预测两国汇率的方法——只要知道了两国商品篮子的价格,就能预测两国的汇率。绝对购买力平价侧重的是两国的价格水平是如何决定汇率水平的,但是在宏观经济学中,相对于价格水平,人们往往对价格水平变化率更感兴趣。

相对购买力平价的表达式如下:

$$\Delta E_t E_t = \pi_t - \pi_t^* \tag{3.8}$$

相对购买力平价反映了汇率变化的百分比与本国和外国通货膨胀差异之间的关系。相对购买力平价之所以重要,其中的一个原因是,只要那些使得实际情形偏离绝对购买力平价的因素随时间基本不变,那么相对价格水平的百分比变化就约等于汇率的百分比变化,也就是相对购买力平价仍大致成立。在现实中,由于通货膨胀的数据相对易得,而绝对价格水平的数据相对不易获得,因此相对购买力平价的概念更容易通过数据得到验证。

第三节 长期的货币、价格与汇率

接下来我们将会运用前面提到的两个重要的基础理论,来构建一个简单的汇率模型。第一个是把汇率和价格联系起来的模型——购买力平价理论,第二个是把价格和货币均衡条件联系起来的模型——货币数量论。

购买力平价认为,从长期来看汇率及其变化是由两国价格水平及其变化决定的。那么两国的价格水平及其变化是由什么决定的呢?这个时候,货币理论给出了答案:两国的价格水平及变化是由两国货币的供给与需求及变化决定的。需要注意货币理论是一种长期而非短期理论,这是因为这一理论基本不考虑价格黏性,而价格黏性在短期分析中特别是在分析偏离充分就业的情况时非常重要。长期货币理论认为,在长期中,价格水平会立即调整,以确保经济始终保持在充分就业状态,并符合购买力平价条件。由货币数量论,可得:

$$M^S = \bar{L} \cdot PY \tag{3.9}$$

将上述表示货币市场均衡的方程分别应用于两个国家,得到两国价格水平的表达式:

$$P = \frac{M^S}{\bar{L}Y}, P^* = \frac{M^{*S}}{\bar{L}^* Y^*} \tag{3.10}$$

可以看出,两国价格水平是由名义货币供给量和实际货币余额需求之比决定的。上述两个方程就是价格水平的货币模型的基本方程。将这两个方程结合在一起,可以得到长期的汇率模型。只需将两国价格水平的表达式代入绝对购买力平价的表达式中,就可

以对汇率进行求解了：

$$E = \frac{P}{P^*} = \frac{\dfrac{M^S}{\overline{L}Y}}{\dfrac{M^{*S}}{\overline{L}^* Y^*}} \tag{3.11}$$

这就是汇率的货币理论的基本方程。

回顾一下，我们刚刚介绍的模型运用了绝对购买力平价把汇率水平与价格水平联系起来，并运用货币数量论把价格与各国的货币条件联系起来。但正如前面所提到的那样，宏观经济学家对变量变化率的兴趣比对变量水平的兴趣更大。

假设本国和外国的货币供给增长率为 μ_t 和 μ_t^*，本国和外国实际收入的增长率分别为 g_t 和 g_t^*，即：

$$\mu_t = \frac{\mathrm{d}M_t}{M_t}, g_t = \frac{\mathrm{d}Y_t}{Y_t} \tag{3.12}$$

$$\mu_t^* = \frac{\mathrm{d}M_t^*}{M_t^*}, g_t = \frac{\mathrm{d}Y_t^*}{Y_t^*} \tag{3.13}$$

对式(3.9)的左右两边取对数：

$$\ln M = \ln P + \ln \overline{L} + \ln Y, \ln M^* = \ln P^* + \ln \overline{L}^* + \ln Y^* \tag{3.14}$$

假设货币需求乘数不变，对式(3.14)的左右两边进行微分：

$$\frac{\ln M}{M} = \frac{\ln P}{P} + \frac{\ln Y}{Y}, \frac{\ln M^*}{M^*} = \frac{\ln P^*}{P^*} + \frac{\ln Y^*}{Y^*} \tag{3.15}$$

式(3.12)和式(3.13)也可以写为：

$$\mu_t = \pi_t + g_t, \mu_t^* = \pi_t^* + g_t^* \tag{3.16}$$

最后，可以将式(3.8)和式(3.16)连接起来：

$$\Delta E_t E_t = \pi_t - \pi_t^* = (\mu_t - g_t) - (\mu_t^* - g_t^*) = (\mu_t - \mu_t^*) - (g_t - g_t^*) \tag{3.17}$$

就此得到了以变化率表示的汇率的货币理论的基本方程。

下面，我们首先尝试用前面提到过的汇率的货币理论对汇率进行预测。如图3-4所示，假定情形是，本国的货币供给增长率在 T 时刻出现了一次意料之外的增长［如(a)图所示，本国货币供给在 T 时刻之前以不变的速率 μ 增长，在 T 时刻之后以更高的速率 $\mu + \Delta \mu$ 增长］。在模型中，外国的货币供给、外国的价格水平和外国的实际收入均为外生给定，假设这些变量均为常数。同时为了方便分析，假设本国的收入水平为常数。这些假设条件在允许其他条件不变的情形下研究本国的变化。(b)图表示，根据货币数量论，长期中的价格富有弹性，实际货币余额 M/P 保持不变。因此，(c)图中价格水平 P 和货币供给量 M 必然成同比例变化。根据相对购买力平价，本国汇率的变化率等于本国与外国的通货膨胀率之差。假设外国价格水平为常数，因此(d)图中本国汇率会通过和本国价格水平一样的路径发生变化。结合(b)图，汇率 E 和价格水平 P 成同比例变化意味着，汇率 E 和货币供给 M 成同比例变化。

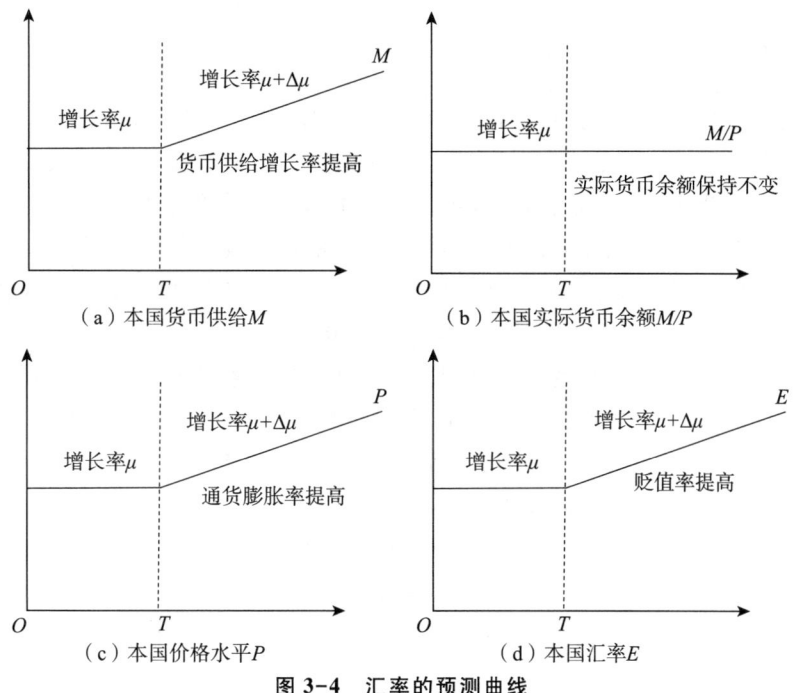

图 3-4 汇率的预测曲线

第四节 货币需求模型的拓展

在前文中,我们已经介绍了将各国汇率与价格水平联系起来的长期理论——购买力平价理论。接着我们还讲述了将价格水平与其内在的货币供求联系起来的简单长期货币模型:货币数量论。这些理论展示了货币、价格和汇率间的联系。在上一节中,假设货币乘数 L 不变。由于假定货币乘数 L 不变,实际货币余额(M/P)与实际收入(Y)成固定比例。也就是说,除非实际收入发生波动,否则实际货币余额就是平稳的。但是图 3-5 表明,在恶性通货膨胀期间,货币快速贬值,人们将减少对货币的持有量,导致实际货币余额快速下降。根据前述模型推出的结论与事实不符。因此,有必要放开货币乘数不变的假设来进行分析。

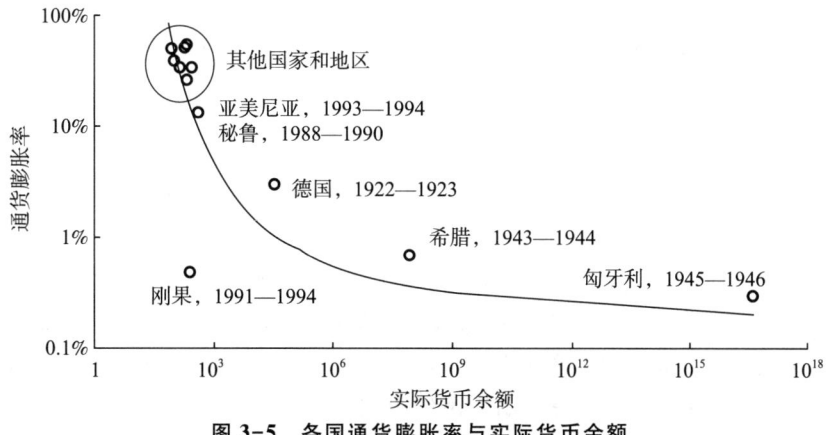

图 3-5 各国通货膨胀率与实际货币余额

一、货币乘数可变动的情况

本节先来介绍有关货币数量论的两个基本认识。第一个基本认识是,持有货币是有好处的。持有货币的好处是人们可以用它进行交易。假设其他条件不变,交易需求与收入成比例。第二个基本认识是,持有货币是有成本的。货币的名义利率为零($i_{money} = 0$)。由于持有货币没有利息,因此人们要承担持有货币的机会成本。例如,在不持有货币的情况下,可以选择持有含息资产(收益为 i),那么这种资产与货币之间的名义收益差额:

$$i - i_{money} > 0 \tag{3.18}$$

有了以上两个基本认识,就可以分析一个经济体的货币需求:在其他条件不变的情况下,名义国民收入提高会导致交易性货币需求增加,从而使货币总需求等比例增加;在其他条件不变的情况下,名义利率提高会导致货币总需求下降。

因此,名义货币需求模型可以表示为:

$$M^d = L(i) \cdot P \cdot Y \tag{3.19}$$

其中,M^d 是名义货币需求,$L(i)$ 是利率的减函数,$P \cdot Y$ 表示名义收入。

通过名义货币需求一般模型,我们还可以得到实际货币需求模型:

$$\frac{M^d}{P} = L(i) \cdot Y \tag{3.20}$$

其中,$\frac{M^d}{P}$ 表示实际货币需求,$L(i)$ 是利率的减函数,Y 表示实际收入。

有了上面的分析,我们可以绘制出图 3-6 和图 3-7。

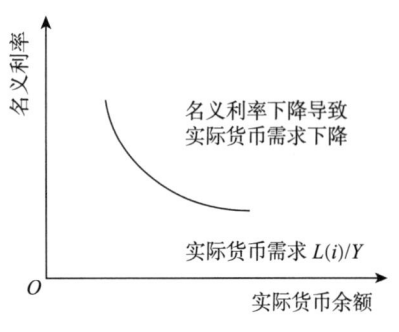 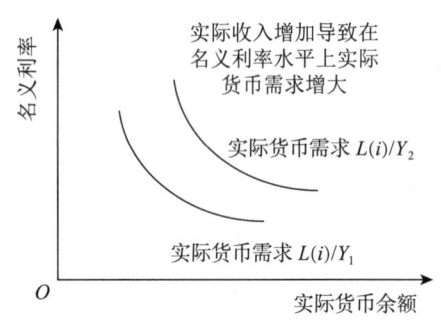

图 3-6 实际货币需求与利率　　图 3-7 实际收入增加对实际货币需求的影响

图 3-6 展现了实际货币需求函数关系,实际货币需求曲线向右下方倾斜说明当实际收入(Y)给定时,实际货币需求(M^d/P)与名义利率(i)之间成反向变动。图 3-7 中,当实际收入增加 $x\%$ 时,实际货币需求在各个名义利率水平上也都增加了 $x\%$,曲线发生移动。

当供给等于需求时,市场达到均衡状态,货币市场也不例外。当实际货币供给(M^s/P,由中央银行决定)等于实际货币需求[$L(i) \cdot Y$,由名义利率和实际收入决定]时,货币市场就处于均衡状态(继续假设价格在长期中是富有弹性的,且会做出调整以确保维持均衡状态)。由此,可获得长期均衡的等式:

$$\frac{M^S}{P} = L(i) \cdot Y \tag{3.21}$$

货币市场均衡的图形如图 3-8 所示。

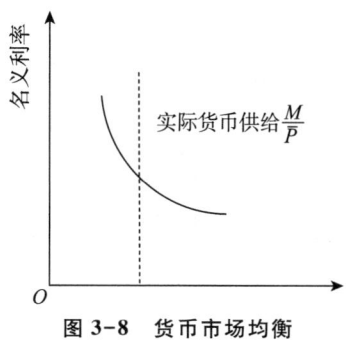

图 3-8　货币市场均衡

根据费雪效应公式:

$$i = r + \pi \tag{3.22}$$

其中,i 为名义利率,r 为实际利率,π 为通货膨胀率,在恶性通货膨胀期间,名义利率必然与通货膨胀率以相同的幅度提高。在前面的分析中,我们可以认为 $L(i)$ 是利率 i 的一个减函数,所以随着名义利率(i)的提高,$L(i)$ 必然下降,这样,在实际收入(Y)给定的情况下,实际货币余额 $[L(i) \cdot Y]$ 必然下降。换句话说,在长期中实际利率不变的情况下,费雪效应说明了货币机会成本的变化不仅等于名义利率的变化,而且等于通货膨胀率的变化。因此,在恶性通货膨胀期间,人们应该减少货币的持有量。

二、用拓展后的模型预测汇率

在上一小节中我们放开了货币乘数不变的假设。在本节中我们可以试着在之前的基础上拓展汇率的货币理论基本方程:

$$E = \frac{P}{P^*} = \frac{M/L(i)Y}{M^*/L^*(i^*)Y^*} = \frac{M/M^*}{L(i)Y/L^*(i^*)Y^*} \tag{3.23}$$

其中,M/M^* 是本国与外国的相对名义货币供给,$L(i)Y/L^*(i^*)Y^*$ 是相对实际货币需求。利用这个方程,可以对汇率的变动进行预测。

接下来,我们结合图形用拓展后的模型预测汇率。

图 3-9 从左至右依次是本国货币供给 M、实际货币余额 M/P、价格水平 P 和汇率 E 的变化情况。货币供给以不变速率增长。如果各个时期的利率保持不变,则实际货币余额 M/P 保持不变。根据假设条件,$L(i)Y$ 是一个常数。如果实际货币余额 M/P 保持不变,则 M 与 P 以相同的速率增长。T 时刻之前,货币供给增长率为 μ;T 时刻之后,该增长率为 $\mu + \Delta\mu$。也就是说,在 T 时刻,本国的通货膨胀率提高了 $\Delta\mu$。根据费雪效应,可以知道本国的利率在 T 时刻也提高了 $\Delta\mu$。因为 $L(i)Y$ 随着 i 的提高而降低,所以实际货币余额在 T 时刻必然下降。在图 3-9 中名义货币供给 M 是平稳增长,而不是跳跃式增长。想要实际货币余额 M/P 在 T 时刻非连续地下降,则价格水平 P 要在 T 时刻非连续地上升。除了这次跳跃,P 还是以不变的速率增长。T 时刻之前,这个增长率为 μ;T 时刻之

后,这个增长率为 $\mu + \Delta\mu$。绝对购买力平价理论意味着 E 和 P 必须以相同的比率变化。因此,E 在 T 时刻要像 P 一样跳跃。除了这次跳跃,E 也以不变的速率增长。T 时刻之前,这个增长率为 μ;T 时刻之后,这个增长率为 $\mu + \Delta\mu$。

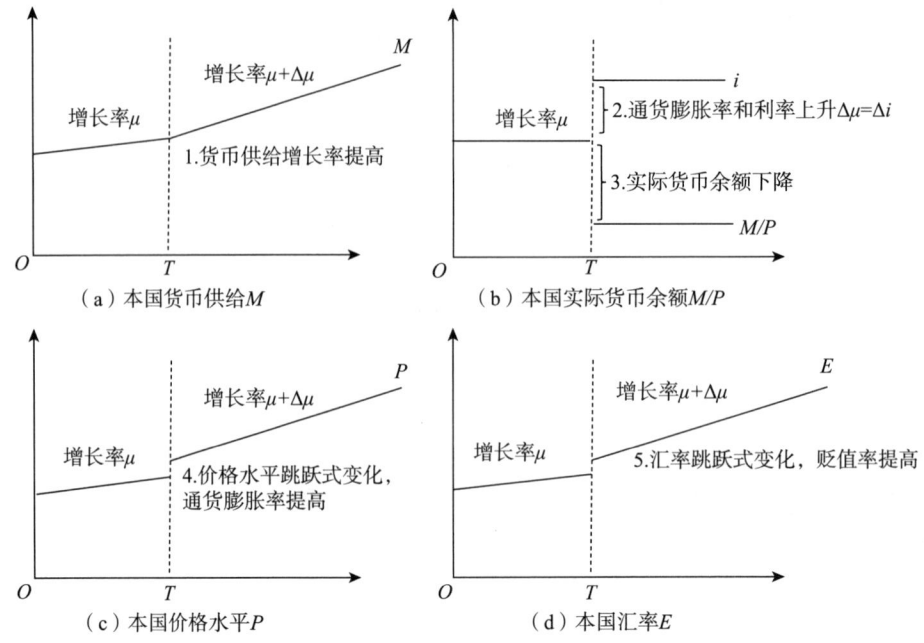

图 3-9 用拓展后模型预测汇率

从货币数量论等基本理论出发,我们介绍了货币需求模型,将货币、价格与汇率联系在一起。在一开始的分析中,我们假定货币乘数是一个常数,而由于现实数据表明货币乘数与通货膨胀有关,因此我们放开了货币乘数不变的假设,并对拓展后的模型进行了分析。在这一基础上,我们还可以再引入一些其他特征,对模型进行进一步的拓展。

第五节 购买力平价的实证检验

一、实际汇率与购买力平价

本节先引入实际汇率这一概念,以探讨实际汇率与购买力平价之间的关系。若用 e 表示实际汇率,E 表示名义汇率,P 表示国内价格水平,P^* 表示国外价格水平,则实际汇率可用 E、P、P^* 三者表示如下:

$$e = \frac{EP^*}{P}$$

实际汇率是名义汇率经过相对物价指数调整后得到的,能够更好地衡量两国商品的相对竞争力。这是因为,名义汇率的变动不一定能反映该国商品是更贵了还是更便宜了,因为价格也在不断调整,只有在名义汇率的基础上,同时考虑相对价格的变动,才能真正地比较两国商品的相对竞争力,这也是要引入实际汇率的原因。

实际汇率具有如下性质:当绝对购买力平价成立时,实际汇率等于 1。当 $e>1$ 时,国外价格水平更高,因为此时的 $EP^*>P$,它表示在国内能购买一篮子商品的金额无法在国外买到相同的一篮子商品;当 $e<1$ 时,国外价格水平更低,因为此时 $EP^*<P$,它表示在国外能购买一篮子商品的金额无法在国内买到相同的一篮子商品。除此之外,当 $\Delta e>0$ 时,即前一期的实际汇率 e_{t-1} 低于后一期的实际汇率 e_t,这表明实际汇率在这一段时期内有所提高,即实际汇率贬值。同理可得,当 $\Delta e<0$ 时,实际汇率升值。而当相对购买力平价成立时,实际汇率的变动量 $\Delta e=0$。

下面将通过数学推导来详细论证上述实际汇率的性质。当绝对购买力平价成立时:

$$E = \frac{P}{P^*} \tag{3.24}$$

将式(3.24)代入上述实际汇率的定义式,便可得到以下结果:

$$e = \frac{EP^*}{P} = \frac{P}{P^*} \cdot \frac{P^*}{P} = 1 \tag{3.25}$$

同样地,也可以反推,当 $e=1$ 时,可以得到 $E=\frac{P}{P^*}$,即绝对购买力平价成立。由此可知" $e=1$ "与"绝对购买力平价成立$\left(E=\frac{P}{P^*}\right)$"这两个条件是可以相互推导得到的,它们互为彼此的充分必要条件。

介绍完绝对购买力平价与实际汇率的关系,接下来介绍相对购买力平价与实际汇率的关系。先分别取 t 时期与 $t-1$ 时期的实际汇率定义式,将两式相比得到:

$$\frac{e_t}{e_{t-1}} = \frac{E_t}{E_{t-1}} \cdot \frac{P_t^*}{P_{t-1}^*} \cdot \frac{P_{t-1}}{P_t} \tag{3.26}$$

再将式(3.26)两边取对数得到:

$$\ln \frac{e_t}{e_{t-1}} = \ln \frac{E_t}{E_{t-1}} + \ln \frac{P_t^*}{P_{t-1}^*} + \ln \frac{P_{t-1}}{P_t} \tag{3.27}$$

根据微积分的极限定理:

$$\ln \frac{e_t}{e_{t-1}} = \ln \left(1 + \frac{e_t - e_{t-1}}{e_{t-1}}\right) \approx \frac{\Delta e_t}{e_{t-1}} \tag{3.28}$$

$$\ln \frac{E_t}{E_{t-1}} = \ln \left(1 + \frac{E_t - E_{t-1}}{E_{t-1}}\right) \approx \frac{\Delta E_t}{E_{t-1}} \tag{3.29}$$

$$\ln \frac{P_t^*}{P_{t-1}^*} = \ln \left(1 + \frac{P_t^* - P_{t-1}^*}{P_{t-1}^*}\right) \approx \pi_{t-1}^* - 1 \tag{3.30}$$

$$\ln \frac{P_{t-1}}{P_t} = \ln \left(1 + \frac{P_{t-1} - P_t}{P_t}\right) \approx 1 - \pi_{t-1} \tag{3.31}$$

将式(3.28)至式(3.31)代入式(3.27)中,可以得到:

$$\frac{\Delta e_t}{e_{t-1}} = \frac{\Delta E_t}{E_{t-1}} + \pi_{t-1}^* - \pi_{t-1} \tag{3.32}$$

其中，$\frac{\Delta e_t}{e_{t-1}}$ 表示实际汇率变动率，$\frac{\Delta E_t}{E_{t-1}}$ 表示名义汇率变动率，π_{t-1}^* 表示外国通货膨胀率，π_{t-1} 表示本国通货膨胀率。式(3.32)表明实际汇率变动率等于名义汇率变动率加外国与本国的通货膨胀率之差。

可知，当相对购买力平价成立时：

$$\frac{\Delta E}{E} = \pi - \pi^* \tag{3.33}$$

将式(3.33)代入式(3.32)，可得：

$$\frac{\Delta e_t}{e_{t-1}} = 0 \tag{3.34}$$

即实际汇率的变化量 $\Delta e = 0$，e 是一个常数。于是，就得到了相对购买力平价与实际汇率的关系：当相对购买力平价成立时，e 是一个常数。同样，也可以反推得到，当 e 是一个常数时，相对购买力平价成立。于是可知"e 是一个常数"与"相对购买力平价成立 $\left(\frac{\Delta E}{E} = \pi - \pi^*\right)$"互为彼此的充分必要条件。

接下来探讨绝对购买力平价与相对购买力平价在实际汇率条件下的关系。根据上面推导得出的结论可知，当绝对购买力平价成立时，$e = 1$。由于此时的 e 是一个常数，因此 $\Delta e = 0$，相对购买力平价成立。而当相对购买力平价成立时，$\Delta e = 0$。由此仅能得出 e 是一个常数，因此绝对购买力平价不一定成立。由此可以得出以下结论：在实际汇率条件下，当绝对购买力平价成立时，相对购买力平价一定成立，反之则不一定。

二、相对购买力平价在实际中是否成立

介绍完实际汇率的有关结论与推论，接下来我们运用现实中所搜集到的数据来验证购买力平价是否成立。首先通过分析比较长期中的跨国数据来验证相对购买力平价是否成立。

图 3-10 是利用英美两国在 1870—2018 年以美元计价的 CPI 的数据所绘制成的折线图。图中的横轴代表年份，纵轴代表英美两国 CPI 的对数。根据实际汇率的定义式 $e_t = \frac{E_t P_t^*}{P_t}$，如果将等式两边取对数，就可以得到 $\ln e_t = \ln E_t P_t^* - \ln P_t$。当相对购买力平价成立时，$\Delta e_t = 0$，这时 e_t 是一个不变的常数，即 $\ln E_t P_t^*$ 与 $\ln P_t$ 之间的差距保持不变。也就是说，在图 3-10 中，如果随着时间的推移，两条线应维持同步变动，则从长期来看，在英美两国，相对购买力平价是成立的。图 3-10 中，令美国的价格水平为 P_t，英国的价格水平为 P_t^*，英镑对美元的汇率为 E_t，则从图中可以看出，英美两国的 CPI 几乎随着时间的推移而同步变动。因此认为长期中相对购买力平价在英美两国表现得不错。

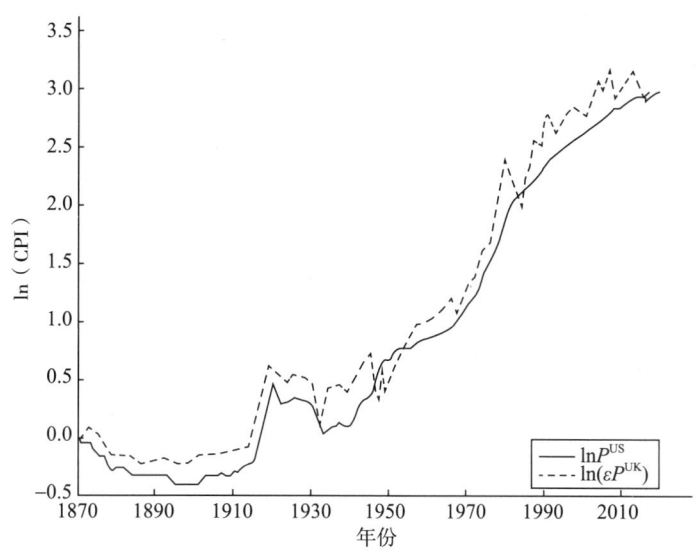

图 3-10　1870—2018 年美国与英国 CPI 的走势

资料来源：CEIC 数据库。

图 3-10 的例子只说明从相对购买力平价来看，平价在英美两国表现得不错，那么，长期中相对购买力平价在更多的样本中是否也同样成立呢？为了回答这个问题，本节搜集整理了世界多国在 1960—2017 年的相关数据。图 3-11 的横轴表示的是各国的通货膨胀率减去美国的通货膨胀率(以美国为外国)，即 $\pi-\pi^*$，纵轴表示各国对美元汇率的变动百分比，用 $\in$ 表示。当相对购买力平价成立时，两国汇率的变动率等于两国通货膨胀率之差，即 $\in=\pi-\pi^*$。因此，当相对购买力平价成立时，各国所对应的点应该大致落在 45°对角线上。而从图 3-11 可以看出，大多数国家对应的点几乎都落在了 45°对角线上，即使少数国家对应的点有所偏离，偏离幅度也相对较小。因此，可以认为相对购买力平价在长期中的更多样本之间表现得比较好。

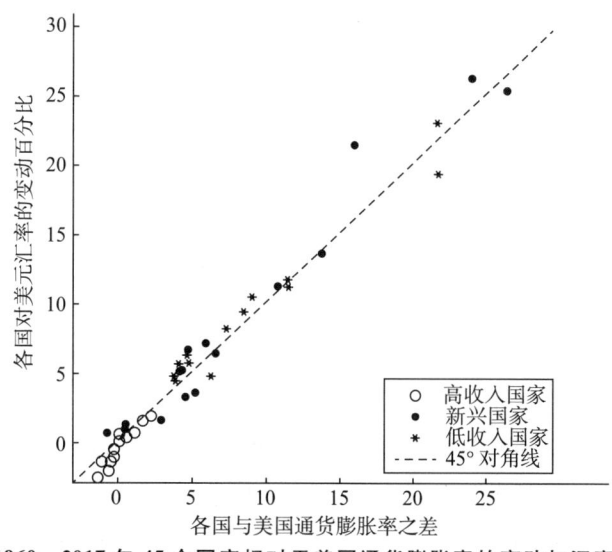

图 3-11　1960—2017 年 45 个国家相对于美国通货膨胀率的变动与汇率的变动对比

资料来源：世界银行的世界发展指标数据库。

第三章　长期汇率决定理论

从图 3-10、图 3-11 中已经得知了相对购买力平价在长期中表现得不错,那么它是否在短期中也能表现良好呢?基于这个疑问,我们将图 3-10 中代表英美两国价格水平的数据对应相减,得到了图 3-12。

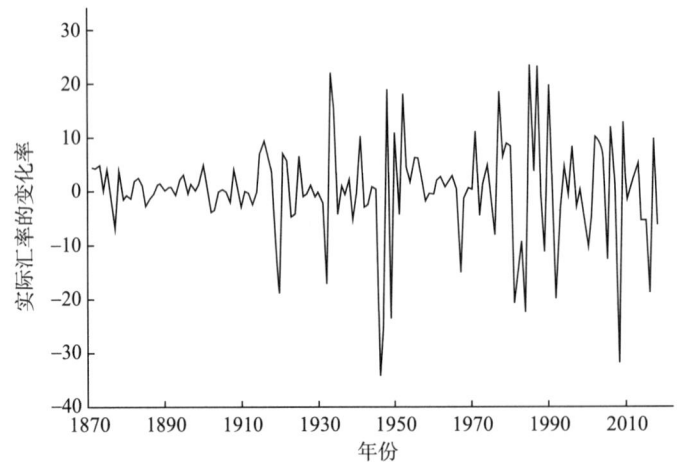

图 3-12　1870—2018 年美国与英国实际汇率的变化率

从图 3-12 可以看出,当观测周期缩短至一个较短的时间段内时,美元对英镑的实际汇率将会剧烈波动并偏离于零刻度线。然而,根据前面的内容,当实际汇率是一个常数,其变化量为 0($\Delta e_t = 0$)时,相对购买力平价才成立。因此,由图 3-12 可知,相对购买力平价在短期内偏离较大。

综上,为了探究相对购买力平价在长期中的两国间表现如何、在长期中的多国间以及在短期内表现如何,我们搜集了两国时间序列数据以及多国面板数据对其进行验证。根据现实数据以及所绘制的图形,可以得出以下结论:现实生活中,相对购买力平价在长期中表现得较好,在短期内则偏离较大。

三、绝对购买力平价在现实中是否成立

我们接下来将验证绝对购买力平价在现实中是否成立,本节采用 2019 年世界各国的巨无霸指数(Brg Mac Index)来对此进行验证。之所以选用巨无霸指数,首先,是因为巨无霸指数里包含蔬菜、肉类、面包等基本的一篮子商品数据,因而可以将其粗略地看作一小篮子商品的代表。其次,巨无霸指数销售广泛,在世界各地均有售卖,这就为不同国家间进行比较提供了可比性基础。最后,巨无霸指数的计算方法比较简单,可以清晰地了解和判断不同国家的币值状况。

表 3-1 中,数据第一列是各国或地区的巨无霸指数,第二列是所在国家或地区的货币与美元之间的汇率,表示方法是间接标价法,第三列是根据第一列和第二列所列信息计算出的所在国家或地区巨无霸的美元价格,第四列是根据前几列计算得到的所在国家或地区的货币与美元之间的实际汇率。当绝对购买力平价成立时,实际汇率等于 1,这对应着

表中第四列的数据 $e^{\text{BigMac}*}$。但令人遗憾的是,从表 3-1 中可以明显地看出巨无霸指数的数据与绝对购买力平价偏离很大,且几乎每个国家都有所偏离(即 $e^{\text{BigMac}*}$ 几乎都不等于 1)。

表 3-1 2019 年 1 月巨无霸指数的实际汇率

国家或地区	$P^{\text{BigMac}*}$	ε	$\varepsilon P^{\text{BigMac}*}$	$e^{\text{BigMac}*}$	$P^{\text{BigMacPPP}}$
瑞士	6.50	1.02	6.63	1.19	0.86
美国	5.58	1.00	5.58	1.00	1.00
加拿大	6.77	0.75	5.08	0.91	0.82
欧元区	4.05	1.15	4.66	0.83	1.38
中国	20.90	0.15	3.14	0.55	0.27
印度	178.00	0.01	1.78	0.46	0.03
俄罗斯	110.17	0.01	1.10	0.30	0.05

由此可见,单从巨无霸指数来看,绝对购买力平价在现实应用中偏离相当大。但实际上巨无霸指数只代表了一种类型的商品,因此我们需要引入新的衡量指标,运用能够体现总体价格水平的数据来对绝对购买力平价进行扩充验证。

于是我们采用了一个更广泛的数据库——全球性国际比较项目(International Comparison Program,ICP),其由联合国统计委员会于 1968 年设立,旨在用于测算全球各国(地区)的购买力平价,开展基于购买力平价的国际经济比较。ICP 作为一种有效的国际比较统计工具,参与国多达 120 余个,涵盖了各参与国 2 000 多种代表规格品的价格资料,提供了一个更广泛全面的商品篮子,因此相对于巨无霸指数而言,其能够更真实地计算和比较全球各国的价格水平。

表 3-2 呈现的数据是所在国家的货币与美元之间的实际汇率 e。该数据是在 ICP 提供的 2011 年的价格数据基础之上,引入名义汇率进行调整所得到的。具体而言,美国的价格水平为 P_t,各国的价格水平为 P_t^*,各国货币对美元的汇率为 E_t,并根据实际汇率的定义式计算得到各国相对于美国的实际汇率 e。相对于巨无霸指数,ICP 用于计算价格指数的商品篮子更全面,因此由该数据库计算得到的实际汇率更具可靠性。从表 3-2 中可以得出两个结论:第一,绝对购买力平价偏离较大,因为从表 3-2 中的数据可以看到各国对美国的实际汇率 e 几乎都偏离了 1;第二,数据之间具有一定的相关性,人均 GDP 相对美国而言越低的国家,美国对其实际汇率 e 越小,即该国货币相对于美元的币值越低、购买力越弱。

表 3-2 不同国家与美国的实际汇率

国家	e
瑞士	1.63
澳大利亚	1.56
日本	1.35
英国	1.12

（续表）

国家	e
德国	1.08
美国	1.00
韩国	0.77
中国	0.54
越南	0.33
印度	0.32
孟加拉国	0.31
巴基斯坦	0.28
埃及	0.27

通过前面的两个例子，我们分别论证了绝对购买力平价在巨无霸指数下是否成立，以及在 ICP 提供的数据中是否成立。而根据现实数据的反馈，我们可以得出以下结论：绝对购买力平价在现实中存在系统性违背。为判断从表 3-2 中得出的第二个结论是否具有偶然性，我们又选取了更多国家的数据来绘图进行对比。

图 3-13 是根据 2011 年 ICP 报告中所给数据绘制的图形，只不过所选的国家范围与数量进一步扩大。图 3-13 中的横轴是 2011 年各国人均 GDP 的对数，纵轴是用不同国家价格水平与美国价格水平之比来计算的实际汇率。而从图 3-13 可以看出，表 3-2 中得出的结论并非偶然：人均 GDP 与价格水平之间的确存在相关关系——人均 GDP 越低的国家，价格水平越低；随着人均 GDP 不断增加，价格水平不断提升。也就是说，人均 GDP 越高，价格水平越高。

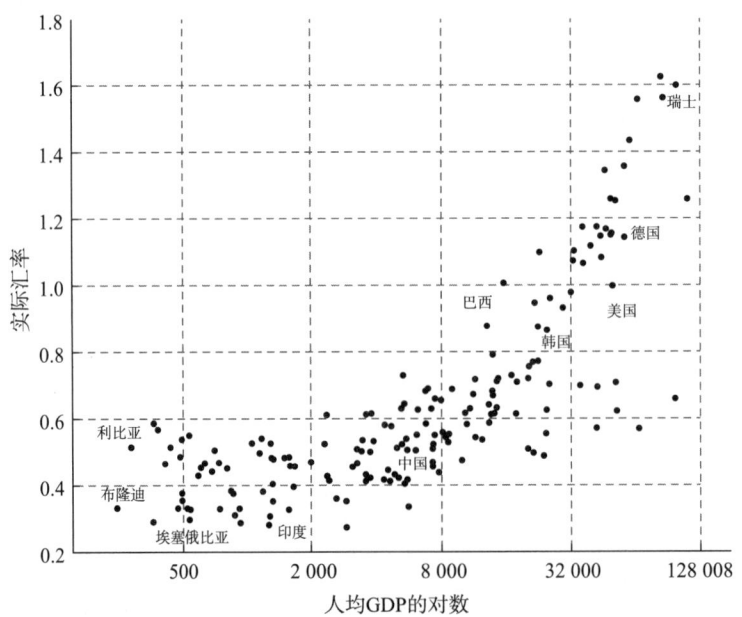

图 3-13　2011 年不同人均 GDP 的国家相对于美国的实际汇率水平

四、购买力平价偏离的原因

由上一节的内容可知,购买力平价在现实中会发生偏离。本节将分析探讨可能导致购买力平价偏离的具体原因。

交易成本。现实中的贸易并非像购买力平价假设的那样是无摩擦的,因为大部分商品的国际运输费用都非常高,并且有些商品在跨越边境时还有关税等额外费用。因此,运输费用、贸易壁垒及其他许多原因构成了交易成本,使得购买力平价发生偏离。据估计,商品进行国际流动时,运输成本使其价格平均上升了20%,而关税及配额等其他政策壁垒又使之上升了10%。还有一些由其他原因引起的成本,如运输商品会花费时间,在国外市场建立分销网络和满足法规要求会增加成本并导致不能按时交货。

不完全竞争和法律障碍。许多商品并不像一价定律和购买力平价假设的那样是单纯的无差异产品,而是有商标、版权和法律保护的差异性产品。例如,消费者既可以选购便宜的无商标产品,也可以选购较昂贵的品牌产品,显然这些产品不是完全替代品。这样的差异性产品产生了不完全竞争的情形,因为厂商拥有一定的定价权。在具有市场势力的情况下,厂商不仅可以根据不同品牌索要不同的价格,而且可以根据不同国家索要不同的价格。例如,制药公司在不同国家就相同药品索要不同的药品价格。套购可能被法规所禁止,如果你是一个未经授权的分销商,你想大量进口某企业生产的药品进行转售,那么你可能很快就会收到该企业律师或政府管理人员的警告。同样的情况也适用于汽车和电子产品等许多其他产品。

价格黏性。宏观经济学中最常见的假设条件之一是价格在短期内是具有"黏性的",也就是说,它们不会做出快速调整,也不会根据市场情况进行灵活变化。购买力平价假设套购会使价格做出调整,但调整实际上被价格黏性所减缓。经验证据表明,许多产品的价格在短期内没有做出迅速调整。很多时候名义汇率上下波动得非常剧烈,但价格水平的调整则迟缓得多,不完全与汇率变化合拍,于是出现购买力平价偏离的现象。

非贸易品。有些商品天生就是非贸易品,比如运输成本太高的商品。大多数商品和服务都介于贸易品和非贸易品之间,比如餐馆的饭菜,就包含了像原料这样的贸易品和像厨师工作这样的非贸易品。由于不同国家非贸易品价格,或者说贸易品中非贸易品部分的价格差异相对较大,同时总价格水平由贸易品和非贸易品复合而成,因此会造成不同国家的商品价格水平存在差异,购买力平价发生偏离。

统计差异。购买力平价是将一价定律推广至一篮子商品的相对价格并与汇率联系起来的,因此一篮子商品价格的实际计算也非常重要,然而不同国家对一篮子商品的统计并不完全相同,这包含两层含义,一方面不同国家所规定的一篮子商品包含的商品种类不同,另一方面即使是相同商品在不同国家一篮子商品计算中所对应的权重也不相同,因此,统计上的差异也使得现实中购买力平价发生偏离。

五、购买力平价的应用

由现实中的数据可以发现,同一篮子商品的价格在不同国家之间,即使是以同一货币单位换算出来的价格,仍有可能会有较大差异,这意味着同一单位的货币在不同国家所购买到的商品数量也不一样。这就导致了如果直接用以美元计算的人均收入来衡量各国的生活水平,往往会扩大富国与穷国间的实际购买力差异,因为从总体来看,富国的生活成本高于穷国的。举个例子,2011年,美国的人均GDP是49 782美元,而印度的人均GDP仅为1 533美元,从这个维度来说,美国比印度富裕32倍。但这种只通过人均GDP直接比较两国富裕程度的方法忽略了两国生活成本的差异。于是,我们进一步将价格因素纳入考虑,用每个国家的人均GDP能买到多少巨无霸汉堡来评价不同国家的生活水平。根据现实的数据,在美国购买一个巨无霸汉堡需要5.58美元,而在印度仅需2.55美元。通过比较两国人均GDP可购得的汉堡数量,美国就只比印度富裕约15倍。

正是因为在现实中,同样一篮子商品在各国的价格水平是不一样的,因此用名义收入来衡量购买力水平就有了缺陷。为了真正地衡量两国之间生活水平的差异,需要用购买力平价进行调整。

在上面的例子中,衡量两国间的生活水平差异是用两国间GDP与价格水平P之比来进行的。于是假设用GDP^I表示以卢比为单位计算的印度人均GDP,用P^I表示以卢比为单位表示的印度一篮子商品的价格,则GDP^I/P^I为印度人均GDP所能购买的印度一篮子商品的数量;用GDP^{US}表示以美元为单位计算的美国人均GDP,用P^{US}表示以美元为单位表示的美国一篮子商品的价格,则GDP^{US}/P^{US}为美国人均GDP所能购买的美国一篮子商品的数量。

那么,两国人均GDP的购买力之比 $= \dfrac{GDP^{US}/P^{US}}{GDP^I/P^I} = \dfrac{1}{P^{US}/P^I} \cdot \dfrac{GDP^{US}}{GDP^I}$

$= \dfrac{GDP^{US}}{\varepsilon^{PPP,I} GDP^I} = \dfrac{GDP^{US}}{GDP^{PPP,I}}$

其中,$\varepsilon^{PPP,I}$是P^{US}与P^I的比值,在绝对购买力平价成立的情况下,该比值为名义汇率E^{PPP},将该比值与GDP^I相乘,得到以美元为单位计算的印度人均GDP。两国购买力之比即为美国与印度人均GDP之比,也即两国名义收入之比。但现实生活中绝对购买力平价发生偏离,两国价格水平不一致,这也导致在绝对购买力平价成立条件下得到的人均GDP与用名义汇率数据换算得到的人均GDP是不一样的。通过将印度人均GDP根据价格水平调整得到$\varepsilon^{PPP,I} GDP^I$,即$GDP^{PPP,I}$,再将其与美国人均GDP进行比较可以直观地看出两国生活水平的差异。此外,也可以将其他国家的人均GDP进行价格调整后得到GDP^{PPP},进而比较多国间的生活水平差异。

表3-3是根据ICP报告中所展示的数据经PPP调整后所得出的。第一列数据是各国的人均GDP,第二列是各国根据PPP调整后的人均GDP(以美国为参照国),第三列是美国的人均GDP与各国的人均GDP之比,第四列是美国的人均GDP与各国经PPP调整后的人均GDP之比。从表3-3中可以看出,经PPP调整前孟加拉国与美国之间收入水平相差56.95倍,而调整后仅相差17.78倍。其他各国调整后也基本上都比调整前相较于美国间的差距缩小了。这就说明购买力平价在现实中的一个应用:它可以用来调整各国间GDP的比较水平,从而更好地描绘各国间的真实收入差距。

为了更直观具体地探究经PPP调整前后,国家间的收入差距出现了何种改变,我们绘制了如图 3-14 所示的扇形图来进行对比。在图 3-14 中，左边的扇形图是经 PPP 调整前的统计，右边的扇形图是经 PPP 调整后的统计。从图中可以看出，在经 PPP 调整后，高收入国家占比从原来的 67% 跌至 50%，中等收入国家占比从原来的 32% 上升到 48%，而低收入国家占比从原来的 1% 上升到了 2%，足足上升了一倍。从中可以看出：直接用不同国家 GDP 总量进行比较的做法低估了中等收入国家的经济总量，同时也低估了低收入国家的经济总量。

表 3-3　2011 年各国人均 GDP 水平

国家	人均 GDP	人均 GDP^{PPP}	$\dfrac{人均 GDP^{US}}{人均 GDP}$	$\dfrac{人均 GDP^{US}}{人均 GDP^{PPP}}$
挪威	99 035	61 879	0.50	0.80
瑞士	83 854	51 582	0.59	0.97
澳大利亚	65 464	42 000	0.76	1.19
美国	49 782	49 782	1.00	1.00
日本	46 131	34 262	1.08	1.45
德国	44 365	40 990	1.12	1.21
英国	39 241	35 091	1.27	1.42
韩国	22 388	29 035	2.22	1.71
中国	5 456	10 057	9.12	4.95
埃及	2 888	10 599	17.24	4.70
越南	1 543	4 717	32.26	10.55
印度	1 533	4 735	32.47	10.51
巴基斯坦	1 255	4 450	39.68	11.19
孟加拉国	874	2 800	56.95	17.78

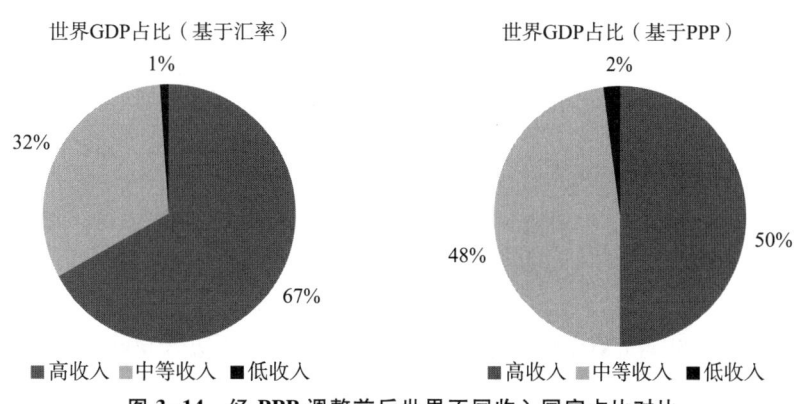

图 3-14　经 PPP 调整前后世界不同收入国家占比对比

小 结

本章首先介绍了古典二分法。长期中货币是中性的,即名义值决定名义值,实际值决定实际值,这奠定了后续分析的基础。在此基础上,本章介绍了货币数量论与费雪效应。

接下来本章介绍了一价定律与购买力平价理论。一价定律针对微观层面的价格水平,它表示同一款商品无论在哪里出售,以相同货币计价的销售价格保持一致。购买力平价理论则针对宏观层面的价格水平。根据购买力平价理论,两国货币的汇率等于两国的价格水平之比,即两国标准的一篮子商品价格之比。这种说法也被称为绝对购买力平价。由绝对购买力平价可以得到两国的价格水平是如何决定汇率水平的。用价格水平的变化率推导汇率变化率,可以推出相对购买力平价的表达式,即任何一段时期内两国汇率的变动率都等于两国通货膨胀率之差。本章还根据货币数量论和购买力平价理论构建了一个汇率模型,并对长期中的货币、价格和汇率进行综合讨论。利用汇率模型的基本方程,还可以对汇率进行预测。此外,本章还引入实际汇率这一概念,根据实际汇率决定式进行推导,以研究实际汇率与购买力平价理论之间的关系。

本章还进一步对相对购买力平价与绝对购买力平价进行了实证分析,以判断购买力平价理论是否贴近现实。研究发现,相对购买力平价在现实中成立,而绝对购买力平价在现实中则存在系统性偏离。本章还进一步探究出购买力平价发生偏离的原因,主要包括交易成本、不完全竞争和法律障碍、价格黏性、非贸易品、统计差异。本章最后还讨论了购买力平价的相关应用,介绍了运用购买力平价调整后的人均 GDP 来比较不同国家生活水平、贫富差距的方法。

关键词

古典二分法　　　　　货币数量论　　　　　名义利率
实际利率　　　　　　通货膨胀率　　　　　费雪效应
一价定律　　　　　　绝对购买力平价　　　相对购买力平价
实际汇率　　　　　　非贸易品　　　　　　巨无霸指数
不完全竞争　　　　　统计差异

练习题

1. 假设越南和科特迪瓦两国生产咖啡。越南的货币单位是盾(VND),而科特迪瓦使用的货币是 CFA 法郎(XOF)。在越南,一磅咖啡的售价为 5 000VND。市场汇率为 1XOF = 30VND。

 (1) 若一价定律成立,则在科特迪瓦以 CFA 法郎衡量的咖啡价格是多少?

 (2) 假设在科特迪瓦一磅咖啡的实际售价为 160CFA 法郎,请回答此时商人们会在哪里买入咖啡又会在哪里卖出咖啡?这些交易会对越南、科特迪瓦生产咖啡的价格分别造成什么影响?

2. 考虑两个国家:日本和韩国,且把韩国视作本国,日本视作外国。1996 年日本经历了较为慢的经济增长(1%),而韩国则经历了较为强劲的经济增长(6%)。假设日本银行允许货币供给每年增长 2%,而韩国银行则以每年 12% 的速度进行货币增长。请运用简单的货币模型(L 为常数)回答下列问题。

(1) 韩国与日本的通货膨胀率分别为多少?

(2) 韩元相对于日元的预期贬值率是多少?

(3) 若韩国银行把货币增长率从 12% 提高到 15%,日本的货币增长率保持不变,求韩元相对于日元的预期贬值率。

(4) 假设韩国银行希望能钉住日元汇率,货币增长率应达到什么水平才能实现保持韩元与日元固定汇率这一目标?

3. 现运用一般的货币模型(L 与名义利率负相关)解答第 2 题,考虑与该题开始时相同的情形。此外,日本银行的存款利率为 3%。

(1) 请计算韩国银行的存款利率。

(2) 运用实际利率的定义,说明韩国的实际利率等于日本的实际利率。

(3) 假设韩国银行把货币增长率从 12% 提高到 15%,通货膨胀率以相同的比率提高。若日本的名义利率保持不变,则韩国的存款利率会有何变化?

4. 什么是古典二分法?请简单概括并列举一个能够印证该理论的例子。

5. 请回答以下与一价定律相关的问题:

(1) 简述一价定律的内容。

(2) 一价定律成立的重要条件是什么?

(3) 现实中所有商品都符合一价定律吗?

(4) 请分别列举几个符合和不符合一价定律的商品例子,并分析它们符合/不符合的原因。

6. 请简要概括购买力平价和一价定律之间的关系。

7. 什么是绝对购买力平价?什么是相对购买力平价?二者之间的关系如何?

8. 什么是实际汇率?实际汇率与绝对购买力平价、相对购买力平价的关系是什么?

9. 影响货币乘数的因素有哪些?这些因素的变动会对价格水平有何影响?

10. 设计一个方案验证绝对购买力平价和相对购买力平价是否在现实中成立。

11. 请尝试回答以下问题:

(1) 相对购买力平价在现实中表现得如何?

(2) 绝对购买力平价在现实中表现得并不好,原因是什么?

第四章　贸易品与非贸易品模型

引　言 >>>

通过上一章的分析可以发现,绝对购买力平价在现实中存在系统性偏离,对此本章将进一步探究这一现象出现的原因。首先,本章将引入贸易品和非贸易品,并在此基础上介绍巴拉萨-萨缪尔森效应,分析绝对购买力平价在现实中存在系统性偏离的原因。其次,本章将以一个一般的框架——贸易品与非贸易品模型讨论当生产端或需求端发生冲击时,贸易品部门、非贸易品部门的结构调整对实际汇率的影响。此外本章还将对"荷兰病",即某一国家或地区中,某一初级产品部门异常繁荣而导致其他部门衰落的现象进行分析。最后,本章将总结实际汇率的决定因素。

学习目标 >>>

1. 理解和掌握巴拉萨-萨缪尔森效应。
2. 熟练掌握贸易品与非贸易品模型,并能结合该模型,分析生产端冲击、需求端冲击如何影响实际汇率的变动。
3. 掌握"荷兰病"这一概念,并结合贸易品与非贸易品模型理解"荷兰病"的逻辑。
4. 思考并总结实际汇率的决定因素。

第一节　巴拉萨-萨缪尔森效应

上一章结合现实数据对购买力平价进行了验证,发现绝对购买力平价在现实数据中不仅不成立,而且存在系统性的偏离,即人均 GDP 与价格水平及实际汇率存在相关关系——人均 GDP 越高的国家,其价格水平越高,实际汇率升值。那么是什么原因导致了这一现象的存在呢? 在回答这个问题之前,我们首先介绍两个概念——贸易品与非贸易品。

一、贸易品与非贸易品

贸易品是能够进入国际贸易交换的商品,由于贸易品的生产不仅能满足国内消费者的需求,还能出口到国外,因此贸易品的需求受到国际市场的影响,贸易品的价格一般由国际市场决定。在没有关税壁垒的情况下,如果本国出口的商品高于国际市场上的价格,则不仅其他国家居民不愿购买该商品,本国居民也不愿购买,他们会选择购买从外国进口的商品,这时本国的企业将会面临破产。贸易品的范围很广,一般包括工业品和农产品,主要是制造业产品。概括来讲,第一产业、第二产业,即农业、制造业等均为贸易品部门。

非贸易品是只能在原产地消费,不能进行国际贸易的产品。电力、燃气、自来水、建筑、交通、仓储、餐饮、教育、商业服务、社区服务均为非贸易品。概括来讲,第三产业(服务业)一般为非贸易品部门。非贸易品的供需必须平衡,因为非贸易品没有进出口的可能性,所以如果供过于求,则不能通过出口实现平衡;同样,如果供不应求,则也不能通过进口实现供需平衡。此外,非贸易品国内价格与国外价格的差异不会导致国际需求的转移。一个典型的非贸易品是住宅,国内无法将其过剩的房屋出口,而对于国外的房屋,即使国外的房屋价格更低廉,本国居民对国外房屋的需求也不会增加。比如,智利的房价比东京便宜,但是要求东京人因智利的低房价而搬去智利住,却是不现实的。

那么,商品的可贸易性是由什么决定的呢?其一是贸易成本(自然壁垒)。贸易成本中比较重要的是运输成本,运输成本越低,该商品越有可能进行国际贸易。此外,商品的单位重量价值越高,且作为价值一部分的运输成本越低,该商品就越具有贸易性。其二是贸易保护程度(人为壁垒)。即使运输成本低廉,贸易保护政策、关税、配额等也会阻碍商品跨国流通。贸易保护程度越高,贸易的可能性越小。对劳动力流动的移民限制和对外国劳动力工作许可的限制措施,也是造成服务不可贸易的主要原因。需要注意的是,关于贸易品和非贸易品的划分并不是一成不变的。随着时代的发展、技术的进步,贸易品和非贸易品变得更加难以区分,界限也变得更加模糊。比如之前典型的非贸易品,如服务,现在通过互联网平台,能够实现电子支付、在线购买并消费,完成跨国交易。教育一般为非贸易品,但得益于信息技术,在线教育属于贸易品。

二、巴拉萨-萨缪尔森效应

绝对购买力平价在现实中存在系统性偏离,那么导致这一现象的原因是什么?是贸易成本的差异导致的?还是不同国家的贸易保护程度以及价格黏性导致的呢?实际上,发达国家的贸易壁垒比发展中国家低,原则上其贸易成本应该更低,从而具有更低的贸易价格,因此通过交易成本无法解释系统性偏离这一现象。并且,发达国家的市场垄断程度相对较低,应该具有更低的价格,因此从市场垄断程度上也无法对上述现象进行解释。而价格黏性是宏观经济学中常见的假设,不管是在发达国家还是在发展中国家都无差别,因此也无法对系统性偏离进行很好的解释。由此初步排除了以上可能的原因。事实上,造成不同国家价格水平差异大或发达国家价格水平更高的因素很多也非常复杂,为了对购买力平价存在系统性偏离这一现象进行解释,下文将讨论可能的原因之一——非贸易品。

首先看一个关于开出租车的实例。用开出租车来举例的原因在于,开出租车这一服务是非贸易品,且它在各国之间的技术水平相差不大,从而可以最大限度地排除非贸易品之外的其他因素所导致的差异。2022年,在美国开出租车的司机的月收入大概是在七千到八千美元,而在中国开出租车的司机的月收入大约是一千美元,如果工作努力的话,那么他的收入可能会更高一点。在这个例子中,同样是开出租车,中美两国之间出租车司机的收入差距很大。换句话说,在上述两个国家,提供出租车服务的价格存在差异。

不仅是开出租车,像房子、理发等商品,其价格在不同国家间也是存在差异的,这些商品明显违背一价定律,它们具有共同的特性是非贸易品。如此看来,当考虑由贸易品和非贸易品所组成的整个商品市场时,非贸易品的存在可能是造成不同国家价格水平差异大或发达国家价格水平更高的重要原因之一。因为有非贸易品的存在,同样一篮子商品在不同国家之间的价格差异就无法通过贸易来套利。

是什么原因使得不同国家之间非贸易品相对价格不同呢?为什么人均GDP越高的国家,其非贸易品价格越高呢?为了回答上述问题,先要明确一个假定——人均GDP越高的国家,其贸易品部门相对于非贸易品部门的劳动生产率也越高。二者不是因果关系,而是相互联系在一起的等同关系。由于贸易品的价格是由国际市场决定的,即当贸易品价格给定时,某国劳动生产率越高,其所生产的贸易品数量就越多,贸易品部门工人的工资也相应越高。再加上劳动力可以在一国之间自由流动,贸易品部门的工资越高会使得越来越多的工人流向贸易品部门,最终导致非贸易品部门的工资随之上升。非贸易品部门的工资上升使得非贸易品的价格水平上升。同时,由于总价格水平由贸易品和非贸易品复合而成,根据前面的分析,贸易品价格在各国之间的差异并不大,因此当非贸易品价格上升时,总体的价格水平也会相应上升。于是我们可以得出结论,人均GDP越高的国家,非贸易品价格水平越高,总价格水平也越高。这就是巴拉萨-萨缪尔森效应。

以上是基于经济学直觉的一些解释,接下来我们用数理模型对其进行详细推演。

在讨论模型之前,先提出三个假设:

(1)假设经济中存在两个部门,一个是贸易品部门T,其价格由国际市场决定;另一个是非贸易品部门N,其价格由国内市场决定。

(2)假设劳动是唯一的生产要素,故贸易品部门的生产函数为:

$$Q_T = a_T L_T$$

非贸易品部门的生产函数为:

$$Q_N = a_N L_N$$

其中,Q_T、Q_N分别是贸易品部门、非贸易品部门生产的产品数量,a_T、a_N分别是贸易品部门、非贸易品部门的生产率,即每单位劳动力可以生产多少单位产品,L_T、L_N分别是两部门所拥有的劳动力。

(3)假定劳动力可以在一国间的贸易品部门和非贸易品部门之间自由流动。

在假设(1)的情况下,再假设W是该部门的劳动力工资水平,π是该部门所获得的利润,P是该部门产品(贸易品或非贸易品)的价格。

故贸易品部门 T 中有
$$\pi_T = P_T Q_T - W_T L_T$$
此时需要雇用的劳动者数量为 L_T，以实现部门利润最大化，即
$$\frac{\partial \pi_T}{\partial L_T} = P_T a_T - W_T = 0$$
所以
$$W_T = P_T a_T$$
同理，在非贸易品部门 N 中，
$$W_N = P_N a_N$$
现在利用假设(3)，劳动力可以在贸易品部门和非贸易品部门之间自由流动，这意味着劳动力会流向两个部门中工资较高的部门，最终导致两个部门的工资水平一致，即
$$W_T = W_N = W$$
现在，已知三个式子，$W_T = P_T a_T$，$W_N = P_N a_N$，$W_T = W_N = W$，互相代入后可以得到 $\frac{P_T}{P_N} = \frac{a_N}{a_T}$。

接下来我们进一步引入实际汇率。P_T 为贸易品的价格，P_N 为非贸易品的价格，假设各国价格水平由贸易品价格与非贸易品价格组合决定，这种组合符合 Cobb-Douglas 函数的形式，两国的价格水平分别为：
$$P = P_T^{\alpha} P_N^{1-\alpha} \qquad P^* = (P_T^*)^{\alpha} (P_N^*)^{1-\alpha}$$

如果贸易品的价格有差异，那么人们可以通过贸易来套利从而使得贸易品的价格趋于一致，因此贸易品是符合一价定律的，故有 $P_T = E P_T^*$。但是非贸易品的价格却不符合一价定律，即 $P_N \neq E P_N^*$，则实际汇率为：
$$e = \frac{EP^*}{P} = \frac{E(P_T^*)^{\alpha}(P_N^*)^{1-\alpha}}{P_T^{\alpha} P_N^{1-\alpha}} = \frac{EP_T^*}{P_T} \cdot \frac{(P_N^*/P_T^*)^{1-\alpha}}{(P_N/P_T)^{1-\alpha}}$$
$$= \frac{EP_T^*}{P_T} \cdot \left(\frac{P_N^*/P_T^*}{P_N/P_T}\right)^{1-\alpha} = \left(\frac{P_N^*/P_T^*}{P_N/P_T}\right)^{1-\alpha}$$

由于对一国而言，国外的价格水平 P_N^*、P_T^* 是外生的，并且已经得到部门间价格水平与生产率的关系式 $\frac{P_T}{P_N} = \frac{a_N}{a_T}$，因此可以得到 $e \propto \frac{P_T}{P_N} = \frac{a_N}{a_T}$，即实际汇率 e 和贸易品与非贸易品的相对价格 $\frac{P_T}{P_N}$ 成正比，也和非贸易品部门与贸易品部门的相对生产率 $\frac{a_N}{a_T}$ 成正比。换言之，一国的实际汇率由贸易品与非贸易品的相对价格 $\frac{P_T}{P_N}$ 所决定，也由非贸易品部门与贸易品部门的相对生产率 $\frac{a_N}{a_T}$ 所决定。

对于像理发、开出租车等非贸易品而言，随着时间的推移，生产率的变动幅度并不大，而一国贸易品部门生产率的变动要比非贸易品剧烈得多。对于很多国家而言，贸易品部

门的生产率差距要比非贸易品部门的生产率差距大得多,在人均 GDP 增长越快的国家,贸易品部门的生产率相对于非贸易品部门而言增长得越快。因此,当非贸易品部门与贸易品部门的相对生产率 $\frac{a_N}{a_T}$ 下降时,由于 $\frac{P_T}{P_N} = \frac{a_N}{a_T}$,贸易品与非贸易品的相对价格会下跌,与此同时贸易品价格由国际市场所决定,可以简单地视为固定的,故非贸易品的价格会上升。由于 e 与 $\frac{P_T}{P_N}$ 和 $\frac{a_N}{a_T}$ 成正比,因此 e 下降,实际汇率升值,这也解释了本小节最开始提出的问题,即为什么人均 GDP 越高的国家,实际汇率是升值的。

由上述分析可知,一国实际汇率发生变化的决定性因素即为该国贸易品部门相对于非贸易品部门生产率的升降。接下来我们将讨论实际汇率变化所带来的其他影响。

经济高速增长,意味着该国人均 GDP 水平不断提高,即贸易品部门相对于非贸易品部门劳动生产率提高,这导致实际汇率 e 下降,即实际汇率升值。根据 $e = \frac{EP^*}{P}$,由于 P^* 是外生给定的,因此实际汇率的变动体现为该国名义汇率的变动或国内价格水平的变动,此时由于不同政策所产生的效用差异,可能存在三种情况:第一种情况即如果一个国家想保证国内的价格水平 P 不变,那么该国的名义汇率 E 就必须是下降的,也就是本国货币必须升值;第二种情况即如果一个国家想固定本国的名义汇率,那么该国国内的价格水平必须上升;第三种情况即如果一个国家的价格和汇率都没有得到充分调整,就有可能同时出现名义汇率 E 下降和国内价格水平 P 上升。下文以中国的实际汇率变动为例对这一现象展开讨论。

图 4-1 展现了 2002—2022 年中国的 CPI 及人民币名义有效汇率的变动情况,可观察到,2015 年之后,中国的 CPI 还在不断上升,而人民币名义有效汇率却在下降。这便引发了一个有趣的现象——人民币的"内贬外升"。"内贬"指国内价格水平上升使得人民币在国内的购买力下降,"外升"指名义汇率下降使得人民币在国外的购买力上升,这恰恰

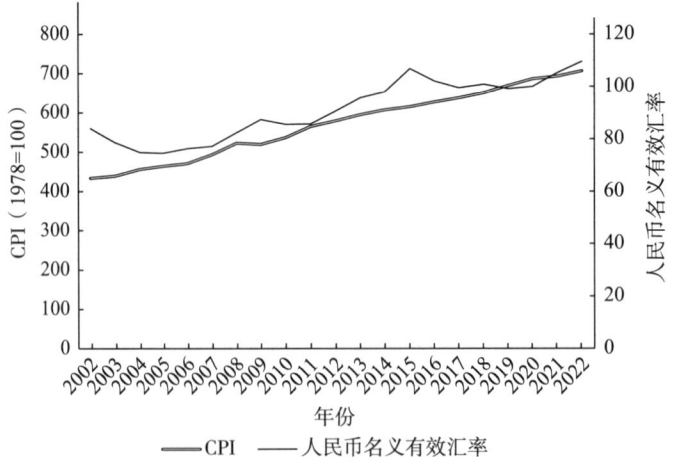

图 4-1 中国的 CPI 及人民币名义有效汇率的变动

资料来源:国家统计局、BIS Statistics。

可以用巴拉萨-萨缪尔森效应来解释。根据 $e = \dfrac{EP^*}{P}$，E 下降的同时 P 上升意味着实际汇率的升值。由前文得知，一国实际汇率升值的最主要原因是其贸易品部门的相对生产率快速提升，所以一国货币"内贬外升"说明该国正经历经济高速增长。如图 4-2 所示，在中国人均 GDP 不断高速增长的过程中，人民币的"内贬外升"是个正常现象。

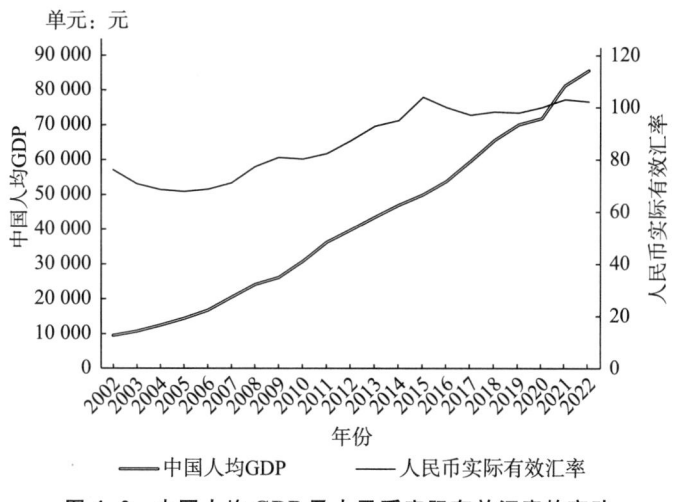

图 4-2　中国人均 GDP 及人民币实际有效汇率的变动

资料来源：国家统计局、BIS Statistics。

2017 年 3 月 10 日，中国人民银行原行长周小川在新闻发布会上用"人无贬基"一词对"人民币没有持续贬值的基础"进行概括。通过前述分析可以知道这是因为中国正处于高速发展阶段，贸易品部门的相对生产率迅速提高，而根据 $e \propto \dfrac{P_T}{P_N} = \dfrac{a_N}{a_T}$，贸易品部门生产率的提高会带动非贸易品价格上升，最终导致实际汇率升值。但应该注意到，实际汇率的升值并不代表名义汇率的升值。根据 $E = \dfrac{eP}{P^*}$，名义汇率一方面取决于实际汇率这个实际值，另一方面取决于相对价格水平这一名义值。所以即使实际汇率升值，也可能是由于相对价格水平的变动出现名义汇率保持稳定或上升（货币贬值）的情况。

第二节　贸易品与非贸易品模型

前面介绍的巴拉萨-萨缪尔森效应分析了贸易品部门生产率变动对实际汇率的影响。接下来，我们将借助一个更一般的框架——贸易品与非贸易品（The Tradable-Nontradable，TNT）模型来进行讨论。通过该模型，我们可以系统地研究一个国家在贸易品部门、非贸易品部门进行结构调整时实际汇率的变化情况。先假定该模型中的生产可能性边界是线性的，之后再推广到更一般的形式。

一、生产可能性边界

假设一个国家只有两个部门，即贸易品部门和非贸易品部门，两个部门都只使用劳动力这一种生产要素(L)。为了简单起见，先讨论生产可能性边界是线性的情况。与前面分析巴拉萨-萨缪尔森效应时一样，贸易品部门的生产函数为 $Q_T = a_T L_T$，非贸易品部门的生产函数为 $Q_N = a_N L_N$。

假定用于两个部门的劳动力是一定的，当劳动力满足充分就业条件时，有

$$\overline{L} = L_N + L_T$$

即

$$\overline{L} = \frac{Q_T}{a_T} + \frac{Q_N}{a_N}$$

化简后得到线性生产可能性边界：

$$Q_N = a_N \overline{L} - (a_N/a_T) Q_T$$

线性生产可能性边界函数表示在经济中劳动力数量给定时，生产贸易品与非贸易品的数量关系式。例如，假设所有的劳动力都在非贸易品部门工作，即 $Q_T = 0$，$Q_N = a_N \overline{L}$。图 4-3 描绘了线性的生产可能性边界，横轴表示贸易品的产量，纵轴表示非贸易品的产量。当 $Q_T = 0$ 时，所有的劳动力均用于生产非贸易品，纵轴截距为 $a_N \overline{L}$。AB 这条线段上的任一点都表示贸易品和非贸易品的一个可能性组合。

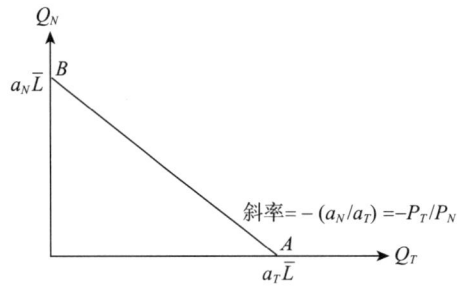

图 4-3 线性的生产可能性边界

通过对企业的利润最大化进行求解，可以得到贸易品部门和非贸易品部门的定价方程 $\frac{a_N}{a_T} = \frac{P_T}{P_N}$，具体见上一节的讨论。也就是说，生产可能性边界斜率的绝对值等于 $\frac{P_T}{P_N}$，生产可能性边界越陡，贸易品相对于非贸易品的价格就越高。

同样地，结合上一节的推导，可以得到 $e \propto P_T / P_N$，即实际汇率是该国贸易品与非贸易品的价格之比。因此，在线性生产可能性边界中，斜率的绝对值也是该国的实际汇率，即

$$e = |-P_T / P_N| = a_N / a_T$$

但是，在线性的生产可能性边界中，曲线的斜率是常数，即该国实际汇率也是常数，这与现实不符，无法真实反映现实中实际汇率的变化。所以下面我们将改进模型，将模型推广到更一般的形式，讨论实际汇率的变化。将生产函数的假设调整为边际产出的递减，再次推导其与实际汇率的关系。这样的调整有两大意义：一是边际产出递减的生产函数更加符合经济学意义；二是这样的调整使得实际汇率会随着生产结构发生调整，而不是像在线性模型中那样完全不变。

对于更一般的生产可能性边界，假设贸易品部门的生产函数为 $Q_T = F_T(L_T)$，该部门的生产函数边际产出递减，即 $Q'_T = F'_T(L_T) > 0$，$Q''_T = F''_T(L_T) < 0$。同理，非贸易品部门的生产函数为 $Q_N = F_N(L_N)$，该部门的生产函数边际产出递减，即 $Q'_N = F'_N(L_N) > 0$，$Q''_N = F''_N(L_N) < 0$。

举一个简单的例子，假设贸易品部门和非贸易品部门的生产函数分别为

$$Q_T = L_T^{\frac{1}{2}} \quad Q_N = L_N^{\frac{1}{2}}$$

假定用于贸易品部门与非贸易品部门的劳动力是一定的，则有 $\overline{L} = L_N + L_T$，即

$$\overline{L} = Q_N^2 + Q_T^2$$

化简后得到生产可能性边界

$$Q_N = \sqrt{\overline{L} - Q_T^2}$$

可以得到如图 4-4 所示的凹向原点的生产可能性边界。

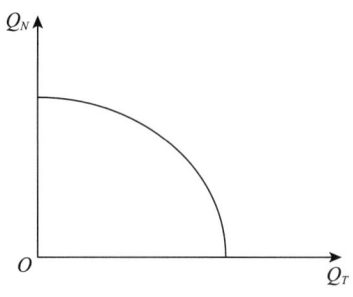

图 4-4 一般形式的生产可能性边界

更一般的生产可能性边界形状与图 4-4 类似，都是一条凹向原点的曲线。在更一般的生产可能性边界中，生产可能性边界的斜率绝对值和实际汇率是否也相等呢？可以根据贸易品(T)部门和非贸易品(N)部门的利润函数，即 $\pi_T = P_T Q_T - W_T L_T$ 和 $\pi_N = P_N Q_N - W_N L_N$，按照利润最大化的条件对劳动力要素进行求导并化简可得

$$P_T \frac{\partial Q_T}{\partial L_T} = W_T$$

$$P_N \frac{\partial Q_N}{\partial L_N} = W_N$$

又因为两个部门为劳动力提供的报酬相等，即 $W_T = W_N$，那么就有

$$P_T \frac{\partial Q_T}{\partial L_T} = P_N \frac{\partial Q_N}{\partial L_N}$$

可得

$$\frac{P_T}{P_N} = \frac{\frac{\partial Q_N}{\partial L_N}}{\frac{\partial Q_T}{\partial L_T}} = \frac{F'(N)}{F'(T)} \quad (*)$$

同样假设劳动力得到充分就业,即 $\overline{L} = L_N + L_T$

对等式两边取微分,得到

$$0 = \partial L_N + \partial L_T$$

对上述式子进行变换,得到的式子 $\partial L_N = -\partial L_T$ 代入式(*),有

$$\frac{P_T}{P_N} = \frac{\frac{\partial Q_N}{\partial L_N}}{\frac{\partial Q_T}{\partial L_T}} = \frac{F'(N)}{F'(T)} = -\frac{\partial Q_N}{\partial Q_T}$$

由上面的推导可知,由于国外价格水平 P_N^*、P_T^* 是外生的,并且由前面已经得到了部门间价格水平与生产率的关系式 $\frac{P_T}{P_N} = \frac{a_N}{a_T}$,故 $e \propto P_T/P_N$。因此,如图 4-5 所示,在更一般的生产可能性边界中,对于生产可能性边界的斜率,有

$$e = |-P_T/P_N| = |\partial Q_N/\partial Q_T|$$

即 $\left|\frac{\partial Q_N}{\partial Q_T}\right| = e$。因此,无论是简单线性的生产可能性曲线,还是具有一般形式的生产可能性曲线,其斜率的绝对值(两种产品的相对价格)都等于实际汇率 e。

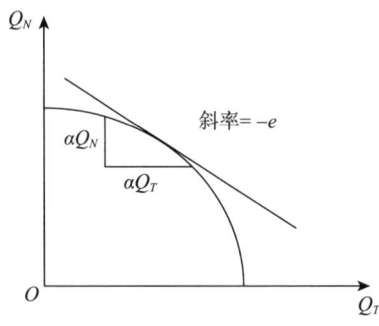

图 4-5 一般形式的生产可能性边界

二、总需求曲线

对于总需求曲线的分析可基于消费者的消费决策,消费者在其预算约束下消费贸易品(T)和非贸易品(N)两种商品,即

$$Y = P_T C_T + P_N C_N$$

这里，Y 表示某一种典型消费者的总收入，C_T 和 C_N 分别表示贸易品和非贸易品的消费水平（按实际数量计算）。收入在这两种商品之间进行分配。为了进一步简化模型，假设不管相对价格如何，消费者均以固定的比例消费 C_T 和 C_N。假定 $\dfrac{C_N}{C_T}=\varphi$。

基于这一假设，可以得到图 4-6。个体的消费选择局限在 OC 曲线上，曲线的斜率即为 C_T 和 C_N 的比例 φ。如果该国的收入为零，那么需求点就在 O 点处，国内对贸易品、非贸易品都没有需求，消费的商品为零。随着收入的增加，需求点会向上移动，若原来的需求点在 A 点，则可能会向上移动到 B 点，国内对于贸易品和非贸易品的需求都会增加。

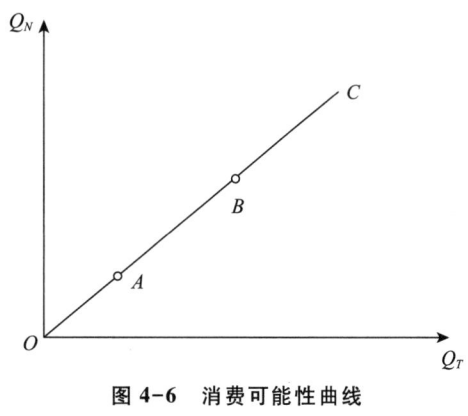

图 4-6　消费可能性曲线

三、市场均衡——需求与供给汇合

由于非贸易品（N）只能在原产地国内消费，不能进行国际贸易，不存在进口和出口，因此其国内的消费必须等于国内的生产。而贸易品（T）由于可以进行国际贸易，因此其国内的消费可以异于产出。一国生产的贸易品 Q_T 与国内的消费 C_T 之间的差额为该国的净出口，即贸易差额（TB）。因此，有以下重要的关系：

$$Q_N = C_N$$
$$TB = Q_T - C_T$$

将生产可能性曲线与总需求曲线相结合，可以得到图 4-7。图 4-7 中，需求曲线上的三个点（B 点、C 点、D 点）分别表示三种不同的状态，我们对此一一展开介绍。

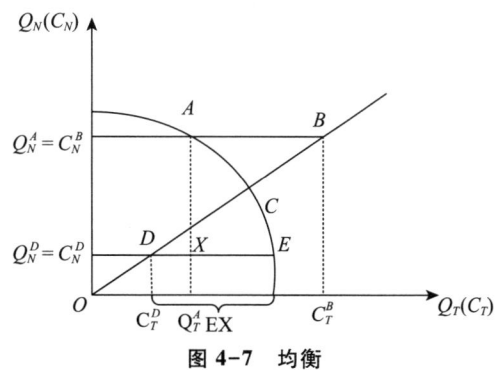

图 4-7　均衡

（1）D 点：在这一点，对应纵轴的刻度为非贸易品的消费量 C_N^D，对应横轴的刻度为贸易品的消费量 C_T^D。非贸易品的消费量必须等于其生产量，即 $Q_N^D = C_N^D$，纵轴的刻度 Q_N^D 所对应的生产可能性曲线上的点为 E 点，E 点的横纵坐标对应于生产的贸易品与非贸易品的数量。对于贸易品，其产量满足国内需求后还有剩余，出口量为 EX。因此，D 点对应状态的经济体有贸易顺差，贸易品存在净出口，非贸易品在国内市场是均衡的，消费量和生产量相等。

（2）B 点：在这一点，对应纵轴的刻度为非贸易品的消费量 C_N^B，对应横轴的刻度为贸易品的消费量 C_T^B。非贸易品的消费量必须等于其生产量，纵轴的刻度所对应的生产可能性曲线上的点为 A 点，A 点的横纵坐标分别对应于生产的贸易品与非贸易品的数量。对于贸易品，其产量不足以满足国内需求，需要的进口量为 $C_T^B - Q_T^A$。因此，B 点对应状态的经济体有贸易逆差，贸易品存在净进口，非贸易品在国内市场是均衡的，消费量和生产量相等。

（3）C 点：C 点为需求曲线与生产可能性边界的交点，是图形中最为特殊的一点。此时国内贸易品与非贸易品均达到供需平衡，经济体没有进出口。

第三节　贸易品与非贸易品模型和实际汇率

在介绍完 TNT 模型之后，我们结合该模型，讨论不同的因素如何影响实际汇率的变动。

一、生产端冲击

先讨论贸易品部门技术进步带来的影响。当贸易品部门的边际生产率 α_T 上升时，工人在该部门生产的商品数量增多，他们的工资也会随之提高。劳动力可以自由流动，因此越来越多的工人流向贸易品部门，最终导致非贸易品部门的工资也会提高，使得非贸易品部门的价格水平与总体价格水平上升。实际汇率等于两个国家相对价格之比，因此一国贸易品部门的生产率提升，将导致实际汇率升值。上述变化的影响可以通过图形进行展示。如图 4-8 所示，在需求不变的情况下，随着贸易品部门的边际生产率 α_T 上升，贸易品部门的产出增加，故在原来的生产可能性边界与纵轴的交点不变的情况下，整体边界向右移动。随着曲线的移动，均衡点由 A 点移动到 A_1 点，对应的生产可能性边界的斜率绝对值变小，实际汇率升值。

相反，如果是非贸易品部门的生产率 α_N 上升，则在非贸易品部门的工人生产的商品数量会增加，由于非贸易品只能在原产地国内消费，因此在需求不变的情况下，非贸易品价格水平和总体的价格水平将会下降。实际汇率等于两个国家相对价格之比，因此一国非贸易品部门的生产率提升会导致实际汇率贬值。如图 4-9 所示，在原来的生产可能性边界与横轴的交点不变的情况下，整体边界会向上移动。随着曲线的移动，均衡点由 A 点移动到 A_2 点，对应的生产可能性边界的斜率绝对值变大，实际汇率贬值。

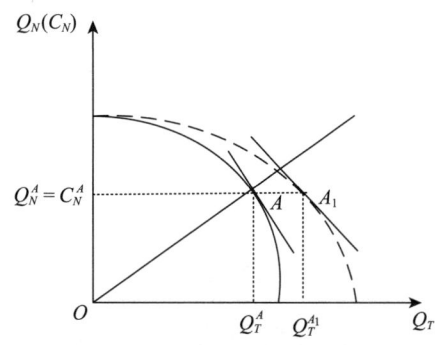

图 4-8 贸易品部门技术进步的影响

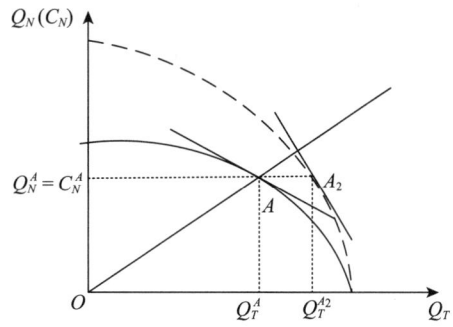

图 4-9 非贸易品部门技术进步的影响

上述结论可以总结为,当贸易品部门相对于非贸易品部门的生产率上升时,实际汇率将升值。当非贸易品部门相对于贸易品部门的生产率上升时,实际汇率将贬值。巴拉萨-萨缪尔森效应是 TNT 模型的一个应用,讨论了贸易品部门相对于非贸易品部门的生产率冲击带来的影响。当贸易品部门相对于非贸易品部门的生产率上升时,贸易品部门的产量增加,实际汇率升值,这与上述结论一致。

二、需求端冲击

上面讨论的是生产端发生冲击时的情况。那么,当需求发生变化时,实际汇率又会如何变动呢？先考虑总需求发生变化的情况。当收入下降时,总需求也会随之下降,导致贸易品的消费量 C_T 和非贸易品的消费量 C_N 均下降。由于非贸易品只能在原产地国内消费,即 $C_N = Q_N$,因此非贸易品部门的产出 Q_N 也会下降,非贸易品部门的劳动力需求将减少。由于两个部门的劳动边际产出是递减的,因此非贸易品部门的劳动边际产出 $F'(N)$ 是上升的。假设劳动力充分就业,有 $\bar{L} = L_N + L_T$,那么贸易品部门雇用劳动力的数量将增加,贸易品部门的劳动边际产出 $F'(T)$ 将减少。根据前述实际汇率与劳动边际产出的关系式 $\frac{P_T}{P_N} = \frac{F'(N)}{F'(T)} = e$,实际汇率 e 上升,意味着总需求下降,会导致实际汇率贬值。这一变化也可以用图形展现出来。如图 4-10 所示,在供给不变的情况下,原先位于 A 点的需求下降到 A_1 点,对应的生产可能性边界的斜率绝对值将变大,实际汇率发生贬值。同理,若最初的需

求位于 A_1 点,当收入增加时,总需求也随之增加到 A 点,此时结论完全相反,即实际汇率发生升值。

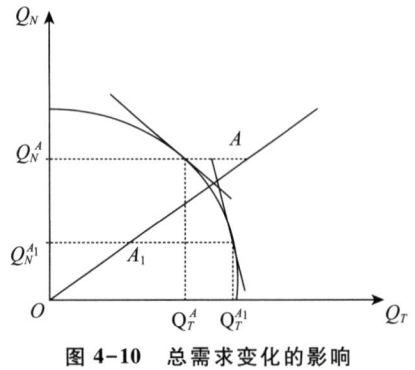

图 4-10　总需求变化的影响

根据之前的假设 $\dfrac{C_N}{C_T}=\varphi$,其中 φ 衡量偏好程度,当 φ 上升时,意味着对非贸易品的需求上升。在总收入不变的情况下,消费者将会减少对贸易品的消费,增加对非贸易品的消费。因此非贸易品部门的产出 Q_N 增加了,非贸易品部门的劳动力需求增加了,由于两个部门的劳动边际产出是递减的,因此非贸易品部门的劳动边际产出 $F'(N)$ 会下降。由于假设劳动力充分就业,因此贸易品部门雇用的劳动力将减少,贸易品部门的劳动边际产出 $F'(T)$ 将增加。根据上述实际汇率与劳动边际产出的关系式 $\dfrac{P_T}{P_N}=\dfrac{F'(N)}{F'(T)}=e$,实际汇率 e 下降,意味着非贸易品需求上升,会导致实际汇率升值。如图 4-11 中的左图所示,总需求不变而非贸易品的需求发生变化,总需求曲线围绕原点向上旋转,使得原先位于 A 点的需求变成 A_2 点,对应的生产可能性边界的斜率绝对值变小,实际汇率发生升值。相反,若贸易品需求上升,消费者将减少对非贸易品的消费,增加对贸易品的消费。这时非贸易品部门的产出和劳动力需求都将减少,由于两个部门的劳动边际产出是递减的,因此非贸易品部门的劳动边际产出 $F'(N)$ 是上升的。在劳动力充分就业的情况下,贸易品部门雇用的劳动力增加,贸易品部门的劳动边际产出 $F'(T)$ 减少。根据实际汇率与劳动边际产出的关系式,实际汇率 e 上升,实际汇率贬值。如图 4-11 中的右图所示,此时总需求曲线围绕原点向下旋转,使得原来位于 A 点的需求变到 A_3 点,对应的生产可能性边界的斜率绝对值变大,实际汇率发生贬值。

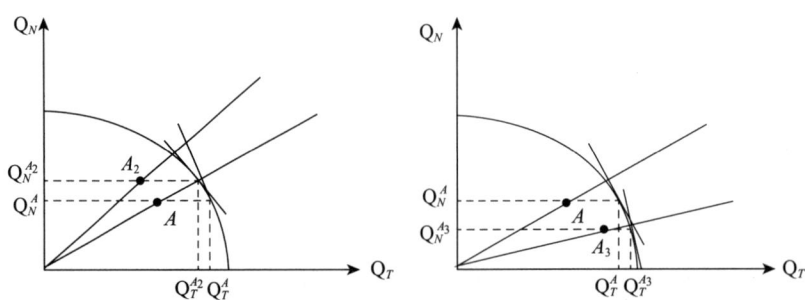

图 4-11　非贸易品需求增加(左图)和贸易品需求增加(右图)的影响

第四节 荷兰病

荷兰病(The Dutch Disease),指某个国家或者地区因某一初级产品部门异常繁荣而导致其他部门衰落的现象。"荷兰病"现象最初发现于荷兰,20世纪60年代,荷兰发现了大量的石油和天然气,石油和天然气出口剧增,国际收支出现顺差,经济呈现繁荣的景象。然而,蓬勃发展的石油和天然气行业却严重打击了荷兰的农业和其他工业部门,削弱了传统制造业的国际竞争力。20世纪80年代初,荷兰遭受通货膨胀、制成品出口下降、收入增长率降低、失业率增加的困扰,国际上称之为"荷兰病"。

"荷兰病"一般与重要自然资源,比如石油、天然气和煤炭等资源的发现与开采联系在一起。下面以自然资源石油的发现为例,运用 TNT 模型解释国内均衡的变化。

图 4-12 展示了在石油发现前后,国内供需均衡的变化。横坐标表示国内贸易品部门的产量,纵坐标表示国内非贸易品部门的产量。在石油发现以前,该国拥有一个可贸易商品生产部门,它由非石油工业如制造业组成。石油是典型的贸易品,在其被发现后,贸易品部门的潜在产量增加,贸易品部门生产点右移。假设新的石油储量使得贸易品部门的产出增加了 Q_0,新的生产可能性曲线在原有基础上向右平移了 Q_0 距离,即未发现石油以前,生产可能性曲线是图 4-12 中的 PF 线,发现石油以后,生产可能性曲线变为 $P'F'$ 线。

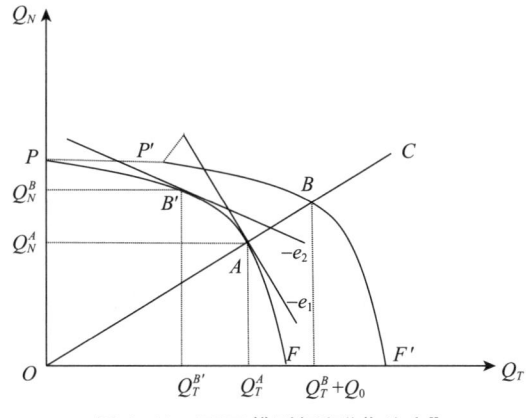

图 4-12 TNT 模型解释"荷兰病"

假设在世界利率和居民偏好给定的情况下,该国没有借贷需求。为了简化分析,假设在石油被发现之前,国内贸易品和非贸易品的生产和消费实现了均衡,恰好位于图 4-12 中的 A 点,即 PF 和 OC 线的交点。石油的发现产生了财富效应,增加了收入,引起需求的扩张。这种需求的扩张使得消费点沿着消费可能性曲线向右上方移动,国内对于贸易品、非贸易品的消费和需求都会增加。需要注意的是,在任何情况下,新的均衡点都处于原均衡点右上方,但具体位置可能并不确定。为了方便分析,假设经济调整后,新的均衡点恰好位于 B 点,即贸易品和非贸易品都在国内实现了供需均衡。

现在仔细研究这种支出增加对经济中生产模式的影响。生产模式的变化有点微妙。

在图 4-12 中，由于支出增加，非贸易品的生产从 Q_N^A 增加到 Q_N^B。贸易品的生产也增加了，但表现出一种更复杂的形式。在 B 点，传统的非石油贸易品的生产在 Q_T^B 的水平上，而石油的生产在 Q_0 的水平上。因此，总的贸易品生产处于 $Q_T^B + Q_0$ 的水平上。当比较石油被发现前后贸易品的生产时，有三个发现：第一，非石油贸易品生产下降，从 Q_T^A 下降到 $Q_T^{B'}$；第二，石油生产上升，从零上升到 Q_0；第三，总的贸易品生产，即两个子部门的和，从 Q_T^A 上升到 $Q_T^B + Q_0$。非石油贸易品部门的生产出现萎缩，其背后的逻辑在于：本国财富增加引起了居民收入的增加，从而同时增加了对非贸易品和贸易品的消费。由于非贸易品只能由国内供给，因此非贸易品部门的生产会扩大，其需要雇用的劳动力增多，然而在本国劳动力总数不变的情况下，这会导致贸易品部门的劳动力数量减少，从而造成了本国传统制造业部门的产量下降和萎缩。

本国财富增加所带来生产调整的过程中，也伴随着实际汇率的升值。正如图 4-12 所示，原生产 A 点处的斜率绝对值大于变化后的生产 B' 点处的斜率绝对值，即 $|e_1| > |e_2|$。但需要注意的是，本国居民对贸易品的需求可以通过进口获得满足。

总结来看，新的均衡点与原先的均衡点相比，对贸易品、非贸易品的需求增加，即消费点位于原先的右上方，具体位置可能并不确定。生产可能性曲线斜率的绝对值代表实际汇率，通过比较不难发现，在新的均衡下，生产可能性曲线斜率的绝对值更小，实际汇率发生升值。

前面讨论的是发现新资源导致财富增加的情形。当资源本身的价格上升时，同样也会带来财富效应，这是另一种形式的"荷兰病"。例如，当 20 世纪 70 年代世界咖啡价格上涨时，哥伦比亚国内出现了"荷兰病"现象。

哥伦比亚的经济增长长期依赖于咖啡，20 世纪 60 年代后期咖啡出口几乎占该国出口的 2/3。然而在 1975 年，受巴西气候变化及危地马拉地震的影响，世界市场上咖啡出现了严重的短缺，咖啡价格大幅上涨，两年中几乎上涨了 5 倍。哥伦比亚国内的咖啡生产迅速做出反应，1974—1981 年增加了 76%，这也使得哥伦比亚出口收入增加了 300%。作为哥伦比亚最重要的出口品，此次咖啡价格的上涨为其国内创造了巨额的收入。然而，咖啡出口在创造财富的同时也扩大了其国内需求，而国内对非贸易品的需求只能由当地满足，这使得劳动力向非贸易品部门转移，除咖啡外的贸易品部门因此出现萎缩。与理论推测相符，哥伦比亚的实际汇率大幅上升——1974—1980 年大约上升了 20%。实际汇率的升值也削弱了除咖啡外的贸易品部门的竞争力。1974—1980 年哥伦比亚咖啡的实际价格与实际汇率的变化如图 4-13 所示，图中实际汇率下降表示实际汇率升值。

因此，哥伦比亚经历了咖啡生产部门的繁荣和非贸易品部门特别是建筑业和政府服务的大幅扩张。如表 4-1 所示，咖啡的产出增长率从 1970—1975 年的 4.1% 上升到 1976—1981 年的 10.8%，而建筑和公用事业的产出增长率从 1970—1975 年的 3.3% 上升到 1976—1981 年的 5.8%。然而，除咖啡外的贸易品的产出增长率均出现了大幅度下降，尤其是制造业，例如纺织、服装和皮革以及运输原料等部门的产出增长率下降幅度均超过了 5.0%。

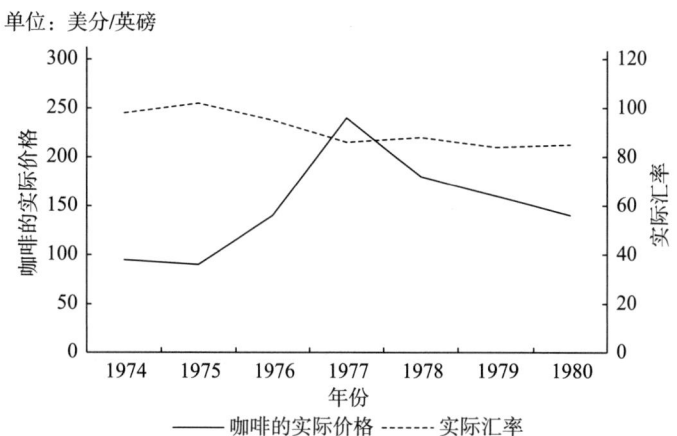

图 4-13　1974—1980 年哥伦比亚咖啡的实际价格与实际汇率变化

表 4-1　1970—1981 年"荷兰病"期间哥伦比亚生产结构的变迁

（部分生产部门的年均增长率）　　　　　　　　　　单位：%

	增长率		变化
	1970—1975 年	1976—1981 年	
非贸易品			
建筑和公用事业	3.3	5.8	+2.5
住宅租金	3.7	4.3	+0.6
政府服务	4.1	8.6	+4.5
个人劳务	2.8	2.8	+0.0
贸易品（非咖啡）			
纺织、服装和皮革	5.1	-0.6	-5.7
纸和印刷	9.3	5.3	-4.0
精炼石油产品	8.0	0.3	-7.7
化学品和橡胶	6.1	3.7	-6.5
金属制成品	4.8	1.9	-2.9
运输原料	12.6	4.6	-8.0
机器和设备	10.5	4.8	-5.7
咖啡	4.1	10.8	+6.7

　　总体上，无论是发现新资源还是资源价格上升，都会导致非贸易品部门的扩张和贸易品部门的萎缩。除此之外，当一国获得大量外国援助时，同样也会带来财富效应，增加对非贸易品和贸易品的消费，非贸易品部门的生产扩张，而贸易品部门的生产萎缩。现实中，许多落后国家在获得国际援助后，其贸易品部门的增长也受到了负面冲击。当国内对非贸易品部门的财政支出扩张时，也会导致需求向非贸易品转移，进而使得生产从贸易品向非贸易品转移，导致贸易品部门的生产萎缩。

第五节 关于实际汇率决定因素的总结

通过这一章我们了解到,影响实际汇率的因素包括生产率、财富、消费者偏好等,既有中长期因素,也有短期因素。根据实际汇率的表达式 $e = \dfrac{EP^*}{P}$,可以通过移项得到名义汇率的表达式 $E = \dfrac{eP}{P^*}$。从这一个式子可以看出,影响实际汇率和价格水平的因素都能影响名义汇率。长期中,古典二分法是成立的,货币供给的增加只会引起价格水平的上升,而不会影响到实际值。因此,长期名义汇率一部分由实际值,即收入、生产率等因素决定,另一部分由名义值,即货币供给与需求决定。

其一,考虑决定实际汇率的因素,区分生产端、需求端和结构性因素对实际汇率的影响。在生产端,当贸易品部门的生产率提高时,贸易品部门工资提高,非贸易品部门劳动力流向贸易品部门,导致非贸易品部门的工资提高和非贸易品价格上升,因此实际汇率升值。反之,当非贸易品部门的生产率提高时,非贸易品部门生产的商品数量会增多,由于非贸易品只能在原产地国内消费,在需求不变的情况下,非贸易品价格水平下降,因此实际汇率贬值。在需求端,当总需求下降时,贸易品与非贸易品的需求均下降,劳动力的充分就业和非贸易品只能在本国消费,非贸易品部门雇用劳动力减少,贸易品部门雇用劳动力增多,非贸易品部门的边际产出增加而贸易品部门的边际产出降低,导致实际汇率贬值。同理,当对非贸易品的消费偏好上升时,非贸易品部门的劳动力增加,实际汇率升值。贸易品部门的结构性变化同样会影响实际汇率。当某一种类的贸易品部门如能源部门繁荣时,一方面繁荣的贸易品部门雇用劳动力增加,另一方面经济体总体财富增加导致对本国非贸易品需求增大,非贸易品部门雇用更多的劳动力,因此在实际汇率增加的同时其他贸易品部门衰落,出现"荷兰病"现象。

其二,考虑决定长期价格水平的因素。根据货币数量论,在长期中当其他因素不变时,价格水平的高低由货币数量所决定。本国货币供给的增长将导致本国价格水平同比例增长,名义汇率变大,即本国货币贬值。当外国货币供给增加时,外国的价格水平上升,因此对本国而言本国货币升值。

长期中若经济体的实际值没有发生冲击,则实际汇率 e 为常数,相对购买力平价是成立的;反之,当实际值发生冲击时,相对购买力平价是不成立的。而在短期内,古典二分法是不成立的,实际值如资本流入与流出既会影响实际汇率,也会影响价格水平,进而对名义汇率产生影响。

小 结

本章先介绍了贸易品与非贸易品的概念,并分析了绝对购买力平价在现实中存在系统性偏离的原因;人均 GDP 越高的国家,其贸易品部门相对于非贸易品部门的劳动生产率也越高。由于贸易品的价格由国际市场所决定,即在贸易品价格给定时,劳动生产率越高,其所生产的贸易品数量就会越多,贸易品部门工人的工资也相应越高。再加上劳动力可以在一国间自由流动,越来越多的工人流向贸易品部门导致非贸易品部门的工资升高,非贸易品的价格水平上升,总体的价格水平升高。因此,人均GDP越高的国家,其非贸易品的价格水平越高,总价格水平也越高。这就是巴拉萨-萨缪尔森效应。本章还结合数理模型对此进行了详细推演,并解释了人民币的"内贬外升"现象,即国内价格水平上升而导致人民币在国内的购买力下降,本国货币升值而导致人民币在国外的购买力上升。

接下来,本章以一个更一般的框架——贸易品与非贸易品模型——来研究一个国家在贸易品部门、非贸易品部门进行结构调整时,实际汇率的变化情况。其核心思想是贸易品可以跨国交易且价格满足一价定律,非贸易品只能在国内生产和消费,其价格不满足一价定律,而实际汇率由贸易品价格和非贸易品价格共同决定,因此当内外部因素变化时,各部门的生产率亦发生变化,贸易品和非贸易品价格发生变化,实际汇率也随之改变。具体而言,本章先假定该模型中的生产可能性边界是线性的,然后推广到更一般的形式。在介绍完模型的生产可能性边界、总需求曲线、市场均衡等相关概念后,本章分析了生产端冲击、需求端冲击如何影响实际汇率的变动,并结合模型分析了"荷兰病",即某个国家或者地区的某一初级产品部门异常繁荣而其他部门衰落的背后逻辑。最后,本章对实际汇率决定因素进行了总结。

关键词

贸易品	非贸易品	巴拉萨-萨缪尔森效应
内贬外升	贸易品与非贸易品模型	生产可能性边界
消费可能性曲线	市场均衡	生产端冲击
需求端冲击	荷兰病	实际汇率决定因素

练习题

1. 什么是贸易品?什么是非贸易品?试举例子说明。

2. 什么是巴拉萨-萨缪尔森效应?其背后的经济学意义是什么?

3. 将价格从复合形式改成线性加权形式:$P = aP_T + (1-a)P_N$,在两部门模型中重新分析巴拉萨-萨缪尔森效应,并结合上述情况分析,为什么发展中国家的货币经常出现"内贬外升"的现象。

4. 结合本章介绍的 TNT 模型的情况,试着分析贸易品部门技术进步时,若劳动力不能自由流动,实际汇率的变化是怎样的。

5. 假设贸易品产出 Q_T 的生产函数为:

$$Q_T = \sqrt{L_T}$$

L_T 为生产贸易品所需的劳动力数量。同样地,非贸易品的生产函数为:

$$Q_N = \sqrt{L_N}$$

L_N 为生产非贸易品所需的劳动力数量。假设经济体有 8 名工人($L=8$),非贸易品部门的产出为 2($Q_N=2$)。计算贸易品部门的产出和非贸易品的相对价格 p。

6. 假设贸易品部门和非贸易品部门的生产函数为 $Q_T=(L_T)^\alpha$ 和 $Q_N=(L_N)^\alpha$,其中 Q_i 和 L_i 分别表示部门 $i=T,N$ 的产出和劳动力数量。设 L 为经济中的劳动力总数。

(1) 找到 PPF 及其斜率。

(2) 假设 $\alpha=0.25, L=1$。进一步假设非贸易品相对于贸易品的相对价格 $p=2$。求 Q_T、Q_N、L_T 和 L_N。

(3) 假设名义工资 $W=5$。求出贸易品和非贸易品的名义价格 P_T 和 P_N,以及这两个部门的利润。

7. 解释"荷兰病"及其背后的逻辑。

第五章　利率平价理论和汇率超调

引　言 >>>

购买力平价理论中,长期汇率是由两国价格水平决定的。但现实中,只预测远期汇率是不够的,许多问题都要求知道短期汇率是如何变化的,且是由什么因素决定的。自2022年美联储加息以来,其他主要货币纷纷对美元贬值,以中国为例,人民币对美元汇率一度突破7∶1。而美元利率升高与美元升值有何关系?短期汇率究竟是如何决定的?想要弄清楚这些问题,就要了解利率平价理论,即汇率的短期决定理论,这也是本章所要讲解的重点。利率平价理论建立在货币是资产这一思想基础上,并结合套汇的知识进行推导,得出短期汇率是如何决定的。而为了将汇率的短期理论与长期的购买力平价理论结合起来,讨论了汇率超调模型。

本章的第一节将从货币的资产属性出发,引出利率平价理论,进而展现外汇市场是如何达到均衡的。第二节将介绍短期货币市场均衡理论,得出一个短期利率是如何决定的基础理论,并讲述外生变量的变化对货币市场的影响。第三节将展现货币市场与外汇市场达到均衡时即期汇率的决定因素,并讨论货币政策的暂时性冲击带来的影响。第四节将分析永久性的货币供给冲击对外汇市场产生的影响,并详细介绍汇率超调理论——长期模型与短期模型的结合。

学习目标 >>>

1. 掌握利率平价理论。
2. 理解三元悖论。
3. 理解货币市场和外汇市场的均衡。
4. 掌握汇率超调理论。

第一节　利率平价理论和外汇市场均衡

前文中汇率被视为两国一篮子商品价格水平之比,但由于价格黏性、交易成本等因素,两国一篮子商品的价格在短期内变化不一致,购买力平价理论预测的汇率在短期内亦存在偏离。本章从无风险套汇的角度构建短期汇率决定理论。由于货币具有资产属性,随着汇率和利率的变化,投资者持有不同货币的收益率会发生变化,套汇交易的存在让持有不同货币的收益率相同,基于此可以确定汇率的决定理论方程。

一、货币的资产属性及收益率

对某类资产的需求主要取决于该资产的收益率、风险和流动性这三个因素。货币可以被看作一种资产,它也有收益率、风险和流动性。如美元,持有美元会有一个存在银行的活期存款利率,即美元的收益率;美元在各个国家或地区可以及时兑换,它具有高流动性;相较于新兴国家的货币,美元汇率大幅贬值的可能性低且汇率波动性小,因此具有低风险性。为了便于分析外汇市场的汇率决定机制,假设投资者对外汇资产的需求完全取决于对不同资产预期收益率的比较。一般以活期存款的利率作为外汇资产的回报率,而利率有实际利率和名义利率,本章讨论的是短期收益率的变化,在短期内价格是黏性的,名义利率的变动和实际利率的变动是一样的,因此本章以名义利率来表示货币的收益率。

二、抛补利率平价和无抛补利率平价

假设外汇市场有两种货币——本币和外币,本国利率为 i_t,外国利率为 i_t^*。现在将货币看作一种资产,那么对于选择持有本币资产还是外币资产,投资者应该如何做决策呢?

假设投资者现在有 1 单位的本币,如果以本币的形式持有资产,那么投资者一年后的收益为 $(1+i_t)$。如果投资持有外币,那么有两种投资策略:一是投资者可以使用远期合约来对汇率风险进行覆盖或对冲,这一决定是无风险套汇的情况;二是投资者可以选择不使用远期合约,而是等到投资到期时使用即期合约,这一决定就是风险套汇的情况。这两种套汇的方式引出两个平价条件,分别可以用于刻画远期市场和即期市场的均衡,接下来我们依次来看这两种策略。

第一种策略。 投资外币资产首先要将本币兑换成外币,今天的即期汇率为 E_t,1 单位本币可以兑换成 $\dfrac{1}{E_t}$ 单位外币,由于外国利率为 i_t^*,因此一年后的收益为 $(1+i_t^*)/E_t$ 单位外币。然后再将外币兑换成本币,但不确定未来的即期汇率会是多少。为了规避这种风险,今天进行远期合约交易以使未来远期交易按远期汇率 F_t 进行。这样,一年后的 $(1+i_t^*)/E_t$ 单位外币可以兑换成 $(1+i_t^*)F_t/E_t$ 单位本币,当以外币资产的形式持有时,投资者一年后的收益为 $(1+i_t^*)F_t/E_t$。

投资者在期初比较两种资产的收益时,如果以外币形式持有的收益较高,则其可以先从银行借入本币,再以当期汇率买入外币并以远期汇率买入等额本币的掉期交易,则投资者在到期后会获得无风险利差 $(1+i_t^*)F_t/E_t - (1+i_t)$。由于银行作为交易对手方执行与投资者相反的交易,因此银行将会损失该利差。所以银行会调低远期汇率 F_t,使得利差为 0,即套汇利润为 0,对应的无套汇条件可以表示为:

$$1+i_t = (1+i_t^*)F_t/E_t \tag{5.1}$$

式(5.1)被称为抛补利率平价(Covered Interest Parity,CIP),因为外币资产的所有汇率风险都通过远期合约覆盖了。这种交易如图5-1所示。

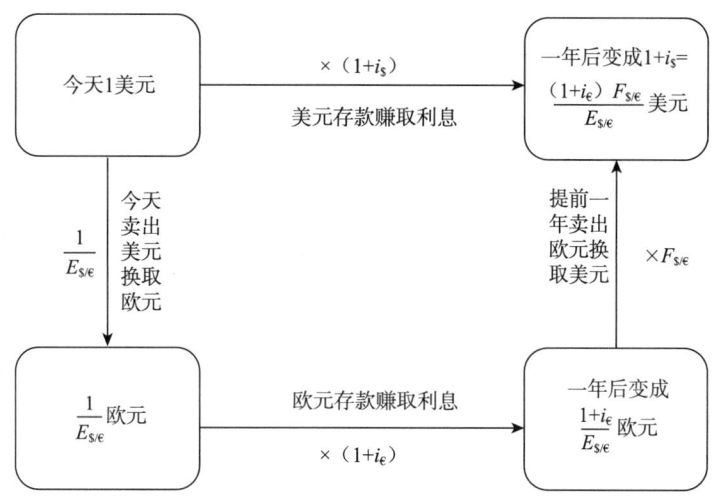

图 5-1　套汇和抛补利率平价

抛补利率平价是一种无套汇条件（No-arbitrage Condition），在均衡条件下投资者对两种货币资产没有偏好，汇率风险也因为远期合约的使用得到消除。收益取决于远期汇率，因此抛补利率平价提供了一种远期汇率如何决定的理论。将式（5.1）变形，得到远期汇率的决定方程：

$$F_t = E_t(1+i_t)/(1+i_t^*) \qquad (5.2)$$

第二种策略。 第二种参与套汇的方式是使用即期合约，并接受未来的汇率是有风险的。对于投资外币资产，1单位本币今天可以兑换成$\frac{1}{E_t}$单位外币，一年后的收益为$(1+i_t^*)/E_t$单位外币，然后以一年后的即期汇率将其兑换成本币。在这种情况下，投资者将面临汇率风险，必须对未来的即期汇率做出预测，即预期汇率为E_{t+1}^e。基于这种预测，预期一年后会获得$(1+i_t^*)/E_t$单位外币，兑换成本币为$(1+i_t^*)E_{t+1}^e/E_t$。当以外币资产的形式持有时，投资者一年后获得的收益为$(1+i_t^*)E_{t+1}^e/E_t$。

同样地，比较两种资产的收益，若以外币形式持有的收益较高，则投资者会卖出本币资产买入外币资产，导致本币贬值，即期汇率变大，直到二者的收益相同不存在套汇利润，因此无套汇条件可以写成：

$$1+i_t = (1+i_t^*)E_{t+1}^e/E_t \qquad (5.3)$$

式（5.3）被称为无抛补利率平价（UIP），因为汇率风险未被覆盖，只能等待一年后使用即期合约来兑换，如图5-2所示。

无抛补利率平价是一种无套汇条件，在均衡条件下投资者对于未对冲的两种货币资产没有偏好，没有使用远期合约。无抛补利率平价是在预期汇率确定的情况下来讨论即期汇率的变化，是一种即期汇率的决定理论。将式（5.3）变形，得到即期汇率的决定方程：

$$E_t = (1+i_t^*)E_{t+1}^e/(1+i_t) \qquad (5.4)$$

其中预期汇率E_{t+1}^e由汇率的长期理论决定。

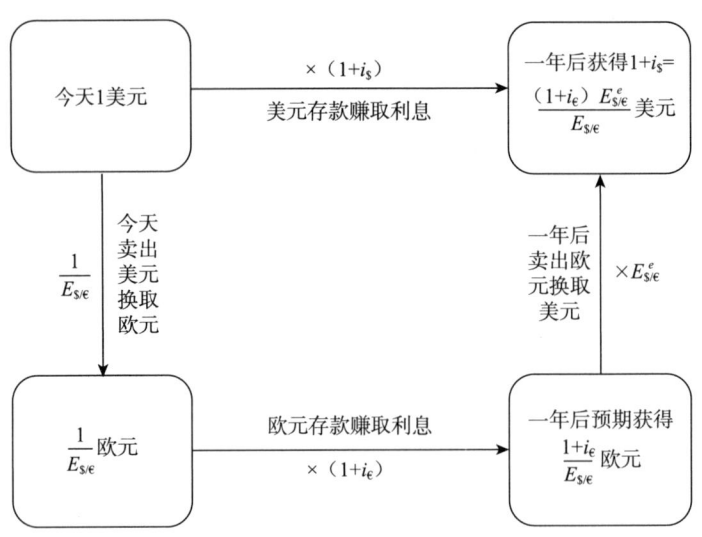

图 5-2 套汇和无抛补利率平价

因为无抛补利率平价提供了一种即期汇率如何决定的理论,所以式(5.3)是国际宏观经济学中最重要的等式之一。然而在大多数情况下,无抛补利率平价还可以使用一种更简单、更方便的表达。

对等式 $1 + i_t = (1 + i_t^*) E_{t+1}^e / E_t$ 两边分别取对数得:

$$\ln(1 + i_t) = \ln(1 + i_t^*) + \ln\left(1 + \frac{E_{t+1}^e - E_t}{E_t}\right) \tag{5.5}$$

由于

$$\lim_{i_t \to 0} \ln(1 + i_t) = i_t \tag{5.6}$$

$$\lim_{i_t^* \to 0} \ln(1 + i_t^*) = i_t^* \tag{5.7}$$

$$\lim_{\frac{E_{t+1}^e - E_t}{E_t} \to 0} \ln\left(1 + \frac{E_{t+1}^e - E_t}{E_t}\right) = \frac{E_{t+1}^e - E_t}{E_t} \tag{5.8}$$

故式(5.5)近似可得

$$i_t = i_t^* + \frac{\Delta E^e}{E} \tag{5.9}$$

式(5.9)即为无抛补利率平价的近似值等式,表示预期贬值率近似等于两国利率之差。

总之,无论是精确形式[式(5.3)]还是近似形式[式(5.9)]的无抛补利率平价条件,都表明两个市场以共同货币表示的预期收益率之间必然存在平价。

无抛补利率平价成立的条件是投资者根据持有货币的收益率能够自由地在不同的货币之间进行套利,最终形成货币市场的均衡状态,而自由套利的前提是资本的自由流动。若一国实行固定汇率制,则有 $E_t = E_{t+1} = \overline{E}$,由 $1 + i_t = (1 + i_t^*) E_{t+1}^e / E_t$ 可知,必有 $i_t = i_t^*$,即国内利率与国外利率相同,这表明本国的利率完全受外国影响。又因为利率是一国货币政策最重要的工具,所以这意味着该国的货币政策没有独立性。也就是说,在无抛补利率平价条件成立的前提下,若一国选择采用固定汇率制,则其货币政策并不具有独立性。

若一国的货币政策想具有独立性,即 $i_t \neq i_t^*$,则根据 $1 + i_t = (1 + i_t^*) E_{t+1}^e / E_t$,必有 $E_t \neq E_{t+1}$。也就是说,在无抛补利率平价条件成立的前提下,若一国选择货币政策的独立性,则必须放弃固定汇率制。

若一国既要拥有货币政策的独立性,又要维持固定汇率制,则 $1 + i_t = (1 + i_t^*) E_{t+1}^e / E_t$ 必不成立。由于 $1 + i_t = (1 + i_t^*) E_{t+1}^e / E_t$ 成立的条件是资本自由流动,故其不成立意味着资本不能自由流动,套利成本无限大。也就是说,若一国既想要拥有货币政策的独立性,又想要维持固定汇率制,则必须放弃资本自由流动。

这就是著名的**三元悖论**(又称"不可能三角"),即资本自由流动、固定汇率制和货币政策的独立性这三者不可能同时实现,必须舍弃其中一个,如图 5-3 所示。

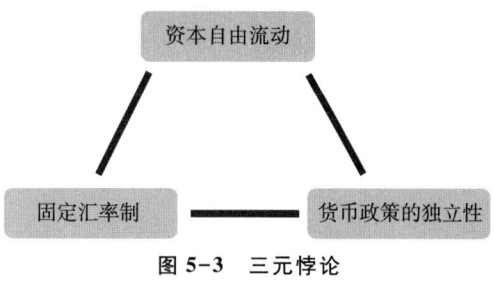

图 5-3 三元悖论

三、外汇市场均衡

下面利用图形对利率平价进行展示,以便更好地理解。如图 5-4 所示,横轴为汇率 E,纵轴为本币收益率 i。i_t^* 由外国决定,E_{t+1}^e 由长期决定,二者为外生变量。针对横轴上即期汇率画出纵轴上持有本币的收益 DR 和持有外币的收益 FR,可以知道持有外币的收益为 $(1 + i_t^*) \dfrac{E_{t+1}^e}{E_t}$,在其他条件不变的情况下,外币收益随即期汇率的升高而下降,故 FR 曲线向下倾斜。

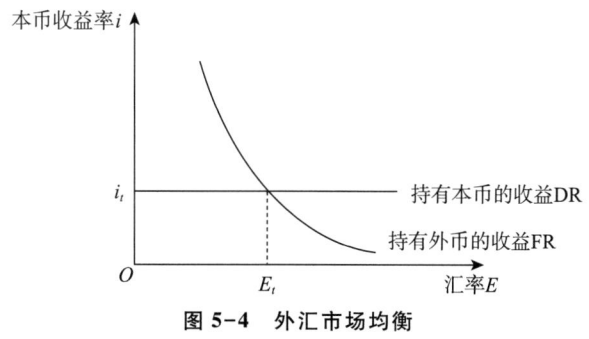

图 5-4 外汇市场均衡

当持有本币的收益和持有外币的收益相等时,外汇市场处于均衡状态。假设初始市场即期汇率高于均衡汇率 E_t,则本币收益大于外币收益,更多的外币被兑换成本币,这会产生两种结果:一是本币利率下降,使得持有本币的收益下降;二是本币对外币升值,汇率下降,使得持有外币的收益上升。二者均会导致本币收益和外币收益的差距缩小,则持有本币的收益和持有外币的收益趋于均等,汇率最终上升至均衡水平 E_t。

反之,假设初始市场即期汇率低于均衡汇率 E_t,则本币收益小于外币收益,更多的本币被兑换成外币,这同样会产生两种结果:一是本币利率上升,使得持有本币的收益上升;二是本币对外币贬值,汇率上升,使得持有外币的收益下降。二者均会导致本币收益和外币收益的差距缩小,则持有本币的收益和持有外币的收益趋于均等,汇率最终下降至均衡水平 E_t。综上,套汇自动将汇率推向均衡水平。

当利率或汇率发生变化时,本币收益曲线和外币收益曲线会发生移动,进而对外汇市场均衡产生影响。接下来我们看一下外汇市场对于不同的冲击会做出什么反应。

如图 5-5 所示,当本国利率上升时,持有本币的收益率上升,本币收益曲线从 DR 上移至 DR′,此时持有本币的收益大于持有外币的收益,更多的外币被兑换成本币,本币升值,汇率由 E_t 下降至 E_t'。

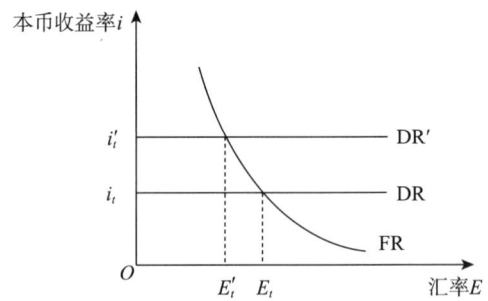

图 5-5 本国利率上升对外汇市场均衡的影响

如图 5-6 所示,当外国利率上升时,持有外币的收益率上升,外币收益曲线从 FR 上移至 FR′,此时持有外币的收益大于持有本币的收益,更多的本币被兑换成外币,本币贬值,汇率由 E_t 上升至 E_t'。

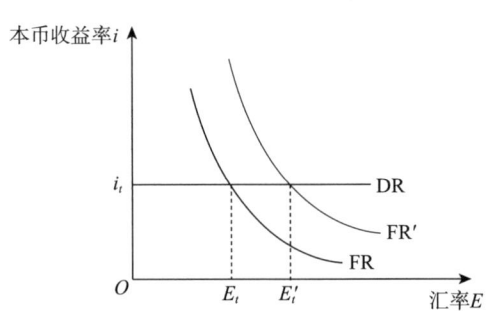

图 5-6 外国利率上升对外汇市场均衡的影响

如图 5-7 所示,当预期汇率下降时,持有外币的收益率下降,外币收益曲线从 FR 下移至 FR′,此时持有本币的收益大于持有外币的收益,更多的外币被兑换成本币,本币升值,汇率由 E_t 下降至 E_t'。

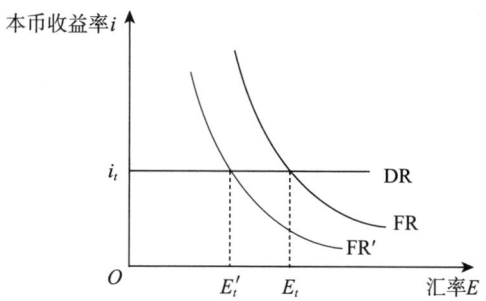

图 5-7 预期汇率下降对外汇市场均衡的影响

总的来说,本币收益仅取决于本国利率 i_t,而外币收益既取决于国外利率 i_t^*,又取决于预期汇率 E_{t+1}^e。当利率或预期汇率发生变化使得均衡被打破时,套汇会将外汇市场推向新的均衡。

第二节 货币市场均衡与汇率的短期资产理论

上面介绍了无抛补利率平价,并在无抛补利率平价中讨论了利率和即期汇率的关系,这一节将讨论两国的货币政策如何影响利率,进而对汇率产生影响。在下面的讨论中,与长期汇率决定模型中价格自由变动的假设相比,假定在短期模型中价格是黏性的,变动因素主要是短期的名义利率。接下来我们将使用模型阐述在短期内名义利率是如何调整以实现货币市场均衡的。

一、短期货币市场均衡模型

假定存在两个市场:一个是本国,一个是外国。在每个市场中,货币供给是中央银行的政策变量,由中央银行外生决定。实际货币需求 $\dfrac{M^d}{P} = L(i)Y$ 是名义利率 i 和实际收入 Y 的函数。短期内价格是黏性的,价格固定在 $P = \overline{P}$ 的水平上。名义利率 i 具有充分的弹性,它会调整以使货币市场达到均衡。

以不带 * 的字母表示本国变量,以带 * 的字母表示外国变量,本国与外国的实际货币需求如下:

$$\frac{M^d}{\overline{P}} = L(i)Y \tag{5.10}$$

$$\frac{M^{d*}}{\overline{P}^*} = L(i^*)Y^* \tag{5.11}$$

因为货币供给等于货币需求($M^s = M^d$),所以有 $\dfrac{M^s}{\overline{P}} = L(i)Y, \dfrac{M^{s*}}{\overline{P}^*} = L(i^*)Y^*$。与前面章节购买力平价理论中的货币供需模型不同的是,本章的模型,在短期内价格是黏性的,货币政策会影响产出,利率和产出都是可以发生变化的,而在之前汇率的长期决定模型中,长期价格是自由调整的,产出是由 A、K、L 来决定的。

图 5-8 为本国货币市场。横轴是本国的实际货币余额 $\dfrac{M}{P}$,纵轴是本国的名义利率 i。货币供给是垂直的线,固定在 $\dfrac{M_1}{P_1}$ 水平上,因为货币供给是中央银行的政策变量,由中央银行外生决定;货币需求是向右下方倾斜的线,因为利率上升会提高持有货币的成本,从而减少货币需求,即货币需求随利率的升高而下降。当实际货币余额为 $\dfrac{M_1}{P_1}$,名义利率达到 i_t^1 时,实际货币需求等于实际货币供给,货币市场在点 1 处达到均衡状态。

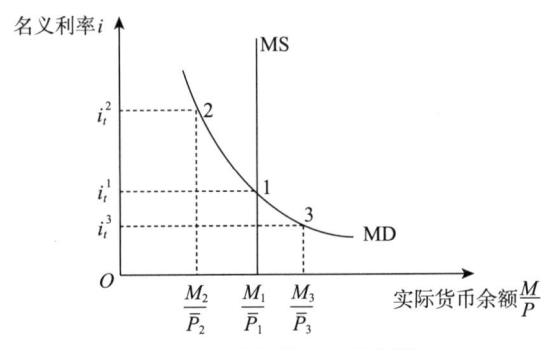

图 5-8 本国货币市场均衡

当货币市场不均衡时,仍如图 5-8 所示,假设利率为 i_t^2,则实际货币需求为点 2 处对应 $\dfrac{M_2}{P_2}$。此时,实际货币需求小于实际货币供给,使得利率下降,货币需求增加,当货币需求增加到与货币供给相等,即点 1 处时,利率就不再下降,本国货币市场重新达到均衡状态。同样地,假设利率为 i_t^3,则实际货币需求为点 3 处对应的 $\dfrac{M_3}{P_3}$。此时,实际货币需求大于实际货币供给,使得利率上升,货币需求减少,当货币需求减少到与货币供给相等,即点 1 处时,利率就不再上升,本国货币市场也重新达到均衡状态。

根据对上述理论 $\left(\dfrac{M}{P}=L(i)Y,\dfrac{M^*}{P^*}=L(i^*)Y^*\right)$ 的分析,如果假设本国与外国的价格在短期内是固定且已知的,两国的货币供给和实际收入也是已知的,那么可以得出两国的利率,如图 5-9 所示。

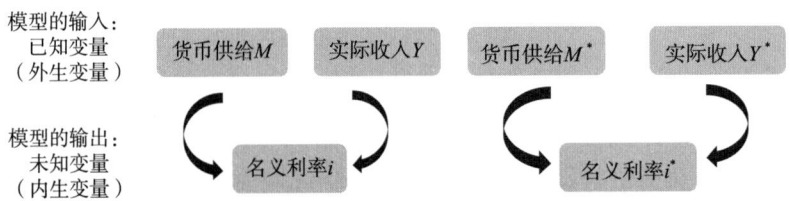

图 5-9 基础理论:短期货币市场均衡

二、外生变量变化对货币市场均衡的影响

货币市场均衡取决于货币供给和货币需求。如果其中任何一个发生变化,货币市场均衡都会发生变化。如图 5-10 所示,当本国的名义货币供给从 MS_1 增加到 MS_2 时,由于本国的价格水平在短期内固定为 $\bar{P}_1$,实际货币供给将从 $\frac{M_1}{\bar{P}_1}$ 增加到 $\frac{M_2}{\bar{P}_1}$,实际货币需求不变,而利率从 i_t^1 下降到 i_t^2,货币市场在点 2 处再次达到均衡状态。同理,当本国名义货币供给减少时,利率升高。总之,在短期内且其他条件不变的情形下,一国货币供给增加会降低该国的名义利率,一国货币供给减少会提高该国的名义利率。

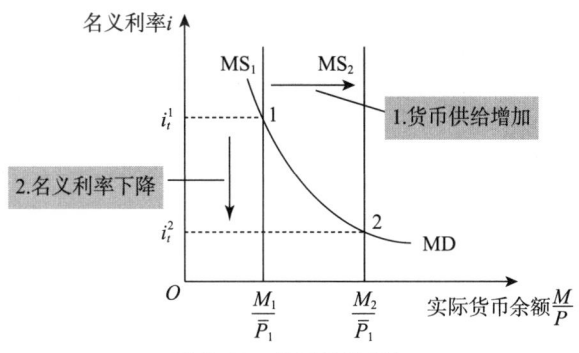

图 5-10 货币供给增加

如图 5-11 所示,当本国的实际收入从 Y_1 增加到 Y_2 时,实际货币需求从 MD_1 增加到 MD_2,实际货币供给不变,则利率从 i_t^1 升高到 i_t^2。同理,当实际货币需求减少时,利率降低。总之,在短期内且其他条件不变的情况下,一国实际货币需求增加会提高该国的名义利率,一国实际货币需求减少会降低该国的名义利率。

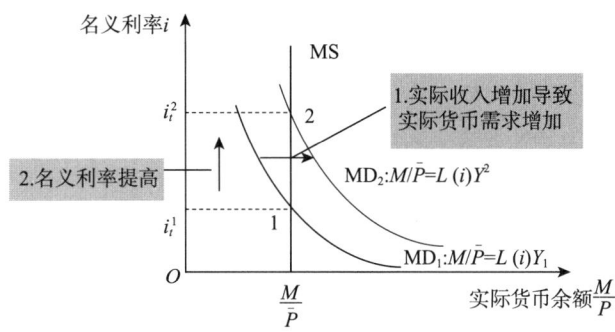

图 5-11 货币需求增加

三、汇率的短期资产理论

上文介绍了货币市场的均衡模型,并通过一个简单的图形展示了这个模型,且着重探讨了货币供给和货币需求的变化对货币市场均衡的影响,得到一国货币供给增加会降低该国的名义利率、一国实际货币需求增加会提高该国的名义利率的结论。接下来的章节

将进一步探讨货币市场与外汇市场的均衡,并分析暂时性的货币供给冲击会对均衡产生什么样的影响。

为了简化资产理论的图形说明,我们只分析本国的情况。图 5-12 中的(a)图展示了本国货币市场,横轴是本国的实际货币余额 $\frac{M}{P}$,纵轴是本国的名义利率 i。货币供给是垂直的线,固定为 $\frac{M_1}{P_1}$,货币需求是向右下方倾斜的线。图 5-12 中的(b)图描绘了外汇市场均衡。横轴表示即期汇率 E,纵轴表示名义利率 i,图中描绘了持有本币的收益和持有外币的收益。

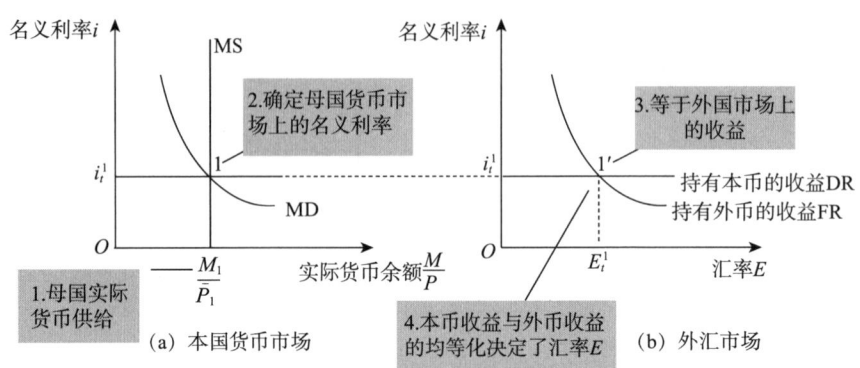

图 5-12 本国货币市场和外汇市场均衡

基于此,如果知道所有的外生变量,就可以直接求解汇率。利用图 5-12 中(a)图的本国货币市场均衡,根据实际货币供给等于实际货币需求就可得到本国利率 i_t^1。因为本国利率等于外汇市场上的本币收益率,持有本币的收益为 $(1+i_t^1)$,持有外币的收益为 $(1+i_t^*)\frac{E_{t+1}^e}{E_t}$,根据持有本币的收益等于持有外币的收益即可求出即期汇率 E_t^1。

假设所有外生变量已知且保持不变,即外国货币供给、外国和本国的实际收入与价格水平均已知且不变,预期汇率不变。外汇市场和货币市场的初始状态如图 5-13 所示。本国货币市场在点 1 处为均衡状态,当本国名义利率为 i_t^1 时,本国实际货币供给 MS_1 等于货币需求 MD。外汇市场在点 1′ 处为均衡状态,本币收益 DR_1 等于外币收益 FR,此时即期汇率为 E_t^1。当本国货币供给由 M_1 增加到 M_2 时,由于短期内价格是黏性的,$\overline{P}_1$ 保持不变,因此,本国实际货币供给从 $\frac{M_1}{P_1}$ 增加到 $\frac{M_2}{P_1}$,而本国实际货币需求不变。故货币市场均衡从点 1 变为点 2,名义利率从 i_t^1 下降到 i_t^2。本国货币供给的增加导致了名义利率的下降。本国利率的下降使得外汇市场上本币收益从 DR_1 下降至 DR_2。暂时性冲击下预期汇率 E_{t+1}^e 保持不变,又因为外国利率保持不变,所以外币收益曲线不变。外汇市场均衡从点 1′ 变为点 2′。此时,即期汇率从 E_t^1 升至 E_t^2,本币贬值。总的来说,本国货币供给增加降低了本国名义利率,使得持有本币的收益率降低,导致更多的本币被兑换成外币,本币贬值,即期汇率升高。

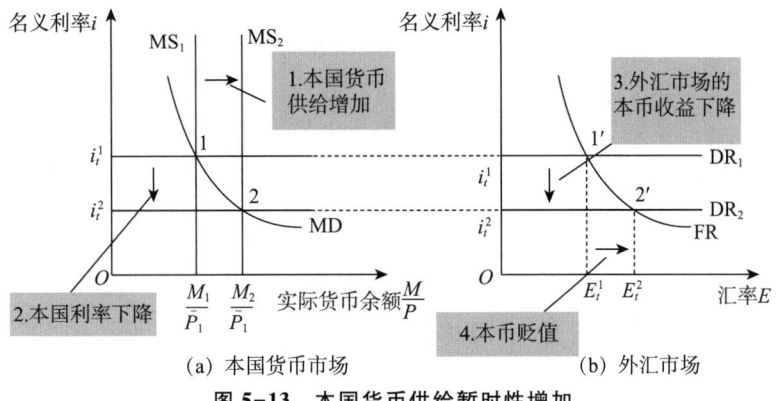

图 5-13 本国货币供给暂时性增加

第三节 汇率超调理论

由汇率的长期决定理论可知长期货币供给会影响价格,进而通过购买力平价理论影响汇率;短期内价格是黏性的,货币供给影响利率,通过利率平价理论进一步影响汇率。那么对于货币供给冲击应该用哪个模型来进行分析呢?前面已经分析了货币供给暂时性增加带来的影响,当时假定价格是黏性的,而在关于购买力平价理论的章节中,价格是自由变动的,那么二者如何衔接呢?下文以货币供给永久性增加为例说明购买力平价理论与短期资产理论如何共同决定汇率的变化。

一、对本国货币供给永久性增加的分析

先考虑短期内的汇率决定理论——短期货币市场均衡和无抛补利率平价:

$$\frac{M_t^s}{\overline{P}} = \overline{L}(i_t)\, Y_t \tag{5.12}$$

$$1 + i_t = (1 + i_t^*)\frac{E_{t+1}^e}{E_t} \tag{5.13}$$

这是决定短期汇率变动的理论,短期内价格是黏性的,M 是当期的货币供给,Y 是当期的产出,二者的变动影响利率 i_t,进而影响汇率 E_t。

为了预测预期汇率,还需要长期货币市场均衡和购买力平价:

$$\frac{M_t^s}{P} = \overline{L}(i_t)\, Y_t \tag{5.14}$$

$$P = EP^* \tag{5.15}$$

这是长期汇率决定理论,长期中价格富有弹性,M 是预期的、未来的货币供给,Y 是未来的产出,二者的变动影响价格 P_t,进而影响汇率 E_t。

接下来结合图 5-14 来分析货币供给永久性增加会带来什么样的影响。

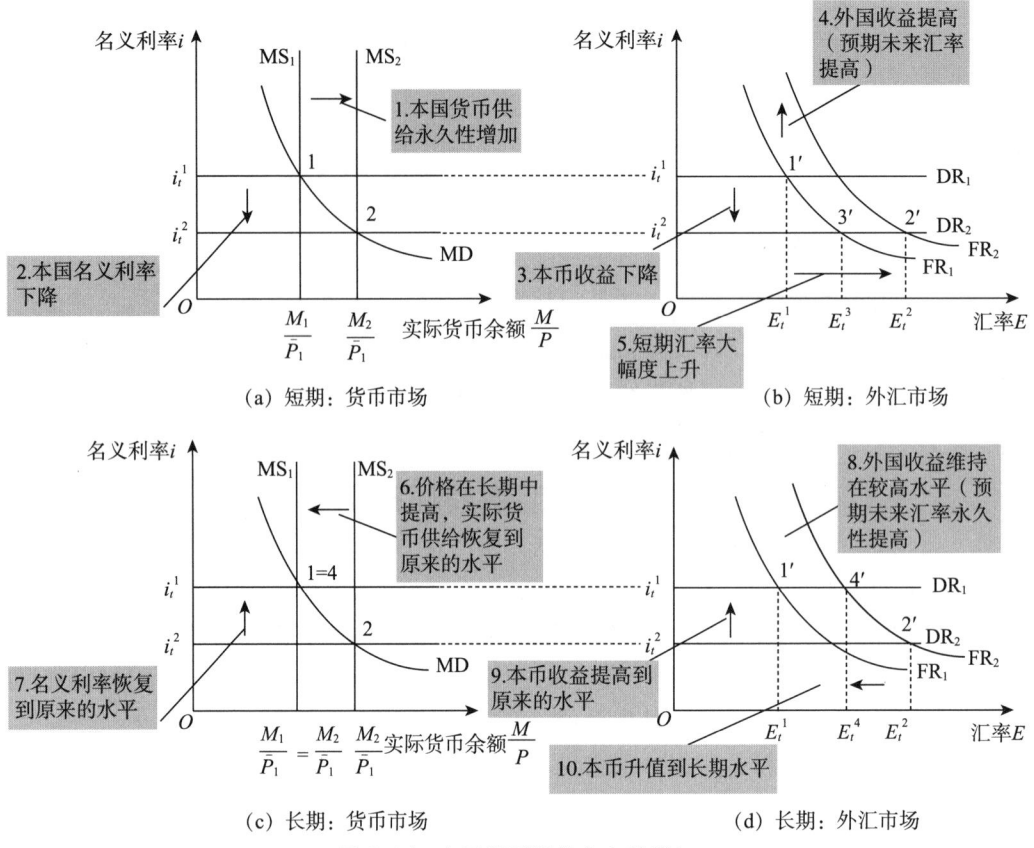

图 5-14 本国货币供给永久性增加

本国货币供给永久性增加会产生两个方面的影响：一是使得货币供给曲线从 MS_1 右移至 MS_2，则本国利率从 i_t^1 下降至 i_t^2，持有本币的收益率下降，本币收益曲线从 DR_1 下移至 DR_2，本币贬值，汇率从 E_t^1 升高至 E_t^3。二是由于货币供给永久性增加，也就是说不仅当前的货币供给会增加，未来的货币供给也会增加，那么预期未来货币供给会持续增加的话，会影响预期汇率。而预期汇率由长期汇率理论——购买力平价理论——来决定，长期中价格是弹性的，故价格水平会同比例上升，由购买力平价可知预期汇率 E_{t+1}^e 会上升，故持有外币的收益率上升，外币收益曲线从 FR_1 上移至 FR_2，使得本币进一步贬值，汇率升高至 E_t^2。

也就是说，这与之前讨论的暂时性冲击是不一样的，货币供给暂时性的冲击只产生第一个方面的影响，没有产生第二个方面的影响，即只影响利率 i_t，进而影响汇率 E_t；而永久性冲击会产生两个方面的影响，不但影响利率 i_t，而且影响预期汇率 E_{t+1}^e，由 $1+i_t = (1+i_t^*)\dfrac{E_{t+1}^e}{E_t}$ 可知二者共同作用影响汇率 E_t，使得当期本币的贬值幅度更大。

长期中价格水平随时间的推移而慢慢上升，实际货币供给恢复到原来的水平，本国利率从 i_t^2 恢复至原来的 i_t^1，持有本币的收益提高到原来的水平。而持有外币的收益由于预期汇率永久性提高而维持在较高水平，故本币升值到新的长期水平，汇率从 E_t^2 降至 E_t^4，但不会降至原来的水平。总之，在短期内，永久性冲击导致汇率贬值，贬值幅度大于暂时性冲击下的贬值幅度,也大于长期的最终贬值幅度。

二、汇率超调

货币政策永久性冲击造成的汇率即期的变动偏离了长期的均衡水平这一现象被称为汇率超调(Overshooting)。

为了更好地说明超调现象,图 5-15 展示了在图 5-14 中分析过的货币供给永久性增加后核心经济变量发生变化的时间路径:本国名义货币供给 M 在 T 时刻发生一次性增加。由于短期内价格具有黏性,实际货币余额 M/P 在短期内会增加,但在长期中会恢复到其初始水平。由前面小节的阐述可知,在短期内且其他条件不变的情形下,货币供给增加会降低名义利率,因此名义利率 i 在短期内会下降,但在长期中会恢复到其初始水平。价格水平 P 在短期内是黏性的,因此短期内价格不变,但随着时间的推移,价格水平以与名义货币供给 M 相同的比率上升,在长期中会上升到一个新的较高的水平。汇率 E 在长期会上升到一个新的更高的水平,以与名义货币供给 M 相同的比率上升;然而在短期内,汇率甚至会上升得更多,超过其长期水平,然后逐渐回落到其长期水平,但仍高于初始水平。

为什么会出现汇率超调呢?因为货币供给的变化能够立刻影响利率和预期汇率,能够通过金融市场导致即期汇率立刻发生调整;而货币供给变化对商品市场的影响是缓慢的,价格水平的变动也是缓慢的。这会导致汇率在短期内产生激烈的反应。只有经过很长时间后,价格水平才能缓慢调整到均衡水平。也就是说,金融市场的反应是即刻的、迅速的,而商品市场的反应是缓慢的,价格的调整也是缓慢的,所以会出现汇率超调。

其实,在图 5-15 中的任何一个时间点都是满足利率平价理论的。购买力平价理论则是在价格得到完全调整以后才实现的,那么这是否意味着利率平价理论和购买力平价理论在价格完全调整的时候是一样的呢?下面来分析一下。

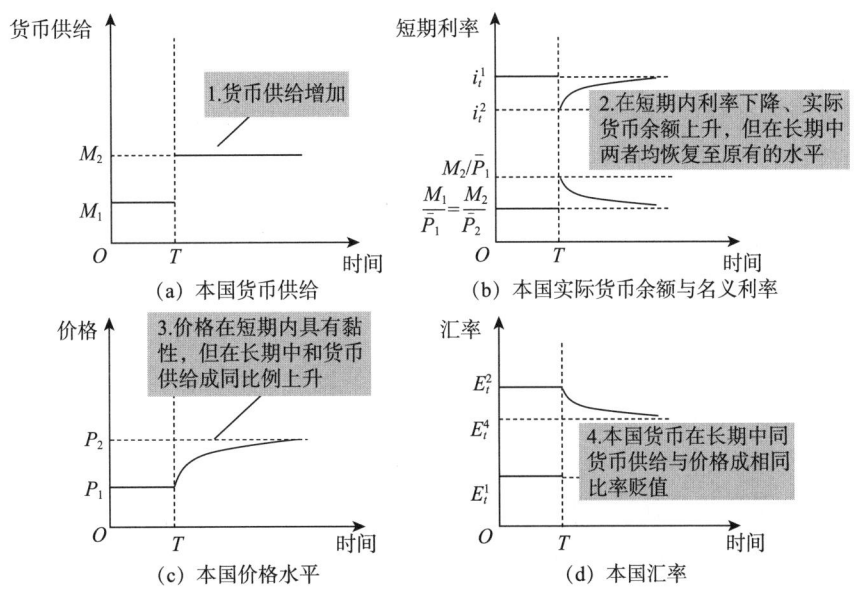

图 5-15 对本国货币供给永久性增加的反应

利率平价理论的表达式为：

$$1 + i_t = (1 + i_t^*) \frac{E_{t+1}^e}{E_t} \quad (5.16)$$

将式(5.16)等号两边分别取对数得：

$$\ln(1 + i_t) = \ln(1 + i_t^*) + \ln\left(1 + \frac{E_{t+1}^e - E_t}{E_t}\right) \quad (5.17)$$

近似得：

$$i_t = i_t^* + \frac{E_{t+1}^e - E_t}{E_t} \quad (5.18)$$

即：

$$\frac{\Delta E}{E} = i_t - i_t^* \quad (5.19)$$

此外，由费雪效应可知：

$$i_t = r_t + \pi_t \quad (5.20)$$
$$i_t^* = r_t^* + \pi_t^* \quad (5.21)$$

其中，i_t 与 i_t^* 是名义值；r_t 与 r_t^* 是实际值，在长期中由实际值决定；π_t 与 π_t^* 由名义值决定。也就是说，在长期中 r_t 与 π_t 无关，r_t^* 与 π_t^* 无关，故将 r_t 与 r_t^* 看作是外生给定的：

$$r_t = r_t^* = r \quad (5.22)$$

现在，将式(5.20)至式(5.22)代入式(5.19)中，可以得到：

$$\frac{\Delta E}{E} = \pi_t - \pi_t^* \quad (5.23)$$

式(5.23)即为相对购买力平价理论的表达式。

至此可以看出，在价格进行调整的过程中，任一时点都是满足利率平价理论的，在价格水平完全调整的那一刻，不仅满足利率平价理论，而且满足购买力平价理论。在这个过程中用到了费雪效应，即式(5.20)和式(5.21)。虽然两式是定义式，但应该注意到，费雪效应的成立是有条件的——货币供给同比率地转化为价格水平的上升，不影响实际值。利率平价理论和购买力平价理论殊途同归，都有两个假设，一个是费雪效应，另一个是实际利率是外生的，二者成立的条件即为长期中货币是中性的。

综上所述，汇率超调理论很好地实现了短期的利率平价理论和长期的购买力平价理论的结合。从长期来看，购买力平价理论是成立的；在调整过程中的每一刻，利率平价理论都是成立的。在汇率自由浮动的情况下，名义汇率短期内的波动是比较大的，又因为短期价格具有黏性，短期内名义汇率的波动就代表着实际汇率的波动，而实际汇率的波动较大，会影响商品市场的进口和出口，加剧经济的波动。因此，完全放任资金自由流动、完全自由浮动的汇率制度并不是最合理的。如果要减少经济波动造成的损失，政府应该干预外汇市场，把短期的汇率变动限制在一个很小的区间内，这样就可以避免很多无效的短期剧烈波动，也可以稳定金融市场、稳定贸易、稳定经济。

 小　结

本章主要介绍了利率平价理论和汇率超调理论,从货币的资产属性出发介绍了利率平价理论,从短期货币市场均衡得出了短期利率如何决定的理论。本章还详细介绍了货币供给的暂时性增加和永久性增加带来的影响,并详细介绍了汇率超调理论。

具体而言,货币是一种资产,具有收益率。利率平价理论主要讨论了利率和汇率的关系,是短期汇率决定理论。由无抛补利率平价条件引出了三元悖论,该理论指出资本自由流动、固定汇率制和货币政策的独立性这三个政策目标不能同时实现,必须选择舍弃其中的一个。在短期内且其他条件不变的情况下,货币供给和实际货币需求会影响一国的名义利率,货币供给增加会降低该国的名义利率,实际货币需求减少会提高该国的名义利率。

本国货币供给暂时性增加和永久性增加会对汇率产生不同的影响,货币供给暂时性增加会降低本国名义利率,本币贬值;货币供给的永久性增加不仅会降低本国的名义利率,还会提高未来的预期汇率,使得本币贬值得更多。为了实现短期内的汇率决定理论和长期的汇率决定理论的有效衔接,本章进一步介绍了汇率超调理论。汇率超调理论非常重要,它为政府干预外汇市场提供了理论支持。

 关键词

汇率的资产理论	远期合约	即期合约
价格黏性	资本自由流动	抛补利率平价
无抛补利率平价	套汇	三元悖论
预期汇率	汇率超调	无套汇条件

练习题

1. 阐述抛补利率平价理论和无抛补利率平价理论的内容,并说明无抛补利率平价成立的条件。

2. 简述汇率超调理论的内容及其重要性。

3. 汇率超调(在理论上和实践上)与购买力平价吻合吗?

4. 有几个国家加入了货币联盟,例如欧元区、西非的非洲金融共同体法郎区以及加勒比货币联盟。这些货币联盟要放弃母国货币而在多个国家采用单一的货币。假设一个国家一旦加入某个货币联盟就不能退出,那么这些国家会出现本章中所讨论的三元悖论现象吗?试解释。

5. 资产市场的交易者突然获悉美国利率不久后将会上升。假定当前美元存款利率和日元存款利率保持不变,试确定这一消息对当前美元/日元汇率的影响。

6. 用货币市场和外汇市场图形回答以下关于英镑（£）和美元（＄）之间的问题。令汇率为每英镑兑换的美元数量，即 $E_{\$/£}$。需要考虑美国的货币供给是如何影响利率和汇率的。在所有图形中标出初始均衡点 A 点。

a. 画图说明美国货币供给的暂时性减少是如何影响货币市场和外汇市场的。标出短期均衡点 B 点和长期均衡点 C 点。

b. 运用 a 题中的图形说明下列各变量在短期内是如何变化的（提高了/下降了/不变）：美国利率、英国利率、$E_{\$/£}$、$E^e_{\$/£}$ 和美国价格水平 P。

c. 运用 a 题中的图形说明下列各变量在长期中是如何变化的（提高了/下降了/不变）：美国利率、英国利率、$E_{\$/£}$、$E^e_{\$/£}$ 和美国价格水平 P。

7. 英国货币市场年利率为 2.5%，美国货币市场年利率为 4.75%，英镑对美元即期汇率为 GBP/USD=1.55，若你有 1 000 英镑可以投资 1 年，假定银行报出的 1 年期远期汇率为 £1＝＄1.75，你该如何投资？

8. 假设年初市场上的即期汇率为 EUR/USD=1.20，欧元一年期利率为 5%，美元一年期利率为 7%，根据利率平价理论，请问：

a. 年初银行在市场上报出的一年期远期汇率是多少？

b. 假设你预期年底即期汇率为 EUR/USD=1.5，你将进行何种交易获得利润？

第六章　开放经济下的宏观政策

引　言 >>>

为了全面理解开放经济下的宏观政策制定,本章首先将 IS-LM 模型推广到开放经济中,推导出汇率市场、商品市场、货币市场三个市场同时达到均衡状态下的 IS 曲线和 LM 曲线,并讨论不同经济情形下这两条曲线的变动情况。在此基础上,引入汇率市场,推导出适用于分析开放经济的蒙代尔-弗莱明模型。进一步,通过该模型讨论不同汇率制度下(固定汇率制度和浮动汇率制度)的财政政策和货币政策对本国经济的影响。

此外,在开放经济中,一国政府和货币当局实现宏观政策目标时,既需要考虑一国资源充分利用和国内物价水平稳定(内部平衡),又需要考虑一国与宏观经济结构相适应的合理的经常项目余额(外部平衡)。然而,在固定汇率制度的某些特定运行区间,经济政策难以同时兼顾这两个目标,因此会出现"米德冲突"。为了解决这个问题,本章将介绍丁伯根法则和蒙代尔有效市场分类原则。丁伯根法则认为,仅通过支出增减型政策调节支出总量不能同时实现内部平衡和外部平衡,必须增加新的政策工具搭配使用。然而,在现实中,集中控制各种政策工具存在较大的局限性。因此,蒙代尔有效市场分类原则提出将不同政策工具掌握在不同决策者手中的假设,并指出这些工具可以帮助政府和货币当局实现内外部平衡,从而保持经济的稳定和可持续发展。

学习目标 >>>

1. 理解和掌握蒙代尔-弗莱明模型的推导和分析。
2. 把握开放经济下宏观政策对宏观经济的影响。
3. 理解内部平衡和外部平衡的定义以及"米德冲突"的内涵。
4. 掌握丁伯根法则和蒙代尔有效市场分类原则。

第一节　蒙代尔-弗莱明模型

蒙代尔-弗莱明模型是 IS-LM 模型在开放经济中的推广,是研究开放经济货币政策和财政政策的主导政策范式。在此模型中,假设所考察的经济是资本能够完全流动的小型开放经济,研究哪些因素引起总产出的短期波动。我们先从 IS-LM 模型入手,进一步加入关键假设,介绍蒙代尔-弗莱明模型在小型开放经济中的应用。

一、重要方程的引入

蒙代尔-弗莱明模型要求汇率市场、商品市场、货币市场三个市场同时达到均衡状态。接下来我们引入有关这三个市场的重要方程推导出 IS 曲线、LM 曲线,讨论不同经济情况下两条曲线的变动情况。最后将两条曲线有机结合,展示三个市场达到均衡状态的动态变化过程。

1. 商品市场与 IS 曲线的推导

从生产端来看,最终商品和服务的总供给等于国内总产出 Y,即 $S = Y$。从需求端来看,国内市场总需求由四个部分组成:C、I、G 以及 TB,公式表达为:

$$D = C + I + G + \text{TB} = c(Y - T) + I(i) + G + \text{TB}\left(\frac{EP^*}{P}, Y^* - T^*, Y - T\right) \quad (6.1)$$

其中,C 表示消费,消费是可支配收入的增函数,而可支配收入等于总收入 Y 减去税收 T。c 表示每增加一单位可支配收入消费增加 c 单位,因此消费可表示为:$C = c(Y - T)$;

I 表示国内投资,是实际利率 i 的减函数,I 随着实际利率 i 的增加而减少,表示为:$I = I(i)$。

G 表示各级公共部门花费在商品和消费上的政府购买性支出,社会保险、医疗保险、失业救济金等转移支付项目和公债利息排除在外。

T 表示税收,影响家庭消费和政府支出,当 $T = G$ 时,政府有一个平衡预算,当 $T>G$ 时,政府有预算盈余,当 $T<G$ 时,政府存在预算赤字。

TB 表示贸易差额,即进口与出口的差额。实际上,GDP 与 GNDI 之间的差异等于国外净要素收入加净单边转移。为了简便,我们假设国外净要素收入和净单边转移为 0,即 CA = TB,TB 可表示为:

$$\text{TB} = \text{EX} - \frac{EP^*}{P} \cdot \text{IM} \quad (6.2)$$

我们假定贸易差额是实际汇率、外国收入水平的递增函数:本币汇率上升,意味着本币实际发生贬值,国外商品的价格相对于国内商品更高,因此国外商品的进口减少,国内商品的出口增加,贸易差额增加;外国收入水平的提高,导致外国居民对各方面的消费相应增加,因此本国能出口更多的商品到外国,贸易差额增加。贸易差额是本国收入水平的递减函数:本国收入水平的提高,导致本国居民对各方面的消费相应增加,因此本国会进口更多的外国商品,贸易差额减少。

当各个部分的需求之和等于国内总供给时,商品市场处于均衡状态。将供给函数与需求函数结合得出商品市场的均衡条件:

$$S = D \rightarrow Y = C + I + G + TB = c(Y - T) + I(i) + G + TB\left(\frac{EP^*}{P}, Y^* - T^*, Y - T\right) \tag{6.3}$$

由式(6.3)我们可以看出,需求受多种因素影响,用图6-1描绘上述公式。横坐标表示收入或产出 Y,纵坐标表示需求 D。直线①的斜率为1。直线②假设其他因素不变,需求 D 是收入或产出 Y 的增函数,斜率为 MPC_H(大小在0和1之间),即收入或产出 Y 增加1单位,需求将会增加 MPC_H 个单位。该图被称为"商品市场均衡和凯恩斯交叉"曲线。

两条直线相交于点1,对应产出为 Y_1。位于点1时,商品市场处于均衡状态,商品需求等于商品供给。在点1左侧,产出水平低于需求水平,企业会扩大生产,直到产出增加至 Y_1。同样,当位于点1右侧时,产出水平高于需求水平,生产的商品无法完全被市场消化,企业会减少生产,直到产出减少至 Y_1。

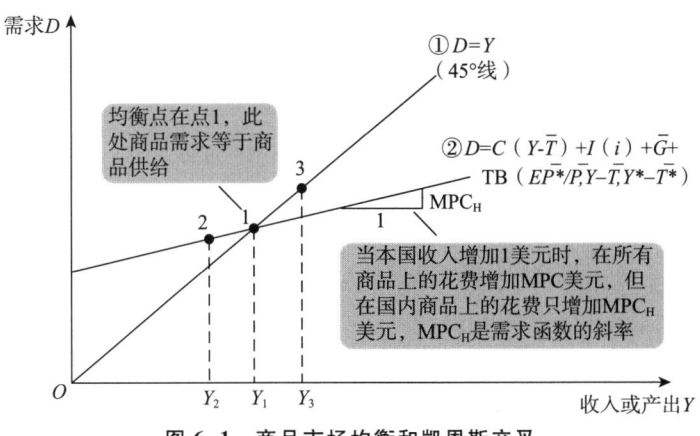

图6-1 商品市场均衡和凯恩斯交叉

在上述分析中,我们假设货币实际贬值会导致本国出口增加、进口减少,从而使得贸易差额增加。但是这种现象的发生是有条件的,在拓展1中我们将分析货币贬值导致贸易差额改善的条件。

拓展1 货币贬值与贸易差额——马歇尔-勒纳条件

在蒙代尔-弗莱明模型中,我们简单地判断一国货币贬值会导致该国贸易差额增加,事实是这样的吗?现在我们假定在汇率发生变动之前,贸易差额收支平衡(TB = 0),则本国货币发生贬值,贬值幅度为 ΔE。

TB 表示本国贸易差额,EX 表示本国出口额,IM 表示本国进口额,ex 表示商品出口数量,im 表示商品进口数量,P_d 为出口商品用本币表示的价格,P_f 为进口商品用外币表示的价格,E 表示直接标价法下的汇率,即1单位外币兑换 E 单位本币,η_X 表示出口商品数量的汇率弹性,η_M 表示进口商品数量的汇率弹性:

$$\eta_X = \frac{\frac{\Delta ex}{ex}}{\frac{\Delta E}{E}} = \frac{\frac{d(ex)}{ex}}{\frac{dE}{E}}, \eta_M = \frac{\frac{\Delta im}{im}}{\frac{\Delta E}{E}} = \frac{\frac{d(im)}{im}}{\frac{dE}{E}} \tag{6.4}$$

贸易差额的计算公式为：
$$TB = EX - IM = P_d \cdot ex - EP_f \cdot im \tag{6.5}$$

要判断 TB 是否随着本币贬值（E 增大）而增大，方程两边同时取导数：
$$\frac{d(TB)}{dE} = \frac{d(P_d \cdot ex)}{dE} - \frac{d(P_f \cdot im)}{dE} \tag{6.6}$$

由于短期价格具有黏性，P_d、P_f 均不会随着汇率变动而变化，因此
$$\frac{d(P_f)}{dE} = \frac{d(P_d)}{dE} = 0 \tag{6.7}$$

式（6.6）化简得到：
$$\frac{d(TB)}{dE} = P_d \cdot \frac{d(ex)}{dE} - \left(E \cdot P_f \cdot \frac{d(im)}{dE} + P_f \cdot im \right) > 0 \tag{6.8}$$

假定在汇率发生变动之前，国内贸易差额收支平衡（TB = 0），不等式两边同乘以 $\dfrac{E}{ex \cdot P_d}$，化简得到：

$$\frac{E}{ex} \cdot \frac{d(ex)}{dE} - \frac{E \times P_f \cdot im}{ex \cdot P_d} \cdot \left(\frac{E \cdot d(im)}{im \cdot dE} + 1 \right) > 0 \tag{6.9}$$

带入 η_X、η_M 得到：
$$\eta_X + \eta_M > 1 \tag{6.10}$$

上述结论说明，只有当进口商品、出口商品对汇率的弹性之和大于 1 时，本国的贸易差额才会随着本币贬值而有所增加。这就是我们所说的马歇尔-勒纳条件：实际汇率发生贬值后，当且仅当贸易数量对实际汇率变化的反应足够大（即弹性足够大），且数量效应超过价格效应时，贸易差额才会增加。

至此我们分析出了贸易差额改善的条件，但是我们同时也发现这种影响从货币贬值传导至国际贸易最终反射到贸易差额需要一段时间，拓展 2 将进一步分析货币贬值后贸易差额如何随时间的推移而发生变化。

拓展 2　　货币贬值与贸易差额——J 曲线

在讨论贸易差额模型时，我们假设本币实际贬值通过增加进口、减少出口来改善一国的贸易差额。但在实践中，货币实际贬值的影响并不会立刻反映在贸易差额的变化上。货币贬值所带来的最终影响具有滞后性。因为商品的进出口通常会提前做好采购计划、签订合同，这意味着即使汇率变动了，短时间内出口商品的数量和本币价格并没有发生变化，出口利润不变。但是由于进口支付的货币为外币，汇率变动时，进口商品的数量并没有发生变化，但是用本币衡量的价格上升了，因此进口额会增大。

图 6-2 显示了在某一时刻货币开始贬值后，进口额、出口额、贸易差额的变化情况。

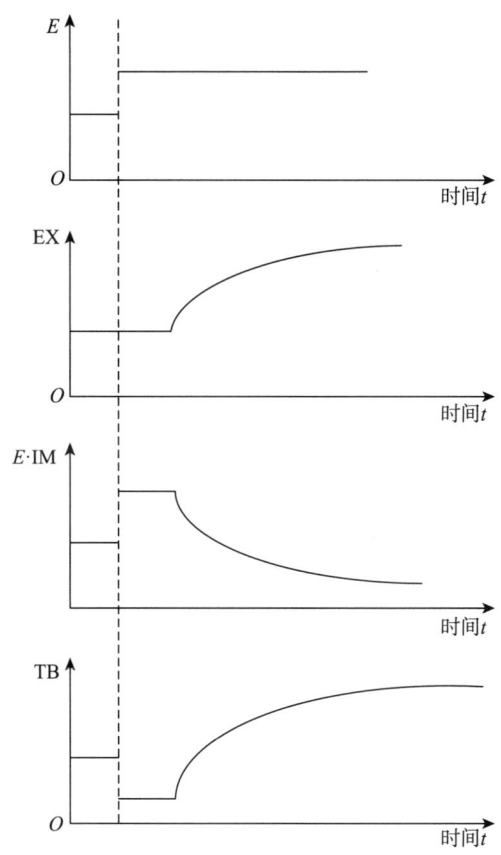

图 6-2　时刻 T 货币贬值后贸易相关变量的变化情况

如果价格具有黏性,且本国货币发生名义和实际贬值,则贸易差额需经过一段时间才能变为顺差。如果企业和居民事先下订单,进口数量和出口数量就会滞后于母国和外国商品的相对价格变化情况,即本币刚贬值,本国出口量和进口量均不会发生变化。然而,由于本币贬值,以国内价格购买的进口商品费用提高,因此,进口额会增加,此时形成贸易逆差,在出口和进口数量不变的情况下,价格效应导致(进口商品需要更多的花费)贸易差额 $TB = EX - E \cdot IM$ 下降。在一段时间后,公司和中间商通过增加出口和减少进口来改善贸易差额,使得贸易差额恢复至贬值前的水平。在这个过程中,贸易差额走过的路径如同字母 J,因此被称作 J 曲线。

当商品市场和汇率市场同时处于均衡时,我们得到 IS 曲线。IS 曲线显示的是商品市场和外汇市场均衡时产出 Y 和利率 i 的组合。图 6-3 中,IS 曲线与"凯恩斯交叉图"共用横坐标收入或产出,与汇率市场共用纵坐标利率。

IS 曲线展示了当价格具有黏性时,在商品市场、汇率市场保持均衡状态下,利率的变动如何影响产出。一方面,本国利率从 i_1 下降至 i_2 时,会引起国内收益的下降($DR_1 \to DR_2$),进而使得汇率 E 升高($E_1 \to E_2$),本国货币发生贬值,贸易差额 TB 增加;另一方面,利率的下降意味着更多的投资,总需求增加,进而带动产出的上升($Y_1 \to Y_2$)。

第六章　开放经济下的宏观政策

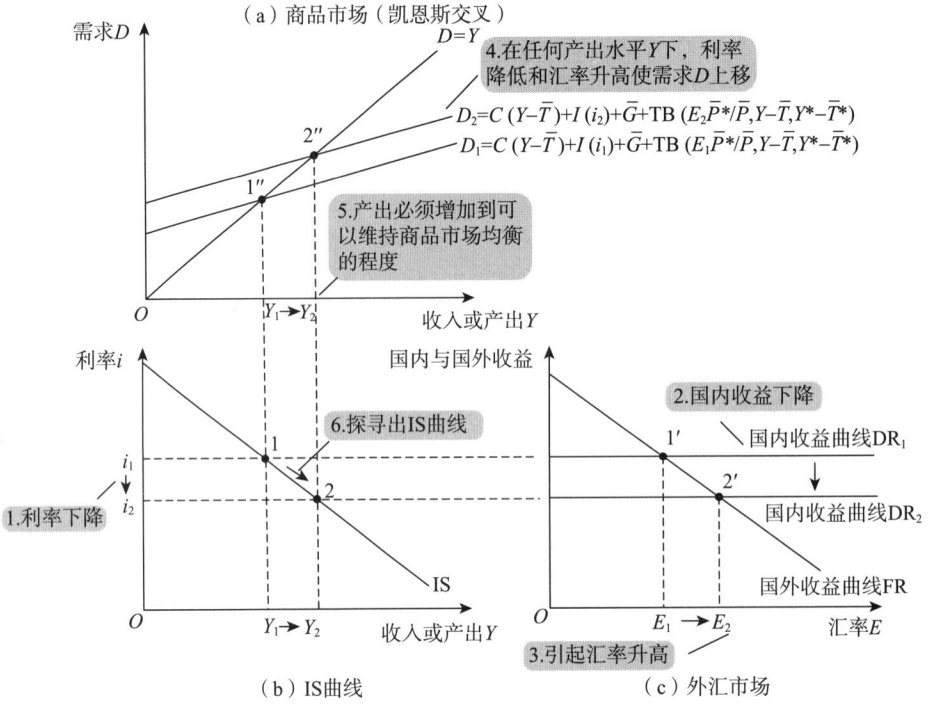

图 6-3 IS 曲线的推导

在推导 IS 曲线的过程中,我们假定其他条件是外生的,仅考虑利率对产出的影响,利率的变化表现为 IS 曲线上的点移动。但是诸如财政政策、税收政策、汇率等外生因素的变化会导致 IS 曲线发生移动,如图 6-4 所示。

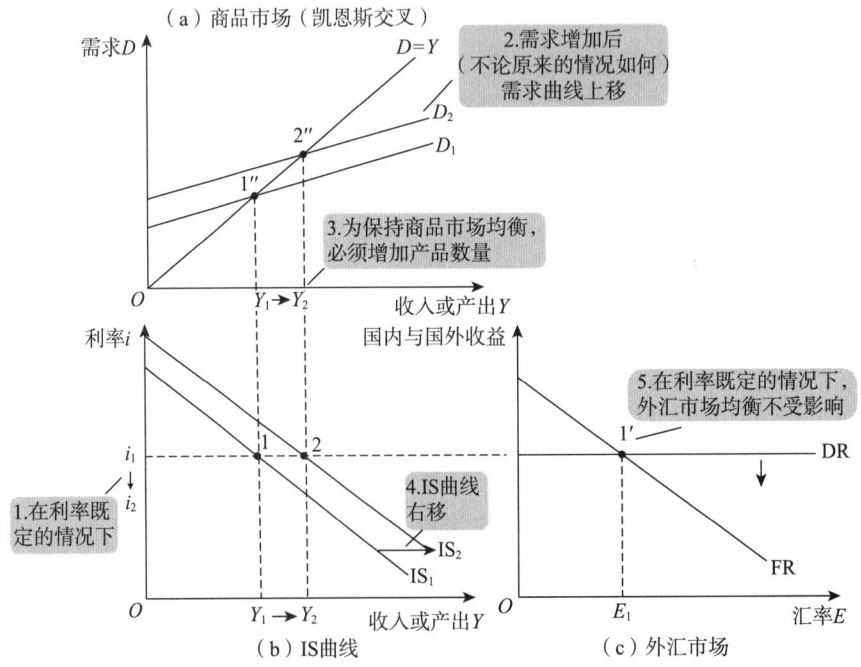

图 6-4 需求外生使 IS 曲线发生移动

2. 货币市场与 LM 曲线推导

LM 曲线是一条用来描述在货币市场均衡状态下国民收入和利率关系的曲线,由货币供给等于货币需求时收入与利率各种组合的点组成。货币的实际交易需求与收入成正比,其他条件不变,国民收入(名义收入)的提高会导致交易型货币需求的增加。持有货币有机会成本,利率的高低决定了机会成本的大小,所以货币需求与利率成反比,名义利率的提高会导致货币总需求下降。货币需求一般表示为:

$$\frac{M^d}{P} = L(i) \cdot Y \tag{6.11}$$

其中,$\frac{M^d}{P}$ 表示实际货币需求;函数 $L(i)$ 表示货币实际需求是名义利率 i 的减函数;Y 表示实际收入。在货币市场短期均衡中,价格水平固定为 $\bar{P}$,当外生货币供给 $M^s = M^d$ 时,货币市场处于均衡状态。

IS-LM 模型中 IS 曲线体现了商品市场、汇率市场的均衡,LM 曲线则体现了货币市场的均衡。从货币需求的一般模型中我们得出利率 i 与实际货币需求之间的关系,进一步可以推导出货币市场均衡时产出水平 Y 与利率 i 之间的曲线——LM 曲线。如图 6-5 所示,初始产出为 Y_1,货币供给与需求相交于均衡点点 1',利率为 i_1,对应产出 Y 与利率 i 关系图中的点为点 1。假定中央银行的货币供给和价格水平都保持不变,当产出 Y_1 增加到 Y_2 时,货币需求增加,货币需求曲线 MD 右移,货币市场均衡点为点 2',此时利率由 i_1 上升至 i_2,对应产出 Y 与利率 i 关系图中的点为点 2,点 1、点 2 等多个点共同形成了 LM 曲线。LM 曲线由左下向右上方倾斜,表明产出与利率呈同向变动。

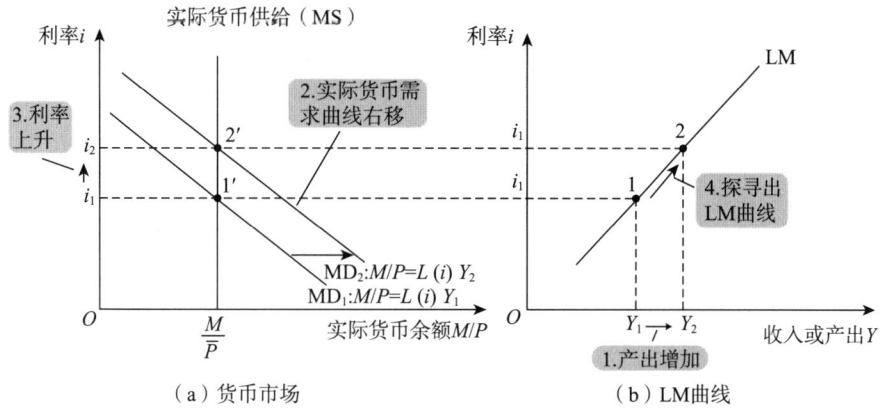

图 6-5 LM 曲线的推导

LM 曲线是在给定的货币供给下绘制出来的曲线,实际货币供给的变化会影响 LM 曲线的移动。图 6-6(a)表示货币市场中货币实际需求与利率之间的关系,给定一个产出水平 Y,对应利率为 i_1,假设货币供给增加,由原来的 $\frac{M_1}{P_1}$ 增加至 $\frac{M_2}{P_1}$,利率降低至 i_2,在总产出等其他因素不变的条件下,LM 曲线会向右移动。

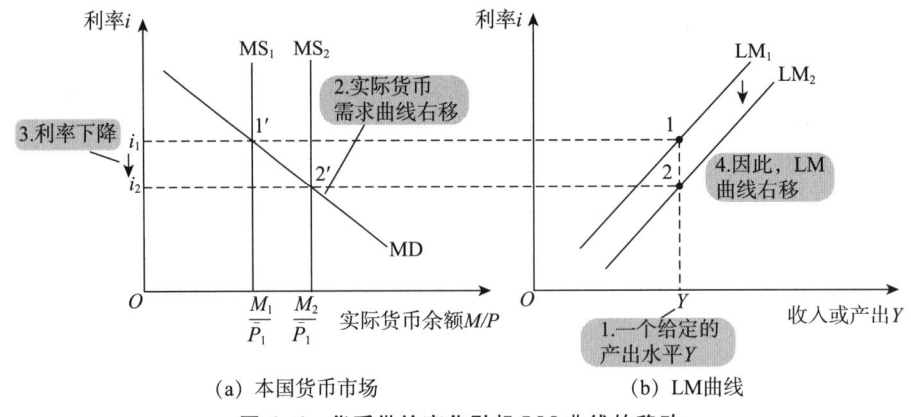

图 6-6 货币供给变化引起 LM 曲线的移动

LM 曲线说明了在短期价格具有黏性、实际货币供给不变、货币市场均衡的情况下,产出 Y 与利率 i 之间的关系。在 LM 曲线上产出增加,利率上升。在货币供给相对大于货币需求的情况下,LM 曲线右移或下移。反之,货币供给相对小于货币需求,LM 曲线左移或上移。

3. 汇率市场均衡

通过之前的章节我们了解了无抛补利率平价(UIP),当套利使得不同货币的预期收益相等时,外汇市场处于均衡状态。对于任何两种不同的货币之间都存在这样的关系,公式表示为:

$$1 + i_t = (1 + i_t^*) \frac{E_{t+1}^e}{E_t} \tag{6.12}$$

其中,i_t 表示本国货币的名义利率;i_t^* 表示外国货币的名义利率;E_t 表示当期本国货币与外国货币之间的汇率水平;E_{t+1}^e 表示未来对本国货币汇率的预期。图 6-7 为汇率市场均衡的图示。

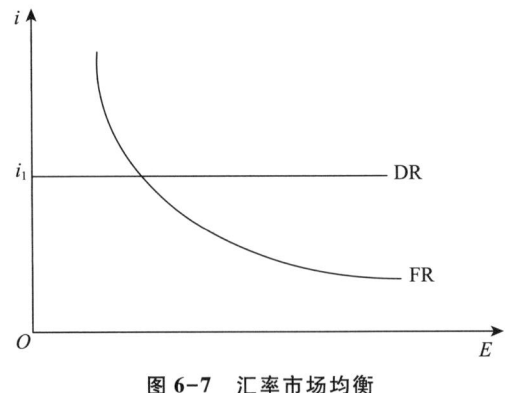

图 6-7 汇率市场均衡

二、小国模型下的蒙代尔-弗莱明模型

我们已经了解了 IS 曲线、LM 曲线的推导及外生变量导致曲线移动的情况,将这两条

曲线描绘在相同的坐标轴上,就得到了开放经济下的 IS-LM 模型。位于 IS 曲线上的经济体,商品市场和外汇市场达到均衡;位于 LM 曲线上的经济体,货币市场达到均衡;只有位于交点处的经济体,才能同时在三个市场都达到均衡状态。在此基础上加入外汇市场,就得到了 IS-LM-FX 模型(见图 6-8)。

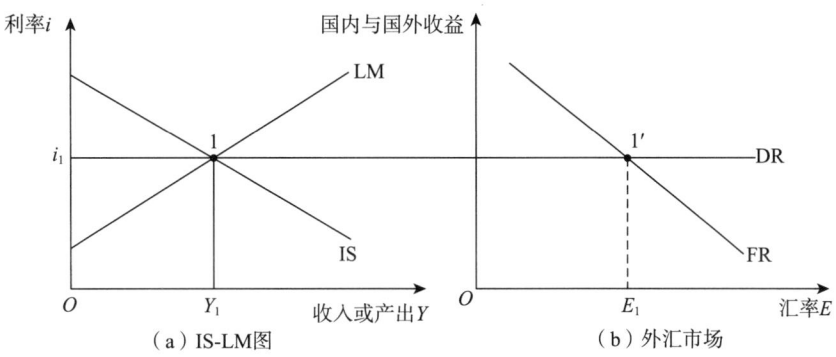

图 6-8　IS-LM-FX 模型均衡

相较于单个 IS 曲线、LM 曲线受到某一因素变化产生的变动,三个市场都达到均衡状态的 IS-LM-FX 模型的情况更加复杂,以政府支出 G 增加为例。政府支出是国内需求的组成部分,在其他条件不变的情况下,政府支出的增加会带来社会总需求由 Y_0 增加至 Y_1,IS 曲线右移(见图 6-9)。在汇率市场上,由于总产出的增加,利率上升,进而使得汇率下降,本币升值。因此,政府支出的增加将导致本国产出增加,利率上升,本币升值。

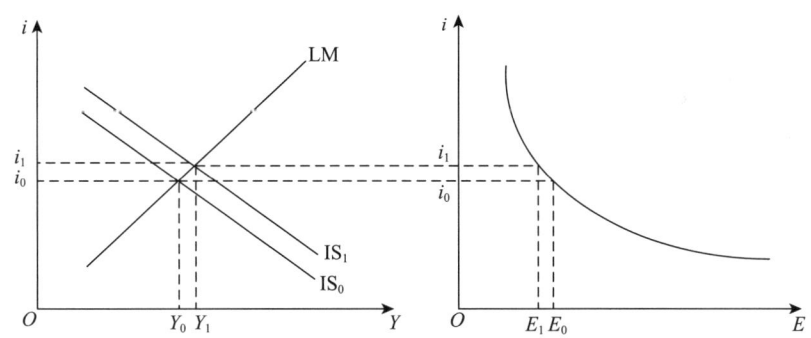

图 6-9　政府支出增加或外国价格水平上升 IS 曲线移动

通过学习 IS-LM-FX 模型,我们了解了影响短期经济均衡的因素。在实践中,我们更关注政府的短期宏观经济政策是如何影响产出的。其中货币政策和财政政策是两个主要的政策,政府通过调节货币供给执行货币政策,通过税收政策、政府支出来执行财政政策。

在讨论汇率市场均衡时,我们提到在开放经济条件下,本国货币政策的独立性、汇率的稳定性、资本的完全流动性不能同时实现,最多只能满足其中两个目标,而放弃另一个目标。由此可见,汇率政策的选择在很大程度上影响各项宏观政策的执行效果,本节将对两种代表性汇率制度——固定汇率制和浮动汇率制——展开讨论。假设本国经济初始处于长期均衡状态,并且短期价格具有黏性,资本自由流动没有受到资本管制,我们分析应对暂时性冲击和短期经济周期的宏观政策。

1. 不同汇率制度下的货币政策

某国采取浮动汇率制,意味着汇率可以自由浮动。商品市场、汇率市场初始均衡点分别为点1、点 A。假设该国实施短期的扩张性货币政策,图6-10对于该国产出、利率、汇率变化做出了预测。

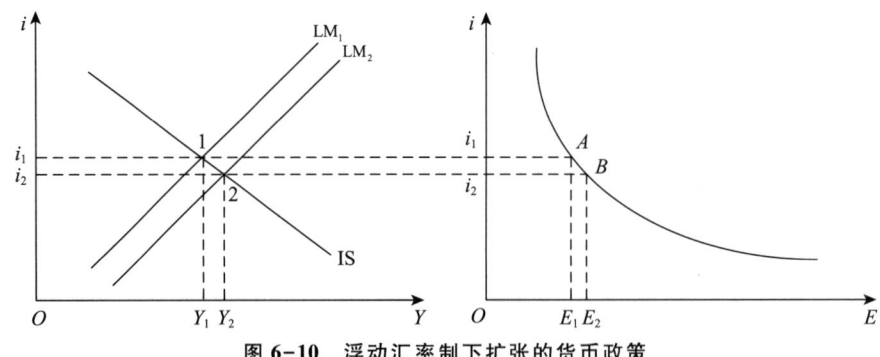

图6-10 浮动汇率制下扩张的货币政策

当一国实行扩张性货币政策时,实际货币供给增加,在其他条件不变的情况下,LM 曲线向右下方移动,均衡利率下降。在汇率市场上,本国利率的下降意味着1单位货币在本国的收益率下降,在外国利率不变的情况下,根据利率平价方程本币会发生贬值,因此汇率由 E_1 增加至 E_2。利率的下降会拉动国内投资增加,在其他条件不变的情况下,商品市场的总需求增加,带来产出的扩张(由 Y_1 增加至 Y_2)。

若该国采取固定汇率制,根据利率平价方程,政府需要维持汇率不变,这意味着本国利率与外国利率处在相同的水平上。

如图6-11所示,当一国实行扩张性货币政策时,货币供给增加,LM 曲线向右移动,在其他条件不变的情况下,利率会下降,因此在外国利率不变的情况下,汇率上升,本币贬值。虽然政府可以通过刺激总需求的财政政策和扩大货币供给的货币政策两种政策工具实现均衡,但是由于在财政政策运用过程中,政府行为存在认识时滞、执行时滞和作用时滞,因此从政府意识到需要政策调整到财政政策对总需求产生实质性的刺激作用需要花费较长的时间,相反,货币政策对利率的调整更具有时效性,达到"立竿见影"的效果,因此政策制定者常用货币政策来调节汇率。但是在固定汇率制下,要求中央银行必须调节货币供给,将利率保持在原来的位置上。

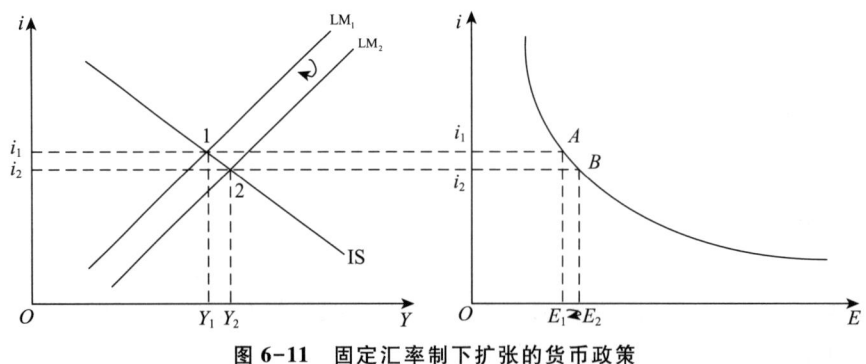

图6-11 固定汇率制下扩张的货币政策

2. 不同汇率制度下的财政政策

与货币政策不同，财政政策的实施直接影响商品市场的均衡。浮动汇率制下，财政政策如何影响三个市场的均衡呢？图 6-12 对该国产出、利率、汇率变化做出了预测。商品市场、汇率市场初始均衡点分别为点 1、点 A。

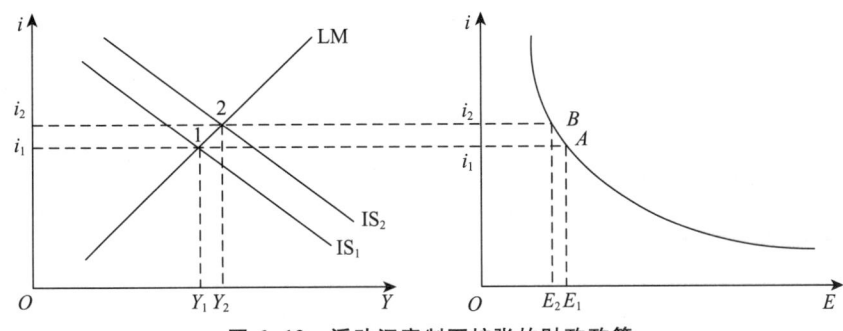

图 6-12 浮动汇率制下扩张的财政政策

当一国实行扩张性财政政策时，政府支出增加，会增加社会总需求，总产出上升，收入增加，在其他条件不变的情况下，IS 曲线向右移动，利率上升。在汇率市场上，本国利率上升导致汇率下降，本币升值，进口增加而出口减少，贸易差额减少，从而会抵消扩张性财政政策对产出的拉动作用，但是对产出的总体影响仍然是正向的，但相较于封闭经济下对产出的带动作用会减弱。因此，浮动汇率制下，财政政策的暂时性扩张虽然是有效的，但是由于会带来利率上升进而引起贸易差额恶化，对产出的带动作用有限。

在固定汇率制下，为了满足国内外利率相等的条件，货币政策可能会缺乏独立性，那么财政政策是否有效呢？假设该国实施短期的扩张性货币政策，图 6-13 对该国产出、利率、汇率变化做出了预测。其中，商品市场、汇率市场初始均衡点分别为点 1、点 A。

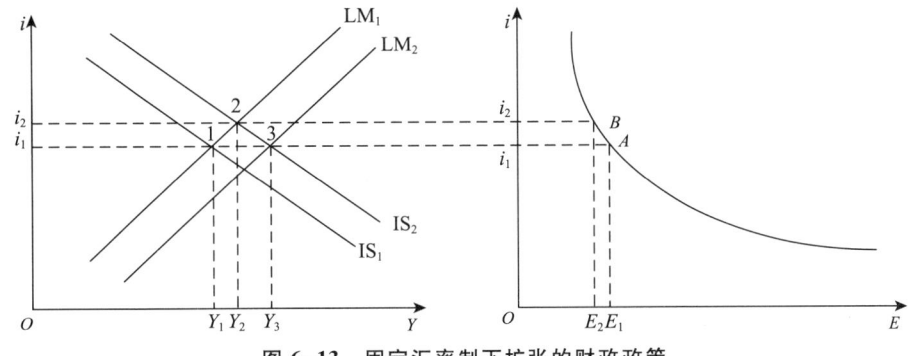

图 6-13 固定汇率制下扩张的财政政策

当一国实行扩张性财政政策时，政府支出增加，社会总需求增加，IS 曲线向右移动，利率上升，在其他条件不变的情况下，会导致汇率下降，本币升值。为了保持固定汇率，政策制定者需要采用扩张性货币政策，增加货币供给，使得利率降低到原有水平，同时产出也进一步扩大，此时财政政策比较有效。因此，从产出的增长效果来看，固定汇率制下的财政政策是非常有效的，因为产出得到了财政政策和货币政策的双重促进作用，如表 6-1 所示。

表 6-1　IS-LM-FX 模型中对政策冲击的反应

汇率制度	政策	影响					
		i	E	I	G	TB	Y
浮动	货币扩张	−	+	+	0	+	+
	财政扩张（政府支出增加）	+	−	−	+	−	+
固定	货币扩张	0	0	0	0	0	0
	财政扩张（政府支出增加）	0	0	0	+	0	++

注：上表列明了面对政策冲击时，各个经济指标的变动情况。"+"表示指标在原有水平上增加，"−"表示指标在原有水平上减少，"0"表示指标保持原来水平不变。考察不同汇率制下财政政策、货币政策对本国经济产生的冲击效果后，我们发现在固定汇率制下，只有财政政策对增加产出有效；在浮动汇率制下，货币政策、财政政策都会促进产出的增加，但是在开放经济下扩张性财政政策会导致国际收支恶化，从而削弱对产出的拉动作用，因此货币政策在浮动汇率制下更加有效。

第二节　开放经济下的宏观政策目标和政策工具

一、开放经济下的宏观政策目标

在开放经济下，一国政府和货币当局在面对国内外经济形势变化时，要实现的宏观政策目标主要包括内部平衡和外部平衡两个方面。内部平衡要求一国资源充分利用和国内物价水平稳定，外部平衡则表明一国的经常项目余额处于与宏观经济结构相适应的合理水平。本节将在一般均衡的框架内考察一国如何同时实现内外部平衡。

1. 内部平衡：物价稳定和充分就业

当一国生产资源得到充分利用且无通货膨胀压力时，则认为该国经济处于内部平衡状态。

充分就业指经济中处于自然失业率时的就业水平。自然失业率包括结构性失业、摩擦性失业和自愿性失业。其中结构性失业指当经济结构变迁时由劳动力技能的供给和需求无法匹配所导致的失业，摩擦性失业指就业人员和工作岗位的匹配摩擦造成的短期和局部失业，自愿性失业指就业人员主动放弃就业机会而导致的失业。当经济处于自然失业率时，所有自然资源均达到了充分利用的状态，此时的经济处于潜在 GDP 水平，即资源得到充分利用时的 GDP。若经济超过潜在 GDP 则表示经济过热，经济低于潜在 GDP 则表示资源没有得到充分利用。

物价稳定指价格总体上的稳定。物价是人们在生活中可以直观感受到的经济变量，因物价不稳定而出现通货膨胀或者通货紧缩会对国民经济造成较大危害，因此维持物价稳定是一国政府或者货币当局的重要目标。菲利普斯曲线揭示了通货膨胀率和失业率之间存在统计上的反向交替关系，当一国想要降低本国失业率时需要忍受较高的通货膨胀率,而当一国想要降低本国通货膨胀率、维持物价稳定时需要以较高的失业率作为代价。维持充分就业不仅代表着国内资源得到充分利用,同时也代表着国内价格无通货膨胀压力。因此,维持充分就业保证了国内物价水平的相对稳定性,且经济内部的资源得以充分利用,此时整体经济运行处于内部平衡状态。

2. 外部平衡:经常项目平衡

外部平衡目标可以定义为与一国宏观经济相适应的合理的国际收支结构。简单来说,是指与一国宏观经济相适应的合理的经常项目余额。

当一国经常账户处于逆差状态时则意味着这个国家经常从别国借入资源,因而在未来需要偿还债务,这种状态无法长期维持。当外国投资者使流入本国经济的资金减少或停止或者本国投资者将资金撤出本国经济的行为发生时,一国资金流入突然发生逆转,进而带来生产水平和消费水平的下降,此现象常见于新兴经济体。

当一国经常账户长期处于顺差状态时,会导致资源的浪费。一国要保持国际收支水平尤其是让经常账户中的贸易差额与平衡存在较小差距,以此来保持经济结构的合理性和可维持性。过度盈余表示存在较多的外国贷款,该国将来会面临无法收回贷款的风险,同时有大量盈余的国家容易成为巨额贸易赤字国家采取歧视性贸易保护措施的对象,因此各国通常避免出现过大的盈余。

总之,为了避免过度赤字和过度盈余造成的各类问题,各国政府在制定政策时都会力求避免过度赤字和过度盈余的出现,制定和实施政策时力求保持经常账户的平衡。

二、开放经济下的宏观调控

以上归纳和总结了开放经济下宏观经济政策的目标,为了便于直观分析内部平衡和外部平衡的经济状况以及如何通过政策调整实现内外部平衡,我们将介绍内部平衡和外部平衡曲线,并对不同的宏观经济形势采取何种经济政策进行探讨。

1. 开放经济下的宏观政策工具

一国政府或货币当局在不同的经济形势下,为了调节国际收支以达到不同的目标,可以采取不同的政策工具。政策工具分为支出增减型政策、支出转换型政策、直接管制以及提供融资的工具和政策。

支出增减型政策通过改变支出水平来改变社会总需求进而影响国际收支水平。支出增减型政策主要包括财政政策和货币政策,前者用政府支出和税收收入作为政策工具调节社会总需求,后者通过调节再贴现率、存款准备金率和公开市场操作来调节市场上的货币供给量,进而调节社会总需求。扩张性的财政政策和货币政策使得社会总需求增加,进而使得社会对外国商品、劳务和金融资产的需求增加,增加进口导致经常项目余额下降,紧缩性财政政策和货币政策使得社会总需求下降,对外国的商品、劳务以及金融资产需求也会下降,进而使得经常账户形成顺差。

支出转换型政策指不改变社会总需求水平和总支出水平而只改变总需求和总支出方

向的政策,即将国内支出从外国商品和劳务转移到国内的商品和劳务上。支出转换型政策主要包括汇率政策。本国货币贬值和对外国商品征收较高的关税都会使得本国的商品和劳务价格更具优势,使得本国商品和劳务价格在国际市场上具有较高的竞争力,进而改善国际收支。

除支出增减型政策和支出转换型政策外,政府还可以通过直接管制、提供融资的工具和政策等其他干预措施调节国际收支。直接管制通过改变进口商品的可得性来改变支出方向,包括管制或者补贴和资本管制。其中补贴指对出口商品公司和个人的支付,分为从量补贴和从价补贴。当政府提供出口补贴时,出口商会尽量出口商品直到国内价格与国外价格的差额正好等于补贴额为止。资本管制是一国政府为了控制资本账户的流入和流出以及外汇的自由兑换所实施的管制。

提供融资的工具和政策包括外汇储备和国外贷款。其政策的使用局限于调节由短期临时性冲击所引起的经常账户的不平衡。

2. 内部平衡曲线和外部平衡曲线

为了更加直观地讨论宏观经济政策如何调节内部平衡和外部平衡,本节的内容将财政政策和货币政策作为内部平衡曲线和外部平衡曲线的坐标,讨论内部平衡曲线和外部平衡曲线在不同经济状态下的宏观政策组合。

图 6-14 展示了向右下方倾斜的内部平衡曲线(IB 曲线),纵轴代表货币政策,向上为实行扩张性的货币政策,向下为实行紧缩性的货币政策。横轴代表财政政策,向左为实行紧缩性的财政政策,向右为实行扩张性的财政政策。对于内部平衡而言,当实行扩张性的财政政策时,产出大于经济中的潜在产出,只有实行紧缩性的货币政策才能使经济体的产出重新等于潜在产出,从而使得经济重新达到内部平衡。因此,对于内部平衡曲线而言,财政政策和货币政策呈现反向变动关系。IB 曲线表示能够维持充分就业的财政政策和货币政策的组合,曲线斜率为负,意味着扩张性的财政政策和紧缩性的货币政策共同实施才可使内部经济处于充分就业的状态。

在 IB 曲线上方,表示在财政政策不变的前提下,实行扩张性的货币政策,利率更低、投资更高,产出大于潜在产出,国内经济处于通货膨胀阶段。在 IB 曲线下方,表示在财政政策不变的前提下,实行紧缩性的货币政策,利率更高、投资更低,产出小于潜在产出,国内经济处于衰退阶段且失业增加。

图 6-15 展示了向右上方倾斜的外部平衡曲线(EB 曲线),对于外部平衡而言,当实行扩张性的财政政策时,收入增加、消费增加,进口的国外商品增加,使得经常账户发生逆差,为了使经常账户平衡需要增加出口,只有货币贬值即实行扩张性的货币政策才能使得出口增加、进口减少。因此当外部处于平衡状态时,财政政策和货币政策的方向应相同,因此代表经常账户平衡的 EB 曲线需要向右上方倾斜。EB 曲线的斜率为正数,表示能够维持经常账户平衡的财政政策和货币政策的组合需为同向的政策组合。在 EB 曲线上

方,表示当财政政策不变时货币当局实行扩张性的货币政策,使得本国货币贬值、出口增加,经常账户出现顺差;在 EB 曲线下方,表示当财政政策不变时货币当局实行紧缩性的货币政策,使得本国货币升值、出口减少,经常账户出现逆差。

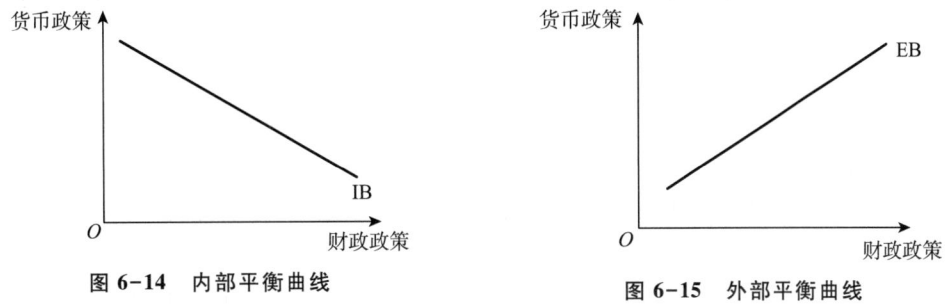

图 6-14 内部平衡曲线　　　　图 6-15 外部平衡曲线

3. 财政政策和货币政策下的内部平衡与外部平衡

将 IB 曲线和 EB 曲线整合于货币政策和财政政策的坐标系之中可得图 6-16。两条曲线的交点即为同时达到内部平衡和外部平衡的货币政策和财政政策的组合。

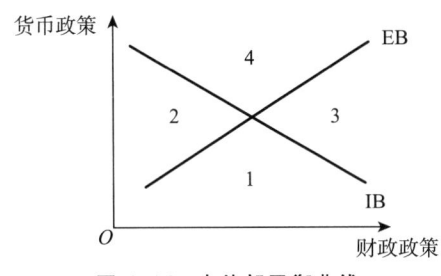

图 6-16 内外部平衡曲线

IB 曲线和 EB 曲线将一国面临的内外部经济状况划分成了四个区域,在区域 1 中内部经济处于衰退阶段,失业增加,经常账户处于逆差状态;在区域 2 中内部经济处于衰退阶段,失业增加,经常账户处于顺差状态;在区域 3 中内部经济处于通货膨胀阶段,经常账户处于逆差状态;在区域 4 中内部经济处于通货膨胀阶段,经常账户处于顺差状态,如表 6-2 所示。

表 6-2 区域分析

区域	内部经济状况	外部经济状况
1	经济衰退/失业增加	经常账户逆差
2	经济衰退/失业增加	经常账户顺差
3	通货膨胀	经常账户逆差
4	通货膨胀	经常账户顺差

一国需要通过调整财政政策和货币政策以同时实现内部平衡和外部平衡,那么对于不同经济情形的国家该如何搭配使用政策工具呢?这里我们以一国处在区域 2,即经济

衰退和经常账户顺差阶段为例。当一国恰好位于均衡点的水平线时,只需要实行扩张性的财政政策,扩大就业,刺激社会总需求和总产出,就能够实现内外部平衡;当一国位于均衡点的水平线上方时,一方面,要实行扩张性的财政政策刺激产出,促进经济回缓至均衡水平,另一方面,要减少货币供给,提高利率,达到均衡水平;当一国位于均衡点的水平线下方时,一方面,要增加社会需求,刺激经济,另一方面,要增加货币供给,降低利率,使本币贬值,以减少对进口的过度需求,逐渐使经常项目达到均衡状态,最终实现内外部平衡。

在同一经济区间内,一国可能需要实施三种不同的政策,这主要是因为政策在实现内部平衡和外部平衡目标方面的相对距离存在差异。具体来说,当一国距离内部平衡目标较近,而距离外部平衡目标较远时,政策制定者会重点关注外部平衡,在面临较大贸易顺差的背景下,采取紧缩性的货币政策和货币升值策略,即调节汇率从而调整国际收支成为关键。相反,如果一国距离内部平衡目标较远,则需要通过扩张性的货币政策刺激国内经济增长,以促使经济向内部平衡点移动。因此,一国需要根据其在实现内外部平衡目标上的具体位置来调整政策方向和强度,如图6-17所示。

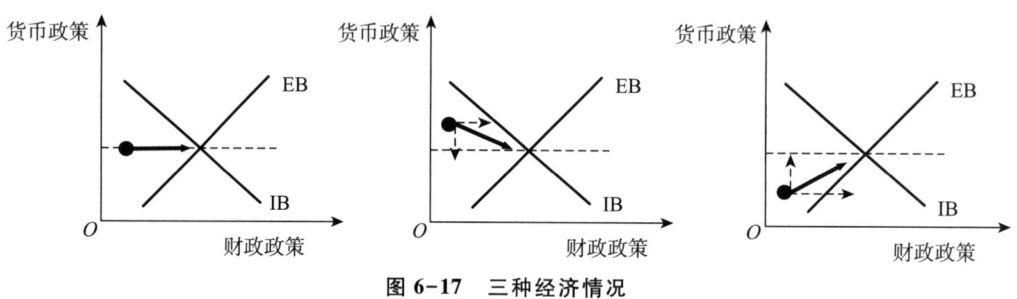

图 6-17 三种经济情况

三、开放经济中的政策冲突

1. 米德冲突——内外部平衡矛盾的经典论述

在固定汇率制下,货币政策缺乏独立性,一国要同时实现内部平衡和外部平衡,只能通过调节社会总需求的财政政策来实现。那么一国能否只通过调整单一的财政政策实现内外部平衡呢?如图6-18所示,我们考虑一国处在区域1中的某一点,即国内经济衰退,经常项目逆差,若实行扩张性的财政政策,扩大就业,刺激社会总需求和总产出,能够实现内部平衡,但同时对进口需求的增加会恶化其贸易差额,从而加剧经常项目逆差,国际收支情况恶化,导致逐渐偏离外部平衡的目标。同理,当一国处在区域4中的某一点,即通货膨胀,经常项目顺差时,为实现内部平衡需实行紧缩性的财政政策,抑制通货膨胀,但同时会增大经常项目顺差,从而导致与外部平衡的目标背道而驰。经济处于区域2和区域3中,采取相应的财政政策既能实现内部平衡,又能对国际收支产生有利影响,改善经常项目余额。由此可见,若一国只能实行单独的调节政策,经济处于区域1和区域4时,难以同时实现内部平衡和外部平衡。

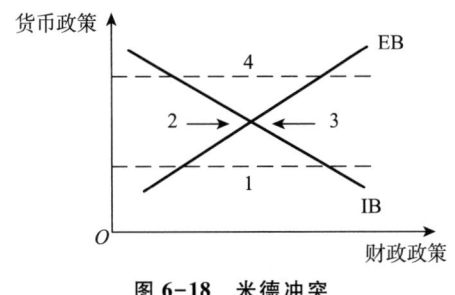

图 6-18 米德冲突

因此,在固定汇率制下,货币政策无效,政府只能运用影响社会总需求的政策工具(通常为财政政策)而不能运用支出转换政策(如汇率政策)调节内外部平衡。这样,在开放经济的特定运行区间便会出现经济政策对内部平衡和外部平衡两个政策目标难以兼顾的情形,这就是英国经济学家詹姆斯·米德(James Meade)于1951年在其著作《国际收支》中首次提出的著名论断米德冲突。在米德发表这个论断时,各国仍处于布雷顿森林体系之下,实行固定汇率制度,米德冲突凸显了固定汇率制度下货币政策的局限性,同时这一论断的隐含推论是,要想使得货币政策有效,固定汇率制度和资本自由流动就难以共存,这也为后来的三元悖论提供了理论基础。

在开放经济条件下,经济可能面临着如图 6-18 所示的内外部经济状态的组合(失业和通货膨胀相互独立,外部平衡不包括资本账户而仅指经常账户平衡)。

在表 6-3 中,在区域 2 和区域 3 意味着内外部平衡的一致性,虽然不能完全实现内外部平衡,但政策组合点在水平方向移动的过程中可以做到同时趋近于内外部平衡。比如在区域 2 中,为实现内部平衡,政府会采取增加社会总需求的措施进行调整,这会增加进口,从而改善原有的顺差状态,使国际收支趋于平衡。在这种情形下,政府在采取措施实现内部平衡的同时,也对外部平衡的实现产生了积极影响,因而是内外部平衡一致的情况,是一种内外部平衡相互协调的状态。但在区域 1 和区域 4,内外部平衡相互冲突,不能同时改善内外部平衡的情况。因为政府通过调节社会总需求实现内部平衡时,会导致外部经济状况距离平衡目标更远。可见,米德冲突是指在固定汇率制度下,失业增加与国际收支逆差,或者通货膨胀与国际收支顺差这两种特定的经济状态组合。

表 6-3 区域分析

区域	内部经济状况	外部经济状况	内外部平衡是否冲突
1	经济衰退、失业增加	经常账户逆差	冲突
2	经济衰退、失业增加	经常账户顺差	不冲突
3	通货膨胀	经常账户逆差	不冲突
4	通货膨胀	经常账户顺差	冲突

2. 丁伯根法则

首届诺贝尔经济学奖得主简·丁伯根(Jan Tinbergen)最早提出了将宏观经济政策目

第六章 开放经济下的宏观政策

标和政策工具联系在一起的正式模型,指出要实现 N 个独立的政策目标,至少需要相互独立的 N 个有效的政策工具,即丁伯根法则。决策者不能只用一个独立的政策来实现两个政策目标。要实现两个政策目标,决策者需要控制两种政策工具,且每种政策工具对政策目标的影响都是独立的。丁伯根法则的政策含义在于,在开放经济条件下,只运用支出增减型政策,通过调节支出总量的途径来同时实现内部平衡与外部平衡两个政策目标是不够的,必须增加新的政策工具搭配进行才能实现。上述结论可进一步推广到 N 个目标和 N 种工具的情形,即在开放经济条件下,要实现 N 个政策目标,至少要有 N 种相互独立的政策工具。

丁伯根法则解释了米德冲突出现的原因。根据丁伯根法则,若政策工具的数量小于政策目标的数量,则在开放经济运行的特定区间会出现内外部平衡难以兼顾的情形。可见米德冲突是丁伯根法则的一个特例。

因此,若经济陷入冲突区间,有三种对策。对策一:放弃固定汇率制度。放弃固定汇率制度意味着拥有独立的货币政策,根据丁伯根法则,两个政策工具便可以同时实现内部平衡和外部平衡的目标。对策二:放弃其中的一个目标,一定范围内的冲突是可以被接受的,"无为而治"。对策三:增加新的政策工具,即不采取单一的政策工具,而是增加搭配方案,如采取冲销性干预政策或者资本管制。

3. 蒙代尔有效市场分类原则

丁伯根法则假定各种政策工具可以被决策者集中控制,从而通过各种政策工具的紧密配合以实现政策目标,但这个目标在现实中难以实现。20 世纪 60 年代,蒙代尔提出了关于政策指派的有效市场分类原则。蒙代尔对政策调控的研究建立在如下假定之上:在大多数情况下,不同的政策工具掌握在不同的决策者手中。例如,货币政策的制定者是中央银行,财政政策的制定权则属于财政部。如果决策者不能紧密协调这些政策而在权力分割的情况下独立地进行决策,就不能实现预期的政策目标。如果工具指派得不合理,则经济会因产生波动而距平衡点越来越远。例如图 6-19 中,经济位于区域 2 中的某点,当货币政策用于调节内部平衡、财政政策用于调节外部平衡时,使用货币政策追求内部平衡,经济向上移动,随后使用财政政策追求外部平衡,故经济向右移动。根据移动轨迹可以看出,经济距离内外部平衡越来越远,政策搭配没有达到效果。

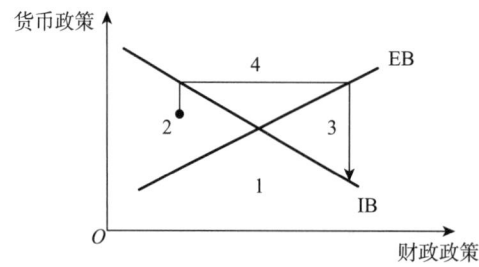

图 6-19 货币政策用于调节内部平衡,财政政策用于调节外部平衡

如果每一种工具被合理指派给一个政策目标,并且在该目标偏离其最佳水平时按规

则进行调控,那么在分散决策的情况下仍有可能实现最佳调控目标。例如图6-20中,同样假设经济位于区域2中的某点,当用货币政策调节外部平衡,用财政政策调节内部平衡时,货币政策追求外部平衡,故经济向下移动,随后使用财政政策追求内部平衡,因此经济向右移动接近内部平衡曲线……由移动轨迹可以看出,经济会越来越靠近内部平衡和外部平衡,此时的政策搭配卓有成效。

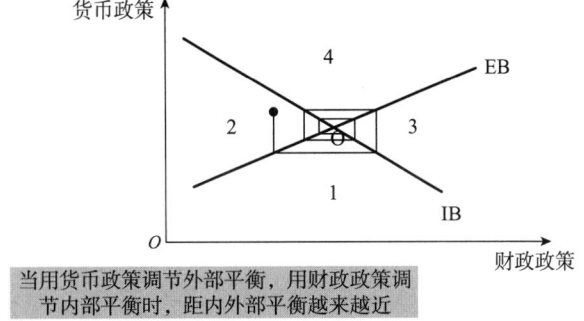

图 6-20 财政政策用于调节内部平衡,货币政策用于调节外部平衡

为什么选择不同的政策会出现偏离和靠近内外部平衡两种情况呢?对于内部平衡和外部平衡我们又该选择怎样的对应政策呢?让我们考虑图6-21中的两种经济情形,上图中EB曲线的斜率绝对值小于IB曲线,下图中EB曲线的斜率绝对值大于IB曲线。

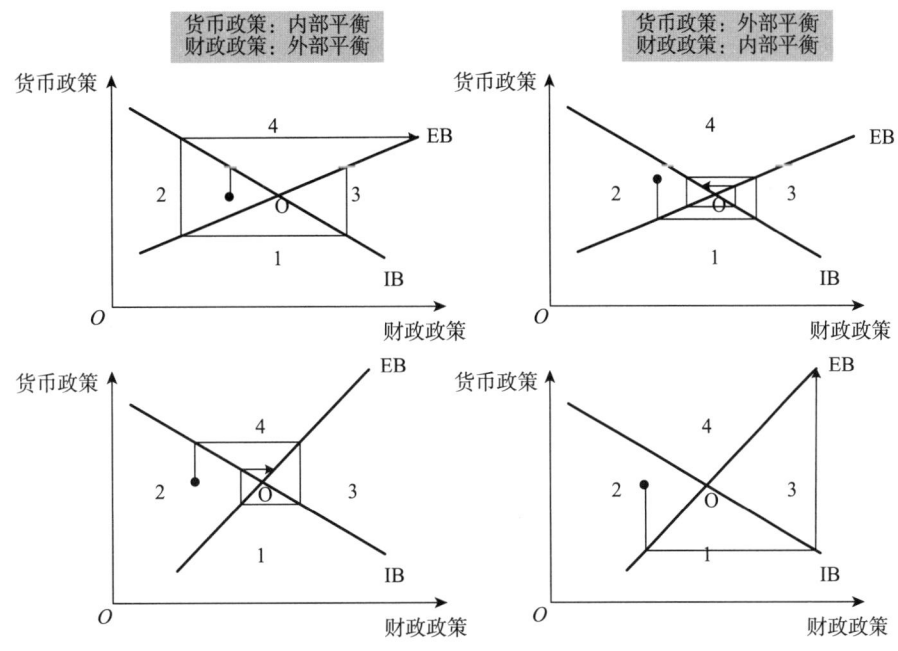

图 6-21 两种政策指派下的四个不同结果

首先,假设我们指派货币政策以实现内部平衡的目标,指派财政政策以实现外部平衡的目标,对于左上图的情形而言,EB曲线的斜率绝对值更小,意味着调节汇率的货币政策对外部平衡具有更大的影响力。相对于财政政策而言,经济在EB曲线上同样移动一单

位,只需要货币政策变动更小的幅度,此时货币政策对于实现外部平衡的目标更具备比较优势,有事半功倍的效果。相反,对于内部平衡目标而言,经济在 IB 曲线上移动一单位需要货币政策变动得更多,货币政策相对于财政政策而言具有比较劣势。因此,若指派货币政策实现内部平衡的目标,指派财政政策实现外部平衡的目标,会与平衡点偏离,不可能同时实现均衡目标。

对于左下图的情形而言,EB 曲线的斜率绝对值更大,那么支出调整政策对外部平衡的影响更大,单位财政政策的变动会引起经济在 EB 曲线上的移动更多,正如上文的分析,此时财政政策对于实现外部平衡的目标具有比较优势,所以用财政政策实现外部平衡目标,用货币政策实现内部平衡目标,会使得经济逐渐向平衡点靠近,最终达到平衡状态。

如果我们用货币政策实现外部平衡目标,用财政政策实现内部平衡目标呢?逻辑是相同的,对于右上图的情形而言,货币政策对于实现外部平衡的目标具有比较优势,因此货币政策向外部平衡靠近、财政政策向内部平衡靠近的双管齐下的调节,能够使经济快速达到平衡状态。而对于右下图的情形来说,财政政策反而对实现外部平衡的目标具有比较优势,这种错误的方案搭配会加剧经济相对于平衡点的偏离,难以同时实现内外部平衡。由此,蒙代尔得出结论:如果每一种工具被合理地指派给某一个政策目标(每一个目标均应当使用在影响政策目标上具有相对优势的政策工具),并且在该目标偏离最佳水平时按一定规则进行调控,那么在分散决策的情况下仍有可能实现理想目标。如果在方案使用上出现错误,则经济会产生不稳定性从而距离平衡点越来越远。这被称为"蒙代尔有效市场分类原则"。根据这一原则,蒙代尔区分了财政政策、货币政策在影响内外部平衡上的不同作用,提出了以货币政策实现外部平衡目标、以财政政策实现内部平衡目标的建议。

蒙代尔有效市场分类原则为一国政府如何采用政策工具以实现内外部平衡的宏观经济目标开辟了新的思路,它丰富了开放经济下宏观经济政策调控理论。它与丁伯根法则一起明确了开放经济条件下政策调控的基本思想,即针对内外部平衡目标,确定使用不同的政策工具,并尽可能地进行协调以同时达到内部平衡与外部平衡。

小　结

本章通过蒙代尔-弗莱明模型研究小型开放经济在不同汇率制度下,应对暂时性冲击和短期经济周期所使用的宏观政策。在此基础上,分析财政政策、货币政策和汇率政策对本国经济的影响。经分析发现,在不同汇率制度下,财政政策和货币政策对本国经济产生的冲击效果存在差异。具体而言,在固定汇率制度下,只有财政政策能有效地促进产出增长;而在浮动汇率制度下,货币政策和财政政策都能促进产出增长。然而,在浮动汇率制度下,开放经济下扩张性财政政策可能导致国际收支恶化,从而削弱对产出的拉动作用,因此货币政策是更为有效的措施。

本章阐述了国内宏观经济政策制定时所面临的内外部平衡问题。在开放经济下,一国经济保持稳定发展不仅需要实现国内总供给和总需求的内部平衡,还需要兼顾国际收支结构的变化,实现经常项目的平衡即外部平衡。然而,仅仅依靠调整需求和支出的财政政策或是调整货币供给和汇率的货币政策,难以同时实现内外部平衡,因为这两个目标之间存在著名的米德冲突。为了解决这个目标冲突,丁伯根提出了一个经济目标至少需要使用一种有效的政策工具的丁伯根法则。但他假定各种政策工具可以被决策者集中控制,并通过各种政策的紧密配合实现目标,但这在现实中难以实现。随后,蒙代尔提出了关于政策指派的有效市场分类原则。他认为,如果每一种政策工具均被合理地指派给某一个政策目标,并且在该目标偏离其最佳水平时按照一定的规则进行调控,那么即使在决策分散的情况下,仍有可能实现理想目标。

关键词

马歇尔-勒纳条件	J 型曲线	IS 曲线
LM 曲线	蒙代尔-弗莱明模型	内部平衡
充分就业	自然失业率	外部平衡
支出增减型政策	支出转换型政策	提供融资的工具和政策
内部平衡曲线	外部平衡曲线	米德冲突
丁伯根法则	蒙代尔有效市场分类原则	

1. 假设 Y 为产出水平,T 为税收水平,i 为国内利率,E 为名义汇率,消费函数为 $C = 1.5 + 0.75 \times (Y - T)$,贸易差额为 $TB = 5[1 - (1/E)] - 0.25 \times (Y - 8)$,投资函数为 $I = 2 - 10i$,外汇市场均衡是由 $i = [(1/E) - 1] + 0.10$ 给定的。若政府支出为 G,求解 IS 曲线。

2. 对于下面的每种情形,用 IS-LM-FX 模型来说明冲击的效应。对每种情况,说明这种冲击对下列变量的影响(上升、下降、不变或不确定):Y, i, E, C, I, TB。假定政府允许汇率浮动,且不会采取干预政策。

    a. 外国货币供给下降。

    b. 投资者预期母国货币贬值。

    c. 货币供给增加。

    d. 政府支出增加。

3. 重复练习题 2,假定中央银行做出反应以维持固定汇率。在哪些情形下政府的反应与练习题 2 是一样的?

4. 以利率 i 为纵轴、财政支出 G 为横轴,画出一幅同时包括内部平衡曲线与外部平衡

曲线的图,并回答下面的问题:

  a. 两条曲线分割出的几个区域分别表示经济处于什么状况?在所绘制出的图中标注出来。

  b. 请说明在固定汇率制下,哪些区域中内外部平衡会出现冲突。

  c. 什么是丁伯根法则?根据丁伯根法则,若经济陷入冲突区间,则有什么对策可以解决此类状况?

  d. 结合所绘制的图形说明在什么情况下,指派货币政策以实现外部平衡目标,指派财政政策以实现内部平衡目标能起到作用。

  5. 本章考察了在固定汇率制和浮动汇率制下财政政策和货币政策的运行,概括这些政策在不同的汇率制度下的差异。

  6. 为什么会出现米德冲突?简述丁伯根法则和蒙代尔有效市场分类原则是如何解决这个目标冲突的。

第二篇 国际货币体系变迁与国际金融理论发展

第七章　布雷顿森林体系之前的国际货币体系

第八章　布雷顿森林体系

第九章　后布雷顿森林体系下汇率制度的选择

第十章　固定汇率与货币危机（一）

第十一章　固定汇率与货币危机（二）

第十二章　全球经济失衡与美元霸权

第十三章　欧元区与欧债危机

第十四章　全球金融周期

第十五章　国际货币体系挑战与改革

第十六章　资本账户开放与人民币国际化

第七章 布雷顿森林体系之前的国际货币体系

引 言

18世纪以前,各国主要以金、银贵金属作为支付手段,西方国家的货币体系经历了由混乱的货币体系到金银复本位的过渡时期。19—20世纪,政策制定者和经济学家对理想汇率的选择达成了基本一致的观点:固定汇率是最佳选择,而金本位制是实现固定汇率的最佳方式。于是,以英国为首的国家率先实行了金本位制,并在国际上迅速推广。然而,在第一次世界大战中,国际金本位制经历了休克。第一次世界大战后,古典金本位制被严重削弱,开始转向金汇兑本位制。在大萧条期间,国际金本位制最终被瓦解。直到第二次世界大战后布雷顿森林体系的建立才再次实现货币体系的统一。

本章讲述的内容为布雷顿森林体系之前的国际货币体系。第一部分将介绍国际金本位制出现前以复本位制为主的货币制度。第二部分将展开对古典金本位制的介绍,从运行机理和运行基础两方面对古典金本位制加以分析,并介绍古典金本位制带来的第一次全球化,然后将介绍古典金本位制存在的缺陷。第三部分将展开对第一次世界大战后国际货币体系的探讨:在短暂实行浮动汇率制后,各国付出了巨大的宏观经济代价并尝试重建古典金本位制,然而重建后的金本位制成了锁住各国宏观政策的镣铐,引发了大萧条,并最终导致金本位制的崩溃。在本章我们将特别关注金本位制作为固定汇率制度的利弊分析。

学习目标

1. 理解古典金本位制的运行机理和运行基础。
2. 掌握金本位制作为固定汇率制度的优点与缺陷。
3. 理解重建的国际金本位制崩溃的原因。

第一节 国际金本位制出现之前的货币制度

国际货币体系,指各国政府为适应国际支付的需求,对货币在国际范围内发挥世界货币职能所确定的原则、采取的措施和为此建立的组织形式的总称,主要包括三个方面的内容和功能:一是规定各国货币之间汇率的确定与维持方式,以保证各国货币间兑换方式与比价关系的合理性;二是规定各国货币的兑换性和对国际支付所采取的措施,确定国际储备资产,以确保国际支付与结算的合理运行;三是规定国际收支的调节机制,以调节国际收支的失衡,确保全球经济的平衡、稳定与可持续发展。国际货币体系是联系各国经济、政治和生活的重要纽带,在维护国际货币市场的秩序和稳定、促进国际收支平衡、提供国际信贷以应对各种冲击等方面发挥了巨大的作用。在国际金本位制出现之前,金币、银币都是国际结算的主要货币,许多国家都允许同时使用黄金和白银进行铸币和流通,未形成统一的国际货币体系。直到1870年以后许多国家将结算货币设为黄金,金本位制得以确立,这才形成了最早的现代国际货币体系。

一、复本位制的出现与混乱的货币体系

早期政府垄断了货币发行权,因此它们就有了收取铸币税的动机,若无法维持货币发行的纪律性,往往就会导致滥发货币和货币大幅贬值的情形。而事实正如表7-1所示,14世纪到18世纪,欧洲各国发行的货币都出现了严重的贬值,含银量的下跌幅度从最低的7.7%至最高的91%不等,同时还伴随着最大幅度的货币贬值。如法国在1303年货币贬值最高达56.8%。政府发行的货币在市场上缺乏公信力,在这种情形下,当时的市场上流通着各式各样的货币。各类货币的样式、规格和质量等都不一致,难以确定兑换比率,使得当时的货币制度处于混乱之中,促使人们自发地寻找其他的一般等价物进行交易。

金银天然不是货币,但货币天然是金银。金银因其数量稀少和化学性质稳定而成为早期的货币媒介,这两种金属的耐腐蚀性和稳定性赋予了它们在货币历史上的重要地位,成为交易和储值的可靠选择。从13世纪开始,欧洲大多数国家的货币制度都实行了金银复本位制,将金银两种金属同时定为法定货币;金银两种铸币均为主币,均可以自由铸造,具有无限清偿的效力,即以金银两种金属同时为本位货币的货币制度。其背后的原因主要在于,欧洲黄金矿藏量不足以及金币价值过高。经过15世纪以前数千年的开采,欧洲的采金量已经接近上限水平,黄金供给严重不足,无法满足当时对黄金的需求。同时,过高的币面价值使得金币不适用于日常生活中的小额交易。因此,在这样的背景下,欧洲大多数国家都开始同时流通金币和银币,并以银币为主、金币为辅,金币由于价值高,一般用于大额交易或跨境贸易,而银币则是日常交易的主要货币。

表7-1 世界各国货币贬值程度

国家和货币		覆盖时间	货币含银量累计下跌的幅度(%)	最大幅度的货币贬值(%)及年份		发生货币贬值(含银量降低)的时间占比(%)	
						总体	≥15%
奥地利	维也纳十字币	1371—1499	-69.7	-11.1	1463	25.8	0.0
		1500—1799	-59.7	-12.5	1694	11.7	0.0
比利时	比利时银币	1349—1499	-83.8	-34.7	1498	7.3	3.3
		1500—1799	-56.3	-15.0	1561	4.3	0.0

(续表)

国家和货币		覆盖时间	货币含银量累计下跌的幅度(%)	最大幅度的货币贬值(%)及年份		发生货币贬值(含银量降低)的时间占比(%)	
						总体	≥15%
法国	图尔城里弗	1258—1499	-74.1	-56.8	1303	6.2	0.4
		1500—1789	-78.4	-36.2	1718	14.8	1.4
德国	巴伐利亚-奥格斯堡芬尼	1417—1499	-32.2	-21.5	1424	3.7	1.2
		1500—1799	-70.9	-26.0	1685	3.7	1.0
	法兰克福芬尼	1350—1499	-14.4	-10.5	1404	2.0	0.0
		1500—1798	-12.8	-16.4	1500	2.0	0.3
意大利	佛罗伦萨里拉	1280—1499	-72.4	-21.0	1320	5.0	0.0
		1500—1799	-35.6	-10.0	1550	2.7	0.0
荷兰	佛兰德铜币	1366—1499	-44.4	-26.0	1488	13.4	5.2
		1500—1575	-12.3	-7.7	1526	5.3	0.0
	荷兰盾	1450—1499	-42.0	-34.7	1496	14.3	6.1
		1500—1799	-48.9	15.0	1560	4.0	0.0
葡萄牙	里斯	1750—1799	25.6	-3.7	1766	34.7	0.0
俄国	卢布	1761—1799	-42.3	-14.3	1798	44.7	0.0
西班牙	纽卡斯提尔金币	1501—1799	-62.5	-25.3	1642	19.8	1.3
	巴伦西亚第纳尔	1351—1499	-7.7	-2.9	1408	2.0	0.0
		1500—1650	-20.4	-17.0	1501	13.2	0.7
瑞典	瑞典银币	1523—1573	-91.0	-41.4	1572	20.0	12.0
土耳其	阿克切	1527—1799	-59.3	-43.9	156	10.5	3.1
英国	便士	1260—1499	-46.8	-20.0	1464	0.2	0.8
		1500—1799	-35.5	-50.0	1551	2.3	1.3

资料来源：Global Commodity Prices Database。

但是，15世纪的地理大发现和贸易掠夺使得大量的金银流入欧美国家，黄金供给不足的问题得以解决，可国际货币体系却没有因此直接从金银复本位制过渡到金本位制。主要原因可以归纳为技术因素和政治因素：

第一，蒸汽动力出现以前，在技术方面难以实行金本位制。由于技术的限制，当时的货币铸造主要依靠的是人力驱动的压力机，因此伪币难以区分。直到19世纪后半叶蒸汽动力的出现，才改变了手工铸造金属货币规格难以统一的问题。铸币机的发明能够在金币表面雕刻复杂的图案，从而铸造出更为精细的货币，有效克服了假币的问题。同时也产生了一些低价值的金币以满足日常小额交易需求。因此，金本位制才得以被广泛采用。

第二,政治因素阻止了白银退出流通。白银充当货币可以抬高白银的价格,促进白银的生产,这就导致代表矿业利益的组织反对白银退出流通。

此外,网络外部性的原理指出,每个用户从使用某产品中得到的效用与用户的总数量正相关,即用户人数越多,每个用户得到的效用就越高,网络中每个人的价值与网络中其他人的数量成正比。这就意味着网络用户数量的增长,将会带动用户总所得效用呈几何级数提升。网络中每个个体获得的价值与网络中其他人的数量成正比的原理,也是金银复本位制继续存续的依据。因为继续实行与其他国家一样的货币制度有很多优点,不仅可以降低交易成本、促进贸易、便于国际借贷,相同的货币本位制还能够将邻国铸币在国内流通时带来的混乱最小化。

二、复本位制的缺陷

复本位制具有天然的缺陷。这体现在当金币和银币同时在市场上流通时,一旦两种货币的市场比率显著高于铸币比率,就会存在套利机会,从而导致劣币驱逐良币。以法国为例,起初金币和银币在法国之所以能够同时流通,是因为铸币比率为1:15.5,与市场价格基本持平,即在市场上以15.5盎司的白银可以换取约1盎司的黄金。不过,一旦世界市场黄金价格涨幅大于白银,例如当市场上价格为16盎司的白银可以兑换1盎司的黄金时,就出现了套利机会,套利者将进口白银铸造成15.5盎司的银币,再把银币兑换成等值的含1盎司黄金的金币,然后出口黄金在国外市场上按照1:16的比例换取白银。通过这样的套利行为,套利者可以获取额外的0.5盎司白银。这导致市场上白银供应减少,影响白银作为货币在市场上的流通,市场上白银和黄金的价格变动会导致市场上时而只流通白银,时而只流通黄金,造成货币体系的混乱,加剧货币体系的不稳定性。

到19世纪70年代,复本位制已成强弩之末。此时发生的工业革命使得铸币技术难题得以解决,货币铸造可以标准化,并且提高了防伪能力。而直接造成英国实施金本位制是在1717年,为了稳定英国当时混乱的货币局面,时任英国皇家铸币局主管的牛顿制定了过高的金银比价,使得黄金被高估,白银被低估,黄金成了"劣币",从而造成"劣币驱逐良币"的局面,银币逐渐退出流通领域,最终英国市场上只剩黄金继续流通。

总结而言,工业革命解决了铸币技术的难题是支持英国国内采用金本位制的主要原因。彼时的英国是世界工业的领导者,也是世界第一贸易大国,为了方便与英国开展贸易,引入英国的资本,其他各国纷纷效仿英国实行金本位制。从表7-2中可以看出,英国于1816年最先确立了金本位制。随后的19世纪下半叶,欧洲主要经济体跟随英国的脚步相继确立了金本位制。至此,发源于英国的金本位制最终演变为国际金本位制。在这一次又一次的变革之中,古典金本位制逐渐建立起来,成为支配世界金融和贸易体系的国际货币制度。

表 7-2 各国采用金本位制的时间

国别	年份	国别	年份	国别	年份
英国	1816	比利时	1874	俄国	1898
德国	1871	瑞士	1874	荷兰	1875

(续表)

国别	年份	国别	年份	国别	年份
瑞典	1873	意大利	1874	乌拉圭	1876
挪威	1873	美国	1897	巴拿马	1904
丹麦	1873	日本	1897	墨西哥	1905

第二节　古典金本位制

一、古典金本位制概述

金本位制指一国的本位货币以一定数量的黄金来表示的货币制度,也即政府承诺国内的货币可以换取一定数额的黄金,个人可以自由地从官方和其他渠道进口或出口黄金。当各国纷纷采取统一的金本位制时,金本位制演变成国际金本位制,形成了最早的国际货币体系。历史上我们将 1914 年第一次世界大战前的金本位制称为"古典金本位制"。

19 世纪各国实行的古典金本位制具有如下特点:第一,金币可以自由铸造和熔化。自由铸造使得黄金不受官方垄断,使金币数量能自发地满足流通需要,币值与其所含黄金的价值能保持一致。如果金币不能自由铸造和熔化,市场上流通的货币量将完全受制于官方。第二,辅币和银行券可以自由兑换为金币。自由兑换保证了各国货币和黄金绑定在一起。第三,黄金可以自由输出与输入。黄金自由输出与输入保证了各国黄金价格一致,辅币和银行券能自由兑换金币才有意义,这样就可以锁定各国本位货币之间的交换比例,即汇率。如果自由铸造和熔化、自由兑现和自由输入输出三个条件中的任何一个被破坏,金本位制就没有意义了。三个特点共同发挥作用才使金本位制成为国际金本位制,使得金本位制具有相对稳定性,本国的通货相对于黄金不会发生贬值,对外也会保持外汇的相对稳定性,促进了商品流通和贸易的发展。

二、古典金本位制的运行机理

金本位制下存在自动调节各国国际收支平衡的机制,其中最重要的是大卫·休谟(David Hume)于 1752 年提出的物价—现金流动模型。这一模型主要有以下几个前提假设:不考虑中央银行的干预和影响;不存在国际资金流动;商品价格具有完全弹性;流通中只有金币。也就是说,当商品出口时,出口商收到黄金并到铸币局铸成金币;当进口商从国外购买商品时,输出黄金用于支付。

物价—现金流动模型指当一国贸易出现逆差时,国内黄金净流出,如果货币供给不减少,那么市场上流通的货币兑换不了那么多黄金,会出现挤兑现象;为避免挤兑,中央银行减少货币供给,国内物价下降,外国购买意愿增加,贸易逆差国出口增加,进口减少,直至贸易恢复平衡(如图 7-1 所示)。同理,当一国贸易出现顺差时,国内黄金净流入,此时国内物价上升,购买国外商品的意愿增强,贸易顺差国进口增加,出口减少,直至贸易恢复平衡。

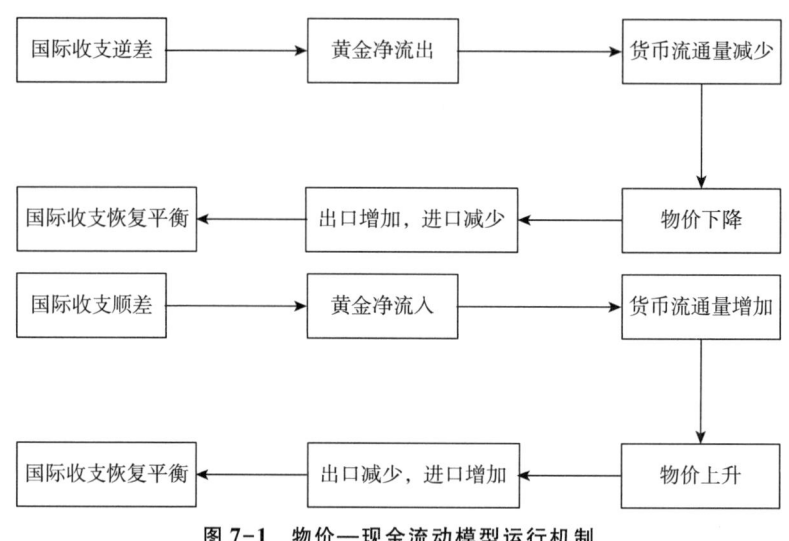

图 7-1 物价—现金流动模型运行机制

在这一过程中,中央银行为了加速恢复外部平衡,往往会通过操纵贴现率进行干预,即凯恩斯提出的"游戏规则"。金本位制下,市场上流通的货币和黄金的持有量需要保持一致,黄金少了,就要提高贴现率将市场上流通的多余的货币回笼。商业银行拿着票据向中央银行贴现,中央银行拿到票据就会给商业银行发放货币,商业银行也需向中央银行支付利息,这个利息就是贴现率,相当于商业银行向中央银行借贷资金的成本。当一国出现贸易逆差,黄金流出时,中央银行可以提高贴现率,增加商业银行借入资金的成本,商业银行愿意向中央银行申请的贴现减少,相当于中央银行减少了货币供给。提高贴现率,一方面可以回笼货币,使得物价降低,增大本国产品的竞争力;另一方面,意味着可以获得更高的资本回报,从而吸引资本的流入。通过这两方面的作用,达到抑制黄金流出的作用。

三、古典金本位制运行的基础

从 19 世纪中期至 1914 年第一次世界大战前,古典金本位制能够克服各种问题平稳有效地运行,主要和当时的国际形势相关,其中最重要的两个因素是金本位的公信力与国际合作。

第一,第一次世界大战前,维护可兑换黄金制度是政府的头等大事,金本位制具有良好的公信力。各国货币政策以黄金价格为锚,其他货币政策都从属于这个目标。当时,工人阶级还未登上政治舞台,在政治决策中影响力有限,这意味着政府对失业、经济增长等内部平衡的关注较少。英国、法国、德国这几个金本位体系的核心国家会设法保护中央银行的黄金储备并支持通货可兑换黄金的制度,中央银行的公信力非常高。当一国储备流出导致汇率走弱时,投资者认为中央银行会采取措施让货币升值以稳定货币,因此投资者会将资本转移到弱货币国家,进而获利。换言之,市场确信货币当局在长期中一定会依照规则行事,维护可兑换黄金制度,即便中央银行在短期内不依规则行事,投资者还是会为中央银行提供弥补赤字的资金。举例来说,当英镑疲软的时候,英格兰银行提高贴现率,市场参与者对英镑升值存在预期,大量资本自动涌入,汇率自然升值,中央银行不需要采取过多的措施就可以恢复到正常的水平。

第二,各国政府的通力合作对于维持金本位制度也起到至关重要的作用。随着储备金体系的出现,银行吸收存款后只需保留一定比例的现金或流动证券。在这种情况下,可能会出现存款人挤兑致使一家流动性不足但尚能偿还债务的银行倒闭,进而动摇人们对银行的信心并引发对银行系统的挤兑,危及整个金融系统。最后贷款人,指中央银行或其他货币当局在金融体系面临严重流动性紧缩或无法满足短期债务偿还需求时提供贷款和紧急流动性支持的角色。最后贷款人是金融体系的安全网,它的存在可以减轻金融机构和市场的恐慌情绪,稳定金融市场并防止系统性崩溃。然而,在金本位制下,中央银行充当最后贷款人的角色与金本位管理者的角色之间存在冲突。

为了救助面临倒闭的银行,中央银行可能会增加货币供给和释放更多的流动性,但在金本位制下,这种操作面临着黄金储备的限制,当中央银行过度发行货币或使用黄金储备进行救助时,可能导致市场上的货币过剩而黄金存量不足,这种不平衡的状况会破坏货币与黄金之间的兑换比率,最终动摇金本位制度的根基。

由于英格兰银行充当最后贷款人角色会与金本位制管理者的角色发生冲突,英国并没有独立完成最后贷款人的角色,各国中央银行的合作才是实现该功能的关键。英格兰银行作为其他国家的清算所,60%的世界贸易通过英镑票据支付清算,外国政府将储备作为生息资产存入银行,一有需求则兑换黄金。但是英格兰银行黄金储备小于 4 000 万英镑(同一时期俄罗斯银行拥有 1 亿英镑、法兰西银行拥有 1.2 亿英镑),因此其是一个非常脆弱的组织体系。当一国需要黄金时,他国中央银行随时准备借出黄金。当外国银行和政府向经济上遇到困难的国家扩大信贷支持并提供援助时,这种举措不仅提升了接受援助的国家的国际信誉,也增加了其货币的吸引力。在这种情况下,国内外的私人银行家可能会预期接受援助国家的货币升值,并购买该货币进行套利,导致更多的黄金流入接受援助的国家。如果接受援助的国家能够利用这些外部支持保持与黄金的兑换承诺,金本位制就可能被维持下去。

举例来说,1890 年的巴林危机就是例证,当时巴林家族借入资金购买阿根廷债券。而阿根廷爆发革命冲击了巴林家族的信用,英国国民争相挤兑黄金,英格兰银行向法兰西银行借入 300 万英镑黄金,从俄罗斯银行借入 150 万英镑金币,这两家银行的援助帮助英格兰银行摆脱了在保持现有银行体系和继续实行通货可兑换黄金制度之间的困境,同时也避免了黄金储备被耗尽。

四、古典金本位制带来的第一次全球化

1914 年第一次世界大战爆发前,金本位制起到了非常重要的作用。弗里德里希·哈耶克(Friedrich Hayek)一直认为政府无法提供完善的货币体系,不过金本位制却因为稳定赢得了他的赞誉。他认为,如果政府必须控制货币,那么金本位制优于其他制度。

第一,金本位制使得国内物价长期维持在稳定范围内。1750—1914 年,英国的物价

总体只上涨了48%,这是因为金本位制下货币的发行受制于黄金,无法通过铸币税来控制货币。而且,金币可自由兑换,保证了黄金与其他金属铸币和银行券之间比价的稳定。

第二,古典金本位制下各国货币与黄金绑定在一起,汇率稳定,为国际贸易创造了有利的条件,促进了世界贸易的繁荣。1820—1870年世界贸易额年均增长率达到2.8%,远超100年前的年均增长率(约1.1%~1.4%);1840—1870年世界贸易额年均增长率更是提高到了4.8%~5.3%,超过同期世界工业生产的年均增长率;1870—1913年世界贸易额年均增长率有所下降,为3.2%~3.8%,低于同期世界工业生产的年均增长率,但仍显著高于19世纪前半叶的增长率。

从资本角度来看,我们可以通过衡量国际资本流动程度的重要指标——资本流动性指数(CMI)——的变化得出结论(如图7-2所示)。1880—1914年CMI平均为3.3%,即便是20世纪90年代也只达到2.6%,这表明当时国际资本市场融合得较好,究其原因,是因为各国之间对金融交易几乎没有管制,资本可以自由流动,金币形式的外国通货也可以与许多国家的国内通货自由兑换,使得交易成本非常低,促进了资本的流动。

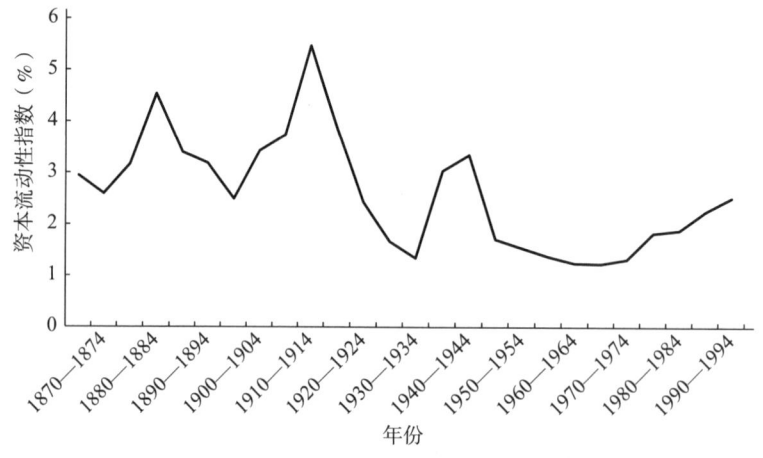

图7-2　1870—1994年世界平均资本流动性指数

五、古典金本位制的缺陷

古典金本位制将货币的发行和黄金绑定在一起,使得国家之间的汇率完全由各自货币的含金量之比决定,因此古典金本位制是把本币和黄金绑定的一种特殊的固定汇率制。由此,古典金本位制既有固定汇率制所共有的缺陷,又有自身所特有的问题。

第一,古典金本位制属于固定汇率制,有自身无法解决的内外部平衡矛盾和货币政策缺乏独立性的问题。

开放经济中宏观经济政策是为了实现内外部平衡,而固定汇率制无法同时实现内外部平衡。由前文对金本位制运行机制的分析可知,金本位制自发地选择了外部平衡,这意味着在内部平衡方面表现得不好。为了实现国际合作与提高国家公信力,维持金本位制的运行,各国的宏观经济政策目标都着眼于实现外部平衡,即宏观经济目标是中央银行在黄金与通货之间维持官方的平价关系,而国内的失业、经济增长问题则处于次要位置。由于内部平衡不是银行的主要目标,金本位制无法满足内部平衡的需求。

金本位制下货币政策缺乏独立性。金本位制成立的条件包括各国货币与黄金绑定以及黄金可以自由输入输出,相当于在"不可能三角"中选择了固定汇率制和资本自由流动,自动放弃了货币政策的独立性。同时,金本位制下货币的发行也受制于黄金存储量,导致一国货币政策无法对当前的经济局面进行调整,常常面临失业和经济衰退问题。

第二,古典金本位制本身具有天然通货紧缩的倾向和外围国家不稳定的缺陷。

由于黄金供给有限,赶不上产出增长的速度,具有通货紧缩的效应。如图7-1所示,国际收支逆差国的黄金净流出,为了维持本位币与黄金的兑换比例,必须减少货币供给,经历通货紧缩;而国际收支顺差国则可以把净流入的黄金作为储备,不一定要增加货币供给经历通货膨胀。

外围国家经济不稳定主要是因为合作范围没有延伸到这些地区。处于体系中心的国家出现危机时会得到援助,但由于外围国家的危机不会威胁体系的稳定,因此处于体系中心的国家就不会向这些外围国家提供援助。同时,一些外围国家没有中央银行和最后贷款人机制,当黄金外流导致货币供给减少时,没有机制减少黄金流出,导致外围国家难以维持金本位制。举例来说,南欧和南美的拉丁语国家数次被迫停止黄金兑换业务并允许货币贬值,就是因为国内黄金不断流出。

第三节　第一次世界大战后的国际货币体系

一、第一次世界大战后短暂的浮动汇率制

1914年,第一次世界大战爆发,各参战国政府大量印钞,以维持战争经费,纸币超发,通货膨胀快速上升,各参战国政府都无法遵守兑换承诺,参战后不久就宣布禁止纸币与黄金兑换,同时禁止黄金外运,以保护本国的黄金储备,国际金本位制进入休克状态。

金本位制休克后,欧洲各国纸币之间的汇率也从固定汇率制变成了完全浮动汇率制。第一次世界大战期间和战后,各国货币之间的汇率也随之大幅波动,国际货币秩序陷入混乱,战后各国都出现了恶性通货膨胀与货币的急剧贬值和波动。第一次世界大战于1918年11月结束,到1920年2月,英镑较战前黄金平价贬值了35%,法国法郎贬值了64%,比利时法郎贬值了62%,意大利里拉贬值了71%,德国马克贬值了96%。第一次世界大战后,欧洲各国的经济状况恢复得不好,各国在就业、物价、汇率波动、财政赤字等方面遭遇了不同程度的问题。其中最严重的是德国,从战后到1923年,德国经历了史上最严重的通货膨胀(德国是战败国,需赔付巨额战争赔款,因此滥发纸币),1914年,4.2马克可以兑换1美元,而到了1923年,1.79万马克才能兑换1美元。

严重的通货膨胀以及由此滋生的市场投机行为促使各主要经济体开始考虑恢复金本位制,以稳定物价和汇率波动,实现第一次世界大战后经济的复苏。

二、重建金本位制

1. 国际金本位制的重建过程

第一次世界大战后的各主要经济体中,英国率先开始了金本位制的重建工作。金本位制时期,黄金与英镑间存在法定的兑换比率。为了重建金本位制及其赖以存在的公信力,英国希望将英镑对黄金的比价恢复到战前水平,因此不得不回笼战时发行的大量英镑,而这不可避免地造成了市场上的通货紧缩。为减轻通货紧缩的影响,英国政府采用了渐进的转轨方式。尽管如此,货币制度的转轨仍对英国经济造成了严重的影响。因为英国的目标是将可兑换黄金制度恢复到战前平价,而当时最大的黄金储备国——美国并未改变黄金的美元价格,这意味着英国需要将本国的物价强行降低到与美国相当的水平,以稳定英镑与美元间的汇率。而当时的美联储为了抑制国内过热的经济,采取紧缩性的货币政策,降低国内物价水平,这进一步加大了英国恢复战前平价的压力。在转轨开始后的1920—1921年,英国的紧缩性政策带来的利率上升、物价下跌引发了经济衰退,仅这一年,纳入保险的劳动力登记失业率就从2%上升到11.3%。

这一状况一直持续到了1924年,为了帮助英国恢复金本位制,美联储主席本杰明·斯特朗(Benjamin Strong)要求纽约联邦储备银行调低贴现率,促使黄金流入英国。在美联储的帮助下,英国可兑换黄金制度终于在1925年恢复到战前水平,即3英镑17先令9便士可兑换1盎司成色为11/12的黄金。追随着英国的转轨步伐,澳大利亚、新西兰、匈牙利等国也恢复了战前水平的金本位制。而法国、意大利、比利时等国为了避免货币升值对债务的影响,只好在贬值的汇率上恢复金本位制。至此,一度被放弃的金本位制在英国的带领下又重新建立起来。

2. 重建后的金本位制概述

尽管金本位制得以重建,但与古典金本位制时代不同,第一次世界大战后黄金在各国之间分配不均,美国占有世界近一半的黄金储备。为了应对这一新的形势,当时的英格兰银行总裁蒙塔古·诺曼(Montagu Norman)构想出了一种新的金本位制安排:金汇兑本位制。

由于一些国家的黄金储备无法满足其超量发行纸币的兑换比价,因此,可以直接以一些信誉好并能维持与黄金平价兑换的强势货币作为外汇储备,通过"黄金+外汇"的双储备模式来发行货币,即金汇兑本位制。而对于强势货币的发行国,为了应对黄金短缺,维持货币兑换黄金的平价,政府将黄金集中到中央银行,仅向拥有足够货币能购买大量黄金的对象提供兑换黄金的服务,例如英格兰银行规定兑换黄金的最低限度为400盎司(折合1 730英镑)。

在这样一种新的制度体系下,英国和法国采用金块本位制,美国继续保留古典金本位制,而其他欧美国家则采用金汇兑本位制,钉住英镑和法郎,从而形成了第一次世界大战后的国际货币体系。

3. 金本位制与大萧条

重新建立起来的金汇兑本位制看上去解决了第一次世界大战后的黄金稀缺与分配不

均的问题,似乎是一种能够稳定持续下去的货币制度,然而社会基础相较于古典金本位制时代已经发生了变化:第一,市场对各国中央银行捍卫金本位制的决心产生了怀疑,金本位制的公信力受到破坏。第一次世界大战激化了各国的内部矛盾,为了维护国内政局,各国政府逐步扩大公民权,使得无产阶级登上了政治舞台。各国政府在民意压力下开始重视解决国内失业和经济增长问题,然而政府在解决内部平衡问题与维持金本位制的目标之间存在冲突,若要解决内部平衡问题可能就无法同时维护金本位制的稳定。第二,国际体系的重心发生了变化,战前由英国主导的国际秩序走向崩溃,新的国际秩序尚未成形,各国间缺乏互信,国际领导力缺位。第一次世界大战后,欧洲各国背负了大量的战争债务,而"隔岸观火"的美国则吸收了大量的黄金,一举从国际债务国变成了世界上最大的债权国。然而美国受"孤立主义"政策影响,在领导维护国际货币体系上缺乏主动性,各国政策各行其是,战前"一方有难,八方支援"的情形不复存在。

1924—1929 年,重建的金本位制给第一次世界大战后的经济带来了复苏,也带来了投资和信贷的繁荣。华尔街金融市场的过热使货币和信贷存量的增加超过了美国的黄金储备,出于维持金价和防范过度投机的考虑,美联储在 1928 年上半年提高了贴现率,紧缩性的货币政策导致黄金转而回流美国,本就缺少黄金储备的其他国家的压力骤增。其中,欧洲国家面临着更加严重的国际失衡问题——金本位制重建之后并没有如人们所期待的那样自发地调整国际收支,而是让一些国家陷入了持续的经常账户逆差和财政赤字中。对欧洲国家而言,第一次世界大战后国际收支平衡的恶化是由于贸易逆差的扩大和负债率的上升:一方面,美国和日本在欧洲陷入混战期间分别占据了拉美和亚洲的市场,挤压了欧洲国家通过出口平衡国际收支的空间;另一方面,战争债务和赔款增加了欧洲国家的困难,而美国又将贷款收益的盈余贷回欧洲,加深了欧洲国家对美国进口资本的依赖。然而,这种国际收支的不平衡是不可能持续扩大的,1928 年美联储加息使得全球资本开始回流美国,欧洲国家的债务难以为继,违约和不良贷款不断增加,一些财力不足的银行开始破产,市场上蔓延的恐慌情绪引发了挤兑,股票价格在 1929 年秋天跌到了最低点。为了保护本国工业,也为了阻止黄金外流,各国自 1930 年起纷纷开始实施贸易保护政策来限制进口,国际贸易额随之骤降,需求的萎靡对工业部门造成了巨大的冲击。经济衰退席卷全球。1929—1932 年,美国工业生产量下降了 48%,失业率一度达到 35%;德国工业生产量下降了 39%,失业率则高达 44%。

从萧条中挽救奄奄一息的经济成了各国政府的头等要务。然而单边的救助措施可能会过度耗费国家资源,导致市场参与者认为政府不一定能够维持货币与黄金之间的固定兑换比率,进而可能会破坏本国货币的平价,导致资本流出,引发汇率危机并破坏国际金本位体系。只有各国采取一致的货币政策和财政政策才能在维持稳定的汇率的同时为市场提供流动性,因此各国转而寻求国际合作以取消以邻为壑的贸易保护政策,为承受投机性攻击压力最大的国家提供纾困资金。欧洲国家深陷危机,对于提供救济有心无力;美国坐拥巨量黄金储备,具备实施救助的能力,但奉行"孤立主义",拒绝承担救助责任。最终,各国因观点不统一,无法通过国际合作度过危机。

 阅读材料

金德尔伯格陷阱

"金德尔伯格陷阱"是由经济历史学家查尔斯·金德尔伯格(Charles Kindleberger)提出,他认为在全球经济危机中,需要有一个经济强国扮演"稳定者"的角色,通过提供流动性支持和经济援助来防止或缓解危机。在陷入"金德尔伯格陷阱"的情况下,由于缺乏这样的领导者,国际合作可能难以实现,使得全球经济无法从危机中恢复。这一理论深入地探讨了在危机时期全球经济体系缺乏领导力的问题。

19世纪末至20世纪初,世界经济大体遵循金本位制度。在这一体系下,各国货币与黄金挂钩,形成了一种相对稳定的国际金融秩序。然而,这一秩序的维持极度依赖于几个主要国家的金融稳定和政策合作。"金德尔伯格陷阱"的出现,正是基于这种对主导国家稳定作用的依赖及其潜在的不稳定性。

该理论特别强调,在全球经济面临重大危机时,若没有强国承担稳定者的角色,全球经济体系便可能面临崩溃。第一次世界大战前,英国作为当时的世界经济领导者,通过维护金本位制,为国际贸易与投资提供了可靠的货币基础。但随着第一次世界大战的爆发及战后国际政治经济格局的变化,英国的经济领导地位开始衰退,且世界经济的新兴强国——美国没有承担稳定全球经济的责任。这种领导力的缺失导致了国际金融体系的不稳定,进而加剧了大萧条的影响。在这一背景下,全球经济体系缺乏有效的危机管理和国际合作机制,加剧了经济的动荡和不确定性。

"金德尔伯格陷阱"的实质在于,全球经济体系的稳定性不仅依赖于经济规律和市场机制,更依赖于特定国家政策的支持与国际合作的有效性。在第一次世界大战期间和金本位制崩溃的过程中,这种领导力的缺失和国际合作的失败,成了全球经济危机深化的关键因素。理解"金德尔伯格陷阱"对于深入把握国际经济关系的历史脉络具有重要意义,它也为我们提供了在面对当今以及未来经济挑战时的重要历史参考。

国际合作的失败使各国不得不积累黄金储备以应对投机性攻击,出于对储备货币的不信任,各国纷纷把外汇储备兑换成黄金,这推高了黄金的价格,同时也导致全球总储备量的缩水。为了保证黄金的可兑换和储备的充足性,各国被迫抬高贴现率,紧缩性的货币政策使得本就处在萧条中的经济雪上加霜,银行业危机持续加剧。如果中央银行对银行实施救助将破坏金本位制的基础,但若不实施救助又将面临银行破产的危机。各国中央银行在救助银行和捍卫金本位制间犹豫不决之际,金本位制已经开始崩溃。

许多发展中国家黄金储备不足,在债务违约的压力下,1929—1930年,阿根廷、澳大利亚、巴西和加拿大先后允许本国货币贬值,金本位制开始从外围国家瓦解。1931年5月,奥地利最大的储蓄银行安斯塔特信贷银行(Credit Anstalt)的董事披露不良资产已耗尽该行资本,奥地利当局毫不犹豫地出手纾困,但鉴于奥地利预算已经陷入赤字,政府的迅速行动并没能安抚市场,而是引发了更多的资本外逃。在急需外国贷款之际,国际清算银行(Bank for International Settlements, BIS)没有及时采取行动,奥地利最终所获得的贷款也只是杯水车薪。为避免浮动汇率下的恶性通货膨胀,奥地利选择实施外汇管制而

非放任本币贬值,但这也使金本位制名存实亡。然而危机并没有止步于奥地利,恐慌很快蔓延到了邻国。其中匈牙利最大的银行受安斯塔特信贷银行控股,导致其破产风险继续上升;同时,德国银行大力投入工业,但在大萧条中国际贸易受到沉重打击,导致工业受到冲击。此外,匈牙利和德国作为战败国承担着巨大的战争赔款压力。在这一背景下,为了避免危机的进一步传导,两国不久便先后宣布了外汇管制。英国银行业虽然不像德国银行业那样与工业联系紧密,但贸易战导致的国际贸易额下降沉重打击了英国在航运和保险方面的收入,使英国贸易平衡持续恶化,黄金随之流失。英国当局被迫加息以应对资本外流,但加息同时也加剧了失业,工党政府面临下台的压力,引来了投机者抛售英镑的热潮,金本位制难以为继,最终英国于1931年9月宣布暂停黄金自由兑换。

此时,以美国、法国为首的部分国家仍在坚守金本位制,但当放弃金本位制国家的货币贬值时,坚守金本位制国家的商品变得更加昂贵,因此消费者纷纷将需求转移到放弃金本位制国家的商品上,这加剧了坚守金本位制国家的萧条,也加深了市场对坚守金本位制的质疑。在罗斯福于1933年3月出任美国总统之际,国会向财政部和美联储持续施压要求实施扩张性政策缓解萧条,银矿开采利益集团也联合起来要求购买白银合法化,与此同时,大规模的银行挤兑几乎在美国所有州爆发。在压力之下,罗斯福政府开始渐进地提高黄金购买价格,到1934年1月,黄金价格从每盎司20.67美元上涨到了35美元,美元贬值并向更灵活的浮动汇率体系转变。美国放弃金本位制引起了其他国家的效仿,同时也加大了金本位制剩余国家的压力,1934年捷克斯洛伐克暂停黄金兑换,1935年比利时暂停黄金兑换,1936年法国、荷兰和瑞士也暂停了黄金兑换……金本位制的时代就此结束。

由此可见,金本位制崩溃的根本原因在于旧制度与新形势的错位。第一,随着内部平衡越来越受到重视,各国对政策独立性的需求越来越高,而在金本位制下货币政策缺乏独立性,难以应对经济冲击,内部平衡表现不佳。第二,国际资本流动规模越来越大,但在金本位制的固定汇率制度下,货币政策的独立性与国际资本自由流动的目标相悖,使各国间产生了严重的利益冲突。危机中,各国政府捍卫金本位制的公信力受到了质疑,纷纷遭受市场的投机性攻击。第三,利用国际合作解决问题也因为国力对比的变化而宣告失败。国际社会陷入"金德尔伯格陷阱",英国在战争中元气大伤,丧失了主导世界秩序的能力,而本应充当最后贷款人的美国奉行"孤立主义",其他国家只能各自为政,在国际资本的投机性攻击下陆续脱离金本位制。结果,尽管各国政府囿于历史经验(第一次世界大战后短暂的浮动汇率制时期带来了严重的通货膨胀),都极力避免浮动汇率制时代的到来,但现实基础已经发生了变化,金本位制不仅起不到平衡国际收支的作用,反而成了各国实施政策的束缚,一次经济小衰退发展成了大萧条,从外围国家到中心国家,金本位制最终一步步土崩瓦解。

 小　结

本章讲述了布雷顿森林体系建立之前国际货币制度的沿革,随着工业革命解决了铸币技术难题,混乱的复本位制被统一为金本位制,古典金本位制因其严格的纪律性和所在

国地位的对称性而很好地适应了第一次世界大战前世界经济发展的需要,但随着社会基础的变化,这一制度转而成为世界经济发展的阻碍,最终走向瓦解。

制度的建立顺应了时代的进步,但随着时代的发展,旧制度却逐渐落后于社会的新变化,当制度的变化跟不上时代的步伐时,就会阻挠社会发展,甚至引发危机,正如第一次世界大战结束后各国在英国的带领下艰难重建了金本位制,但落后的货币制度导致了 20 世纪上半叶席卷全球的大萧条,并造成了金本位制的再度崩溃。生产力发生了翻天覆地的变化,跨境资本流动规模越来越大,各国越来越关注内部平衡,国际货币体系重心从英国转移到了美国,时代的变迁呼唤新制度的建立。在危机发生之后,世界各国开始意识到旧有的货币体系已经无法适应新时期的需要,特别是在第二次世界大战之后,世界经济的恢复急需一个强大而有力的国际货币体系的支撑。因此,在美国主导下,一种新的制度——布雷顿森林体系建立了起来。

 **关键词**

古典金本位制	网络外部性	复本位制
物价—现金流动模型	游戏规则	最后贷款人
金汇兑本位制	金块本位制	大萧条
金德尔伯格陷阱	国际合作	公信力

 练习题

1. 为什么说"金银天然不是货币,但货币天然是金银"?
2. 简述古典金本位制的运行机理。
3. 古典金本位制有哪些缺陷?
4. 为什么最早的货币本位制都是贵金属(金和银)本位?
5. 如果没有第一次世界大战,原有的金本位制能否长久地维持下去?为什么?
6. 简述金本位制是如何将一个小的经济衰退变成一个大的萧条。

第八章 布雷顿森林体系

引 言

第二次世界大战结束后,全球迫切需要一个新的、健全的国际货币体系以推动世界经济的复苏和发展,更好地适应新时代的变化。在这样的背景下,布雷顿森林体系应运而生。布雷顿森林体系的建立为战后世界经济的发展和贸易的恢复做出了巨大的贡献,促进了国际经济和贸易的发展。然而,虽然布雷顿森林体系的建立考虑了当时各国的需求和世界经济背景,并在一段时间内发挥了积极作用,但是随着时代的发展,很快又出现了新的问题,布雷顿森林体系难以应对,由此发生了危机。面对危机,美国联合其他国家做出了改进,但仅仅是一些小修小补,并未解决布雷顿森林体系的实质性问题。虽然布雷顿森林体系为战后世界经济的发展和贸易的恢复做出了贡献,但由于制度本身的缺陷以及中心国家不负责任的宏观政策,最终于 1973 年瓦解。

本章讲述了布雷顿森林体系建立的背景、具体内容、发展过程及其在历史上的贡献和出现的问题,详细阐述了布雷顿森林体系崩溃的原因。

学习目标

1. 了解布雷顿森林体系建立的背景以及布雷顿森林体系相较于之前货币体系做出的调整。
2. 了解布雷顿森林体系在 1945—1973 年运行过程中出现的问题。
3. 了解布雷顿森林体系崩溃的原因。

第一节 布雷顿森林体系的建立

1870—1913 年,世界上大多数国家都实行金本位制。金本位制的维系基础是公信力和国际合作。而第一次世界大战结束后,由于无产阶级的崛起、工会力量的壮大,各国必须在维护金本位制和内部平衡之间做出选择,这动摇了金本位制的公信力。战后各国的矛盾深化,观点不同,对国际合作也缺失信心。即便在战后各国恢复了金本位制,金本位制的维系基础也已经遭到破坏。由于国际贸易和国际信贷的限制,全球经济难以恢复,许多国家通过让本币贬值的行为,暂时增加产出,却遭到外国报复,最终一场经济小衰退演变成了1929—1933年爆发的世界性经济危机(又称经济大萧条)。第二次世界大战结束前,为了促进世界经济和贸易复苏,避免战前的问题,急需一个新的货币制度,既要让各国内部达到充分就业和物价稳定,又要通过国际合作,推动自由贸易,实现外部平衡。

构建新的货币体系必须考虑当时世界的三大变化。首先,无产阶级进入政治决策层使各个国家的政府不得不重视内部平衡问题。其次,由于资本流动规模越来越大,根据三元悖论,想要维持固定汇率制且拥有货币政策的自主权来调节内部平衡,需要对资本账户进行管制,以防止两次世界大战期间由大量短期资本的国际流动所引发的投机活动。最后,第二次世界大战后美国国力一家独大,第二次世界大战结束时,美国GDP占世界GDP总量的56%,工业制成品占世界制成品的50%,对外贸易占世界贸易总额的50%,黄金储备占资本主义世界黄金储备的59%,是资本主义世界最大的债权国。而同期的英国工业生产严重缩减,民用消费品的生产水平只有1939年的1/2,出口不到战前水平的1/2,对外债务高达120亿美元,1948年英国的黄金储备已从第二次世界大战前的12 000吨锐减至1 431.6吨。国际货币重心已经由英国转向了美国。任何制度的建立都需要顺应时代的发展。

布雷顿森林体系建立的主要目的是解决战后国际金融体系的混乱和不稳定。在第二次世界大战期间,许多国家采取了货币贬值、控制汇率等手段来支持战争经济和缓解通货膨胀,导致国际金融体系的混乱和不稳定。同时,战争也导致许多国家的经济遭受破坏和衰退。因此,布雷顿森林会议的主要目的是通过建立一个稳定的国际货币体系来促进战后经济的重建和发展。1944年,英美和其他42个国家的代表在美国的新罕布什尔州的布雷顿森林城召开会议,商讨有关战后建立国际货币体系的事宜,会上决定建立战后新的国际货币体系——布雷顿森林体系。

在此基础上建立的布雷顿森林体系的主要内容包括三个方面:实行以黄金—美元为基础的、可调整的钉住汇率体系;建立IMF;通过管制限制国际资本流动。

实行以黄金—美元为基础的、可调整的钉住汇率体系。美国将美元的价格定为35美元=1盎司黄金(31.103克),各国可以不受限制地按该比价实现美元与黄金的相互兑换。其他国家的货币与美元保持可调整的固定比价,并在汇率波动范围超过对美元固定比价上下各1%时对外汇市场进行干预,以维持汇率的稳定。在规定的波动范围内,汇率由市场的供需状况所决定,各国政府不加干预。只有当一国的国际收支发生"根本性失衡[①]"并得到IMF的批准后,才允许调整与美元的平价。

建立IMF。IMF成立的目的主要有两个:一是监督各成员在国际贸易和国际金融方面对所达成的有关规定的执行情况;二是对遭遇临时性国际收支困难的成员提供借款援助。当某成员经常项目逆差较大时,黄金流出,价格水平下降,失业增加,本币贬值,此时IMF对其进行资金援助将会改善该国的国际收支状况。

通过管制限制国际资本流动。应对国内的经济波动需要独立的货币政策,而加入布

[①] 根本性失衡:长期的贸易逆差。

雷顿森林体系意味着选择固定汇率制,根据三元悖论,要实现独立的货币政策和固定汇率制必须要对资本流动进行管制。因此 IMF 在《国际货币基金组织协定》第十四条款中明确赋予成员实施资本管制的合法性,允许各成员在战后过渡期保留或实施资本项目限制措施以保障汇率稳定,同时要求成员逐步实现经常账户可兑换(第五条款)。具体而言,各成员可自主选择行政管制工具,如外汇额度分配(法国 1945—1966 年)、境外投资审批(英国在 20 世纪 60 年代限制在英镑区外投资)、双重汇率(比利时在 1951 年分设金融法郎与贸易法郎)及税收工具(美国在 1963 年征收利息平衡税抑制资本外流),这些措施在 20 世纪 50—60 年代有效降低了汇率波动率(主要货币波动幅度控制在 +1% 以内),维系了布雷顿森体系的平稳运行。

阅读材料

　　IMF 是根据 1944 年 7 月在布雷顿森林会议签订的《国际货币基金组织协定》,于 1945 年 12 月 27 日在华盛顿成立的国际组织之一。其与世界银行同时成立、并列为世界两大金融机构。其职责是监察货币汇率和各国贸易情况,提供技术和资金协助,确保全球金融制度正常运作。

　　IMF 的具体职能有:制定成员间的汇率政策和经常项目的支付以及货币兑换方面的规则,并监督规则运行;对出现国际收支困难的成员在必要时提供紧急资金协助,避免其他成员受其影响;为成员提供有关国际货币合作与协商等会议场所;促进成员之间的金融与货币领域的合作;促进国际经济一体化;维护国际汇率秩序;协助成员建立经常性多边支付体系;等等。

　　特别提款权(SDR),是 IMF 创设的一种储备资产和记账单位,亦称"纸黄金"(Paper Gold)。它是 IMF 分配给成员的一种使用资金的权利。成员在发生国际收支逆差时,可用它向 IMF 指定的其他成员换取外汇,以偿付国际收支逆差或偿还基金组织的贷款,还可像黄金、自由兑换货币那样充当国际储备。

　　一国申请加入 IMF,首先会由基金组织的董事局审议。之后,董事局会向管治委员会提交"会员资格决议"的报告,报告中会建议该申请国可以在基金中分到多少配额,以及条款。会员的"配额"决定了会员的应付会费、投票权、接受资金援助的份额,以及 SDR 的数量。截至 2024 年 7 月,IMF 共有 190 个成员。其中,所占配额最多的前 5 个成员是美国、日本、中国、德国和法国。

　　IMF 的最高权力机构是理事会,每个成员有正、副理事代表,通常是本国的财政部长或中央银行行长。理事会于每年 9 月举行一次会议,各成员的投票权按其缴纳基金的多少来决定。按照 IMF 的规则,一般事务需要 70% 的支持率才能通过,而重大改革事项则需要 85% 以上的支持率才能通过。美国在 IMF 中占有超过 15% 的投票权,也就是说,美国在 IMF 里具有一票否决权,任何重大金融改革如果得不到美国的首肯,那么都不可能获得通过。

IMF 的角色一直存在争议。有批评指出,IMF 的经济援助都是"有条件地"批出——受援助国需要实行 IMF 建议的经济改革,这样做会影响该国的社会稳定,实际效果会适得其反。目前普遍认为 IMF 存在以下制度缺陷:①IMF 的组织机构由美国及欧盟控制;②IMF 的基金份额和投票权分配不合理,在 IMF 的重大决策上,美国拥有一票否决权;③IMF 竭力维护美元作为主要国际储备货币的霸权地位,忽视了超主权储备货币的作用;(4)IMF 调节国际收支平衡的能力不足,导致全球国际收支严重失衡。

至于中国与 IMF 的联系,中国是 IMF 的创始国之一,然而中华人民共和国诞生后中国的合法席位长期被台湾当局所占据。1950 年,政务院总理兼外交部长周恩来致电 IMF,严正声明中华人民共和国是代表中国的唯一合法政府,要求恢复中国在 IMF 的合法席位。然而,由于国际政治环境的制约,中国在 IMF 的代表权长期得不到解决。1971 年 10 月,第 26 届联合国大会通过决议,恢复中华人民共和国在联合国的合法席位,为中国恢复在联合国序列下各专门机构的席位创造了条件。1978 年,党的十一届三中全会提出关于改革开放的决议为我国加入国际金融组织创造了有利的内部条件。1979 年 1 月,中美建交为我国加入国际金融组织提供了有利的外部条件。1980 年 4 月 17 日,IMF 的执行董事会通过了由中华人民共和国政府代表中国的决议,最终恢复了中华人民共和国在 IMF 的合法席位。截至 2024 年 7 月,中国在 IMF 的份额增至 304.8 亿 SDR,所占份额仅次于美国、日本两国,占总份额的 6.4%。

通过管制来限制国际资本流动。各国需要独立的货币政策来保证内部平衡,又建立了钉住美元的固定汇率制,根据三元悖论,只能牺牲资本流动,即对资本加以管制。IMF 要求成员实施资本管制,以防止成员使用 IMF 的资源应对大量或持续的资本外流,如果成员接到此项要求后不采取适当的资本管制,IMF 可以宣布该成员无资格使用基金组织的资源。同时,为促进全球贸易的发展,《国际货币基金组织协定》第六条还对资本管制附加了适用条件,指出成员可以采取必要的管制,以监管国际资本流动,但不得限制经常性交易的支付或阻碍清偿债务的资金转移。

但是布雷顿森林体系存在天生的缺陷——特里芬难题。特里芬难题于 1960 年由美国经济学家罗伯特·特里芬(Robert Triffin)提出,布雷顿森林体系中的各成员进行国际贸易时,必须用美元作为结算与储备货币,因此会导致流出美国的货币在海外不断沉淀,对美国国际收支来说就会发生长期逆差;而美元作为国际货币核心的前提是必须保持美元币值的稳定,长期出现逆差会导致美元的流出,动摇美元与黄金固定比价的基础。特里芬难题提出了这一根本性矛盾,而这一矛盾也为布雷顿森林体系的瓦解埋下了隐患。

第二节 布雷顿森林体系的影响和挑战

一、布雷顿森林体系的影响

布雷顿森林体系初步建立时,资本管制产生了效果,暂时结束了战后金融体系的混乱局面,维持了第二次世界大战后世界货币体系的正常运转。布雷顿森林体系的建立符合当时世界经济的形势,确立了美元与黄金、各国货币与美元的双挂钩原则,使美元成为国际储备货币,在一定程度上弥补了国际清偿能力不足的问题,结束了战前动荡无序的国际金融秩序;实行可调整的固定汇率制度,保持相对稳定的货币汇率,有利于国际贸易的扩大以及国际投资和信贷的发展,促进了国际贸易合作和多边货币合作。

第二次世界大战之后,欧洲各国经济低迷,基础设施被破坏,急需重建,而参与战争的各国国库几乎都已被消耗殆尽。在战争中唯一一个基础设施没有遭到明显破坏的正是美国,为了帮助西欧各国恢复因世界大战而濒临崩溃的经济体系,同时抗衡苏联和奴役控制欧洲,马歇尔计划(The Marshall Plan),即欧洲复兴计划(European Recovery Program)应运而生。马歇尔计划于1947年7月正式启动,并持续了4个财政年度。在这段时期内,西欧各国通过参加经济合作发展组织(OECD)总共接受了美国在金融、技术、设备等各方面的援助合计131.5亿美元,其中90%是赠予,10%为贷款。

当马歇尔计划临近结束时,绝大多数参与国的国民经济都已经恢复到了战前水平,同时世界贸易也逐渐恢复。在接下来的20余年里,整个西欧经历了前所未有的高速发展,社会经济呈现出一派繁荣的景象,西欧各国的经济联系日趋紧密。值得一提的是,虽然接受了美国的援助,但西欧并未成为美国的附庸,而是通过组建欧盟成为世界上重要的经济力量。

随着西欧和日本的崛起,美国的对外贸易顺差逐渐缩小,国际收支逐渐恶化,处于贸易顺差的国家开始拥有美元外汇,世界开始慢慢由"美元短缺"变为"美元过剩"。

布雷顿森林体系的建立对美元和英镑产生了显著的影响。在这个体系中,美元成为主要的国际储备货币,英镑则逐渐失去了国际储备货币的地位。由于布雷顿森林体系规定了各国货币与美元挂钩,而美元与黄金挂钩,因此美元在国际贸易和金融中得到了广泛使用,并成为主要的国际储备货币。此外,美国在布雷顿森林体系中也扮演了领导角色,通过IMF和其他机构来推动国际货币体系的发展和稳定。相比之下,英镑在布雷顿森林体系中的地位逐渐下降。在第二次世界大战期间,英国为了支持战争经济,使英镑贬值并控制了汇率,这导致英镑的国际地位受到了损害。此外,英国在战后面临财政和经济上的挑战,无法像美国那样在国际货币体系中发挥重要的作用。因此,布雷顿森林体系的建立加强了美元在国际货币体系中的地位,同时削弱了英镑的地位。

阅读材料

马歇尔计划,官方名称为欧洲复兴计划,是第二次世界大战结束后,美国对被战争破坏的西欧各国进行经济援助、协助重建的计划,该计划对欧洲国家的发展和世界政治格局产生了深远的影响。

马歇尔计划分配给各参与国的援助数额大致是按人口数量分配的。而几个工业大国获得的援助则相对较多,因为这几个工业大国的经济复兴对整个欧洲经济的恢复起着关键的作用。同时,相较于曾作为轴心国和中立国的国家,美国给予盟国的人均援助数额相对更高。

马歇尔计划于1951年如期终止。美国因介入朝鲜战争并面临日益增长的军备开支,故试图延续马歇尔计划的努力都未能成功。一直对该计划持反对意见的共和党在1950年的国会选举中获得了更多的席位,保守的反对派也开始抬头,这样,马歇尔计划在1951年宣告结束,但美国对欧洲国家其他形式的援助却始终没有停止过。

当马歇尔计划临近结束时,西欧国家除了德国(马歇尔计划理论上包括整个德国,而并非仅是联邦德国)绝大多数参与国的国民经济都已经恢复到了战前水平。同时,马歇尔计划也被认为是促成欧洲一体化的重要因素之一。因为该计划消除或减弱了历史上长期存在于西欧各国之间的关税及贸易壁垒,同时,使西欧各国的经济联系日趋紧密,并最终走向一体化。该计划同时也使西欧各国在经济管理上系统地学习了美国的经验。

早期研究马歇尔计划的学者大多把它看作美国式慷慨的又一成功范例。而对马歇尔计划的批评大多来自受20世纪60年代到70年代间的修正主义学派影响的历史学家。他们认为马歇尔计划是美国经济帝国主义的表现。美国企图通过这一计划全方位控制西欧,正如苏联控制东欧一样。美国还试图利用马歇尔计划实现地缘政治的目标,因此这绝不是什么慷慨行为。

二、布雷顿森林体系的挑战

布雷顿森林体系的制度设计固然是理想的,但随着时代的不断发展,这些制度逐渐失去了原有的作用。在布雷顿森林体系实施一段时间后,许多制度未能发挥预期的效果,这使得该体系在应对时代挑战时显得力不从心。

其一是可调整的钉住汇率失效,各国不愿意以本国货币贬值来应对外部失衡。原因之一在于布雷顿森林体系限制平价调整,各国在变动汇率前必须提前向IMF报告,但是这样会导致消息泄露,引发投机性行为;原因之二在于政府拒绝通过让本币贬值恢复国际收支平衡,政府认为本币贬值会向世界传递管理汇率失败的信息,引发资本流出。

其二是IMF对贸易逆差国的援助有限。由于IMF自身资金不足,援助杯水车薪且效率低下,其惩罚也没有威慑力。在布雷顿森林体系中,每个成员的经济实力决定了其配额的大小,进而决定了它在IMF中的投票权和借款能力。尽管IMF通过成员缴纳的配额获得资金,但这些资金相对于全球贸易逆差而言是远远不够的,导致这些贸易逆差国无法得到足够的援助来应对经济困境。同时,IMF的援助往往附加一系列条件,这些条件可能并不符合受援国的实际情况,导致援助效果不佳。加上布雷顿森林体系相对缺乏国际合作和监管机制,导致国际支付失衡时的处理方式缺乏约束力和有效性。

其三是资本管制的逐渐失效。在布雷顿森林体系下,资本流动受到一定的管制,旨在防止资本流动对汇率和国际收支的过度冲击。然而,随着全球化的加速和金融市场的不断发展,尤其自1959年贸易限制解除后,资本流动变得日益自由和快速。这使得资本管制的实施难度越来越大,效果也越来越不理想。

第三节 布雷顿森林体系的危机和崩溃

一、布雷顿森林体系的危机

布雷顿森林体系使美元在战后国际货币体系中处于中心地位,美元成为黄金的"等价物",美国承担着以官价兑换黄金的义务,各国货币只有通过美元才能同黄金联系。在美元成为国际清算的支付手段和各国的主要储备货币后,美国维持足量的黄金储备就显得至关重要。

1949 年,美国的黄金储备为 246 亿美元,占当时整个资本主义世界黄金储备总额的 73.4%,这一数字已经达到了战后的最高水平。然而,随着 1950 年朝鲜战争的爆发,美国每年增加 20 亿美元的海外军事支出和双边外国援助,这给美国带来了沉重的资金负担。到了 1960 年,美国的短期外债达到 210 亿美元,远远超过其黄金储备量,引发市场对美元信心的质疑,大量投机资本开始外逃,同年 10 月,私人市场黄金价格达每盎司 40 美元,美元对黄金出现贬值,这是第一次发生美元危机,布雷顿森林体系也进入了动荡阶段。意识到问题后,为了抑制金价的上涨,保持美元对黄金的兑换比率,美国亟须解决黄金储备流失的问题。

一方面,美国加强了对本国资本流出的管制以及对外国资本流入的促进,措施总结如下。

对资本流出的管制:1961 年 1 月,美国当局发布禁令,禁止美国人在外国持有黄金;1964 年 9 月,美国开始对美国人购买外国债券征收利率平衡税,使长期外国债券收益下降了 1 个百分点,减少了资本流出;1965 年,美国引入对商业银行向外国提供贷款的自愿限制措施,随后扩大到保险公司和养老基金;1968 年 1 月,对一部分金融中介机构强制实行限制措施。

对资本流入的促进:1961 年,美国向美国大使馆增派商务官员,推动出口增加;美国还简化了签证手续的办理流程以促进旅游收入的增加,让进出口银行扩大出口信用保险业务;1962 年,国会取消了外国货币当局定期存款的上限,鼓励外国资本流入。

另一方面,为了平息抢购黄金的风潮,维持黄金官价,需要在市场出售大量的黄金。而美国难以拿出足够的黄金应对市场的投机性需求,因此美国要求其他西方国家也拿出黄金,共同承担平抑金价的责任。1961 年 10 月,美国联合英国、瑞士、法国、联邦德国、意大利、荷兰、比利时八个国家建立了黄金总库,八国中央银行共拿出 2.7 亿美元的黄金,其中美国占 50%,联邦德国占 11%,英国、法国、意大利各占 9.3%,荷兰、比利时、瑞士各占 3.7%。英格兰银行为黄金总库的代理机关,负责维持伦敦黄金价格,并采取各种手段阻止外国政府持美元外汇向美国兑换黄金。建立黄金总库从表面上看是为了抑制金价的上涨,实际上更多的是防止美元汇率的下跌。

起初,美国所采取的这些措施都发挥了很好的作用,1962—1965 年,黄金供给大于黄金需求,黄金对美元的汇率得到了控制,黄金总库的建立短时间内解决了美元对黄金贬值的压力。然而,对于那些出资协助美国建立黄金总库的国家来说,它们实际上将资金兑换成美元借给美国。这就使得该种援助是有成本的,因为美国可能无法按时偿还通过黄金总库获得的贷款。一旦美元的国际地位无法维持,这些国家可能面临资金难以收回的风险。所以,只有受援国确保款项用在合理的地方并产生效果,从而使美国得以偿还援助,其他国家才愿意提供援助。而美国更多地关注自身内部平衡目标,不愿意为维持经常账户平衡付出过高的成本(改善贸易逆差),要求其他国家对美元升值,拒绝将保卫黄金的美元平价目标置于其他经济政治目标之上。这种明确的拒绝让英国、瑞士以及欧共体各成员国对美国产生质疑,这些国家认为它们需要源源不断地向美国提供黄金来维持美元的公信力,却还要承担美元无法按时还贷的风险,因此增强了对美国的不信任,而这种不信任为黄金总库的解散埋下了隐患。

除了西欧和日本的经济得到恢复,美国自身扩张性的宏观政策也在不断加剧着美元流出,影响美元的国际公信力和美国在世界的领导地位,导致特里芬难题渐渐成为现实,加速着布雷顿森林体系的瓦解。

在美苏冷战期间,1955年由美国等资本主义阵营国家支持的南越与由中国和苏联等社会主义阵营国家支持的北越正式爆发了战争,该战争被称为越南战争。随着越南战争的逐渐升级,美国于1965年扩大了在越南战争中的参与程度,对外军事购买支出扩大,同时美国国内也因战争的扩大而失衡,财政金融状况明显恶化,国内通货膨胀加剧。为了保持内部平衡,改善国内就业,美国于1964年提出"伟大社会"计划,增加社会公共事业支出,继续加剧财政扩张,使美国在越南战争的泥潭中越陷越深。但这一政策非但没有改善美国经济的境况,还导致20世纪六七十年代美国财政赤字进一步扩大,国际收支情况恶化,经常项目持续发生赤字,美元的信誉受到冲击,美元危机多次爆发。由于美国经常项目发生赤字和美元发生贬值危机,美元大量流出,动摇了美元与黄金固定比价的信念。为了解决长期贸易逆差,美国需紧缩财政支出或消费,但如此会导致美国经济衰退,破坏美国内部平衡。如果美国自身不做出调整,那么其他国家就要增加对美国商品的购买或采取紧缩性政策对美元升值。但第二次世界大战后,追求内部平衡是各国的首要目标,对于不断扩大的外部失衡问题,美国和其他国家都不愿意付出过高的代价。长期的贸易逆差引发了人们对美元兑换黄金贬值的担忧,导致大量资本出逃,各国纷纷抛售自己手中的美元,抢购黄金,出现了美国黄金储备急剧减少、金价不断上涨的现象。

二、布雷顿森林体系的崩溃

由于20世纪60年代美国实行扩张性的宏观政策,政府支出急剧增加,国际收支进一步恶化,美元危机再度爆发。

而之前小有成效的黄金总库也出现危机,布雷顿森林体系逐步走向崩溃(如图8-1所示)。1967年6月,第三次中东战争又迫使黄金总库在两天内向市场投放了6 000万美元黄金。同年7月,一贯对此类安排持怀疑态度的法国退出了黄金总库,这迫使美国提高了需要缴纳的金额。其他六国虽然名义上仍承担41%,但私下都用官价将分摊的黄金兑换回来,黄金总库流失的黄金实际上由美国一国承担,黄金总库已经名存实亡。美国也曾试图以道义劝告各国,结果只是徒劳,美元地位日益下降,售出的黄金越来越多。从1967年年底到1968年年初,受到英国货币贬值以及美国货币急剧扩张、通货膨胀的影响,私人投机者预测黄金价格上升,开始囤积黄金。1968年3月,市场爆发抢购黄金的特大风潮,美联储与欧洲各国大量出售黄金后依然无济于事,半个月内美国流失了14亿美元黄金,没有了维持黄金官价的能力。不久之后,伦敦黄金市场被迫关闭,经与黄金总库成员协商后,七国实行"黄金双轨制",不再按官价干预黄金自由市场,黄金总库正式解散,其历史使命宣告结束。

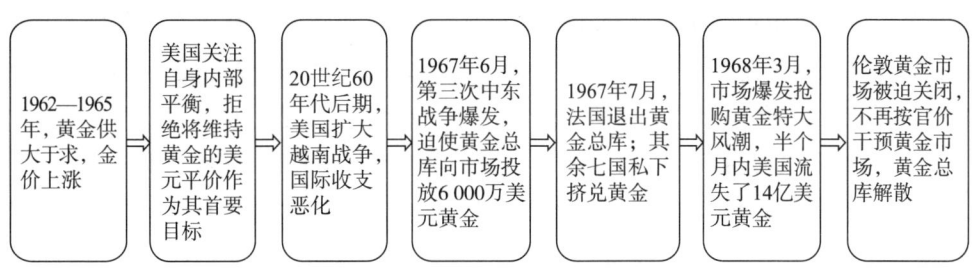

图 8-1 黄金总库逐步退出历史舞台

英格兰银行关闭黄金市场两天后就宣布实行"黄金双轨制",允许黄金官方价格与私人价格共存。很多人认为双轨制的建立是布雷顿森林体系的转折点,因为私人黄金买卖在伦敦市场上以浮动价格交易,切断了美元与黄金固定市场价格之间的联系。尽管外国中央银行依然保持以官方价格向美联储兑换黄金的权利,但这时的官方价格已经只是一个虚假的机制,不再对世界货币增长起到制约作用。

1971年上半年,美国经济处于衰退阶段,逆差仍未得到改善,达到83亿美元,随着国际收支逆差的逐步增加,美国的黄金储备日益减少。布雷顿森林体系即将迎来尾声。

虽然针对美元危机而实行的"黄金双轨制"用双价替代了统一的官价,但双轨制的漏洞容易被市场力量所利用从而导致这项补救措施的失效。因为只要取得低价的官方储备黄金,就可以在黄金市场上抛出获得暴利。世界各地的美元持有者(包括中央银行和私人)争先恐后地把手中的美元兑换成黄金,而各国中央银行又将兑换来的美元通过布雷顿森林体系兑换成美国黄金储备,美国黄金储备又出现了急剧的缩减。

1971年8月,金融市场上盛传法国等西欧国家要以大量的美元兑换美国政府所持有的黄金储备的消息,美国政府不得不于8月15日宣布关闭黄金兑换窗口,同时向其他国家进口商品征收10%的附加税来逼迫各国货币对美元升值。黄金兑换窗口的关闭切断了美元与黄金的可兑换性,一旦美元失去了与黄金的兑换能力,也就失去了作为世界储备货币的地位和公信力。1971年8月15日,美国总统尼克松宣布美元与黄金脱钩,这标志着布雷顿森林体系的基石开始崩塌。尽管美国迫于压力在12月取消了附加税并上调了黄金价格(38美元兑换1盎司黄金),但美元与黄金依然不可兑换。

1973年,美元公信力严重受损,引发投机性冲击。2月,美元再次贬值,日本宣布实施浮动汇率制。3月,西欧爆发抛售美元、抢购黄金和马克的风潮。在此背景下,包括联邦德国、法国、比利时、荷兰、卢森堡和丹麦在内的欧洲国家以及其他主要资本主义国家纷纷宣布退出固定汇率制。这一事件标志着国际金融体系进入浮动汇率制,固定汇率制彻底崩溃,同时也宣告了布雷顿森林体系的终结。

第四节　布雷顿森林体系崩溃的原因

布雷顿森林体系从1945年正式建立,历经多年的发展和演变,最终在1973年因美元与黄金脱钩以及固定汇率制的垮台而正式瓦解。起初,布雷顿森林体系在各国战后的经济恢复等领域发挥了重要的作用,而后又因为难以适应时代的发展被迫终结。纵观布雷顿森林体系的兴衰历程,结合上文的分析,本书归纳出如下几条导致其崩溃的主要原因。

第一,无法解决的内外部平衡冲突。根据米德冲突所描述的,在固定汇率制下经济衰退且处于贸易逆差的国家由于坚持固定汇率制,只能选择内部平衡和外部平衡两者中的一种:要么面临失业,要么经常项目保持赤字,只有同时采用货币贬值与扩张性的财政政策才能维持经济的内外部平衡。布雷顿森林体系虽然采取的是可调整的钉住汇率制,但是这种在金本位制和固定汇率制之间进行折中的调整机制本身就存在自相矛盾之处。由于逆差国调整机制需要IMF的审批,存在调整风声提前泄露的风险,因此很少采用货币贬值的措施。布雷顿森林体系本质上还是传统的固定汇率制,并没有变得更灵活,仍存在难以兼顾内外部平衡的问题。随着时代的发展,第二次世界大战后的国家更加注重内部平衡,放弃外部平衡,因此在面对美元危机时,各国不愿意以牺牲本国内部平衡为代价维护美元的公信力。如果不能解决美国长期的外部平衡问题,美元持续流出,就会让特里芬难题从理论变成现实。

第二,资本管制流于表面。根据三元悖论,固定汇率制、资本自由流动、货币政策的独立性三者无法同时成立,只能舍弃其中一个。各国追求内部平衡需要独立的货币政策,既要保持固定汇率制又要采用独立的货币政策,就只能放弃资本的自由流动,选择资本管制。因此一旦资本管制失效,这一机制也就无法维持。然而,多边开放的贸易体系是时代发展的要求,随着贸易限制于1959年解除,贸易的发展和国际资本的高度流动使得资本管制效果越来越差。因此,根据三元悖论,一旦一国主动或被迫地选择了资本自由流动和货币政策的独立性,就可能会导致固定汇率制不能成为各国长期坚持的政策。

第三,美国的实力减退和采取不负责任的宏观政策。布雷顿森林体系是以美元为中心建立起来的体系,以美国实力支撑的美元公信力是维持体系的条件之一。随着欧洲和日本贸易条件改善、经济恢复增长,美元逐渐流出,美国经常项目从盈余变为赤字。美国以内部平衡为目标的政策,使得外部平衡问题迟迟得不到解决。美苏争霸中,美国过度使用扩张性的财政政策进一步扩大了经常项目赤字,加速了美元的流出从而加剧了美元的信心问题,威胁到美国在布雷顿森林体系中的领导地位和各国协调的根本,从而加速了特里芬难题的出现和布雷顿森林体系的瓦解。

第四,无法克服的先天缺陷——特里芬难题。美元的可信性与流动性之间存在必然的冲突。外国持有的美元超过美国的黄金储备,美元与黄金可兑换的公信力会备受质疑,美元失去与黄金兑换能力之时就是体系崩溃之时。无法解决的内外部平衡冲突、美国实力减退和不负责任的政策共同导致了特里芬难题迅速出现。

第五,各国开始专注于解决内外部平衡问题,追求独立的货币政策。资本管制逐渐失效,资本流动规模不断扩大,这使得各国经济政策之间的协调变得更加困难,而三元悖论的存在使得全球性的固定汇率制不可能再次建立。最终,国际经济体系进入了一个新阶段,全球货币体系在没有充分准备的情况下被迫转向浮动汇率制。这一变革不仅影响了国际金融格局,也标志着布雷顿森林体系的结束和全球经济的重大调整。

小　结

本章介绍了布雷顿森林体系的发展过程。在世界发生变化时,布雷顿森林体系代替了古典金本位制。布雷顿森林体系实行以黄金—美元为基础的、可调整的钉住汇率体系,通过管制限制国际资本流动,并建立了 IMF。布雷顿森林体系在恢复第二次世界大战后维持国际金融秩序、促进国际经济和贸易等方面取得了显著成效,但随着时代的发展,这一体系出现了一些弊端,最终走向崩溃。

制度的建立应顺应时代的发展,但随着时代的发展,当制度的变化跟不上时代的发展时就会阻挠社会的发展,导致危机的爆发。第二次世界大战结束后,各国在美国的带领下建立了布雷顿森林体系,但随着世界主要经济体逐渐复苏,布雷顿森林体系开始面临可调整的钉住汇率失效、资本管制逐渐放开、IMF 援助效率低下等挑战。无法解决的内外部平衡冲突、美国实力减退和不负责任的政策共同导致特里芬难题迅速由理论变为现实。尽管美国采取了一系列措施,如联合各国建立黄金总库力图维持美元和黄金的比价,但这些努力在众多因素的共同作用下最终未能阻止布雷顿森林体系的瓦解。

各国越来越关注内部平衡,需要独立的货币政策;资本管制逐渐失效,资本流动规模逐渐扩大,三元悖论的存在意味着全球性的固定汇率制不可能再次建立。各国意识到旧有的货币体系已经无法适应新时期的需要,时代的变迁呼唤新制度的建立。1973 年,固定汇率制彻底崩溃,布雷顿森林体系正式瓦解,一种新的国际金融体系——浮动汇率制建立起来了。

关键词

布雷顿森林体系　　　　　资本管制　　　　　　　可调整的钉住汇率
国际货币基金组织　　　　特里芬难题　　　　　　美元过剩
第一次美元危机　　　　　投机性需求　　　　　　黄金总库
黄金双轨制

练习题

1. 布雷顿森林体系相较于之前的古典金本位制做了哪些改进？布雷顿森林体系自身具有哪些特点？
2. 简述布雷顿森林体系瓦解的原因。
3. 布雷顿森林体系的崩溃是否为必然结果？当前能否重新建立一个全球范围内的固定汇率制？请借助三元悖论分析其存在的可能性。
4. 布雷顿森林体系对世界经济发展有什么积极作用？
5. 在美国经常账户长期逆差的情况下，美国可以采取哪些政策措施缩小逆差规模？美国为何不愿意调整政策最终导致逆差扩大？
6. 为什么资本管制使布雷顿森林体系更稳定？
7. 哪些因素导致了特里芬难题的出现，使得布雷顿森林体系过早地瓦解？

第九章　后布雷顿森林体系下汇率制度的选择

引　言

布雷顿森林体系从构建到瓦解的过程无疑给各个国家的政策制定者带来了更多的思考,到底什么制度才更适合当今时代的发展? 1976年1月,牙买加会议正式认可各国可自由做出汇率方面的安排,同意固定汇率制与浮动汇率制暂时并存。世界货币体系未经事前准备设计的过程便进入浮动汇率制的时代。

那么,浮动汇率制具有怎样的优点和局限性呢? 本章将首先讨论浮动汇率制的优缺点。随着布雷顿森林体系的崩溃,许多西方工业化国家开始采用浮动汇率制,本章将以20世纪70年代先后爆发的两次石油危机为背景,分析浮动汇率制对这些国家宏观经济的影响,并基于历史事实,总结浮动汇率制的共识信息。既然不同的汇率制度有优势也有其局限性,那么哪一种汇率制度会更受青睐呢? 发达国家、发展中国家又会如何做出选择? 本章也将对相关事实进行梳理,分析这些国家选择不同汇率制度的现实原因。

学习目标

1. 通过理论分析,学习并掌握浮动汇率制的优缺点。
2. 通过掌握1973年实行浮动汇率制以来的情况,了解浮动汇率制的实际表现与理论预测的差异。
3. 了解石油危机爆发的原因,理解并掌握浮动汇率制在应对石油危机时的表现。
4. 结合实际,分析发达国家与新兴经济体选择不同汇率制度背后的现实原因。

第一节　浮动汇率制的优缺点

1971年12月,美国总统尼克松颁布法令,宣布美联储拒绝向外国中央银行出售黄金,至此美元与黄金挂钩的体制名存实亡。1973年2月,美元进一步贬值,世界各主要货币被迫实行浮动汇率制,至此布雷顿森林体系完全崩溃。从古典金本位制到布雷顿森林体系的崩溃,世界主流的汇率制度一直都采用金本位制或固定汇率制,学者对浮动汇率制存在各种争议。

一、浮动汇率制的优点

支持浮动汇率制的经济学家认为,实行浮动汇率制在以下四个方面具有优势:

第一,浮动汇率制赋予了一国货币政策的独立性。货币政策的独立性指开放经济体具有自主调节本国货币供给的能力,即一国中央银行能够通过使用货币政策调整社会的货币供应量,并且完全不受其他因素的干扰。根据三元悖论,固定汇率制、资本自由流动、货币政策的独立性这三个目标不可能同时实现,必须舍弃其中之一。一国放弃固定汇率制,意味着该国拥有独立的货币政策。

第二,在浮动汇率制下,各国在本国汇率决定的地位上具有对称性。相较于布雷顿森林体系,中心国家和外围国家对汇率的影响力存在明显的差异,而在浮动汇率制下,各国能自由调整汇率。具体地,在布雷顿森林体系下,在决定货币供给上美国处于中心地位,其他国家相对被动;而在浮动汇率制下,当各国货币不再钉住美元时,各国可以自主决定本国的货币状况,而且汇率的变动不需要同美国商议,也不需要上报给 IMF。美元汇率也可以像其他国家一样自主调整,不需要再钉住与黄金的比价,即维持 35 美元兑换一盎司黄金的比价。这意味着美国也可以通过调整本国货币对外国货币的汇率来影响国际货币市场。

第三,浮动汇率制具有自动稳定器的功能。当出现某些经济变动时,浮动汇率制能够通过汇率的调整代替商品价格的调整,从而推动经济本身迅速进行调整。具体地,实际汇率表现为以同种货币表示的两国商品的相对价格水平,从而反映了本国商品的国际竞争力。由于 $e = E\dfrac{P^*}{P}$,实际汇率 e 既可通过价格 P 进行调整,也可通过名义汇率 E 进行调整。当一国实行固定汇率制时,该国只能通过价格调整从而调整实际汇率,整个过程是缓慢的。相反,当一国实行浮动汇率制时,该国可以通过名义汇率的调整代替价格调整,成本更低,速度更快。

第四,浮动汇率制有助于实现内外部平衡。丁伯根法则指出,政策目标大于政策数量。在固定汇率制下,货币政策受到束缚,导致"米德冲突"发生,即一国的内部平衡与外部平衡无法同时实现。相较于固定汇率制,浮动汇率制下货币政策具有独立性,政策工具的增加使得内外部平衡问题能够得到解决。

二、浮动汇率制的局限性

然而,浮动汇率制的一些糟糕表现也给经济学家留下了不好的印象,一些经济学家对浮动汇率制的表现提出质疑,总结为以下五点。

第一,浮动汇率制缺乏纪律性。在固定汇率制下,货币的发行受制于黄金或美元储备,受限的货币发行能够抗击通货膨胀。当各国中央银行不再需要维护固定汇率制时,就不再需要考虑国际货币储备的流失。此时各国中央银行可能会实施推动通货膨胀的政策,以达到刺激经济的目的。所谓的自由最终会演变成一种放纵。例如第一次世界大战期间,各国劳动力与生产力遭受了极大的损失,为了弥补巨额的战争开支以及作为战败国向同盟国赔付战争损失，德国政府选择印发钞票。1923年，法国以德国履行《凡尔赛和约》不力为由侵略德国工业腹地，工人罢工抵抗侵略，德国政府再次大量印发钞票，作为工资支持工人运动。这样做的后果是1919—1923年德国的价格指数上涨了4 815亿倍，马克变得一文不值。

第二，浮动汇率制导致不稳定的投机行为和货币市场的动荡。浮动汇率制的质疑者提出，在正常情况下，只有出现未预期到的冲击时才会出现汇率大幅波动。但在浮动汇率制下，交易者可能不会关注货币的长期发展前景。只要预期这种货币将会贬值，就会有更多的外汇交易商被吸引来进行抛售，使得预期变为现实。另外，抛售货币使人们预期通货膨胀会发生，从而要求工资上涨，物价上涨会导致该货币进一步贬值。各国经济由于不稳定的投机行为而陷入恶性循环。

浮动汇率制的质疑者还认为，在国内货币市场发生波动时，浮动汇率制会加剧经济波动。图9-1运用IS-LM模型来说明这个观点。该图表示在不同汇率制下一国实际的货币需求下降（在确定的利率和收入水平下，人们愿意持有的实际货币量下降）对经济的影响。在浮动汇率制下，实际货币需求下降时，货币供给相对增加，LM曲线右移，与IS曲线相交于一个新的均衡点，收入增加，同时i下降、E上升，货币贬值。如果这种变化是永久性的，那么最终将导致本国价格水平上升。不过在固定汇率制下，货币需求的变化不会影响经济。因为中央银行可以采用紧缩性的货币政策减少货币供给，直到实际货币供给的下降等于实际货币需求的下降，阻止了产出或价格水平的波动。

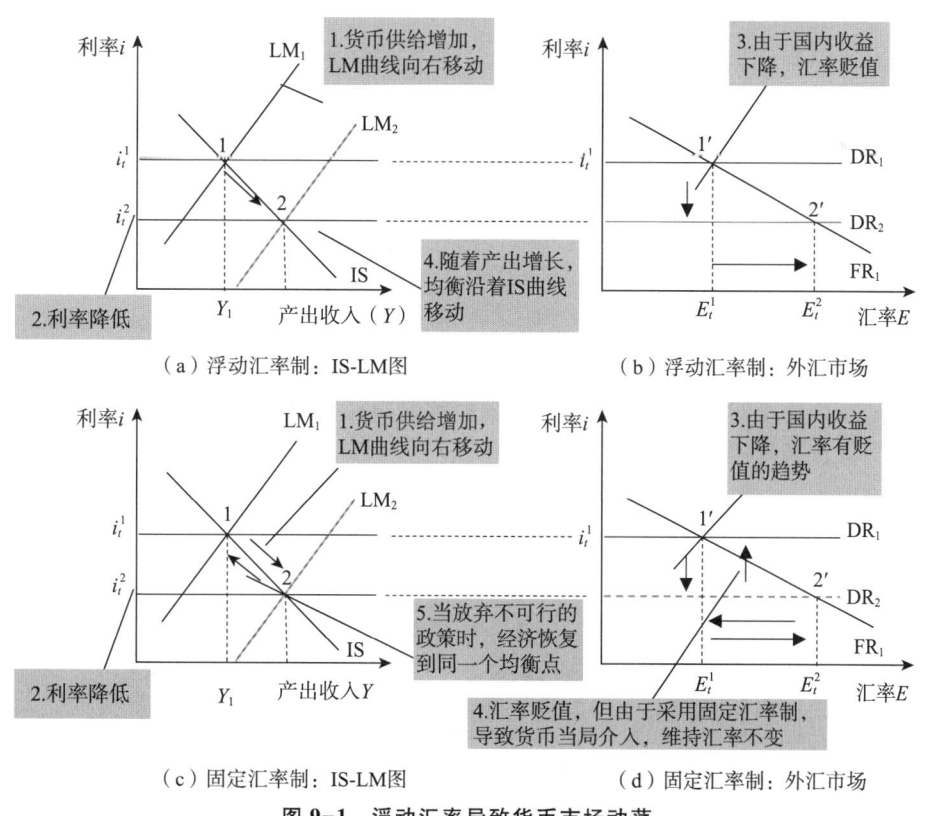

图9-1 浮动汇率导致货币市场动荡

第三,浮动汇率制会对国际贸易和国际投资造成不利影响。从国际贸易的角度来说,汇率会影响进出口商的收入。汇率通过多种因素影响经济,会在不同时期对不同国家产生不同的影响。相较于固定汇率,浮动汇率制的多变性给进出口商带来了更大的汇率风险,从而增加贸易成本,导致世界从贸易中获得的总体福利减少。同样地,这种不确定性在国际投资活动中一样适用。因投资回报产生较大的不确定性可能会阻碍国际生产性资本的流动。

第四,浮动汇率制下各国会产生互不协调的经济政策。国际经济政策协调指各国在制定和执行国内政策的过程中,通过磋商等方式对某些宏观经济政策进行共同调整。而在浮动汇率制下,各国可以按自己的目标调整本国汇率,可能会导致各国选择互不协调的经济政策。举个例子,在浮动汇率制下,当国内出现经济衰退时,各国货币当局可能会纷纷通过货币贬值,降低该国的出口价格以刺激本国出口和就业,这种"以邻为壑"的行为被称为竞争性贬值。一国通过本国货币贬值增加净出口,使消费需求从国外商品转移到本国商品上来,容易导致世界各国互相排斥对方的货币政策,进而采取其他形式的贸易保护措施保护本国经济,不利于国际商品市场的健康发展和国际关系的融洽和谐。同时,各国竞争性货币贬值会相应抵消货币贬值的刺激效应,无法从根本上解决国内的经济问题。在浮动汇率制下,各国汇率决定地位上的对称性使得各国的经济政策难以协调。

第五,浮动汇率制会产生拥有更大自主权的错觉。理论上,浮动汇率制可以隔绝外国通货膨胀的影响,允许各国中央银行决定货币供给。但这种政策的自主权其实有一定的虚假性。若完全放任汇率自由浮动,全球经济动荡下汇率剧烈波动将增加商品相对价格的不确定性,从而加剧国际市场风险,对出口贸易产生负面影响。不仅如此,当一个国家内部的金融市场无法满足融资需求,只能通过海外金融市场获得以外币计价的融资时,浮动汇率制下本币大幅贬值会降低本国货币的购买力,增加偿还外债的成本与债务违约的风险,加剧宏观经济的波动性。因此,浮动汇率制强化了经济的不确定性,而没有真正给宏观政策更大的自由度。

总体上,浮动汇率制的支持者认为,浮动汇率制有助于实现货币政策的独立性,浮动汇率制下各国在本国汇率决定的地位上具有对称性,并且浮动汇率制能够发挥汇率的自动稳定器功能,实现国内外经济的平衡。然而,一些质疑者认为,浮动汇率制可能导致纪律性的丧失,引发不稳定的投机行为和货币市场的动荡,对国际贸易和国际投资产生不利影响,还可能导致经济政策之间的不协调以及产生拥有更大自主权的错觉。接下来本书将结合布雷顿森林体系崩溃以来浮动汇率制的实际表现来对这些观点的合理性进行验证。

第二节 浮动汇率制的实践

随着布雷顿森林体系的崩溃,许多西方工业化国家纷纷转向浮动汇率制。本节将以20世纪70年代连续爆发的两次石油危机为背景,阐述浮动汇率制所带来的影响。随后,基于这些事实的分析,本节将对浮动汇率制的特点进行总结。

一、浮动汇率制的表现

20世纪70年代,布雷顿森林体系崩溃后,第一次石油危机爆发了。1973年10月,第四次中东战争爆发,石油输出国组织(OPEC)为了打击以色列以及支持以色列的国家,对工业化国家实行石油禁运。结果,石油价格上升了4倍,带动了整体价格水平的上升,工业化国家在进口方面的开支比之前更多了。在这种负面的供给冲击之下,企业生产的成本增加了,产出减少了,经济陷入衰退,西方国家陷入滞胀,即通货膨胀居高不下的同时,经济增长放缓甚至停滞。由于西方工业化国家不存在金本位制的束缚,开始实行浮动汇率制,因此各国政府选择了最有利于实现本国宏观政策的目标,即使本国经济处于充分就业水平的政策。各国政府通过实行扩张性的货币政策或财政政策,试图将经济拉回内部平衡状态。以美国为例,卡特政府就实行了减税政策,控制货币总量增长以抗击通货膨胀。结果,在政策实施期间,经济持续回升,通货膨胀得到缓和,GDP增长率和通货膨胀率都维持在5%左右。但在1977—1978年,投资和消费支撑的经济繁荣使得通货膨胀率再度上涨。1977年CPI同比增速大幅上升至6.5%,1978年年底则达到了9.0%的高位。美国实施的扩张性政策规模庞大,这引发了高通货膨胀率,进而使市场对美元贬值的预期增强。持有美元资产的国家因此遭受损失,这些国家对持有美元资产的意愿降低。这导致美元资产在全球资产中的比例下降,从而动摇了美国在金融市场上的地位。

然而,通货膨胀问题还没有得到完全解决,以伊朗爆发伊斯兰革命为标志的第二次石油危机(1979—1980年)便爆发了。在这一轮石油危机中,战争导致了石油供应量减少,油价上升,再加上粮食减产,物价大幅度上涨,石油进口国通货膨胀率再次升高,最高达13.5%。扩张性政策带来的通货膨胀和这次石油冲击带来的通货膨胀,导致各国通货膨胀率急剧上升,经济很快下滑到负增长。此时,反通货膨胀成了各国重要的任务。为了遏制通货膨胀,各国纷纷采取紧缩性政策,然而这些政策导致经济出现大衰退。

面对这样的大环境,各国试图采取各种措施复苏经济。以美国为例,为了维持经济增长,政府采取了扩张性的财政政策(1982年开始实施以大幅度减税、放松政府管制和市场管制为主要内容的里根供给侧改革),而此时为了打击通货膨胀,美联储也采取了持续的紧缩性货币政策。在短期内,扩张性财政政策和紧缩性货币政策共同发挥作用,导致利率急剧上升至前所未有的13%。这引发了美元大幅度升值,加剧了美国的经常项目赤字。在此背景下,美国采取了贸易保护主义措施,通过增加关税限制进口。其他国家对此进行反击,导致贸易战频发。在此期间,美国的高利率导致跨国融资的成本急剧增加,大量资本从新兴经济体流入美国。许多拉丁美洲的国家积累了大量的债务,美国持续的高利率进一步增加了拉丁美洲的融资成本,导致许多拉丁美洲的国家出现债务违约,引发了主权债务危机。

阅读材料

拉丁美洲主权债务危机

20世纪六七十年代,许多拉丁美洲国家,特别是巴西、阿根廷和墨西哥,为了实现工业化,向国际债权人借入大笔款项。由于当时这些国家的经济正在增长,因此债权人愿意继续放贷。然而,1979年美国的利率上升导致债务支付水涨船高,使得这些国家难以偿还债务。1981年全球贸易缩紧导致拉丁美洲主要的出口品——原材料价格下跌,进一步减少了拉丁美洲出口获得的收入。1982年8月12日,墨西哥因外汇储备下降至危险线以下,无法偿还到期的公共外债本息而不得不宣布暂停偿付外债。继墨西哥之后,巴西、委内瑞拉、阿根廷、秘鲁和智利等国也相继发生还债困难的情况,纷纷宣布推迟或终止偿还外债。1986年年底,拉丁美洲国家外债总额飙升到3 760亿美元,且债务高度集中,短期贷款和浮动利率贷款比例过大,巴西、阿根廷等拉美国家外债负担最为沉重。近40个发展中国家要求重新安排债务。这场危机席卷了整个拉丁美洲,导致大规模的资本外流,收入和进口下降,失业率升至高位,经济增长陷入停滞。

由于美国财政长期赤字和对外贸易逆差大幅增长,美国希望通过美元贬值来提升产品竞争力,改善国际收支不平衡。而其他国家(日本、联邦德国、法国以及英国)担心国际贸易体系遭到破坏,于1985年9月22日向美国"妥协",签署《广场协议》,达成五国政府联合干预外汇市场的协议,诱导美元对主要货币的汇率进行有秩序地贬值,以解决美国巨额贸易赤字问题。该协议签订后,上述五国开始联合干预外汇市场,在国际外汇市场大量抛售美元,继而形成市场投资者的抛售狂潮,导致美元大幅度贬值。

在第一次石油危机期间,由于实行了浮动汇率制,美国采取了独立的货币政策应对国内问题,实现经济复苏,但是高通货膨胀却引发了市场预期货币贬值。为了应对高通货膨胀,美国提高了利率,美元大幅升值,出现了经常项目赤字。为了缓解经常项目赤字,美国又调整了汇率。从中可以发现,在实行浮动汇率制的情况下,一国的货币政策具有一定的自主性,中央银行能通过控制本国的货币供给促进经济发展;由于汇率很重要,再加上现实中面临的经济问题很多,除高通货膨胀之外,一国可能还会面临各种负面冲击的影响,所以为了应对这些冲击,汇率在现实中往往是不能实现完全自由浮动的。这也就是说,浮动汇率制会产生更大自主权的错觉。并且,结合案例可以发现无论是采用浮动汇率制还是固定汇率制,各国都优先关注内部平衡,导致经济政策难以协调。

二、浮动汇率制的特点

基于前面所介绍的历史事实,关于浮动汇率制的特点,本小节将其归纳为以下五个方面:

第一,浮动汇率制赋予一国货币政策独立性。在布雷顿森林体系运行期间,为实现钉住汇率制,各国中央银行需要积极干预外汇市场以维持与美元汇率的稳定性。而在浮动汇率制下,这种约束被打破,各国无须承担稳定本国对中心国家币值的责任,从而能自主控制本国货币供给,决定本国货币的价值。此外,中央银行还通过这种重新调整货币价值的机制选择适合的通货膨胀率,以隔绝外国通货膨胀的影响。由此,一国在实行浮动汇率制后,其货币政策的独立性将更强。

在现实中,虽然浮动汇率制给予了中央银行更强的货币政策独立性,但这种独立性并非完全的独立性。原因主要有两方面:一方面,各国依旧会为自身利益而干预国际外汇市场。各国虽然可以自主运用货币政策来改变本国的货币供给,但这并不意味着各国会放弃干预外汇市场来调整和稳定汇率。因为汇率是一个相当重要的宏观经济变量,它代表着本国商品在国际上的相对竞争力,影响着进出口贸易、资源配置、对应商品的产出、就业以及价格水平。当本国汇率产生明显波动时,中央银行会对外汇市场进行干预来稳定汇率,以防止本国贸易品部门的国际竞争力产生波动。另一方面,各国不能真正隔绝外国政策变动的影响。从长期来看,浮动汇率制下名义汇率变动,实际汇率保持不变,能隔绝外国通货膨胀的影响;但从短期来看,外国的货币政策和财政政策依然会对本国产生影响。短期内,由于价格黏性($e=\dfrac{E \cdot P^*}{P}$,当 P 不变时,若 E 发生变化,则 e 也会发生变化),实际汇率与名义汇率同变动,货币政策终会引起实际汇率发生变动,实际汇率一旦发生变化,就会影响本国和外国的产出。

第二,浮动汇率制产生了纪律性问题。在浮动汇率制下,各国更容易滥用货币自主权引发通货膨胀,产生纪律性问题。这体现在两个方面:第一,政府不断采取扩张性政策,容易引发通货膨胀。例如在1973年第一次石油危机爆发时,工业国家普遍实行扩张性政策,各国通货膨胀率快速上升。第二,政府对不平衡的财政政策缺乏有效的管制,导致产生过度的财政赤字。在浮动汇率制下,政府往往通过增发货币和举债的方式来弥补因过度扩张的财政政策而产生的财政赤字,这些行为可能导致货币供应过多,加剧通货膨胀问题。

表9-1展示了1973—2000年主要工业国家的通货膨胀率。在布雷顿森林体系瓦解后,主要发达国家在随后的十几年间通货膨胀率整体波动较为剧烈。特别是在两次石油危机期间,各国的通货膨胀率显著上升。与布雷顿森林体系实施期间的平均通货膨胀率相比,浮动汇率制下主要工业国家的通货膨胀率普遍偏高,且呈现出较为明显的波动特征。

表9-1 1973—2000年主要工业国家的通货膨胀率

单位:%

年份	美国	英国	加拿大	法国	德国	意大利	日本
1973	6.2	9.2	7.6	7.3	6.9	10.8	11.7
1974	11.1	16.0	10.9	13.7	7.0	19.1	24.5
1975	9.1	24.2	10.8	11.8	6.0	17.0	11.8
1976	5.7	16.5	7.5	9.6	4.5	16.8	9.3
1977	6.5	15.8	8.0	9.4	3.7	17.0	11.8
1978	7.6	8.3	8.9	9.1	2.7	12.1	3.8
1979	11.3	13.4	9.2	10.8	4.1	14.8	3.6

单位:% （续表）

年份	美国	英国	加拿大	法国	德国	意大利	日本
1980	13.5	18.0	10.2	13.6	5.5	21.2	8.0
1981	10.4	11.9	12.5	13.4	6.3	19.5	4.9
1982	6.1	8.6	10.8	11.8	5.3	16.5	2.7
1983	3.2	4.6	5.8	9.6	3.3	15.0	1.9
1984	4.3	5.0	4.3	7.4	2.4	10.6	2.2
1985	3.5	6.1	4.0	5.8	2.2	8.6	2.0
1986	1.9	3.4	4.2	2.7	-0.1	6.1	0.6
1987	3.7	4.1	4.4	3.1	0.2	4.6	0.1
1988	4.1	4.9	4.0	2.7	1.3	5.0	0.7
1989	4.8	7.8	5.0	3.6	2.8	6.6	2.3
1990	5.4	9.5	4.8	3.4	2.7	6.1	3.1
1991	4.2	5.9	5.6	3.2	3.5	6.4	3.3
1992	3.0	1.7	1.5	2.4	4.0	5.1	1.7
1993	3.0	1.3	1.9	2.1	4.1	4.2	1.3
1994	2.5	0.7	0.2	1.7	3.0	3.9	0.7
1995	2.8	3.4	2.1	1.7	1.8	5.2	-0.1
1996	2.9	2.5	1.6	2.0	1.5	4.0	0.1
1997	2.4	3.1	1.6	1.2	1.8	2.1	1.8
1998	1.6	3.4	1.0	1.5	1.0	2.0	0.7
1999	2.1	1.6	1.8	1.2	0.6	1.6	-0.3
2000	3.4	2.9	2.6	3.3	2.0	2.6	-0.7
1961—1971年平均值	3.1	4.6	2.9	4.3	3.0	4.2	5.9

资料来源：Organization for Economic Cooperation and Development。

表 9-2 展示了在不同汇率制度下不同经济体的通货膨胀率。表中展示了世界、发达国家、新兴市场与发展中国家在不同汇率制度下的通货膨胀率。由于一些新兴市场与发展中国家曾经历过固定汇率制的崩溃，为了消除汇率制度变更过程中汇率大幅波动对宏观经济数据的干扰，本节在分类后的国家样本分析中剔除了这些国家相应年份的数据。结果显示，各国的通货膨胀率有很大的差异，无论是发达国家还是新兴市场与发展中国家，实行浮动汇率制的国家的通货膨胀率要高于实行固定汇率制的国家，固定汇率制比浮动汇率制更具有纪律性。

表 9-2　不同汇率制度下不同经济体的通货膨胀率

(单位:%)

汇率制度类型	(1) 世界	(2) 发达国家	(3) 新兴市场与发展中国家
固定汇率制	17.4	4.8	8.8
有限地灵活变动	11.1	8.3	10.8
有管理的浮动	14.0	7.8	14.7
自由浮动	9.9	6.5	15.8
自由跌落	387.8	47.9	482.9

资料来源:Organization for Economic Cooperation and Development。

第三,相较于固定汇率制,浮动汇率制因存在汇率波动而不利于国际贸易,但不会对国际投资造成危害。

从国际贸易的角度来看,浮动汇率制确实会增加国际贸易的成本,从而对国际贸易的发展产生一定的阻碍作用。在浮动汇率制下,汇率的波动会引发额外的汇率风险,进而增加交易成本,减少国际贸易的收益,最终对国际贸易造成不利影响。图 9-2 展示了采取不同汇率制度国家与实行浮动汇率制经济体的贸易规模的差值。图 9-2 从左至右依次展示了实行间接钉住汇率制度、直接钉住汇率制度与货币局制度经济体贸易的情况。由图 9-2 可知,与浮动汇率制相比,采取直接钉住汇率制经济体的贸易规模要高出 21%;而采用货币局制度的经济体,其贸易规模更是高出了 38%;相对而言,选择间接钉住汇率制度的经济体则少了 1%。由此可见,与实行浮动汇率制的经济体相比,那些倾向于采用固定汇率制,即实行直接钉住或货币局制度的经济体具有更高的贸易额。然而,尽管浮动汇率制增加了贸易风险,但这种风险仍可得到合理有效的控制,贸易商可以通过运用远期外汇市场(期货、期权等金融工具)将风险提前锁定,从而削减汇率风险产生的额外贸易成本。

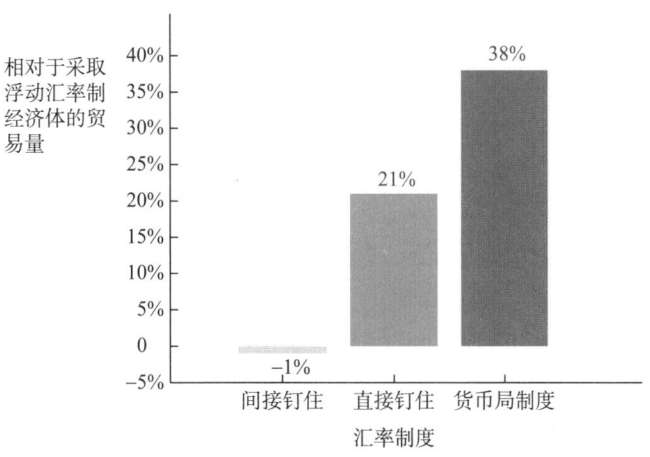

图 9-2　固定汇率制经济体与浮动汇率制经济体贸易的对比

从国际投资的角度来看,浮动汇率制与各国的政策方向契合,满足了那些希望同时促进资本流动和维护货币自主权国家的需求,从而共同推动国际资本交易规模迅速扩大。

1973年之后,各国放宽了对资本流动的限制,使得国际金融中介业务日趋发达,国际资本市场的交易规模扩大远快于世界GDP的增长。正是由于放弃了固定汇率制,许多国家才得以选择一种既能保障资本自由流动又能维护货币自主权的体系,进而推动了资本的跨国交易。

第四,浮动汇率制下各国的权利义务仍然存在不对称性。实行浮动汇率制后,各国中央银行继续持有美元储备并干预外汇市场,美元依然处于国际货币体系的中心地位,美元的汇率问题仍然是美国与各国的矛盾焦点。现行的浮动汇率制体系与具有不对称性的布雷顿森林体系类似,美元与黄金的脱钩使美国摆脱了美元流动性和可兑换性的两难问题,但没有真正动摇美元的地位。所以,尽管国际储备在向多元化发展,但美元仍处于国际货币体系的中心地位。1999—2020年,各国持有的外汇储备中美元占比高达60%以上,相较于其他储备货币,各国明显对美元有更强的依赖性。迄今为止,政府对外汇市场的干预仍然是调整汇率的关键手段。同时,美元作为全球外汇储备中最核心的货币的地位在短期内难以发生根本性的动摇。

第五,固定汇率制和浮动汇率制都不能很好地促进国与国之间的政策协调。各国因为没有了固定汇率制的束缚,拥有了更大的货币政策的自主权,可能会为了刺激出口而促使本国货币对外贬值。但是增加净出口相当于国外贸易差额的恶化,本币贬值使需求从国外商品转移到本国商品,国外的产出与就业因此下降。这种不惜损害别国的利益来达到自己政策的目标,即"以邻为壑"的策略会遭受别国的报复,从而引发竞争性贬值,最终使得所有国家受损。现实中,各国出现竞争性贬值的例子有很多。例如,1994年美联储加息使美元进入升值周期,美国高利率导致日元对美元贬值,新兴市场货币则相对于日元被动升值。出于保护本国经济的目的,许多东南亚国家货币相继出现竞争性贬值。同样,2014年,随着美联储停止实行量化宽松政策,美元开始升值走强,日元再次通过贬值来缓解贸易逆差,这一行为引发韩国、印度尼西亚等国货币陆续出现竞争性贬值。由此可见,浮动汇率制为各国竞争性贬值提供了条件,使得宏观政策难以实现协调。

经过长达十几年的事实检验之后,各国对浮动汇率制有了更全面的了解。一方面,浮动汇率制确实赋予了独立的货币政策,另一方面,浮动汇率制带来了纪律性问题,不利于国际贸易的稳定发展。浮动汇率制并没有动摇美元在国际货币体系的中心地位,并且,浮动汇率制也不能很好地进行政策的协调,这些局限性仍需要得到重视和关注。

第三节　各国的经验选择

根据上述分析,各种汇率制度既有优点也有其局限性,因此不存在一种适用于所有国家的完美汇率制度。布雷顿森林体系崩溃后,各国根据自身发展的特点和面临的外部环境不断优化和调整本国的汇率制度。经过多年的实践,除欧元区内的国家外,主要发达国家之间形成了汇率自由浮动的局面,而大多数发展中国家则选择钉住与本国经济联系紧密的发达国家货币,或者将两国货币之间的汇率限定在一个可控的区间内波动。发达国家进行这种汇率制度安排的原因可以归纳为下列几个方面:

第一,对于发达国家而言,在资本自由流动下保持内部平衡是最重要的。根据三元悖论,固定汇率制、资本自由流动、货币政策的独立性这三个目标不可能同时实现,必须舍弃其中之一。在布雷顿森林体系崩溃后,发达国家资本自由流动的情形下,要实行独立的货币政策来保证国内充分就业,维持内部平衡,必须放弃固定汇率制。

第二,针对浮动汇率制缺乏纪律性的问题,发达国家的中央银行可以通过采取通货膨胀目标制,即以物价稳定为首要目标,根据目标期通货膨胀率的预测值与目标通货膨胀率之间的差距来调整货币政策,使实际通货膨胀率接近目标通货膨胀率,从而约束和调控货币市场。在采用通货膨胀目标制之前,外汇市场的冲击可能会导致货币贬值,进而引发更高的通货膨胀率。这种连锁反应会进一步加剧货币贬值,从而放大波动幅度。然而,一旦通货膨胀目标制被确定为货币政策的锚,这种负面的反馈机制便不再出现。一个能够执行通货膨胀目标制的中央银行,通常会迅速地采取措施来控制通货膨胀,从而减少汇率的波动。通过这种方式,中央银行能够解决浮动汇率制缺乏纪律性的问题,稳定货币市场,确保经济的稳定发展。

第三,对于金融市场发展程度较高的发达国家而言,浮动汇率制因金融市场波动而产生的负面影响可以被有效降低。在浮动汇率制下,汇率的波动幅度大且频繁,这种情况不仅不利于国际贸易进出口商的报价,对进出口业务造成不利影响,而且还会加剧国际金融市场上的投机活动,造成国际金融局势动荡。对于发达国家来说,在金融市场上可以运用各种金融工具,如远期套汇、套期保值等,有效降低这种负面影响。例如,公司可以在外汇市场上购买远期外汇合约,通过与另一方签订合同,明确规定外汇买卖的数量、汇率以及未来的交割日期。到了规定的交割日期,双方会按照合同规定进行货币收付,从而降低因汇率波动而产生的损失。

与发达国家不同,大多数发展中国家选择钉住与本国经济联系紧密的发达国家货币,或者将两国货币之间的汇率限定在一个可控的区间内波动。具体原因如下:

第一,发展中国家在许多方面,如经济、技术、生活水平,相较于发达国家存在很大差距。因此,在贸易一体化、经济全球化的大背景下,发展中国家的重心在于如何通过贸易和吸引投资助力本国经济增长。发展中国家的金融市场相对不发达,企业难以利用金融工具有效应对汇率剧烈波动对国际贸易造成的风险。因此,这些国家更需要稳定的汇率来促进贸易和投资的发展。

第二,与发达国家相比,发展中国家的金融体系和市场监管还比较薄弱,这导致市场不确定性增加,增大了通货膨胀的风险。此外,发展中国家的通货膨胀治理容易受到国际经济状况的影响,如出口、外债、汇率制度等因素的变化都可能引发通货膨胀。因此,稳定的汇率带来的纪律性对这些国家而言非常重要。

第三,发展中国家在追求汇率稳定的同时,也需要独立的货币政策来维持经济稳定。根据三元悖论,发展中国家需要通过采取资本管制,或者外汇干预才能同时实现这些目标。具体而言,资本管制能够避免货币政策调整后跨境资本自由流动造成的汇率波动;发展中国家的中央银行可以利用冲销性干预或者其他政策工具干预外汇市场,维持汇率稳定。

事实上,在布雷顿森林体系崩溃后,一开始有很多国家选择采用浮动汇率制,然而经过一段时间后,采用浮动汇率制国家的比例开始下降,而选择钉住其他货币国家的比例开始上升(如图9-3所示)。当前的货币体系是:主要发达国家货币(欧元、美元、日元等)是自由浮动的,而大部分发展中国家选择钉住这些主要货币。需要注意的是,该体系仍然是一个不断调整的体系。现阶段对发展中国家而言,为了减少金融市场的动荡,促进国际贸易与投资,它们会选择钉住主要贸易和投资国的货币;而对于发达国家而言,它们主要想解决内部平衡的问题,所以它们会选择自由浮动的汇率制度。随着时代的发展,国内的发展需求和国外经济形势的变化可能会导致不同国家根据其自身情况对汇率制度进行调整。

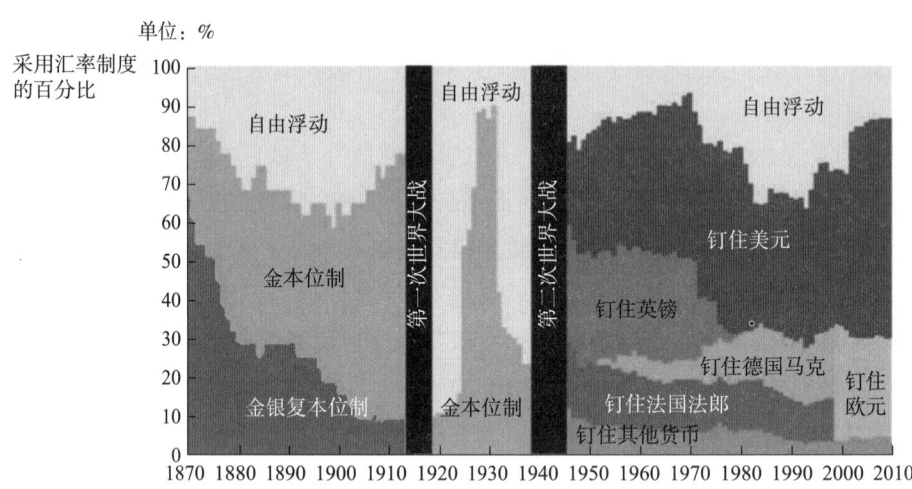

图9-3 1870—2010年采用汇率制度的百分比

注:阴影区域表示各国每年采用汇率制度的百分比,总和是100%。1870—1913年,金本位制成为主要的制度。在第一次世界大战期间(1914—1918年),大多数国家废除了金本位制,20世纪20年代末又短暂地恢复了金本位制。

 ## 小　结

布雷顿森林体系的实践引发了各国政策制定者对汇率制度的思考。随着20世纪70年代世界货币体系进入浮动汇率制的时代,学者对浮动汇率制产生了各种争议。对此,本章先讨论了浮动汇率制的优缺点。一方面,浮动汇率制具有赋予了货币政策的独立性、各国在本国汇率决定的地位上具有对称性、能够发挥汇率的自动稳定器功能、有助于实现内外部平衡等优点。另一方面,浮动汇率制也存在缺乏纪律性、导致投机行为和货币市场动荡、影响国际贸易和投资等弊端。

通过总结布雷顿森林体系崩溃后石油危机期间发生的事实,我们了解到浮动汇率制确实赋予了一国货币政策的独立性,中央银行能通过控制本国的货币供给促进经济发展,但这种自主权容易被滥用,进而引发通货膨胀,产生纪律性问题,并且各国可能会实行只对自己有利的政策而不惜损害别国的利益,使得各国间的政策难以协调。浮动汇率制下,

汇率波动产生了额外的汇率风险,提高了交易成本,不利于国际贸易。但从国际投资的角度看,浮动汇率制适应了各国政策方向,符合兼顾资本流动与货币自主权的目标,促进了国际资本交易规模的迅速扩大。此外,浮动汇率制下,美元仍处于国际货币体系的中心地位,美元汇率问题依旧是矛盾的焦点。现实中,对于发达国家,解决内部平衡问题、有效约束货币市场是其主要目标,并且其强大的金融市场在一定程度上能克服浮动汇率制的局限性,因此,这些国家更倾向于让主要发达国家货币之间的汇率自由浮动。而对于发展中国家而言,经济增长、强调货币制度的纪律性是其首要任务,所以它们大多会选择钉住与其经济联系较为紧密的发达国家的货币,或者使双边汇率保持在一定区间内波动。总体上,当前的货币体系仍然是一个不断变化和调整的体系。

关键词

对称性	石油危机	汇率的自动稳定器
债务危机	广场协议	纪律性
竞争性贬值	拉美债务危机	

1. 与固定汇率制相比,浮动汇率制有哪些优点和缺点?1973 年之后,浮动汇率制的实际表现与理论是否完全一致?有何不同?

2. 货币体系和汇率制度都顺应时代而不断发展,各国根据国内实际情况选择适合的汇率制度。请阐述各国选择不同汇率制度的原因。

3. 浮动汇率制是否真正有利于实现货币自主权?为什么说浮动汇率制给人"更大自主权"的错觉?

4. 分析石油危机与拉美债务危机的关系。

5. 下表展现了 1990—2006 年不同类型国家的汇率制度变化。你能从表中得出哪些结论?

	所占百分比(%)		
	1990 年	1996 年	2006 年
全体国家			
硬钉住	16.88	18.23	26.92
软钉住	67.53	56.91	45.60
浮动	15.58	24.86	27.47
成员数(个)	154	181	182
发达国家			

(续表)

	所占百分比(%)		
	1990年	1996年	2006年
硬钉住	4.35	8.83	54.17
软钉住	69.57	58.33	41.67
浮动	26.09	32.83	41.67
成员数(个)	39	36	24
新兴市场国家			
硬钉住	6.67	9.38	12.50
软钉住	76.67	78.13	43.75
浮动	16.67	12.50	46.88
成员数(个)	30	32	32
其他发展中国家			
硬钉住	22.77	22.40	25.40
软钉住	64.36	51.20	49.60
浮动	12.87	26.40	19.84
成员数(个)	101	113	126

资料来源：Reinhart-Rogoff 2004; and Eichengreen-Razo Garcia 2006 database。

6. 20世纪60年代末到80年代初，美国经济经历了一个高通货膨胀与经济衰退共存的时期。请解释其背后的原因。

7. 请解释《广场协议》成功签订的原因并分析该协议对参与国产生的影响。

第十章　固定汇率与货币危机（一）

引言

进入20世纪70年代后，随着布雷顿森林体系的崩溃，主要工业国开始实行浮动汇率制，其他国家实行钉住汇率制或者有管理的浮动汇率制，对外汇市场进行干预以应对汇率的大幅波动。各国资本管制的放松和金融自由化的推进，大规模的国际资本流动对一些国家的货币产生了投机性冲击，导致固定汇率制的崩溃，酿成货币危机。日益频繁的货币危机引起了各国经济学家的广泛重视，许多学者对货币危机的诱发因素、发生机理、扩散机制、经济影响和防范政策等内容进行了深入研究，形成了以第一代和第二代货币危机模型为代表的理论体系。深入了解中央银行干预外汇市场的过程，以及货币危机爆发的深层机理，对有效防范和应对货币危机有重要意义。

本章第一节将探讨货币危机的定义及其破坏性，在解析货币危机模型之前，描述中央银行如何进行冲销性干预保持货币供给的稳定，并分析中央银行如何通过对外汇市场的干预来维持固定汇率制。在第二节和第三节中，本章将进一步对第一代和第二代货币危机模型进行详细的介绍和分析，总结两种货币危机模型的特点和机理，这有助于了解货币危机爆发的原理和形成过程。

学习目标

1. 了解中央银行进行外汇市场干预的方式和手段。
2. 理解第一代和第二代货币危机模型的特点与原理。
3. 掌握货币危机爆发的原因和不同代表性货币危机模型背后的逻辑。

第一节　中央银行与外汇干预

20世纪70年代后布雷顿森林体系崩溃，各国纷纷放弃本国货币与美元的固定汇率，部分国家采取浮动汇率制，大部分国家仍保持固定汇率制或钉住汇率制，对外汇市场进行干预。随着经济全球化进程的加快，世界各国放松金融管制、推动经济自由化的浪潮空前高涨，国际资本流动规模日益扩大。其中，大量私人资本利用新型金融工具在国际市场上自由流动，追逐利润最大化的本性驱使投资者在国际金融市场上兴风作浪，导致许多国家尤其是新兴经济体频繁爆发大规模的货币危机,由此引发学界对货币危机的广泛讨论和关注。在对货币危机形成机理进行研究的基础上,概括形成了有代表性的第一代、第二代乃至第三代货币危机模型。在本章,我们将详细介绍这些货币危机模型,帮助认识和理解开放经济下货币危机的本质及其爆发的深层机理。在研究货币危机之前,我们先要了解政府如何干预外汇市场以维持汇率的稳定。

一、货币危机的破坏性

货币危机分为广义和狭义两种。广义货币危机指如果某个国家或地区发生货币投机性攻击(Speculative Attack),致使在短期内该货币汇率变动超过一定的幅度——按照 IMF 的界定,如果一年内一国货币贬值 25% 或更多,同时贬值幅度比前一年增加了至少 10%,那么该国就发生了货币危机。狭义货币危机指市场参与者通过外汇市场的操作(或投机攻击)导致该国固定汇率制的崩溃和外汇市场持续动荡。一般所说的货币危机即指狭义货币危机。狭义货币危机通常表现为固定汇率制的崩溃或被迫调整汇率(如法定贬值或汇率浮动区间的扩大等),国际储备的急剧减少(国际收支危机)以及本币利率的大幅上升等。需要注意的是,货币危机与金融危机的概念存在较大的差异。金融危机不仅表现为汇率变动,还包括股票市场、银行体系等国内金融市场上的价格波动,以及金融机构经营困难与大面积破产等。货币危机可能诱发金融危机,而由国内因素引起的金融危机也可能导致货币危机的发生。

由于经济全球化的快速发展,危机能通过贸易和金融渠道进行跨国传导,进而增加了货币危机的影响范围和破坏性。无论是 1992 年发生的欧洲货币体系危机、1994 年发生的墨西哥金融危机还是 1997 年发生的亚洲金融危机等,都具有危机爆发后迅速蔓延至其他国家或者地区的特点。例如,在 1992 年发生的欧洲货币体系危机中,9 月 8 日芬兰宣布本币贬值后,9 月 11 日意大利也被迫宣布本币贬值 11%,接着英国也受到投机性攻击并于 9 月 19 日宣布退出欧洲货币体系。再如,1997 年爆发的亚洲金融危机中,7 月 2 日泰国宣布泰铢贬值 20%,7 月 14 日菲律宾比索对美元的汇率就急跌 10%,8 月 14 日印尼盾对美元的汇率大跌,从 2 700 盾兑换 1 美元降至 3 000 盾兑换 1 美元,可见货币危机的爆发会通过跨国传导产生外溢作用,进而造成更大的破坏。

更重要的是,货币危机的破坏性不仅表现为汇率的大幅贬值,还使得各经济部门都遭受严重的冲击和破坏,尤其是发生货币危机的发展中国家还会产生较大的经济衰退。以亚洲金融危机为例,印度尼西亚、韩国、马来西亚和泰国在 1998 年的 GDP 分别比 1997 年下降了 13.1%、6.7%、7.4% 和 10.2%,大多数东南亚国家的经济增长率都出现负值,是第二次世界大战后影响程度最深的一次经济衰退。此外,货币危机还引发了股市恐慌和动荡,导致投资者信心受挫,外资撤资迹象明显,股票指数大幅下跌。1997 年东南亚各国的股票市场出现剧烈波动,9 月泰国证交所综合指数跌幅达 53.9%,菲律宾证交所综合指数下跌 46.7%,吉隆坡证交所综合指数下跌 44.5%,雅加达证交所综合指数下跌 41.5%,印度尼西亚和新加坡的股市也下跌了 31.6% 和 20.7%。同时,该危机也波及了韩国、日本以及中国香港和中国台湾等国家和地区。除中国香港外,大多数国家和地区的货币大幅贬值,股市狂泻不止,楼市价格大跌,金融机构纷纷倒闭,这也标志着由投机性冲击引发的货币危机已经逐渐演变为综合性的金融危机。

货币危机之所以会带来如此严重的后果,主要有三个方面的原因。一是汇率制度改变的过程中,存在巨大的不对称性:从浮动汇率制转向钉住汇率制一般是平稳而有计划地进行的,但从钉住汇率制转变为浮动汇率制则通常是无计划的。二是世界经济联系加强导致货币危机的传导和扩散。随着经济一体化和国际资本流动的加快,各国之间贸易和资金往来越发频繁,经济周期的联动性和协同性日益加强,导致货币危机能在短时间内通过贸易和金融渠道,迅速实现跨国的传导和扩散。三是货币危机往往与其他危机共同爆发,导致产出剧烈下降。国际金融危机有三种形式:货币危机、银行危机与主权债务危机。货币危机在前文已经提及了;银行危机主要发生在私人部门,如果银行和其他金融机构都面临不利冲击,它们可能会无力偿还债务,导致关闭或者破产;主权债务危机主要发生在公共部门,如果政府部门面临不利冲击,它可能不会履行义务,无法或不愿意支付本金或债务利息。这三种危机往往会相互影响,当一个国家发生汇率危机时,巨大的货币贬值会引起国外债务的本币价值突然上升。这一变动将使债务负担大大增加,达到无法承受的水平,造成资不抵债的后果,形成主权债务危机。不仅如此,债务负担加剧也会加大私人部门和公共部门的财政困难,从而导致银行倒闭进而引发银行业危机。另外,银行危机和主权债务危机的爆发也可能出现货币危机,引起货币大幅度贬值。

在研究货币危机之前,我们只有知道固定汇率制是如何维持的,才能进一步分析哪些因素会导致固定汇率制的崩溃。

二、如何维持固定汇率制:中央银行干预外汇市场

为了维持固定汇率制,政策制定者需要通过干预外汇市场来实现。本节将先介绍中央银行如何干预外汇市场,再探讨中央银行如何维持固定汇率制。

我们首先从中央银行的资产负债表入手,分析中央银行如何通过资产的买卖调节资产负债表的结构,进而影响货币供给,实现对外汇市场的干预。中央银行资产负债表由资产端和负债端两个部分组成。资产端主要包括国内资产 B 和外汇储备 R,负债端主要包括货币供给 M(流通中的通货+商业银行及私人机构的银行存款)以及银行的净值 NW。

假设中央银行购买了一定数量的国内债券,由此其持有的国内资产增加。中央银行用现金购买这些国内资产,由此产生了货币供给。例如,中央银行通过购买 1 000 万元的政府债券创造了额外的 1 000 万元的国内资产,这会导致流通中的货币增加 1 000 万元。或者中央银行购买了一定数额的外汇储备,为购买国外资产支付的现金同样产生了货币供给。例如,中央银行购买了额外的 500 万美元的外汇储备,则其花费的钱也会增加流通中的货币供给。因此,中央银行资产端的任何增加(无论是国内资产还是国外资产)都会导致货币供给的增加;反之,中央银行资产端的任何减少(无论是国内资产还是国外资产)都会导致货币供给的减少。

因此,根据总资产等于总负债的原则,货币供给 M 可以表示为:

$$M = B + R - \text{NW}$$

进一步地，货币供给 M 的变化可以表示为中央银行资产负债表的变化：

$$\Delta M = \Delta B + \Delta R - \Delta \text{NW}$$

由于中央银行净值的变化 ΔNW 相对较小，因此我们可以认为货币供给 ΔM 的变化主要取决于国内资产 ΔB 和外汇储备 ΔR 的相对变化。这意味着，中央银行任何买卖国内外资产的行为，都会导致资产端国内资产 ΔB 和外汇储备 ΔR 的变化，进而直接影响货币供给的变化 ΔM。

根据中央银行干预外汇市场是否会引起货币供给的变化，我们可以将中央银行的外汇干预划分为冲销性干预（Sterilized Intervention）和非冲销性干预（Unsterilized Intervention）。①冲销性干预指中央银行在外汇市场进行交易时，通过采用与之方向相反的货币政策工具来抵消外汇市场交易对货币供给量的影响，从而维持货币供给量不变的外汇干预行为。例如，当国外资产减少、外汇储备下降时，中央银行需要同等地增加国内资产以维持货币供给不变；当国外资产增加、外汇储备上升时，中央银行需要同等地减少国内资产以维持货币供给不变。②非冲销性干预指没有采取冲销性措施的外汇市场干预，主要指中央银行在外汇市场买入或抛出外汇的同时，不采取其他任何干预方式，因此会引起货币供给量的变动。在现实操作过程中，中央银行往往会采用冲销性干预，消除买卖资产等干预行为导致的货币供给量的变化，进而对利率、通货膨胀等宏观经济变量产生影响。

由上述分析可知，中央银行为了维持汇率的稳定，减少汇率波动对宏观经济造成的冲击，需要对外汇市场进行干预。接下来，我们将探讨中央银行如何通过对外汇市场的干预来维持固定汇率制，以及当货币面临升值或贬值压力时，中央银行应该采取哪种冲销性干预措施，以抵消因外汇干预而增加基础货币投放带来的负面影响。

根据利率平价理论，本国利率 R 与外国利率 R^* 存在如下关系：

$$R = R^* \cdot \frac{E_{t+1}^e}{E_t}$$

其中，E_t 表示直接标价法下的即期汇率，E_{t+1}^e 表示直接标价法下的远期汇率。在固定汇率制下，为了维持汇率的稳定，中央银行需要保证国内外利率相等，即 $R = R^*$。而货币供给的任何变化都将会直接导致利率的变化，进而影响汇率的变化。因此，为了维持固定汇率制，需要保证国内货币供给的稳定。

那么，在现实操作中，中央银行如何进行外汇干预以维持汇率的稳定呢？以本币升值为例。当一国的国际收支有较大顺差时，外汇供给增加，本币面临升值压力。此时中央银行为了维持汇率稳定，需要对外汇市场进行干预，购买国外资产并抛出本币，外汇储备增加，同时本币的投放使得本国货币供给增加。然而，如果任由货币供给增加，将会给经济带来通货膨胀和经济过热等压力。中央银行此时需要进行冲销性干预，通过减少国内资产抵消国外资产增加导致的货币供给增加。

同样，当一国的国际收支存在较大逆差时，外汇供给减少，本币面临贬值压力。中央银行为了维持汇率的稳定，在外汇市场抛售国外资产，收回本币，外汇储备下降，基础货币的收回使得货币供给量减少。接下来，为了抵消货币供给下降带来的通货紧缩、经济下行压力，中央银行将增加基础货币的投放，通过增加国内资产来抵消国外资产下降对货币供给的影响。

由此看来,为了维持固定汇率制,中央银行必须通过买卖国内外资产对外汇市场进行干预,这要求中央银行必须有足够的外汇储备以应对外国资产供给的变化对汇率造成的冲击。因此,可以预见的是,只有当中央银行持有充足的外汇储备时,才能维持固定汇率;而当中央银行没有充足的外汇储备时,将无法在外汇市场上进行干预,也就无法稳定汇率。

三、中央银行冲销性干预的中国案例

在介绍中央银行冲销性干预的中国案例之前,我们先要了解一个基本概念——外汇占款。外汇占款指本国中央银行购买外汇资产而相应投放的本国货币。由于人民币是非自由兑换货币,外资引入后需兑换成人民币才能流通使用。国家为了外资换汇要投入大量的资金,用本国货币购买外汇,从而形成了外汇占款。中央银行购买外汇形成本币投放,所购买的外汇资产构成中央银行的外汇储备。因为官方储备是由中央银行购买并持有的,其在货币当局账目上的反映为外汇占款,外汇占款的增加直接增加了基础货币量,再通过货币乘数效应,造成货币供应量的增加,使得流通中的人民币增多。

1994年人民币第一次汇率制度改革后中国开始实行有管理的浮动汇率制度,但实际上汇率一直保持在8.27元人民币对1美元的狭窄区间内波动,呈现出对美元汇率的稳定性(钉住单一美元汇率制)。2005年7月21日,人民币汇率进行了第二次汇率制度改革,中国开始实行以市场供求为基础、参考一篮子货币进行调节、有管理的浮动汇率制度。2007年银行间即期外汇市场人民币对美元交易价浮动幅度由0.3%扩大至0.5%,2012年放宽至1%。为了维持人民币汇率在一定范围内的稳定,中央银行必须随时准备在外汇市场上买卖外汇资产进行干预。

2000年以来,随着我国拥有良好的经济增长势头和综合实力的增强,外商投资逐渐增多,出口产品结构逐步优化,对外贸易顺差持续增大。国际金融市场上,对人民币的需求大量增加,人民币有持续升值的压力。如图10-1所示,2005—2015年美元相对人民币汇率持续贬值。外界对人民币升值的预期使得公众不愿意持有过多的外汇资产,因此中央银行为了保持汇率稳定,不得不吸收交易市场上溢出的外汇。这使得外汇占款呈现爆发式增长(如图10-2所示),外汇储备大量增加。外汇占款的增长直接增加了基础货币量,流通中的人民币迅速增多,经济存在通货膨胀压力。为了对冲外汇占款对基础货币和货币供应量产生的冲击,中央银行进行大规模的冲销性干预。发行中央银行票据和调整存款准备金率是该时期中央银行冲销性干预的主要工具,其中存款准备金政策使用得十分频繁,2006—2013年共调整存款准备金率40次(如图10-3所示)。

2014年年初,美国退出量化宽松政策,全球资金回流美元和美元资产的趋势明显,人民币有贬值压力。中央银行为了稳定人民币汇率,在外汇市场上买入本币,抛售外国资产,使自身持有的国际储备减少。这进一步导致了货币总供给的减少,经济存在紧缩压力。为了抵消外国资产减少导致的货币供给减少,中央银行在国内市场上进行冲销性干预,下调存款准备金率,增加货币供给。2014—2019年,中央银行连续11次降低存款准备金率(如图10-3所示)。

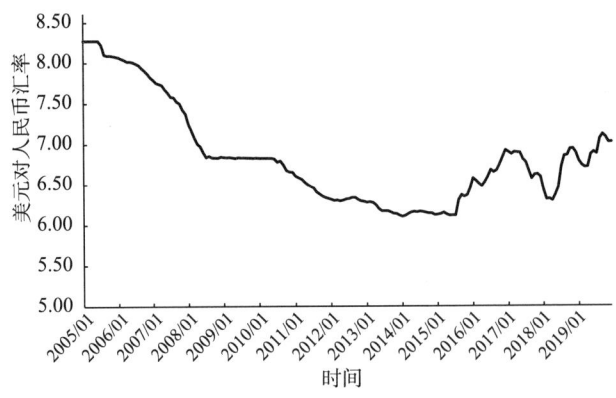

图 10-1 2005—2019 年美元对人民币汇率

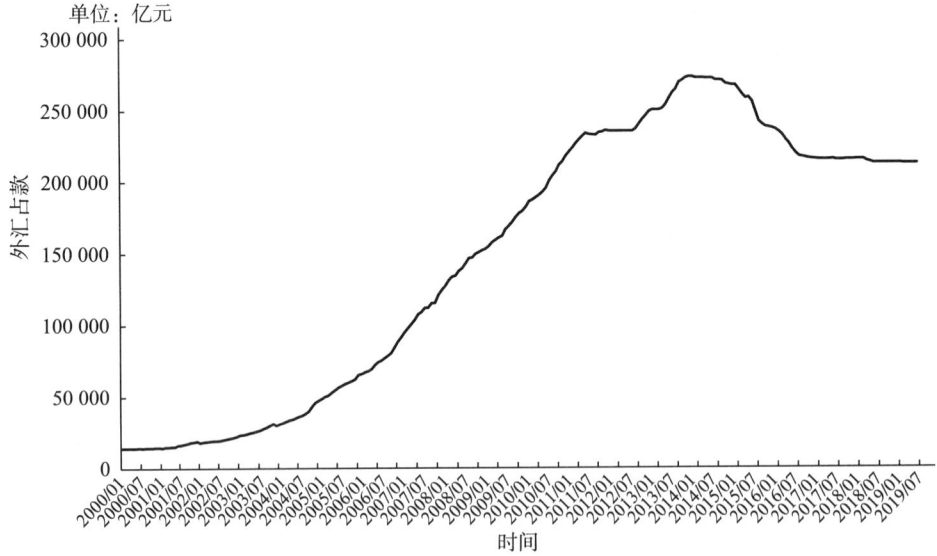

图 10-2 2000—2018 年中央银行外汇占款

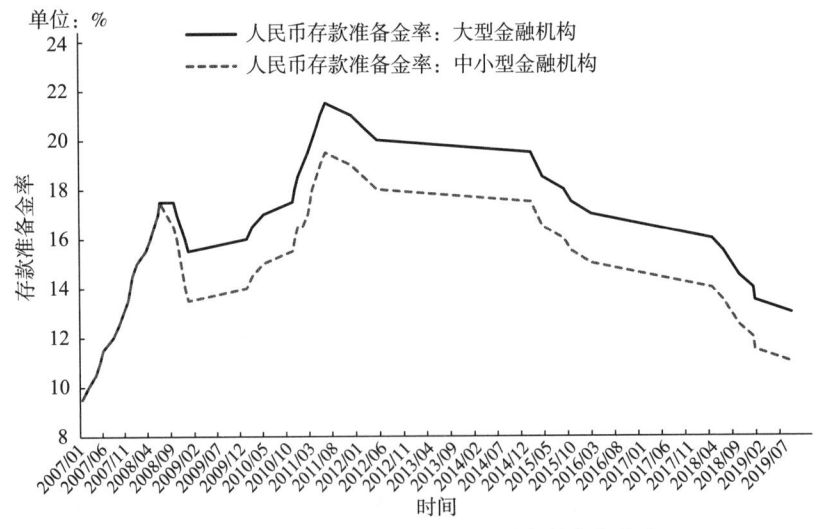

图 10-3 大中小型金融机构人民币存款准备金率

第二节 第一代货币危机模型

正如前文所述,中央银行在本币供需不平衡时,需要采取冲销性干预政策来维护固定汇率制或钉住汇率制。第一代货币危机模型认为引发货币危机的根源是中央银行维护固定汇率制的手段——冲销性干预与一国实行的财政政策存在矛盾。该模型认为,政府为了解决长期的财政赤字化导致的国内资产扩张问题,需要采取冲销性干预政策,发行纸币以增加货币供应量。同时,为了维持固定汇率制,政府会不断卖出外汇,导致本国外汇储备不断减少。当外汇储备减少到某个临界点时,投机者出于规避资本损失或者获得资本收益的考虑,会向该国货币发起投机性冲击。大规模的投机性冲击将会在顷刻间耗尽中央银行所有的外汇储备,导致政府被迫放弃固定汇率制,从而引发货币危机。

一、背景案例

20 世纪 80 年代,众多拉丁美洲国家爆发了货币危机。此次货币危机爆发的原因是 20 世纪 70 年代拉丁美洲国家为实现现代化、刺激经济快速发展,大举外债,长期实行扩张性财政政策和货币政策,导致了持续性的财政赤字。为了弥补财政赤字,政府采用增加货币供应量的一些手段,使得财政赤字转嫁到货币上,财政赤字货币化导致国内资产扩张。货币供给增加使得本币存在贬值压力,为了维持汇率稳定,中央银行采用了冲销性干预,在外汇市场上买入本币、卖出外币,减少外汇储备。在持续的赤字下,最终这些拉丁美洲国家的外汇储备被耗尽,固定汇率制崩溃,货币大幅度贬值,从而爆发了严重的货币危机。以墨西哥、阿根廷和巴西这三个国家为例,由于三国财政赤字规模迅速扩大,外债余额均值从 1970 年的 63 亿美元猛增至 1980 年的 523 亿美元,增幅高达 730%,财政赤字规模迅速上升,仅 1980—1982 年,三国的外汇储备均值就由 68 亿美元大幅下降至 34 亿美元。长期存在的高债务、居高不下的通货膨胀率、迅速降低的外汇储备导致拉丁美洲国家的固定汇率制于 20 世纪 80 年代末至 90 年代走向崩溃。

二、模型假设

在第一代货币危机模型中,为了方便分析,我们假设产出水平固定为 Y,价格水平 P 可以灵活变化,且由购买力平价决定。

在这个模型中,政府正在经历长期的财政赤字 DEF,但由于没有足够的税收来源,也没有能够提供稳定资金的债权人,政府只能转向中央银行融资,中央银行购买政府发行的债券。政府将数额和 DEF 一样的债券移交中央银行,并从中央银行获得一笔资金,用以弥补政府赤字。通过财政赤字货币化的方式,国内资产增加 $\Delta B = \text{DEF}$。假设每期国内资产 B 以 $\frac{\Delta B}{B} = \mu$ 的恒定比率增加,也就是说,当 $\mu = 0.1$ 时,每期国内资产 B 以 10% 的速率持续增长。

回顾前面学习的中央银行资产负债表的构成,货币供给 M 等于国内资产 B 加上外汇

储备 R。为了维持钉住汇率制,总的货币供给需保持不变以维持币值稳定。这就意味着,每次国内资产水平 B 的变化将导致外汇储备 R 产生大小相等、方向相反的变化。若国内资产随着财政赤字持续不断地增加,则外汇储备将会耗尽。在外汇储备为零时,中央银行将没有足够的外汇储备能够维持汇率稳定,钉住汇率制崩溃。中央银行转而采用浮动汇率制,在这种情形下,货币供给等于国内资产,即 $M = B$。

三、模型分析

投资者对于该国发生危机的不同预期将产生两种不同形式的货币危机模型:短视的投资者没有预期在未来某个时点下该国会发生货币危机,而前瞻性的投资者可以预期该国在某个时间点将会发生货币危机。下面我们将对上述两种投资者的预期情况进行讨论。

(一)短视投资者的案例

首先,我们来探讨投资者短视情况下该国的货币危机模型。假定投资者是短视的,看不到危机的来临。以图 10-4 表示,横轴为 1—8 个时间点,纵轴为数量,图中的三条线分别代表货币供给 M、国内资产 B 和外汇储备 R。从时间点 1 开始,在钉住汇率制下,国内资产比货币供给少,即 $B < M$,外汇储备是正的,即 $R > 0$。但是由于财政赤字货币化,B 逐渐上升,结果 R 持续下降,最后该国在时间点 4 时外汇储备耗尽,此时 $B = M$ 且 $R = 0$,意味着时间点 4 时该国汇率制度由钉住汇率制转变为浮动汇率制。根据模型假设,国内资产在每一时期按照 μ 的增长率增加。在时间点 4 之前,钉住汇率制下该国货币供给维持不变,国内资产和外汇储备发生数量相等、方向相反的变化。在时间点 4 及以后,在浮动汇率制下,外汇储备耗尽,货币供给 M 等于国内资产 B,因此货币供给也以增长率 μ 增加。

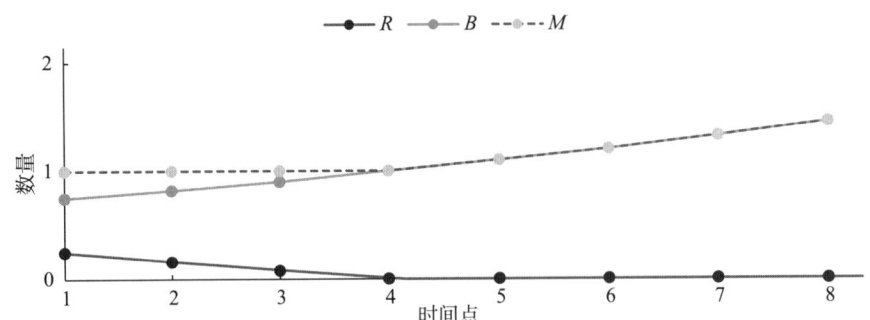

图 10-4　投资者短视情况下该国国内资产、外汇储备与货币供给随时间变化趋势

图 10-5、图 10-6 研究的是该国名义利率、价格水平与汇率随时间变化趋势。在时间点 4 之前,钉住汇率制下由于该国货币供给不变,产出不变,该国的名义利率、价格水平与汇率保持不变;而在时间点 4 及以后,由于价格富有弹性,因此价格水平 P 和货币供给 M 必然以相同的速率 μ 发生变化。由于购买力平价,名义汇率 E 与价格水平 P 以相同的速率 μ 增加。价格水平 P 由固定不变转为每时刻变化 μ,通货膨胀率 $\pi = \Delta P/P$,将会导致

预期通货膨胀率的上升,上升幅度为 μ。利用费雪效应进行分析,名义利率差额等于预期名义通货膨胀率差额,当国外货币供给不变时,在时间点 4 该国的名义利率会以与预期通货膨胀率相同的比率 μ 发生变化。如图 10-5 所示,该国面临的是名义利率的突变。

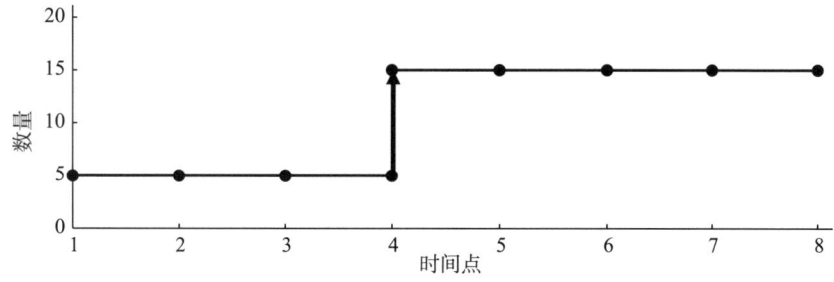

图 10-5　投资者短视情况下该国名义利率随时间变化趋势

由货币供给模型可知,名义利率 i 的瞬时性上升导致实际货币需求的瞬时性下降,而在货币供给不发生改变的情况下,价格水平 P 将会跳跃性提高。购买力平价意味着名义汇率 E 在时间点 4 发生跳跃性上升。因此,如图 10-6 所示,持有该国货币的投资者由于没有预期货币危机的发生,在时间点 4 将面临该国货币的突发性贬值,蒙受损失。

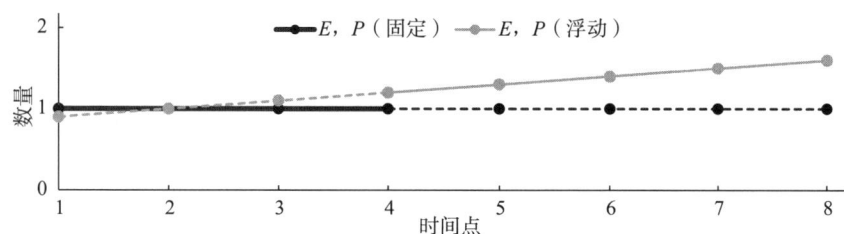

图 10-6　投资者短视情况下该国价格水平与汇率随时间变化趋势

(二) 前瞻性投资者的案例

然而事实上投资者不是被动等待或接受货币危机发生的。通常情况下,投资者将会通过该国的其他政策、指标预期该国何时将发生货币危机,进而规避损失。因此,我们在下面的分析中加入投资者预期进行研究。

我们讨论另一种极端的情况,即持有该国货币的投资者完美预期将在时间点 4 发生货币危机。如图 10-7 所示,他们会在早于时间点 4 时卖出该国货币,避免发生损失。投资者预期危机将发生后会抛售其持有的所有某种货币,这就是所谓的投机性冲击。

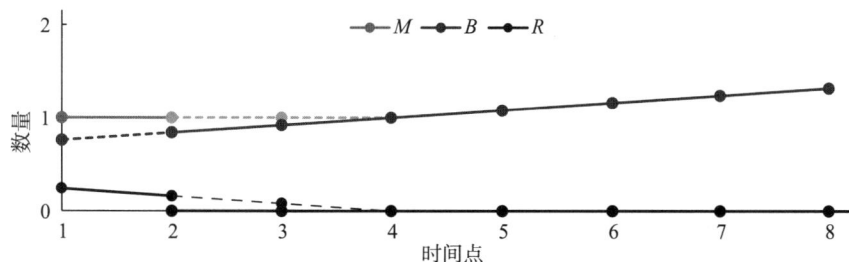

图 10-7　投资者完美预期情况下该国国内资产、外汇储备与货币供给随时间变化趋势

第十章　固定汇率与货币危机(一)　169

一旦发生投机性冲击，外汇储备突然被耗尽，汇率制度将转变为浮动汇率制。在前面短视的情况下，汇率制度的转变发生在时间点 4。但现在，这种转变在时间点 4 之前就发生了。

在投机性冲击发生时，外汇储备会被立刻耗尽，货币供给突然性下降，该经济体的利率、汇率、价格水平都会转入新的轨道。投机性冲击发生后，货币供给 M 等于国内资产 B，国内资产在每一时期都按照 μ 的增长率增加。需要注意的是，由于货币供给 M 出现瞬时性减少，由货币市场长期均衡模型 $M/P = L(i) \cdot Y$，名义利率必然会在时间点 2 出现跳跃性上升，如图 10-8 所示。在图 10-9 中，利率的跳跃性上升导致实际货币需求下降，货币需求下降的幅度等于货币供给下降的幅度，货币市场保持均衡，价格水平没有发生改变。因此，当随机性冲击发生时，价格水平 P 和汇率 E 不会发生跳跃性上升，且在冲击发生后同 M 一样以 μ 的增长率增加。

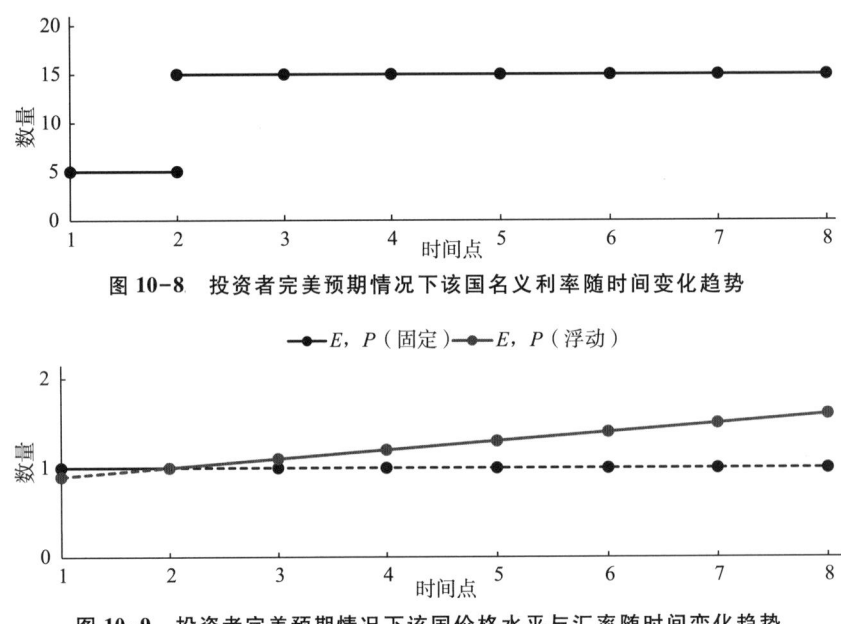

图 10-8　投资者完美预期情况下该国名义利率随时间变化趋势

图 10-9　投资者完美预期情况下该国价格水平与汇率随时间变化趋势

四、模型总结

第一代货币危机模型揭示了扩张性政策导致宏观基本面恶化进而引发货币投机性冲击。当一国经济的基本面出现问题，其外汇储备不足以支撑其固定汇率长期稳定时，该国外汇储备会被耗尽。当外汇储备低于某个临界点时，投资者会向该国货币发起投机性冲击，从而导致外汇储备被耗尽，政府被迫放弃固定汇率制，引发货币危机。

第一代货币危机模型说明了，需要注意的不是实际财政问题，而是关于未来财政政策的信念和期望。在有投资者预期的情况下，货币危机不会等到中央银行的外汇储备被耗尽时才发生。投资者预测中央银行的外汇储备在不断减少，为避免资本损失便会在中央银行的外汇储备被耗尽前提前抛售本币购入外币，这会导致中央银行的外汇储备被提前耗尽，即当外汇储备减少到一定程度时，投机者就会对本币发起冲击，消耗掉中央银行最后的外汇储备,导致货币危机提前爆发,而一国面临大规模无预料的挤兑时,将会付出沉痛的代价。

第一代货币危机模型表明:①宏观经济政策与维持固定汇率制之间存在的矛盾冲突是导致固定汇率制崩溃的根本原因。这是因为固定汇率制需要保持财政纪律或控制货币供给,但持续性的扩张性财政政策和货币政策违背了这个约束。于是货币供给量的持续性增加最终会导致外汇储备被耗尽,政府被迫放弃固定汇率制,产生货币危机。②货币危机与其说是突发的,不如说是固有的。政策中已包含危机的隐患,即持续的财政赤字货币化使中央银行的外汇储备不断被耗尽并最终放弃固定汇率制,导致货币危机发生。③危机的爆发可以预测,当外汇储备下降到某个临界水平时,投机者会在极短的时间内耗尽中央银行的外汇储备,导致固定汇率制的崩溃,从而可预见货币危机的发生。

值得一提的是,第一代货币危机模型开创了货币危机模型研究的先河,用一国的宏观经济基本面和政策冲突来解释和预测投机行为引致的货币危机。给我们的政策启示是,实行固定汇率制的国家必须实施恰当的宏观经济政策以保证经济基本面的健康运行,以维持公众对固定汇率制的信心。

第三节　第二代货币危机模型

一、第二代货币危机模型案例介绍

第一代货币危机是由政府实施的扩张性宏观经济政策与固定汇率制之间不协调所导致的,但在 1992 年爆发的欧洲货币体系危机中,有许多现象是第一代货币危机模型无法解释的。其中一个突出的问题就是,许多国家(如英国、意大利等)并未出现长期的财政赤字,宏观基本面没有明显恶化,但仍产生了货币危机。看起来货币危机的爆发与经济基本面的好坏似乎并不存在必然的联系,因此在客观上要求有新的理论来解释在经济基本面没有恶化的情况下欧洲货币体系危机的运行机制。下面,我们将了解欧洲货币危机发生的背景,并通过分析建立第二代货币危机模型。

(一) 背景

第二次世界大战后,为了提高欧洲在国际上的地位,欧洲主要的国家联合起来推进欧洲一体化进程。欧洲一体化进程由欧洲煤钢共同体逐步向前推进,最终得以实现。货币一体化从 1970 年的沃纳计划开始,它为实现欧洲货币体系规定了一个十年过渡时期。1971 年,货币联盟计划正式实施,在共同体内实行"可调整的中心汇率制"。1978 年,德国总理和法国总统提出建立欧洲货币体系的倡议,在两国的推动下,共同体各国首脑达成协议并在 1979 年建立了欧洲货币体系(European Monetary System, EMS),成员国之间实行固定汇率制,对非成员国实行浮动汇率制。

欧洲货币体系实质上是一个固定的可调整的汇率制度。欧洲货币单位(European Currency Unit, ECU)是由当时欧共体 12 个成员国货币共同组成的一篮子货币,简称"埃居",这一简称源自法国的古老货币。这一篮子货币中,各成员国货币在其中所占的比例大小是由它们各自的经济实力所决定。各成员国货币对埃居有一个法定中心汇率,并控制在2.25%的范围内上下浮动。通过让各成员国的货币与埃居挂钩,进而确定两个成员国货币之间的双边汇率,货币体系内部的国家实现了相互钉住(如图10-10所示)。每个成员国把黄金和美元储备的20%交给欧洲货币合作基金,同时换回相应数量的埃居。如果某个成员国的中央银行需要对本国汇率进行干预,它就可以用所持有的埃居或其他形式的国际储备金向另一个成员国中央银行购买(或者卖出)本国货币,从而维持汇率稳定。

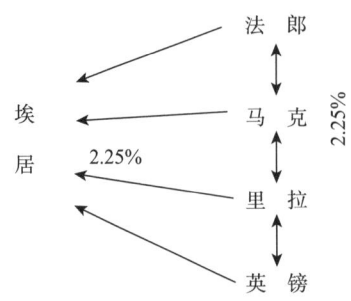

图 10-10 埃居对欧盟各国货币的约束

(二) 欧洲货币危机

1990年,苏联解体,民主德国与联邦德国合并,联邦德国大力斥资帮助民主德国重建经济。为了避免扩张性政府支出带来通货膨胀,德国中央银行提高了利率,这对其他国家造成了冲击。当时的英国处于经济衰退期,利率下降压力较大。外汇市场上具有影响力的投机者[以乔治·索罗斯(George Soros)为首]预期英国难以维持固定汇率,即认为在德国合并的重大经济冲击之下,英国会放弃钉住汇率。因此,投机者预期英国将在下一期实行扩张性货币政策,所以将所持有的大量英镑换成德国马克。如果英镑贬值,那么投机者将大赚一笔;如果英国仍然坚持维持钉住汇率,那么投机者只需要付出一些利息成本。

英格兰银行为避免英镑贬值采取紧缩性货币政策,出售中央银行外汇储备中的马克储备、收回英镑以使英镑维持钉住马克。英镑溢价过多引起了外汇储备大量流失,在此过程中,英国把银行利率从10%提高到12%,最后提高到了15%,然而市场的预期信念并没有发生变化,仍有大量投资者将英镑换成马克。强烈的市场信念使英国大量损失外汇储备,英国疲软的经济最终无法负担更高的利率,因此最终放弃了钉住汇率制。

二、第二代货币危机模型分析

与强调经济基本面因素的第一代货币危机模型不同,第二代货币危机模型又被称为"预期自促成"或"自我实现"(Self-fulfilling)货币危机模型,该模型认为货币危机不是由经济基本面恶化所致,而是由贬值预期的自促成或自我实现所致。第二代货币危机模型的实质问题是权益承诺,即国家的决策者并不承诺一定在任何情况下都实行钉住汇率制。也就是说,政府最终是否捍卫固定汇率制,取决于维持固定汇率制的成本与收益的权衡。当人们预期货币将贬值时,政府维持固定汇率制的成本随之上升,达到一定水平后,政府维持固定汇率制的成本将超过收益,从而决定放弃固定汇率制。因此,放弃固定汇率制是中央银行在维持和放弃之间进行成本和收益权衡后所做出的相机抉择,不一定是外汇储备被耗尽之后的被动结果。在这个前提下,货币危机预期具有自我实现的特征。接下来,本节将详细分析第二代货币危机模型的内容和主要观点。

(一) 模型假设

在第二代货币危机模型中,假设价格具有黏性,产出可变。一国加入欧洲货币体系后维持钉住汇率制可能会带来福利改进,如促进贸易流通、降低汇率波动风险、降低企业换汇交易成本等,因此可能带来的收益度量为常数 b。定义内部平衡时的产出($\bar{Y}$)与当前的产出(Y_n)之差为维持钉住汇率制所付出的代价 c。在现实中,政府将时刻衡量 c 与 b 的大小,在模型中,政府的权衡行为被简化为一年发生一次,一旦 $c > b$,政府将在下一期选择实行浮动汇率制以达到内部平衡时的产出。为了使模型具有普适性,我们暂时不考虑对产出的不利冲击来自哪些因素。

(二) 钉住汇率制承诺可信

在此情况下,如图 10-11 所示,IS_1 与 LM_1 相交于均衡点 1,为维持钉住汇率制,国内利率为 $i = i^*$,因此汇率也固定维持在了 $E = \bar{E}$,此时国内产出为 $\bar{Y}$,即为内部平衡情况下的产出水平。

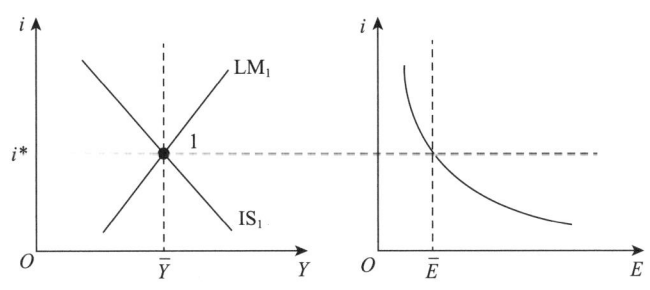

图 10-11 冲击发生前内部平衡的情况

如果此时该国受到了不利的需求冲击,导致 IS_1 向左移动至 IS_2,那么为了维持钉住汇率制,货币当局应采用紧缩性货币政策。如图 10-12 所示,此时 IS_2 与 LM_2 相交于均衡点 2,利率仍然维持在 $i = i^*$,此时国内产出为 Y_1。当实现钉住汇率制时,该国蒙受的损失为 $\bar{Y} - Y_1$,记作 c_2。

如果此时该国受到的冲击比上述所说的还要强烈,即导致曲线 IS_1 向左移动至 IS_3,造成该国受到的产出冲击更大,那么为了维持钉住汇率制,货币当局应采用紧缩性货币政策。如图 10-12 所示,此时 IS_3 与 LM_3 相交于均衡点 3,利率仍然维持在 $i = i^*$,此时国内产出为 Y_2,当实现钉住汇率制时,该国蒙受的损失为 $\bar{Y} - Y_2$,记作 c_3。

经对比可知,$c_3 > c_2$,即如果市场认为该国对于钉住汇率制的承诺可信,为维持钉住汇率制而付出的成本就会随着对产出的不利冲击规模的增大而增大。

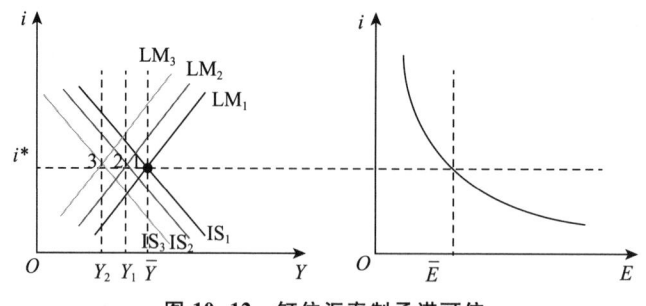

图 10-12 钉住汇率制承诺可信

（三）钉住汇率制承诺不可信

与上述情况一致，仍然是该国受到了产出冲击使得曲线IS_1向左移动至IS_2，但有所不同的是投资者不相信该国会维持固定汇率制的承诺，认为该国为了维持内部平衡的目标，会放弃固定汇率制，采用扩张性的货币政策。如果该国真的选择让本币贬值以获得内部平衡情况下的产出，则该国将实行扩张性货币政策使曲线LM_1向右移至LM_4，并且在IS_2与LM_4相交的均衡点4处达到内部平衡时的产出（如图10-13所示）。此时汇率自由浮动，利率下降到i_4，汇率从$\bar{E}$上升到E_{float}。

然而，投资者会预期政府未来的反应。如果投资者认为政府为了实现内部平衡的目标，会放弃固定汇率制的承诺，那么预期货币将会贬值。这一预期的变动将导致图10-13中国外收益曲线FR_1向上移至FR_2。此时如果中央银行希望维持钉住汇率制，则必须调整利率水平i_3以维持汇率不变，即曲线LM_1应向左移至LM_3，此时的产出为Y_3，为维持钉住汇率制所付出的成本为$\bar{Y} - Y_3$。因此，在钉住汇率制承诺不可信的情况下，该国为稳定汇率需要付出的成本远大于在钉住汇率制承诺可信的情况下所需的成本（$\bar{Y} - Y_3 > \bar{Y} - Y_2$），这就需要更多的产出以弥补产出缺口。因此，当产出缺口越来越大时，钉住汇率制的成本也越来越高。

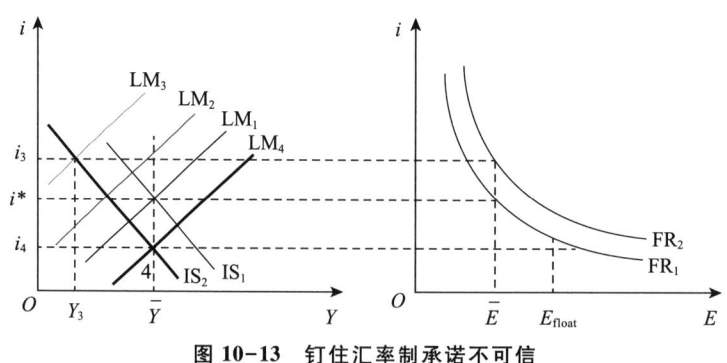

图 10-13 钉住汇率制承诺不可信

图10-14对上面的分析进行了总结，横轴代表冲击的大小，纵轴代表钉住汇率制所付出的成本，$y = b$意味着钉住汇率制所带来的收益。图中$C(E_{float})$代表钉住汇率制承诺不可信时的成本，$C(\bar{E})$代表钉住汇率制承诺可信时的成本。

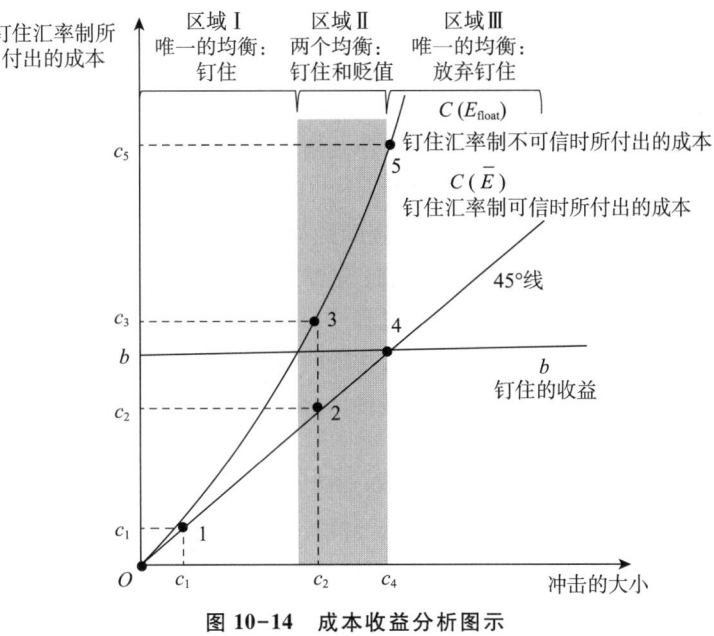

图 10-14 成本收益分析图示

在区域 I 内,无论市场相信钉住汇率制是不可信的还是可信的,收益都永远大于成本,即货币当局始终选择钉住汇率制,而且外汇市场中的投资者也坚信这一点,即市场信念也认为货币当局会始终选择钉住汇率制,该事前预测明确得到了事后验证。所以此时钉住汇率制的成本与 $C(\bar{E})$ 保持一致。

在区域 II 内,$C(E_{float}) > b > C(\bar{E})$,如果市场信念是"本币贬值",此时钉住汇率制的收益 $b < C(E_{float})$,货币当局将选择本币贬值,市场预期将由自我所实现。如果市场信念是"钉住汇率制",因为 $b > C(\bar{E})$,货币当局会坚持钉住汇率制,市场的预期将再次由自我所实现。在此情况下图 10-14 中产生了灰色地带,此时没有唯一的均衡,取而代之的是多重均衡,即市场预期决定成本到底是与 $C(E_{float})$ 保持一致,还是与 $C(\bar{E})$ 保持一致。

在区域 III 内,无论市场信念如何,两种钉住汇率制所付出的成本都要高于钉住汇率制的收益,所以货币当局一定会选择放弃钉住汇率制。因此外汇市场中的参与者会预期货币当局放弃钉住汇率制,此时预期又一次被实现了。在区域 III 内,成本与 $C(E_{float})$ 保持一致。

综上,政府是否选择维持固定汇率制是成本-收益分析的结果。钉住汇率制的收益是固定的,所受冲击越大选择钉住汇率制的成本越高,因此政府放弃固定汇率制的可能性越大,由此形成了不同的均衡结果。在区域 I 内存在唯一的均衡,钉住汇率制的收益始终大于成本,因此固定汇率制得以维持,货币危机不会爆发。在区域 II 内存在两种均衡,若市场认为钉住汇率制不可信,钉住汇率制的成本会超过收益,因此政府会选择放弃固定汇率制,货币危机爆发;若市场认为钉住汇率制可信,钉住汇率制的收益大于成本,固定汇率制不会崩溃。在区域 III 内也存在唯一的均衡,此时无论市场是否相信钉住汇率制可信,钉住汇率制的成本始终超过收益,政府一定会选择放弃固定汇率制,货币危机爆发。

(四) 总结

第二代货币危机发生的过程实际上是投资者与政府的博弈过程,货币危机发生的隐含条件是宏观经济中多重均衡的存在。即使政府并没有执行与固定汇率制相悖的扩张性财政政策和货币政策,一种本来可以延续下去的固定汇率制也有可能因为市场预期它将崩溃而崩溃,即货币危机预期具有自我实现的性质。

从投资者的角度考虑,外汇市场上的投资者需要对该国发起攻击的成本与收益进行衡量。投资者的成本只是在冲击性攻击过程中该国政府提高利率后的利息收入,而面临的预期收益则是持有外汇资产期间外币的利率收入加上预期该国贬值所得到的收益。如果在发起投机性攻击后该国货币贬值的幅度大于该国提高利率后两国的利率差额,投资者就会进行投机性攻击。

从政府的角度考虑,政府需要对提高利率维持平价的成本与收益进行衡量。投机性冲击发生后,政府可以通过提高本国利率来抵消市场的预期贬值,同时吸引资本流入来维持固定利率。但是,当提高利率的成本大于维持固定利率所获得的收益时,政府就会放弃固定汇率制。提高利率的成本与经济衰退的现象相关,如加剧政府债务负担、股市暴跌、房地产萎缩、失业率上升,最终使整个经济陷入萧条乃至危机的境地。而政府维持固定汇率制的收益包括消除汇率自由浮动给国际贸易与投资带来的不利影响;发挥固定汇率制的"名义锚"作用,遏制通货膨胀;通过维持固定汇率制能获得政策一致性的声誉,从而确保政府的政策实施更易获得既定的成效。所以,固定汇率制是否能够维持取决于政府行为的成本与收益权衡的结果。

因此,与第一代货币危机模型不同,第二代货币危机模型着重指出了:一是货币危机发生的时间是随机的,也就是说,一场本不会发生的货币危机也会因为市场预期的作用而发生,即预期的自我实现;二是货币危机的发生并不以经济的基本面状况是否恶化作为充要条件;三是货币危机本质上是政府与投资者行为的博弈,政府需要考虑维持固定汇率制带来的成本与收益,在减少失业、增加政府债务与维持固定汇率制之间进行相机抉择,因此会出现货币危机是否发生的多重均衡。

此外,第二代货币危机模型对我们有如下政策启示:**第一,政府要提高政策的可置信力**,多重均衡的存在暴露了国际金融体系的不稳定性,即使一国没有执行与固定汇率制不相容的财政政策和货币政策,也可能因为市场预期的作用引发货币危机。因此,在应对国际投机性冲击时,让公众与市场相信本国政府维持汇率稳定的可置信力至关重要。政府应增加对维持固定汇率制的表态以增强公众的信心,加强政策的透明性、规则性和可置信性,降低投资者对该国货币的"贬值预期",有效遏制市场恐慌,减少投机性行为的发生。**第二,政府可以采取资本管制措施应对投机性攻击**。仅仅依靠稳健的国内经济政策是不足以抵御货币危机的,固定汇率制的先天不足使其易受投机性冲击,因此选择固定汇率制的国家必须搭配资本管制或限制资本市场交易,从根源上阻断投机性行为,控制资本外流。**第三,政府需要加强国与国之间的政策协调**。实行固定汇率制的国家在政策上需要与钉住国保持一致。由于德国中央银行在欧元区的特殊地位,欧共体其他国家的中央银行选择向德国中央银行看齐,它们的货币政策也向马克看齐。1992年的一次经济冲击后,德国的经济周期变得与其他国家明显不同步,公众预期一些经济增长率低的国家无法持久地追随马克的高利率,从而诱发了欧洲货币体系的危机。危机暴露了经济政策协调上的不对称机制,加强政府间的政策协调也能在一定程度上预防危机的爆发。

小　结

  本章首先分析了货币危机的定义、内涵及其破坏性。货币危机具有极强的破坏性,不仅表现为货币的大幅贬值,还使得各经济部门都遭受了严重的冲击和破坏,最终可能演变为综合性的金融危机。要了解货币危机是如何发生的,先要了解中央银行如何干预外汇市场以维持固定汇率制。中央银行通过买入或者卖出国外资产进行外汇市场干预,维持汇率稳定,这将同时导致货币供给的变化。为了避免货币供给的变化引发经济波动,中央银行通常会进行冲销性干预,即在外汇市场上进行一笔数量相同、方向相反的操作,以抵消外汇市场交易对货币供给量的影响。

  接着本章详细分析了第一代和第二代货币危机模型。第一代货币危机模型认为,宏观基本面的恶化比如长期的财政赤字是引发货币危机的根本原因。持续的扩张性财政政策和财政赤字货币化导致国内资产不断扩张,为了维持汇率稳定中央银行需要不断抛出外汇,购入本币,使得外汇储备大量减少。当外汇储备低于某个临界点时,投资者为规避损失会向该国货币发起投机性冲击,外汇储备被彻底耗尽,该国固定汇率制走向崩溃,引发货币危机。第二代货币危机模型解释了许多国家并未出现宏观基本面的恶化但仍然爆发了货币危机的现象。该理论认为,货币危机是由货币贬值预期的自我实现所致。政府是否会放弃固定汇率制,取决于维持固定汇率制的成本与收益的权衡。当人们预期货币将贬值时,政府维持固定汇率制的成本随之上升,达到一定水平后,政府维持固定汇率制的成本将超过收益,只能放弃固定汇率制,由此引发货币危机。

关键词

货币危机	金融危机	银行危机
主权债务危机	外汇储备	国内资产
国外资产	冲销性干预	外汇占款
第一代货币危机模型	财政赤字货币化	第二代货币危机模型
欧洲货币体系	埃居	投机性冲击
多重均衡	政策协调	

练习题

1. 货币危机的定义是什么?试解释货币危机、银行危机与主权债务危机的联系和区别。

2. 中央银行为维持固定汇率制会如何干预外汇市场？以贸易顺差和逆差为例展开分析。
3. 冲销性干预的具体含义是什么？中央银行为什么要进行冲销性干预？
4. 第一代货币危机模型和第二代货币危机模型的差异在哪？分别用以解释什么现实背景？
5. 尝试对第一代货币危机模型中的投资者短视和投资者完美预期两种情况展开分析。
6. 试解释第二代货币危机模型中钉住汇率制承诺不可信时，投资者和中央银行的反应。
7. 政府可以采取哪些手段防范货币危机的发生？

第十一章 固定汇率与货币危机(二)

引　言

在上一章中,我们介绍了第一代和第二代货币危机模型。而随着20世纪80年代跨境资本大规模流入亚洲新兴经济体,以及20世纪90年代后期亚洲金融危机的爆发,人们对货币危机逐渐产生了新的认识。以克鲁格曼为代表的学者认为这次货币危机在传染的广度与深度以及国际收支平衡等方面与以往的货币危机均有显著的区别,并提出了新的货币危机模型。那么亚洲金融危机具体是如何产生的?跨境资本账户逆转会对一国经济产生哪些具体的影响?

在本章我们将围绕这些问题探究亚洲金融危机发生的原因。第一节,我们将分析亚洲金融危机的形成并介绍第三代货币危机模型。第三代货币危机模型强调了全球化时代下国际金融市场的关联,国内脆弱的金融体系与跨境资本流动不受监管,引发货币危机并将进一步诱发金融危机。第二节,我们将进一步讨论了跨境资本账户逆转理论。该理论强调了跨境资本流动具有较大的规模与较强的波动性,当跨境资本流动突然停止或者逆转时,经济体将面临巨大的货币贬值压力从而引发货币危机。

学习目标

1. 了解亚洲金融危机发生的过程和原因。
2. 理解第三代货币危机模型的原理和影响机制。
3. 了解资本账户逆转的现象与经济影响。
4. 掌握代表性货币危机模型的区别和联系。

第一节　第三代货币危机模型

随着亚洲金融危机的爆发,以克鲁格曼为代表的学者认为这次货币危机在传染的广度与深度以及国际收支平衡等方面与以往的货币危机均有显著的区别,并提出了第三代货币危机模型。本节中我们将了解亚洲金融危机发生的过程和原因,并对第三代货币危机模型展开详细的介绍。

一、亚洲金融危机概览

1992—1995年,中国年均经济增长率达到两位数,印尼、马来西亚、新加坡、韩国和泰国的年均经济增长率超过7%。整个亚洲经济与金融环境都向好。但在1997年2—6月,国际对冲基金开始大量做空泰铢,尽管泰国中央银行消耗了30%及以上的外汇储备,但还是无法维持高估的泰铢汇率,并于7月2日宣布放弃已坚持14年的泰铢钉住以美元为主的一篮子货币的汇率政策,实行有管理的浮动汇率制。泰铢汇率当日闻声下跌17%。泰铢失守最终演变成席卷全球新兴市场的亚洲金融危机。如图11-1所示,泰铢贬值后,亚洲其他国家的货币同样发生大幅贬值。

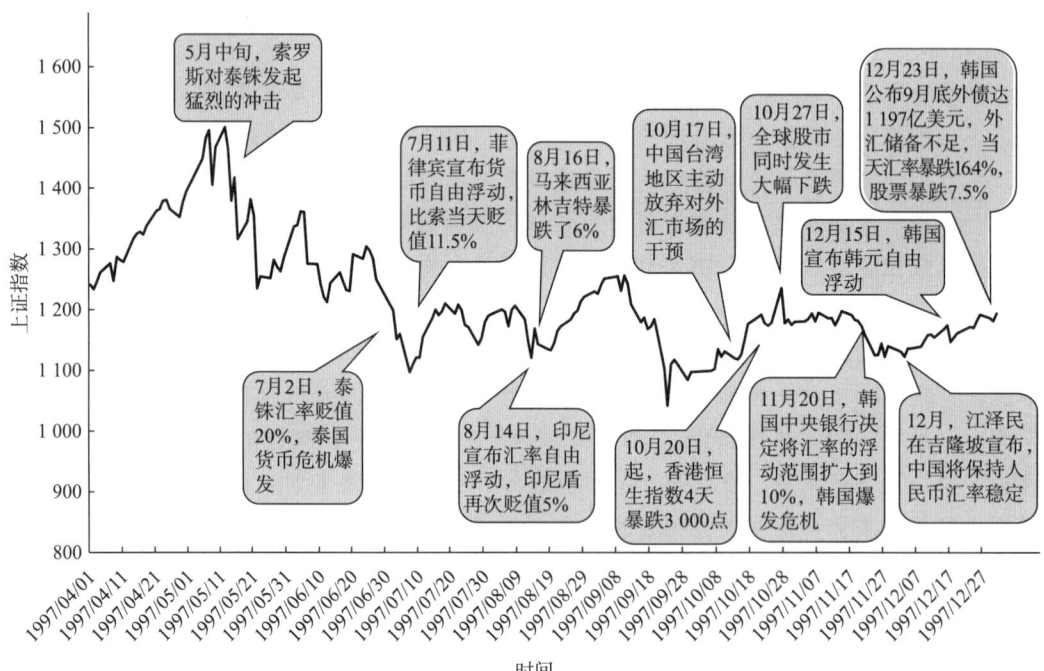

图11-1 各国货币贬值

此后,在亚洲外汇市场上,菲比索、印尼盾等主要货币先后遭到抛售,这些国家或实行联系汇率制度或实行钉住汇率制度,面对本币抛售的压力,大多采取措施提高本币利率以吸引资本留在本国,而国内的经济无法承受高利率,经济遭受严重衰退。如表11-1所示,1998年2月16日,印尼盾同美元比价跌破10 000∶1,新加坡元、马来西亚林吉特、泰铢、菲比索等也纷纷下跌。日元汇率从1997年6月底的115日元兑换1美元,一度跌至接近140日元兑换1美元的关口。

表11-1 亚洲主要货币对美元的贬值幅度

	1997年7月1日	1998年7月2日	跌幅(%)
印尼盾	2 432	14 650	83.40
泰铢	25.88	42.07	38.48

(续表)

	1997年7月1日	1998年7月2日	跌幅(%)
马来西亚林吉特	2.52	4.15	39.28
菲比索	26.38	41.31	36.14
韩元	887.80	1 366	35.00
新台币	27.81	34.34	19.02
日元	114.91	139.18	17.44
新加坡元	1.43	1.69	15.38

亚洲各国或地区主要货币汇率的变动带来了巨大的经济波动，1997—1998年，亚洲诸国或地区GDP纷纷呈负增长。此次危机在经济和金融环境向好的背景下发生了，令世界感到意外。那么，亚洲金融危机爆发的原因是什么呢？

二、亚洲金融危机爆发的背景

20世纪80—90年代，亚洲国家吸引了大量国际资本流入，仅1996年流入韩国、印尼、泰国、马来西亚和菲律宾五国的私人投资额就达到近1 000亿美元，占全球流入新兴国家资金的1/3，同时也已经达到1990—1993年平均流入资金量的5倍。而亚洲国家之所以能够吸引大量的国际资本流入，主要有以下两个原因：

一是亚洲国家经济发展势头好，吸引资本流入。亚洲国家经济增长潜力大、速度快，资本愿意流入。以新加坡为例，1965—1997年该国GDP从9.75亿美元增长到1 001.24亿美元，年复合增长率超过10%，不到10年就翻了一番。同时，相较于亚洲国家，美国的利率较低，国际投资者转向新兴市场寻求机会，借入日元和美元投资高收益的亚洲证券，这两者共同促进资本大量注入亚洲国家。

二是亚洲国家为推动金融自由化放松资本管制，资本跨境流动变得十分便利。从20世纪80年代开始，东南亚多数国家受发达国家金融深化、金融自由化理论和实践的影响，陆续启动了以金融自由化为主要内容的金融改革，过早对外开放了尚未成熟的资本市场，放松了对资本项目的管理，为国际游资的频繁流动和投机性攻击提供了可乘之机。菲律宾于1986年出台了允许外资利润自由汇出等措施。泰国与新加坡、马来西亚等国展开了以夺取地区性金融中心地位为目标的激烈竞争。从20世纪90年代起，泰国开始加速开放资本账户，到1994年完全实现了资本项目下的可自由兑换，其金融市场基本完全开放。资本项目的可自由兑换，虽然方便了国际资本的流入和流出，使泰国公司能够自由、容易地获得资金，却也失去了抵御国际投机性攻击的最后一道防线。

随着大量跨境资本流入亚洲地区新兴经济体，这些新兴经济体也因此获得了空前的繁荣，但是在这一过程中也埋下了两个隐患：

一是金融监管不力。金融监管不健全、金融资产质量差是亚洲金融危机爆发的重要原因。东南亚诸国不但金融监管体系不完善，缺乏有效的金融风险防范、化解机制，而且还普遍存在裙带资本主义(Crony Capitalism),致使这些国家的金融监管形同虚设。在金融监管体系不健全和裙带资本主义的合力作用下,东南亚国家普遍累积了大量的不良债权。一方面,政府对金融业疏于管理,特别是对金融业的市场准入没有规范的管理;对信贷的约束比较少,导致银行信贷规模扩大过快,并且借款者通常缺乏偿债能力,违约风险较大;另一方面,政府对金融业的财务状况缺乏必要的、审慎的监管,不能及时、有效地处理各种违规、违法行为等。随着中央银行放松对外债的管理和监控,商业银行等市场主体大量举借短期外债,这些短期外资的大量流入在刺激经济的同时,也积聚了风险。

阅读材料

裙带资本主义(官僚资本主义)描述了在一个经济体中,企业成功与否取决于与政府官员、商界人士之间的关系是否密切,通常表现为企业通过密切联系,获得法律许可的分配、政府补助或特殊的税收优惠等。通过这些特殊的补贴与优惠,政府和某些企业便建立起了互相利用的裙带关系。20世纪70—80年代,"亚洲四小龙"采取出口导向型政策,迎来了经济的迅速崛起,引起其他发展中国家效仿。在出口导向型政策下,落后国家有限的经济资源被完全用于扶植出口部门,国家将银行的信贷、政府的补贴向国内出口企业倾斜,让出口企业做大做强。在出口导向型政策下,政府与银行向特定企业的资源倾斜难免会导致一国银行与大财团深度捆绑在一起,裙带资本主义由此出现。以韩国为例,20世纪60年代,由于自然资源的缺乏以及技术的低劣,韩国选择了出口导向型政策。政府与各企业建立了密切的联系,给予其政策、金融、法律、行政的优惠,逐渐产生了裙带资本主义。政府在经济政策上重视对财阀的支持,利用国家控制的金融机构长期对财阀提供低息贷款,以促进财阀扩大规模、发展生产,从而实现经济增长的目标;而财阀则利用政府提供的政策优惠或资源倾斜,来达到利益最大化的目的。时至今日,韩国财阀依旧在政治、经济上有巨大的影响力。

二是负债型货币错配(Currency Mismatch)的形成。在国际投资中,被各国普遍接受可用于国际结算的货币主要是美元、欧元。故除美国与西欧各国外,其他各国货币均被国际市场不同程度的"边缘化"了,而新崛起的亚洲各国也不例外,在20世纪八九十年代大量外币涌入亚洲国家的情况下,亚洲各国尚未处于全球资本市场的中心,无法从国外借到本币,同时因为本国货币不能用于国际结算,所以也不能发行以本币计值的债券,这必然导致亚洲国家资产和负债、收入和支出以不同的货币来计值,我们把这一现象叫作货币错配。对亚洲国家而言,因大量资本流入,这些国家在国际金融市场上借入大量的美元,即负债为美元、收入为本币。这样一个负债美元化的过程,就是负债型货币错配。

而负债型货币错配带来的一个典型后果就是,本国财富对于汇率变动十分敏感,亚洲各国普遍害怕本国货币浮动。通常情况下,本币贬值意味着本国商品在外国的价格下降,有利于出口,在一定条件下能刺激生产,属于扩张型的货币政策。但在货币错配存在的情况下,如果外币资产大于外币负债,则本币贬值后的财富效应是正的;相反,如果外币负债大于外币资产,则本币贬值后的财富效应是负的。因此,在亚洲诸国都存在严重的负债型货币错配的情况下,本币贬值带来的总效应是紧缩的,会造成国家财富的净损失。图 11-2 展示了负债型货币错配下外部冲击的传导机制,当一国面临出口下降、经济衰退的冲击时,如果选择降低利率、增加货币供给来刺激经济,则会引起货币贬值,本币的贬值会导致居民、企业的债务水平上升,遏制消费与投资水平,造成产出的下降。出于对本币贬值带来的国家财富损失的恐惧,亚洲各国普遍不愿通过让本国货币主动贬值的方式来刺激经济增长。而如果各国此时反过来采取紧缩性货币政策,减少货币供给,提高利率以维持汇率稳定,那么国内信贷收缩和融资成本的上升将进一步引起经济衰退。

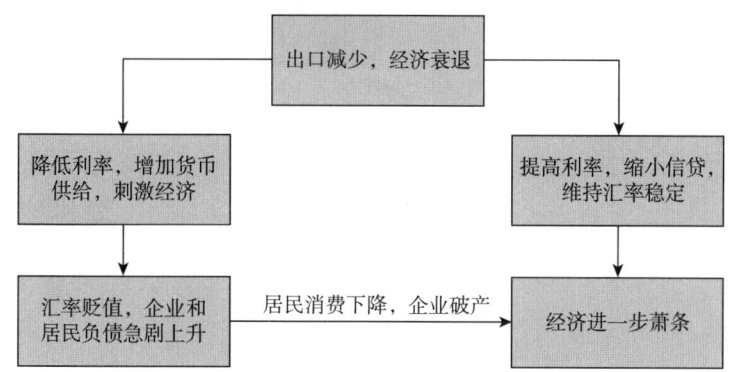

图 11-2　负债型货币错配下外部冲击的传导机制

三、第三代货币危机模型

通过对上述背景与内容在时间线上的梳理,我们可以清晰地得出第三代货币危机爆发的传导机制。

道德风险(Moral Hazard)指当一个经济参与者的权利和义务不相匹配时,不用负担产生风险的全部成本,该参与者会主动增加风险暴露的程度,从而导致他人的资产或权益受到损失的情况。在出口导向型政策下,亚洲各国政府对金融机构进行隐性担保,以便大力帮助出口企业发展,形成裙带资本主义。由于金融机构的逐利性和出现问题后会由政府解决的心理,金融机构会采取大量的冒险投资行为,即产生道德风险。道德风险会引起公众的信心危机和金融机构的偿付力危机。与此同时,在亚洲国家经济发展向好的大背景之下,加上主要金融中心(如美国、日本)的低利率驱使资本为了追逐高收益而向大量亚洲国家流动,结合亚洲各国宽松的资本管制力度,亚洲的金融机构能够在国际市场上吸纳存款,或发放债券来筹集资金,造成亚洲国家普遍出现过度借贷(Over-borrowing),并形成大规模负债型货币错配的现象。

亚洲各国金融机构长期存在道德风险,结合这些国家存在大规模负债型货币错配,在一定条件的诱发下会引起国际投资者发生金融恐慌。金融恐慌(Financial Panic)指由于某种外在的因素,国际短期资本突然从尚具清偿能力的债务人那里大规模撤回资金的现象。金融机构业务"借短贷长"的特性决定了金融机构存在流动性问题,但是流动性问题并不一定导致金融恐慌的出现。金融机构遇到短期资本突然大规模撤回,并最终形成金融恐慌是有条件的:第一个条件是,一国或某金融机构的短期债务多于短期资产,使得流动资金难以偿还短期债务;第二个条件是,在短期资不抵债的情况下,没有一个经济单位能完全承担起最后贷款人的职责。当这两个条件被同时满足时,流动性风险便会演变成金融恐慌。图11-3总结了这一危机爆发的传导机制。

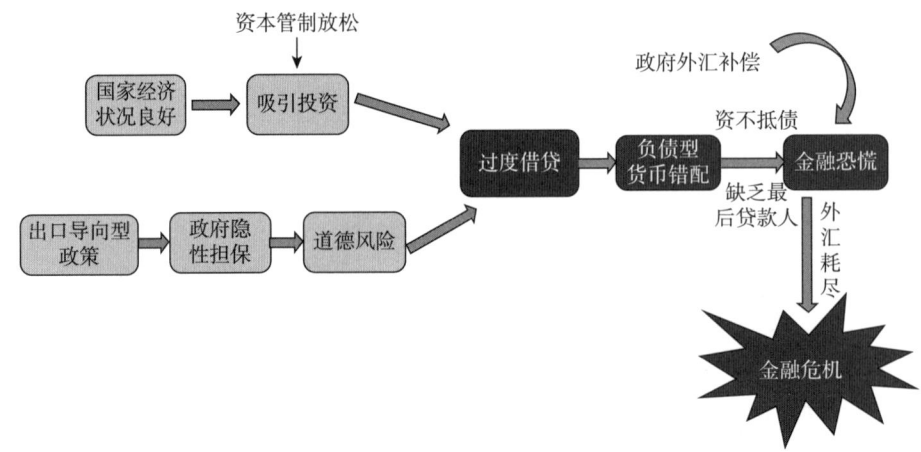

图 11-3　危机爆发的传导机制

时间来到20世纪90年代,日元汇率一路下跌成为触发亚洲金融危机的开关,日元贬值导致其他亚洲经济体货币相对升值,升值对出口不利,出口下降则会产生本币贬值的预期。在本币贬值的预期下,资本大量流出,出现金融恐慌,短期内出现被投资企业资不抵债的情况,并且逐步加剧(见图11-4)。

图 11-4　危机爆发机制

金融机构此时缺乏足够的偿付能力,难以应对国外投资者连利息都可以不要的大量集中性撤资需求,政府只能拿外汇储备进行救助。如果有国家或者机构提供流动性救助,即有最后贷款人,则即使短期负债多于短期资本,金融恐慌也可以避免。但是本国国内外汇储备数量有限,并不足以应对挤兑,外汇储备不久之后就将被耗尽;同时,有能力承担最后贷款人责任的美国选择袖手旁观,并未采取任何帮扶措施;而身为国际贷款机构的IMF更是没有承担最后贷款人的天然使命,在亚洲金融危机中,IMF同意对受难国家提供援助,但行动缓慢,批准的援助金额更是杯水车薪。1997年下半年,泰国内阁、印尼政府与韩国政府先后向IMF提出贷款申请,而IMF一直到1997年年底才通过了韩国210亿美元的短期性债权援助计划,并与世界银行、亚洲开发银行及美国与日本等国共同宣布了总额为570亿美元的援助计划,但条件是受助国必须进行一系列激进的经济改革,包括减少赤字和提升利率等。但这些紧缩性政策本身会使经济进一步恶化,引发大量企业破产和提高失业率。故而多方认为 IMF 推行的政策实际上拖延了这些国家的经济复苏,因此在许多受难国家中,这次金融危机甚至被称为"国际货币组织危机"。而 IMF 消极应对的结果就是没有一个经济单位有能力或愿意完全承担最后贷款人的职责,亚洲国家的企业大量破产倒闭。恐慌不断蔓延和放大,金融体系便出现了大范围的挤兑和崩溃,金融危机由此爆发并逐步恶化。

如图 11-5 所示,亚洲金融危机给亚洲各国经济短时间内带来的负面影响巨大。图 11-5 显示了东亚主要新兴市场经济国家的实际经济增长率,可以明显看出,受金融危机的影响,这些亚洲国家几乎都经历了增长率的迅速下降。

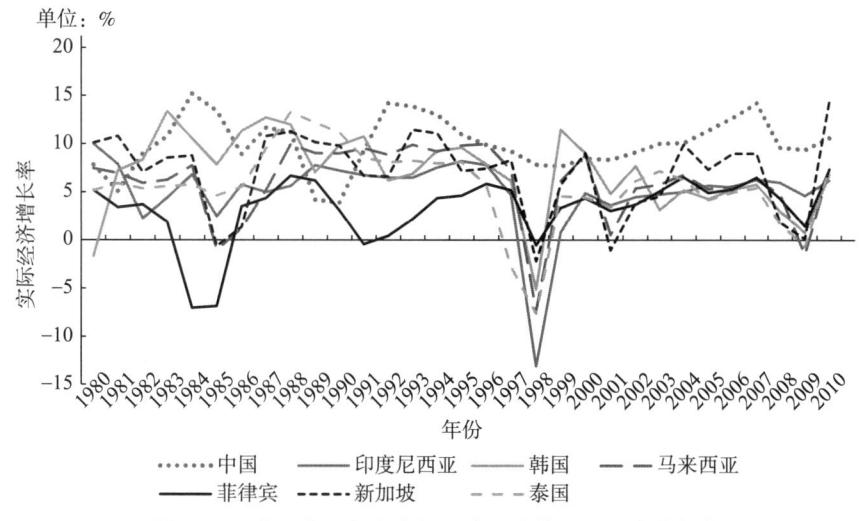

图 11-5 东亚主要新兴市场经济国家的实际经济增长率

但是我们也可以从图 11-5 观察到,在亚洲金融危机期间,中国的实际经济增长率没有出现像其他国家那样的大幅度下降,而是依然保持了近 10% 的增长水平,其原因在于中国此时实行了资本账户管制,没有出现金融恐慌,进而在一定程度上避免了危机造成的负面影响。

四、对亚洲金融危机的其他解释

除利用第三代货币危机模型的框架对亚洲金融危机进行解释外,也有很多学者从其他角度对亚洲金融危机进行了解释。

如果亚洲经济增长模式本身存在问题,那么危机之后亚洲国家经济增长应该面临较大的调整,经济复苏缓慢、经济增速难以保持高位。但亚洲金融危机爆发后,经济增长率负向暴跌之后在短时间内迅速恢复(如图 11-5 所示),且在危机爆发后大部分亚洲国家的经济都能维持一个高速增长,这说明亚洲国家国内的问题并不严重。因此一些学者认为亚洲金融危机可以用第二代货币危机模型进行解释。

回顾第二代货币危机模型的基本观点,市场对政府是否愿意维持汇率稳定的预期会引发多重均衡的出现。如果市场参与者存在贬值预期,决定发起投机性供给,将引发货币贬值与货币危机。观察东南亚货币危机与金融危机的特征可以看到,在资本账户开放的背景下,货币贬值预期引发了投机性攻击和跨境资本的大规模流出,并且经历危机的亚洲各经济体,其经济增长率负向暴跌之后在短时间内迅速恢复(如图11-5所示),从而在一定程度上排除了存在结构性问题的可能性。因此,我们可以在第二代货币危机模型的框架下对亚洲金融危机爆发的原因展开分析。

亚洲金融危机爆发之前,经济高速增长的亚洲各经济体一直被视为稳定且具有吸引力的投资目标。然而,当这些经济体的金融体系面临压力和挑战时,市场参与者的信心受到动摇,投资者开始对这些经济体的经济和金融体系产生负面预期。投机性攻击的出现与市场预期和投资者信心的变化密切相关,这些负面预期导致亚洲国家的汇率市场和金融市场上出现投机性攻击,投资者试图通过大量抛售亚洲国家的货币和金融资产来避免损失,加剧了亚洲国家的货币贬值和金融体系的崩溃,进一步削弱了市场参与者对亚洲经济的信心,形成恶性循环,最终引爆危机。

此外,亚洲金融危机也可以解释为银行危机与货币危机的"双重危机"。一方面,亚洲经济体的金融体系内部存在杠杆率过高、融资效率与信贷质量较低的问题,脆弱的金融体系引发了银行危机。另一方面,在外部风险冲击下,跨境资本流出、货币贬值,对货币危机的爆发施加了压力。在内部银行体系脆弱与外部风险加大的相互作用下,危机的严重程度加剧。"双重危机"现象最终全面引发了亚洲金融危机,对亚洲各国的经济造成了极大的冲击。具体而言:

第一,银行危机是亚洲金融危机的一个重要组成部分。在危机爆发前,一方面,许多亚洲国家银行体系普遍存在杠杆率较高,且资产负债表面临严重的期限错配与货币错配的现象,即银行部门通过大规模短期外债融资进行国内信贷发放,银行面临极大的偿债压力,进一步增强了银行体系的脆弱性。另一方面,亚洲各国经历了金融自由化,银行系统面临着风险管理不善、监管不完善等问题,银行的贷款流向高风险行业,导致不良贷款急剧增加。这些因素都成了银行危机爆发的隐患。

第二,从银行危机与货币危机之间的关系来看,银行危机爆发带来的金融恐慌,会导致国际资本外流,对亚洲国家的国际收支状况产生负面影响。一方面,资本外逃导致了货币贬值和外汇储备剧减甚至耗尽,最终引发货币危机。另一方面,货币危机的爆发又加重了金融机构的外债负担,银行的净资产下降,资本市场受到不利影响,进一步加剧了银行危机。

因此,亚洲金融危机可以被认为是银行危机和货币危机相互作用的结果。银行危机导致了资本外流和货币危机,而货币危机反过来又加剧了银行危机。这种相互关联的双重危机加剧了亚洲国家面临的金融困境,最终导致亚洲金融危机的爆发。

五、结 论

通过对第三代货币危机爆发的背景、成因与传导机制进行全面分析,可以得出一些重要结论。

第一个结论是,政府隐性担保所导致的道德风险是引发危机的真正原因。道德风险隐含的金融监管不力与裙带资本主义导致过度借贷,产生大量低效投资与呆坏账,进而形成货币错配。而且,短期债务超过短期资产,引发金融恐慌。

第二个结论是,世界范围内资本流动规模越来越大,想要维持固定汇率,政策制定者通常可以采取两种方法:一是对跨境资本流动进行管制。危机前大量资本流入,危机爆发后大量资本流出,资本流入和流出不受监管管制并触发了货币危机。如果国家对短期资本流入和流出进行适当控制,可以降低资本流动对经济带来的冲击,在一定程度上减小危机发生的可能性。二是政府可积累大量的外汇储备应对投机性攻击。在针对本国货币的投机性攻击时,若中央政府有足够的外汇储备,成为国内企业坚实的"最后贷款人",则固定汇率制可以得到维持,各国投机者也会停止投机性攻击,从而阻止危机的进一步爆发。

第三个结论是,缺乏外国或国际组织的救助也是新兴经济体货币危机频繁爆发的原因之一,这说明了国际合作的重要性。事实证明,在发生亚洲金融危机时,国际合作的严重缺乏导致了"最后贷款人"的缺位,各国在危机中仅能依靠自身外汇储备来度过危机,如图11-6所示,危机过后,亚洲的一些经济体纷纷积累外汇储备以应对可能爆发的危机。

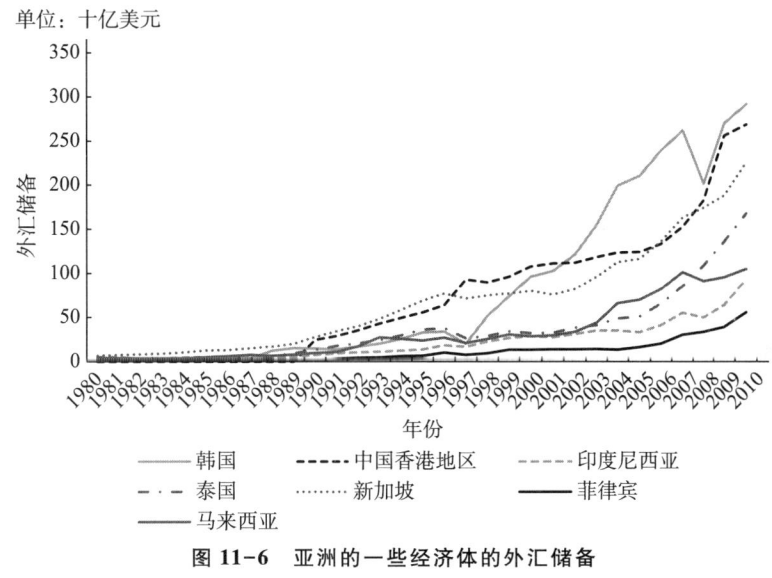

图 11-6 亚洲的一些经济体的外汇储备

第二节 资本账户逆转与货币危机

布雷顿森林体系崩溃后,尤其是 20 世纪 90 年代以来,跨境资本的流动规模越来越大,发生在多数国家的货币危机以及其他类型的金融危机都具有一个共同的重要特征:在危机爆发前一国保持长期经常项目逆差和资本流入,这个发生经常项目长期逆差的国家,从某时开始突然无法从国际资本市场融资,资本流入大幅下降甚至流出,经常项目逆差发生逆转,这种现象被称为"Sudden Stop"。那么资本流动突然停止会对经济产生什么影响呢?"Sudden Stop"与之前的货币危机模型又具有哪些区别和联系?本节将围绕这些问题展开讨论。

一、"Sudden Stop"的定义与表现

"Sudden Stop",又称"资本账户逆转"(Capital Account Reversal),指一国在短期内资本流入大幅下降甚至流出的现象,在国际收支平衡表中表现为资本和金融项目逆转。资本和金融项目与经常项目是一枚硬币的两面,根据国际收支平衡原理,经常账户+资本和金融账户=0,也就是说,经常账户与资本和金融账户往往是方向相反、金额相等的。若一国经常账户发生逆差,导致资本流入,则资本和金融账户发生顺差。当"Sudden Stop"发生时,资本和金融账户发生逆转,意味着经常账户由逆差转变为顺差。

下面以2001年阿根廷货币危机为例对"Sudden Stop"这一货币危机的表现进行总结。2001年年底,阿根廷的资本流入发生账户逆转,政府在国际市场上融资困难,导致其本币急剧贬值。2002年1月,阿根廷宣布放弃实行了11年的比索与美元挂钩的固定汇率制。金融危机爆发前,美元对比索的汇率是1∶1,到了2002年3月,美元对比索的汇率为1∶4,短短3个月阿根廷比索的贬值幅度达到75%,股市暴跌、金融市场陷入剧烈动荡。2001年年前,阿根廷的经济发展状况较为稳定,为何会突然爆发危机呢?实际上,阿根廷的货币危机早已出现端倪。由图11-7可以看到,1990—2000年,阿根廷的经常项目一直处于逆差的状态,但在2001年,阿根廷的经常项目突然出现急剧上升,由经济逆差转变为经济顺差。这是典型的"资本账户逆转"现象——前期资本大量流入,后期资本突然流出。阿根廷的经常项目长时间发生逆差,资本大量流入,而当"Sudden Stop"发生时,经常项目逆差出现逆转,资本大量流出,导致金融市场波动、货币贬值等一系列问题。

图 11-7 阿根廷经常项目占 GDP 的比例

一般来说,"Sudden Stop"的出现会伴随下列三个现象:

(1)突然无法从国际资本市场融资。长期以来,阿根廷对国际资本市场融资的依赖性较强。然而,外部环境的变化导致国际投资者对阿根廷的信心下降,引起对阿根廷债务问题和经济不稳定的担忧。外国债权人开始把阿根廷债务视为可能的炸弹,要求对新的

贷款和融资提高利率。长期政府债务的风险溢价大幅飙升,从1997年年末的3%~4%上升到了2000年年末的7%~8%。到2001年年末,私人债权人几乎都撤离了阿根廷。政府债务的风险溢价上涨,从6月的10%上涨到8月的15%,10月则达到了20%。这使得阿根廷无法满足对外债的偿还需求,触发了一系列连锁反应。

（2）资产价格暴跌和实际汇率上升。国际资本的迅速流出导致阿根廷资产价格的急剧下跌。股票市场和债券市场受到重创,投资者纷纷抛售阿根廷的资产,导致市场崩溃。同时,由于投资者将阿根廷货币大量兑换成外币,阿根廷货币急剧贬值。

（3）国内产出和总需求严重收缩。由于无法获得国际融资,阿根廷的金融体系遭受了严重的打击,导致信贷供应急剧紧缩。这一情况使得企业难以融资,消费者难以获得贷款支持,从而导致国内产出和总需求的急剧收缩。企业破产和失业率上升,进一步加剧了经济的衰退。

综合上述三个方面的表现,可以看到"Sudden Stop"引发了突然无法从国际资本市场融资、资产价格暴跌和实际汇率上升以及国内产出和总需求严重收缩等一系列连锁反应,最终导致阿根廷经济陷入深度的危机之中。其他出现"Sudden Stop"的国家也存在类似的现象。回顾1982年拉美主权债务危机以及20世纪90年代的亚洲金融危机,不难发现,这些国家在危机爆发之前,都处于经常项目长期逆差的状态,危机发生时,也都出现了不同程度的经常账户调整、资本账户逆转的现象。

二、对"Sudden Stop"表现的解释

对前面谈到的各国货币危机的爆发进行总结,我们发现"Sudden Stop"的出现一般伴随下列表现:第一,突然无法从国际资本市场融资;第二,资产价格暴跌和实际汇率上升;第三,国内产出和总需求严重收缩。那么为什么"Sudden Stop"往往伴随着这些经济表现呢？接下来我们将详细阐述这三种经济表现的发生机理。

第一,一国突然无法从国际资本市场融资。对于某些经常账户持续赤字的国家来说,其贸易长期发生逆差,进口大于出口,这就需要通过不断变卖资产或举借外债来实现超出收入的消费。这将导致其资产不断减少或负债不断增多,杠杆率不断提高,具有较高的违约风险。而当其外债高到一定程度时,国外的投资者会担心其还款能力以致不愿意提供给该国更多的贷款,导致该国突然无法从国际资本市场融资。

经济体从国际金融市场融资困难,除自身杠杆率升高外,还会受到市场上不利外部冲击的影响。如美联储采取紧缩性的政策,提高利率,会导致全球经济流动性紧张,使得风险较大的经济体发生资本账户逆转。图11-8表明,几乎每一次货币危机的出现都发生在美联储加息之后。

第二,一国会经历资产价格暴跌和实际汇率上升。先来看看资产价格暴跌的原因。当一国经历"Sudden Stop"时,会突然无法从国际市场借入大量资金进行生产和消费,此时流入该国的资本量急剧下降,甚至还有流出的压力。资本流出伴随着国内财富下降,该国

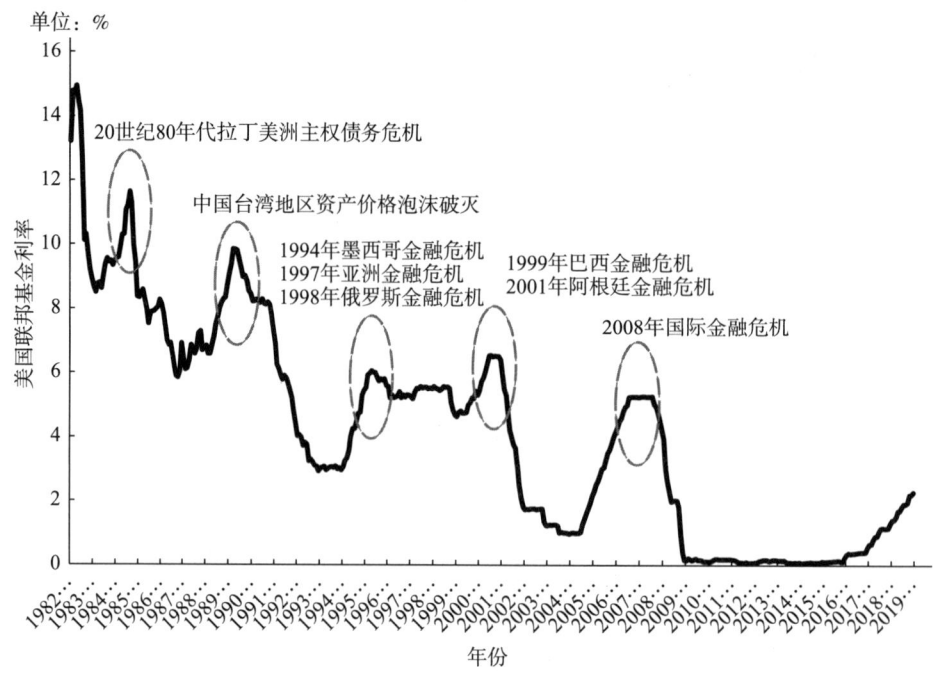

图 11-8 美联储政策周期与金融危机

居民可支配收入减少,消费需求下降,对资产的需求和购买减少,资产价格暴跌。接下来我们使用前面章节所介绍的 TNT 模型分析实际汇率大幅上升的原因。当经济体为了偿还曾经积累的债务而必须从贸易逆差转变为贸易顺差时,这种调整可以简化为如图 11-9 所示。

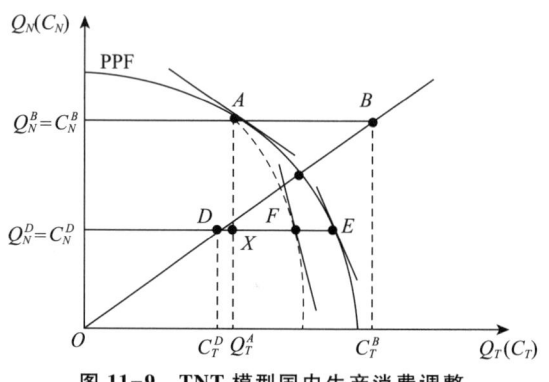

图 11-9 TNT 模型国内生产消费调整

假设调整前经济均衡处于 B 点,当调整发生时,居民可支配收入下降,对贸易品、非贸易品需求下降,消费点会沿着 OB 线向左下方移动,假设调整后消费需求下降到 D 点。由于消费支出减少,国内对非贸易品的需求会相应减少,由 C_N^B 下降到 C_N^D。而非贸易品的国内供需必须平衡($Q_N = C_N$),所以,生产由 Q_N^B 下降到 Q_N^D。产量下降就意味着非贸易品部门的厂商不需要雇用原来那么多工人,会促使劳动力从非贸易品部门流向贸易品部门,进而促进贸易品部门生产规模扩大。假设经济处于充分就业状态,劳动力能够迅速从非贸易品部门转移到贸易品部门,对应的生产点将沿着 PPF 从点 A 移动到点 E。PPF 斜率的绝对值在新的生产点 E 比在初始生产点 A 更大,这意味着调整过程中 P_T/P_N 上升,贸易品相对价格上升,实际汇率上升。因此,经济结构的调整不仅需要生产力的调整,而且需要实际汇率的调整。具体来讲,从贸易逆差转变为贸易顺差的三个表现为:一是消费需求减少,二是实际汇率上升或贸易品相对价格上升,三是生产从非贸易品部门向贸易品部门转变。

前面的分析一直假定经济处于充分就业的状态,生产总是处于生产可能性边界上。但在现实情况中,劳动力从非贸易品部门转移到贸易品部门并不顺利,出于技术壁垒和信息不对称等原因,短期内会存在摩擦性失业和结构性失业,这表现为该国 PPF 的"内折"(如图 11-9 所示)。回到前面的假设,经济体从贸易逆差转变为贸易顺差时,消费点沿着 OB 线由 B 点下降到 D 点,国内非贸易品的生产由 Q_N^B 下降到 Q_N^D。存在短期失业的情况下,生产点位于 F 点,该点的斜率绝对值大于充分就业时的生产点 E 的斜率绝对值,F 点实际汇率的贬值更加严重。考虑更极端的情况,贸易品部门的生产规模不变,完全无法吸纳非贸易品部门失业的工人,失业率极高。此时生产点位于 X 点,该点的斜率绝对值远远大于充分就业时的生产点 E 的斜率绝对值,实际汇率上升更加明显。

以 20 世纪 80 年代智利经历的"Sudden Stop"为例,智利在 70 年代后期开始举债,正如许多发展中国家一样,在大量借款后,80 年代早期,国际借贷停止,智利不得不开始还债,贸易差额从逆差转向顺差。伴随着资源从以建筑业为代表的非贸易品部门,向以农业为首的贸易品部门转移,建筑工人大量失业。由于失业工人需要时间重新训练以适应新的工作,同时智利经济重新调整要求劳动力进行新的地域配置,失业工人无法立即在新的部门找到工作,这就导致了智利失业率的急剧上升。如表 11-2 所示,1982 年,智利的贸易差额突然由逆差转变为顺差,且失业率大幅上升,其中建筑业失业率高达 50.8%。

表 11-2 智利的调整过程(1979—1985)

年份	经济活动所引起的失业率(%)				贸易差额/GDP(%)
	总值	农业和渔业	建筑业	工业	
1979	13.6	7.3	28.9	12.5	-1.7
1980	10.4	5.0	18.7	11.2	-2.8
1981	11.3	6.2	25.8	11.8	-8.2
1982	19.6	9.1	50.8	26.6	0.3
1983	14.6	5.8	38.2	17.9	5.0
1984	13.9	5.5	14.2	30.7	1.9
1985	12.0	4.9	23.8	5.4	5.3

第三,"Sudden Stop"会导致国内产出和总需求严重收缩。从直觉来看,一国财富突然减少、收入下降会导致国内需求下降,消费动力不足。供给端由于资源减少无法实现最大化生产,最终使得该国国内的总需求和总产出都出现严重收缩。

将贸易品部门和非贸易品部门分开来看,"Sudden Stop"使得资本流入减少,财富减少,人们对贸易品和非贸易品的需求会因收入下降而下降。在图 11-10 中表现为消费由

C 点向 D 点移动,均衡则由 C 点向 E 点移动,非贸易品部门的产出下降,该国的非贸易品部门出现萎缩($Q_N\downarrow$),导致非贸易品价格下降($P_N\downarrow$),进而拉低了国内整体价格水平。非贸易品部门大量失业,整体经济疲软,最终导致国内产出和需求大幅下降。

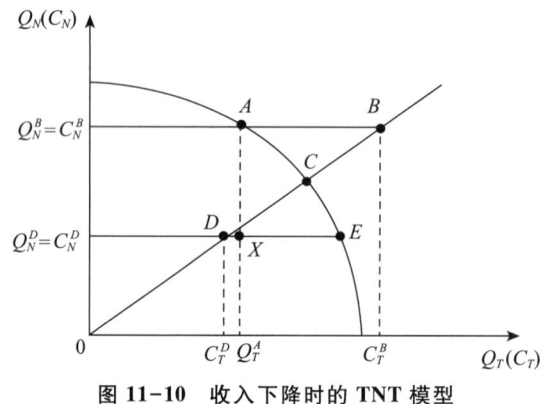

图 11-10　收入下降时的 TNT 模型

三、"Sudden Stop"与其他货币危机模型的关系

上面讨论了"Sudden Stop"伴随的各种现象背后的作用机理,但并未深入分析为什么一国在危机爆发前会经历长期的经常账户逆差与资本的净流入,也就是说,"Sudden Stop"分析的更多的是危机的"后果"。其他货币危机模型对危机爆发背后的机制探讨得较多,尤其是对危机爆发的"前因"分析得比较深入。将这些货币模型结合起来,可以更好地理解货币危机的"前因后果"。

导致一国长期资本净流入的可能是政府,也可能是金融机构和企业。如果是因为政府的宏观政策导致资本出现长期净流入,那么"Sudden Stop"模型与第一代货币危机模型就存在交叉。第一代货币危机模型认为政府过度扩张财政使得一国陷入财政赤字,为了弥补财政赤字,该国在国际市场上借入大量的资本,导致资本源源不断地流入该国,该国外债高企。随着外汇储备的不断消耗,该国宏观杠杆率不断上升,最终引发了货币危机。如果是金融机构或企业在国际金融市场上过度借贷导致资本净流入,那么"Sudden Stop"模型与第三代货币危机模型存在交叉。第三代货币危机模型认为在政府隐性担保下,逐利性金融机构倾向于采取冒险性策略,通过向国际市场大规模举借短期外债,并将资金集中投向高风险领域,导致跨境资本过度流入东道国。这种激进的融资行为使国内金融体系形成显著的负债型货币错配。当遭遇特定冲击时,国际投资者的恐慌情绪迅速蔓延,担忧债务主体偿债能力而集中撤资,引发跨境资本急剧逆转。被投资的金融机构和企业因资不抵债且缺乏最后贷款人支持,形成短期外债偿付压力与资产抛售,最终引发货币贬值危机。

可以看到"Sudden Stop"理论与传统货币危机模型在不同层面存在一定的交叉,但这些理论也有各自不同的分析视角。这些理论和模型共同为货币危机的发生机制与影响提供了多维度、多视角的分析和讨论,有助于我们更好地理解货币危机的复杂性与多面性。

 小　结

亚洲金融危机的爆发引发了对货币危机模型的进一步探讨。与前两代货币危机模型不同的是,第三代货币危机模型描述了金融脆弱性、银行业风险和货币危机之间的相互作用,并将制度和政治因素纳入考虑,强调经济基本面、市场预期和政策措施的有效性,决定了危机发生的可能性和严重程度。第三代货币危机模型认为,随着跨境资本大规模流入,金融机构的道德风险将加剧过度借贷行为和放大金融系统的脆弱性,一旦某些外在因素导致投资者大量撤资,出现金融恐慌,被投资的企业因资不抵债且缺乏最后贷款人,金融危机便会爆发。与此同时,跨境资本流动的变化在货币危机中的重要影响也进一步衍生出了"Sudden Stop"理论。"Sudden Stop",即流入某个经济体的跨境资本出现急剧逆转或突然下降的现象,该理论指出资本流动的突然停止或者逆转常常是货币危机爆发的前兆或触发因素,因为资本流入的减少会对一个国家的外汇储备施加压力,并可能导致国内货币贬值。外国投资者迅速撤回投资或停止向该国提供新的资金,导致严重的经济干扰,包括货币贬值、金融不稳定和经济衰退。三代货币危机模型与"Sudden Stop"理论从不同层面、不同视角对国际金融危机发生机制进行了深入的探讨,有助于我们在全球化视角下充分理解货币危机发生的复杂机制与深远影响。

 关键词

金融自由化	金融监管	金融恐慌
裙带资本主义	道德风险	资本账户逆转(Sudden Stop)
货币错配	过度借贷	借短贷长
双重危机		

 练习题

1. 解释货币错配的含义。

2. 什么是最后贷款人？它在货币危机爆发中发挥什么作用？

3. 试论述第三代货币危机模型的背景与传导机制。

4. "Sudden Stop"指哪种经济现象？具体有哪些经济表现？论述这些经济表现背后的机理。

5. 基于TNT模型,阐述当一国经历"Sudden Stop"时,实际汇率大幅上升的原因。

6. 第一代、第二代、第三代货币危机模型具有什么联系与区别？

7. 新兴市场经济体和发展中国家货币危机的经济成本似乎比发达国家的更高,讨论这种情况发生的原因。

第十二章　全球经济失衡与美元霸权

引　言

自20世纪80年代至今,世界范围内出现了大范围的经常账户失衡,部分国家长期处于经常账户逆差,另一部分国家长期处于经常账户顺差,且短时间内这种情况并没有得到改善。实际经验表明,长期持续的经常账户赤字可能会导致资本账户逆转(Sudden Stop),但是这种情况并没有发生在美国,这是为什么?数据表明,美国的净国际投资头寸与经常账户在多数时间内保持同向变动关系,但是两者的变动并不完全一致,这又是什么原因导致的?此外,美国的净国际投资头寸长期为负数,但是净投资收益却为正数,"负NIIP-正NII"悖论又是如何形成的?最后,美元为什么会产生嚣张的霸权,为什么美国能以低成本融资,然后又通过对外投资获得一个更高的回报率,而其他国家却不可以效仿美国的这一做法?又是什么因素导致了全球经济失衡,全球经济失衡和美元霸权之间有什么内在联系?

为了回答上述问题,本章第一节探讨发现,估值效应是影响美国的净国际投资头寸与经常账户的变动并不完全一致的重要因素,1977—2018年,美国在大部分时间都获得了一个正的估值效应。针对"负NIIP-正NII"悖论,本章提供了两种解释,一种解释是"暗物质",另一种解释是"收益差",但经分析表明,"收益差"的解释更为可信,即美国持有的外国资产收益率要比对外负债成本高。那么美国持有哪些资产,又持有哪些负债呢?为探究这一现象,本章第二节将拆解美国的资产负债表,详细分析资产负债表的构成及其影响,对收益差现象产生的原因进一步做出解释。布雷顿森林体系崩溃后,美国的国际收支结构越来越像风险投资家的资产负债表,资产项下多是高回报的风险性资产,而对外债务主要集中于低收益的流动性负债。本章第三节将基于安全资产理论解释美元霸权和全球失衡现象,该观点认为发达国家和新兴经济体的金融市场发展程度存在较大的差异,由此引发安全资产供需的失衡,R地区通过购买持有U地区和E地区的安全资产,使得R地区的资金不断以低成本流入U地区和E地区。这一观点可以解释为什么其他国家无法效仿美国,不能以低成本进行融资,然后通过对外投资获得一个更高的回报率。此外,大量资本流入产生了美元高估和低利率组合效应,导致美国出口减少和国内消费增加,使得美国经常账户处于赤字状态,并持续恶化。

学习目标

1. 理解并掌握全球经济失衡的现状。
2. 理解并掌握 NIIP、NII 和估值效应等概念及其内在联系。
3. 理解并掌握"负 NIIP-正 NII"悖论。
4. 理解并掌握现有研究对"负 NIIP-正 NII"悖论的解释。
5. 理解并掌握美国资产负债表结构的发展趋势和特点。
6. 理解并掌握美国资产负债表的总回报及逐项分解。
7. 理解并掌握资产组合效应与回报效应。
8. 理解并掌握安全资产理论引发全球失衡的主要机制。

第一节 全球失衡

自20世纪80年代起,很多国家的经常账户差额开始出现长期的顺差或逆差,并且这种状态一直持续至今。从图12-1中可以看出,美国从20世纪80年代开始出现经常账户逆差,并且美国的这种经常账户逆差在2008年以前一直在扩大,虽然2008年以后有所降低,但美国的经常账户逆差一直存在,另外一些国家则出现了持续的经常账户顺差。例如,日本自20世纪80年代以来一直处于经常账户顺差状态;1996年以后,石油输出国和一些新兴经济体则开始出现持续的经常账户顺差;而2001年以后,中国则成了一个主要的经常账户顺差国。总结上述现象,自20世纪80年代至今,在世界范围内,部分国家长期处于经常账户逆差,另一部分国家长期处于经常账户顺差,且短时间内这种情况并没有改善,这种现象被称为全球经济失衡(Global Imbalance)。此外,从图12-1中可以观察到美国长期处于经常账户赤字状态。本书之前的章节已经提到,长期的经常账户赤字会引发资本流动突然停止,经常项目会出现逆转,但是这种情况在美国却没有出现。

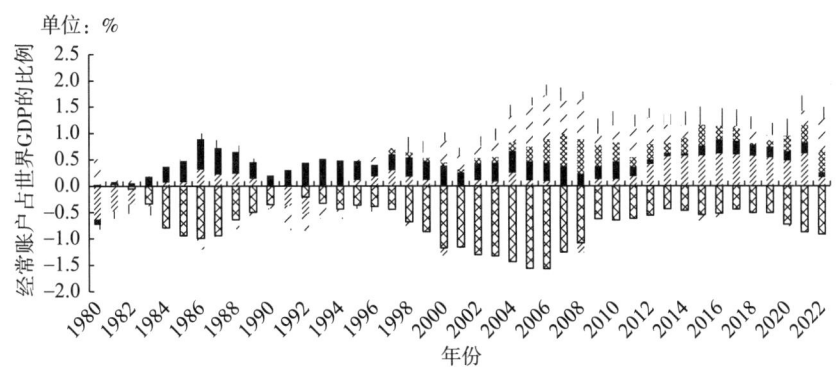

图12-1 全球经济失衡:经常账户

资料来源:IMF的《世界经济展望》(IMF World Economic Outlook)。

注:石油输出国包括:巴林、加拿大、科威特、伊朗、利比亚、尼日利亚、挪威、墨西哥、阿曼、俄罗斯、委内瑞拉、沙特阿拉伯,除中国大陆外的亚洲新兴经济体包括印度尼西亚、韩国、马来西亚、菲律宾、新加坡、泰国、中国台湾。

一、净国际投资头寸

全球经济失衡会带来什么影响呢？在回答这个问题之前，我们首先引入一个概念——净国际投资头寸(Net International Investment Position, NIIP)。净国际投资头寸指一个国家持有的外国资产存量(A)与外国持有的该国资产存量(L)之差($NIIP = A - L$)。净国际投资头寸为正数代表一国持有的外国资产多于外国持有的本国资产，该国为债权国；净国际投资头寸为负数则代表一国持有的外国资产少于外国持有的本国资产，该国为债务国。

按照国际收支恒等式，经常账户失衡会影响一国的净国际投资头寸。作为经常账户逆差国，这意味着本国当期总产出的价值不足以满足本国当期的消费、投资和政府购买，该国必须为经常账户赤字在国际市场上进行融资，即在国际市场上出售持有的外国资产(减少外国资产)，或者在国际市场上进行借贷(增加对外负债)，或两者兼而有之，并且融资额等于经常账户赤字。由净国际投资头寸的定义式可知，这种行为会导致净国际投资头寸发生变动，并且理论上变化额应该与经常账户赤字相等。那么通过这种方式，经常账户失衡与一国净国际投资头寸的变动密切相关。与此同时，经常账户余额(流量)也应该与一国净国际投资头寸(存量)的变动密切相关。图 12-2 很好地支撑了上述分析结果，从图中可以直观地看出，在大部分时间内，净国际投资头寸和经常账户之间具有明显的同向变动关系，即经常账户逆差增加时，净国际投资头寸下降。

按照上述推论，经常账户赤字会使得该国的净国际投资头寸减少；反过来，经常账户盈余会使得该国的净国际投资头寸增加。但是图 12-2 却显示，在某些区间内(箭头区域)会出现，经常账户赤字，净国际投资头寸反而增加，以及经常账户赤字增加，净国际投资头寸反而增加的现象，并且净国际投资头寸与经常账户之间还会出现较大的差距，那么这又是为什么呢？

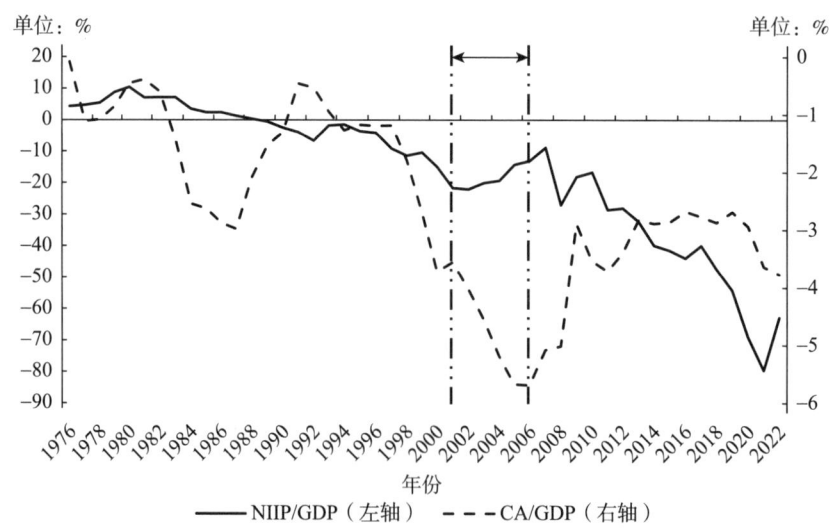

图 12-2 美国经常账户和净国际投资头寸占美国 GDP 的比例

资料来源：http://www.bea.gov。

原因在于,经常账户(Current Account,CA)是引起净国际投资头寸变化的因素之一。此外,一国外国资产和对外负债中金融工具的价格变化也会导致净国际投资头寸的变化。在资产和负债数量保持一定的前提下,任何能够引起资产和负债市场价格发生变化的因素,都会使得市场价值发生变化,这种变化也被称为估值效应(Valuation Effect)。由于一国的净国际投资头寸是该国持有的外国资产价值与外国持有的本国资产价值之差,因此除了经常账户会引起净国际投资头寸的变化,估值效应也会引起净国际投资头寸的变化,所以可以用如下公式来表示它们之间的关系:

$$\Delta NIIP = CA + Valuation\ Effect$$

引起外国资产和对外负债价值变化的因素有很多,例如股票价格的变化、汇率变化等因素都会造成外国资产和对外负债价值的变化。下面将举两个例子,分别列举汇率的变化和股票价格的变化是如何影响一国净国际投资头寸的。

例 12-1:汇率变化对一国净国际投资头寸的影响。假设有两个国家,分别是 M 国和 N 国,M 国货币以元为标价单位,N 国货币以比索为标价单位。M 国持有 N 国公司发行的 100 股股票,该公司股票的价格为 7 比索/股,那么 M 国持有的以比索计价的外国资产为 700 比索(100×7)。与此同时,N 国持有 M 国政府发行的 80 单位国债,该债券的价格是每单位 1 元,那么 M 国的对外负债为 80 元(80×1)。假设 M 国与 N 国的双边汇率是 1 元兑换 7 比索,那么 M 国以元计价的外国资产为 100 元(700/7)。M 国净国际投资头寸由外国资产与对外负债之差给出,即为 20 元。假设比索大幅贬值,1 元可兑换 14 比索。此时以元计价的 M 国外国资产变为 50 元(700/14)。故比索贬值后 M 国的净国际投资头寸变为 -30 元。因此,由于汇率的变动,M 国就从 N 国的净债权国变成了净债务国。这个例子说明汇率变化会对一国的净国际投资头寸产生重要影响。

例 12-2:股票价格变化对一国净国际投资头寸的影响。承例 12-1,假设该例中 N 国公司股票的价格从 7 比索上涨到 14 比索,这将导致 M 国外国资产变为 1 400 比索(100×14)。假设 M 国对外负债不变,M 国和 N 国双边汇率为 1 元兑换 14 比索,那么 M 国净国际投资头寸将变为 20 元。这个例子表明,资产价格变化对一国的净国际投资头寸也会产生重要影响。

由上述分析可知,估值效应是引起净国际投资头寸变化的原因之一,也是导致净国际投资头寸与经常账户变化不一致的原因,那么估值效应到底有多大呢? NIIP 和 CA 的具体数据都是可以获得的,所以根据 Valuation Effect = ΔNIIP - CA 就可以计算得出美国逐年的估值效应,具体结果如图 12-3 所示。

图 12-3 揭示了美国估值效应的一些明显特征。第一,估值效应越来越大。估值效应在早期仅占 GDP 的 1% 左右,但是在近些年却可以上升至 GDP 的 ±15%。原因在于,随着全球金融业的开放,跨国资产交易规模越来越大,因此各国持有越来越多的外国资产和负债。第二,1977—2018 年,在大部分时间里美国都获得了正的估值效应(25 次),负的估值效应则有 17 次。

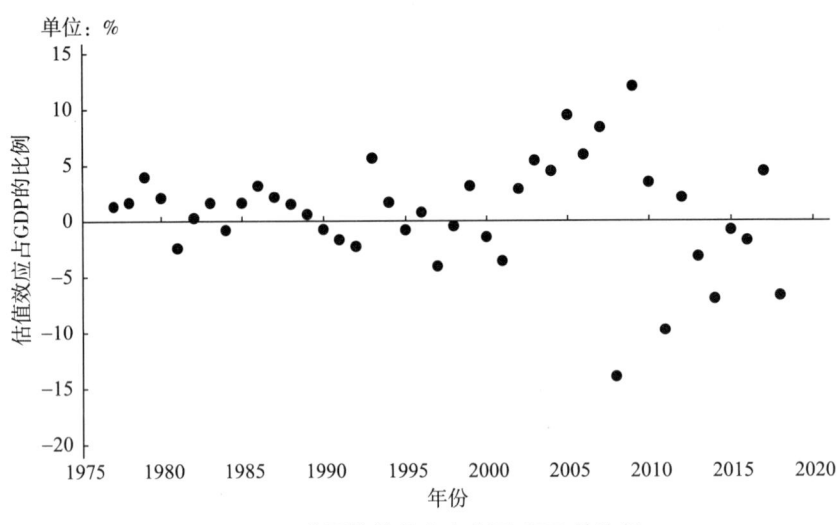

图 12-3 美国估值效应占美国 GDP 的比例

资料来源：http://www.bea.gov。

除直接使用上述方法测算估值效应外，另一种测算估值效应的方法是将实际净国际投资头寸与去除估值效应后的净国际投资头寸（Hypothetical NIIP）进行比较。假设样本从 1976 年开始，如果我们将去除估值效应后的净国际投资头寸初始值设置为 1976 年的实际净国际投资头寸，那么将 1976 年的实际净国际投资头寸加上 1977 年至 t 年份的累计经常账户余额，就可得到去除估值效应后的净国际投资头寸在 t 年份的值，即

$$\text{Hypothetical NIIP}_t = \text{NIIP}_{1976} + \text{CA}_{1977} + \cdots + \text{CA}_t$$

测算结果如图 12-4 所示。

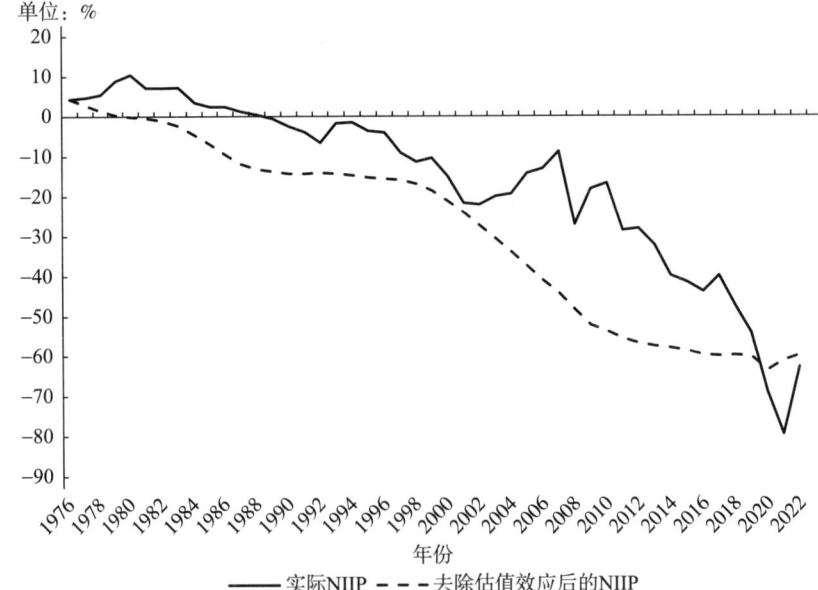

图 12-4 美国实际 NIIP 和去除估值效应后的 NIIP 占美国 GDP 的比例

资料来源：http://www.bea.gov。

图 12-4 描绘了 1976—2018 年实际净国际投资头寸和去除估值效应后的净国际投资头寸占 GDP 的比例。可以看出,实线代表的实际净国际投资头寸一直位于虚线代表的去除估值效应后的净国际投资头寸之上,并且两条线之间的差距很多时候都很大,这说明估值效应对美国的净国际投资头寸具有非常重要的影响。例如,美国在 2002—2007 年出现了自 1976 年以来最大的经常账户赤字。在这些年里,经常账户逆差每年都超过 GDP 的 4%,累计逆差达 3.9 万亿美元,占 GDP 的 32%。尽管如此,净国际投资头寸实际上却增加了 800 亿美元,累计经常账户余额与净国际投资头寸之间的差异接近 4 万亿美元,这意味着 2002 年之后美国开始从可观的估值效应中受益。如果没有这次可观的估值效应,那么在所有其他条件相同的情况下,2007 年估计的美国净国际投资头寸占 GDP 的比例为 -46%,而实际上只有 -9%。

在跨国资产持有中,一国的负债就是其他国家的资产,一国的资产就是其他国家的负债。这意味着一国有正的估值效应,必然有部分国家有负的估值效应。上文仅以美国为例,描述了美国长期以来获得了很大的正向估值效应,实际上,英国与美国类似,长期以来也从估值效应中受益;而诸如日本,以及一些新兴经济体,如中国和印度等长期以来则获得了很大的负向估值效应。那么,是什么原因导致不同国家有着不同的估值效应呢?

二、净投资收益

虽然估值效应在一些时期大大改善了美国的净国际投资头寸,但是持续的巨额贸易逆差导致了美国净国际投资头寸持续为负数(NIIP<0),这意味着美国一直是世界其他国家的净债务国,那么接下来让我们看看美国的投资收益情况。为此,我们首先介绍一个与净国际投资头寸密切相关的概念——净投资收益(Net Investment Income,NII)。

NII 是国际收支平衡表经常账户下的主要构成项目之一,它记录了一国从债券、股票、共同基金、贷款和其他投资等投资资产(税前)中获得的收入(减去相关费用)。如果用 A 表示美国持有的外国资产,L 表示美国的对外负债,则可以将 NII 简要地表达为:

$$NII = r_A \cdot A - r_L \cdot L$$

其中 r_A 是资产的收益率,r_L 是负债的利息率。

由于美国的外国资产要远远少于对外负债,并且在大多数时间内净国际投资头寸呈现不断扩大的趋势,结合 NII 的计算公式,人们预计美国向世界其他地区支付的利息和红利比它收到的要多,所以美国经常账户下的 NII 应该为负数(NII<0),至少 NII 应该和净国际投资头寸呈现相同的趋势。然而,实际数据却表明,美国的净国际投资头寸自 1989 年以来一直为负数且金额不断下降,但是同一时期的 NII 却一直为正数且金额不断上升,如图 12-5 所示。我们将 NIIP 和 NII 出现的这一背离现象称为"负 NIIP-正 NII"悖论。

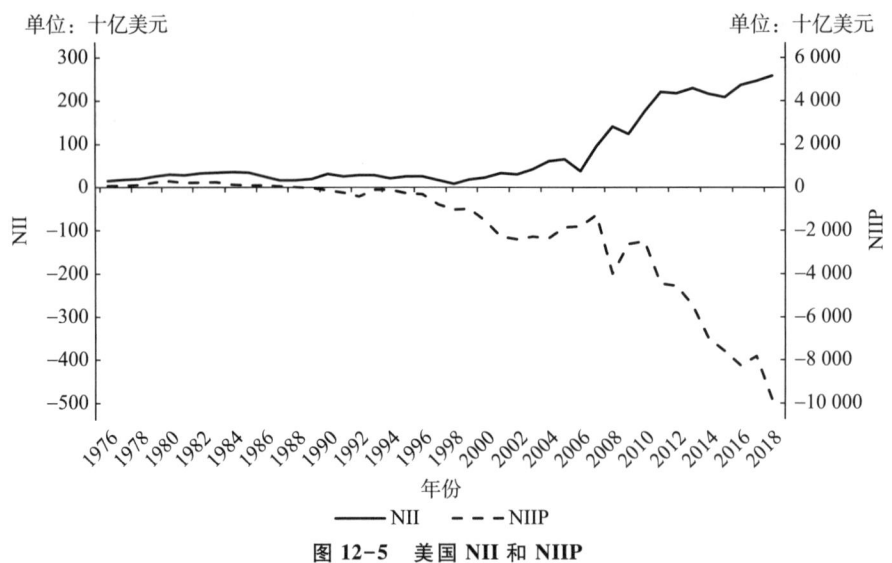

图 12-5 美国 NII 和 NIIP

资料来源：http://www.bea.gov。

三、"负 NIIP-正 NII"悖论

对"负 NIIP-正 NII"悖论，现有研究提供了两种解释：一种解释是"暗物质"（Dark matter），另一种是"收益差"。

（一）暗物质

物理学上所称的"暗物质"指可能存在于宇宙中的一种不可见的物质，但它却是宇宙物质的主要组成部分，观测结果表明其质量可能占全部物质总质量的85%，远大于宇宙中全部可见天体的质量总和。因此，如果只考虑宇宙中的可见物质，那么宇宙的质量将大幅降低。将"暗物质"概念延伸到"负 NIIP-正 NII"悖论的解释上，可以认为美国的净国际投资头寸赤字规模如此巨大，是由于存在大量未被观测到或未被纳入统计范畴的国际投资头寸，从而严重低估了美国的净国际投资头寸，如果将这些不可观测值纳入统计范畴，那么美国的净国际投资头寸将显著为正，美国能够获得正的 NII，这样悖论也就得以解释了。

出于各种原因，现实中美国的确存在未被纳入国际投资头寸的不可观测数据。例如美国的外国直接投资包含无形的人力资本，如创业资本和品牌资本，但其价值却没有反映在官方国际收支中。具体地，例如北京的一家肯德基餐厅，美国商务部经济分析局在统计净国际投资头寸时，只会将该餐厅在土地、建筑物、烹饪设备和餐厅家具等项目上的投资金额纳入统计范畴，却没有将该投资的市场价值纳入统计范畴，并且该投资的市场价值可能会超过实际投资的金额，因为肯德基的品牌效应为餐厅生产的商品（汉堡）提供了巨大的额外价值，因此在一定程度上确实低估了美国的净国际投资头寸。那么这个被低估的金额是多大才能较好地解释"负 NIIP-正 NII"悖论呢？

以2018年为例，假设"暗物质"的解释成立，我们可以测算美国净国际投资头寸的金

额应该是多少。我们将该值记为 TNIIP。另外,将美国 2018 年的实际净国际投资头寸记为 NIIP。TNIIP 和 NIIP 之差即为所谓的"暗物质",可用下式表示:

$$暗物质 = TNIIP - NIIP$$

已知美国 2018 年的实际净国际投资头寸为 -9.6 万亿美元,为计算暗物质,还需估计 TNIIP。假设资产收益率和负债收益率相等($r_A = r_L = r$),那么由

$$NII = r_A \cdot A - r_L \cdot L = r \times (A - L) = r \cdot TNIIP$$

可得 TNIIP 的估计式为:

$$TNIIP = NII/r$$

假设 2018 年美国的净国际投资头寸的年收益率(r)为 5%,且 2018 年美国的 NII 为 0.2581 万亿美元,可计算得 2018 年美国的 TNIIP 为 5.2 万亿美元,因此可计算得到 2018 年美国的"暗物质"为 14.8 万亿美元,占 2018 年美国 GDP 的 72%,占全球 GDP 的 17%。但是如此巨大的资产藏匿却一直没有被发现,这不太合理。因此用"暗物质"来解释"负 NIIP-正 NII"悖论似乎站不住脚。

(二) 收益差

用"暗物质"来解释"负 NIIP-正 NII"悖论时蕴含了一个潜在假设,即资产收益率=负债收益率,但这一假设在实际中并不总是成立。实际中,可以观察到美国的外国资产和负债由不同类型的金融工具组成,外国投资者通常持有低风险的美国资产,例如国库券,这些资产的利率很低;与此同时,美国投资者倾向于购买风险较高的外国资产,如外国股票和外国直接投资,这些资产的回报率较高。"负 NIIP-正 NII"悖论的另一种解释则是从"收益差"角度出发的,这种观点认为:资产收益率和负债收益率是不同的,即使资产规模没有负债规模扩大得那么快,如果资产收益率比负债收益率上升更快的话,那么这种情况也可以解释"负 NIIP-正 NII"悖论。那么这种"收益差"是多少才能解释"负 NIIP-正 NII"悖论呢?

类似于前述"暗物质"解释下"暗物质"数值的测算,如果用"收益差"来解释美国"负 NIIP-正 NII"悖论,则需要计算美国持有的外国资产平均收益率需要比承担的对外债务平均收益率高多少。以 2018 年为例,已知 2018 年美国的外国资产 A 为 25.3 万亿美元,对外负债 L 为 34.8 万亿美元,净投资收益 NII 为 0.2581 万亿美元。另外,我们将一年期美国国债的年收益率作为美国对外负债的收益率(记为 r_L),2018 年一年期美国国债的年收益率为 2.25%。根据 NII 的计算式:

$$NII = r_A \cdot A - r_L \cdot L$$

可计算得到资产收益率 r_A 为 4.12%,收益差为 1.87%($r_A - r_L$),即只要美国持有的外国资产平均收益率比承担的对外债务平均收益率高 1.87%,就可以解释美国的"负 NIIP-正 NII"悖论。

如果"收益差"解释悖论是合理的,那么美国的对外负债收益率较低,这意味着美国从国际市场上进行融资的成本较低,那么美国为什么能够在长期中以低成本进行国际融资呢?另外,由于美国的外国资产就是其他国家的负债,美国的对外负债就是其他国家的

资产,美国获得了正的收益差,那么必然会有其他国家承担了负的收益差。从图 12-6 可以看出,2000 年以后,中国的净国际投资头寸一直为正数且金额总体上呈上升态势,但是除了 2007—2008 年,中国的 NII 为负数的现象却一直存在。因此,中国在过去几十年中一直存在"正 NIIP-负 NII"现象。一个可能的原因就是中国持有大量低收益的美国国债,与此同时世界其他国家则在中国投资了风险更大、收益更高的资产,例如 FDI(Foreign Direct Investiment,外国直接投资)。

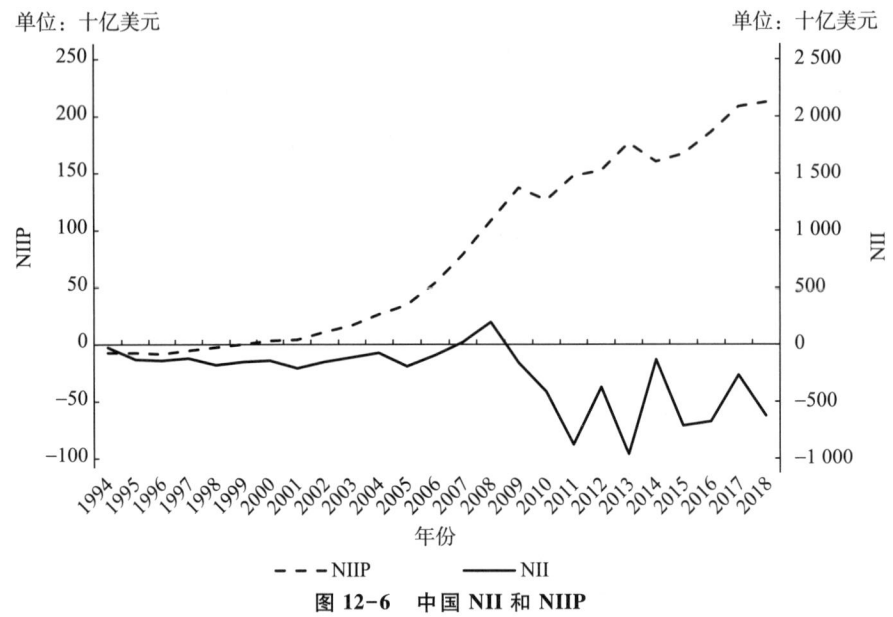

图 12-6 中国 NII 和 NIIP

第二节 美国对外资产负债表的演进

美国出现"负 NIIP-正 NII"悖论是因为美国持有外国资产与外国持有美国资产存在收益差,即美国持有的外国资产收益率要比其对外负债成本高。那么,美国持有哪些资产,又持有哪些负债呢？为探究这一现象,我们将拆解美国的对外资产负债表,详细分析资产负债表的构成及其影响,对收益差现象产生的原因做出解释。

一、美国对外资产负债表的构成

图 12-7 和图 12-8 展示了 1952—2020 年美国对外总资产和对外总负债(占 GDP 的比例)的变动情况。从总体变化趋势来看,美国对外总资产和对外总负债的总量一直呈增长趋势,且在 1973 年之后呈现较快的增长,到 2016 年对外总资产和对外总负债分别达到 1973 年的 7 倍与 16 倍之多。具体来看,美国持有资产和负债的主要类型有银行贷款(Bank Loans)、债务[包括政府债务(Government Debt)和公司债务(Corporate Debt)]、外国直接投资(FDI)和股权投资(Equity)。一般而言,银行贷款和债务的流动性高、风险低、收益率波动较小,而 FDI 和股权投资的流动性较低、风险高、收益率波动大。

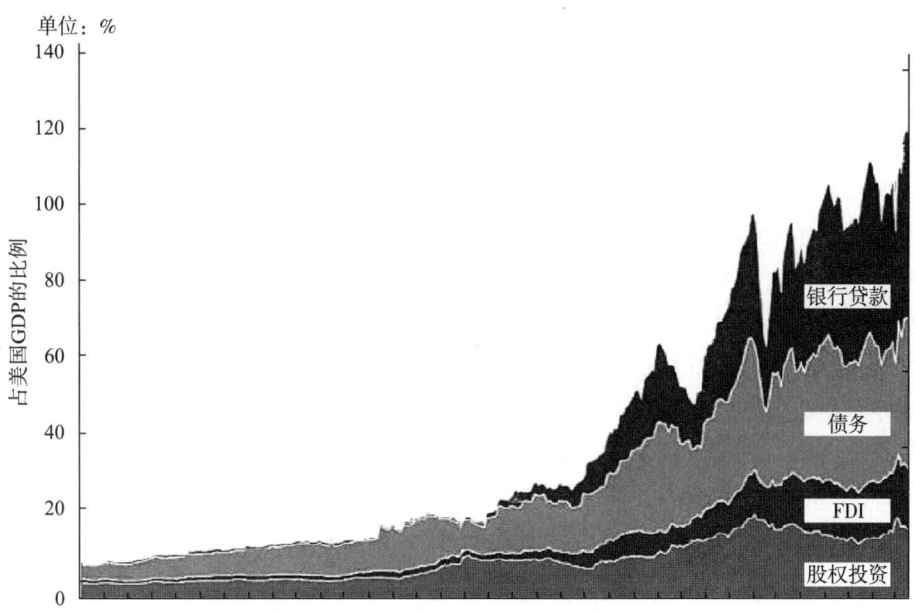

图 12-7 美国对外总资产的主要组成部分

资料来源：Gourinchas P O. International macroeconomics: from the great financial crisis to COVID-19, and beyond[J]. IMF economic review, 2023, 71(1): 1-34。

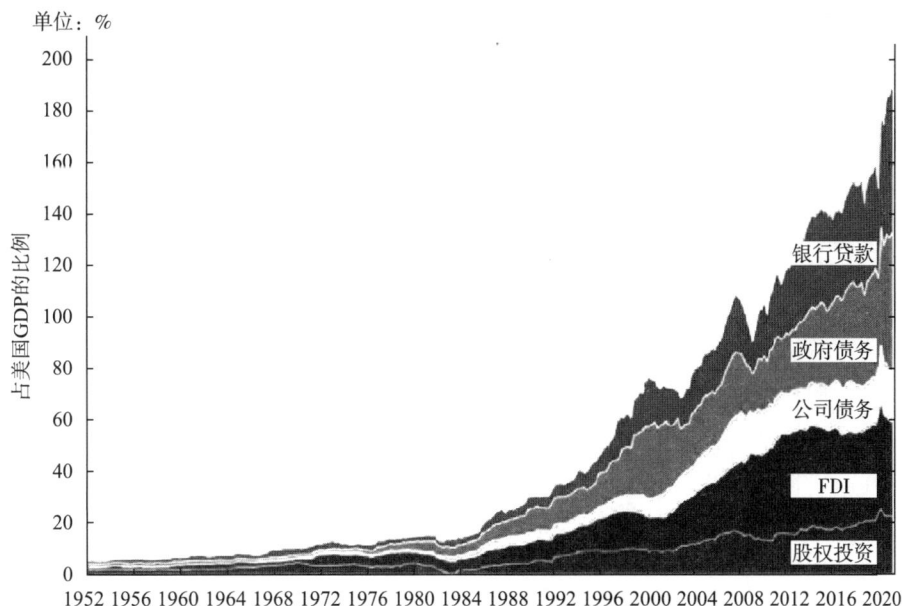

图 12-8 美国对外总负债的主要组成部分

资料来源：Gourinchas P O. International macroeconomics: from the great financial crisis to COVID-19, and beyond[J]. IMF economic review, 2023, 71(1): 1-34。

然后，我们再仔细观察资产构成的变化情况。从图 12-7 可以发现，在整个时期内各项资产均呈增长态势，但增长速度和所占比例有所变化。1973 年以前，美国总资产增长

第十二章 全球经济失衡与美元霸权 203

较为缓慢,其中银行贷款和债务占据了总资产的绝大部分,而 FDI 的份额极小,几乎可以忽略不计。但在 1973 年布雷顿森林体系崩溃之后,尤其是 1980 年以来,美国的资产总量实现了较快的增长,其中 FDI 和股权投资比例上升速度明显快于银行贷款和债务,尤其是股权投资实现了"从无到有"再到成为主要资产的重大变化,到 2016 年,FDI 和股权投资成为美国对外总资产的重要组成部分。

仔细观察图 12-8,和总资产变化类似的是,1973 年之前,负债总量增长缓慢,其中银行贷款和债务依然是美国对外负债的主要组成部分,FDI 和股权投资的总量和所占比例较小。1973 年布雷顿森林体系崩溃后,负债总量实现迅速增长,FDI 和股权投资有所增长,比例也逐渐提升(从 1973 年的大约 3% 上升到 2004 年的大约 40%),银行贷款债务占美国对外总债务的比例虽然略有下降,但仍然维持在一个很高的水平。

对于资产端,我们可以将 FDI 和股权投资这类具有高风险、低流动性的资产看作风险性资产,对于负债端,我们可以将银行贷款和债务这类具有低风险、高流动性的资产看作流动性负债。因此,1952—2016 年美国资产和负债的变化,可以主要体现为流动性负债和风险性资产的变化。图 12-9 直观地展示了美国总负债中流动性负债的占比和美国总资产中风险性资产的占比,可以发现,风险性资产占美国对外总资产的比例显著上升,流动性负债的比例虽有所下降但仍占据重要地位。1973 年之前,无论是资产端还是负债端,都以银行贷款和债务为主。1973 年之后,美国对外资产从中长期银行贷款转向 FDI,1990 年之后,美国对外资产则更多地转向股权投资和 FDI 等风险性资产;与此同时,虽然银行贷款和债务等流动性负债在总债务中的占比有所下降,但仍是美国对外负债的主体。由此可见,美国对外资产多是高回报的风险性资产,而对外负债仍主要集中于低收益的流动性负债。因此,美国的国际收支结构越来越像风险投资家的资产负债表。基于以上事实,我们不难发现,在布雷顿森林体系崩溃后的三十多年间,美国实现了从"世界银行家"向"世界风险投资家"角色的转换。

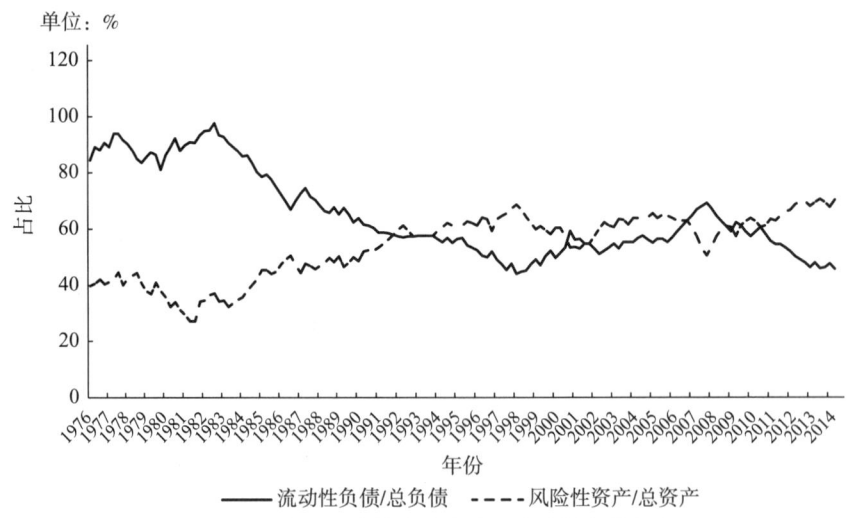

图 12-9 美国风险性资产占比和流动性负债占比

二、美元的超级霸权:收益差的解释

上述现象表明,美国资产端以风险性资产为主,而负债端则以流动性负债为主。这一特殊的资产负债表结构如何影响美国的总收益和收益率?为了回答这一问题,本节将考察美国对外总资产与总负债的总收益,以及每一项资产和负债各自独立的收益。

表 12-1 测算了 1952 年第一季度至 2004 年第一季度每一项资产和负债的年平均总收益率,并将整个样本期间划分为布雷顿森林体系时期(1952 年第一季度至 1973 年第一季度)和布雷顿森林体系崩溃后(1973 年第二季度至 2004 年第一季度)两个子样本区间分别进行测算。其中,对于真实收益率,我们采用 r^a 表示总资产的收益率,r^l 表示总负债的收益率,r^{ae} 表示股票的收益率,r^{ad} 表示债务的收益率,r^{af} 表示 FDI 的收益率,r^{ao} 表示其他资产的收益率。与此对应,r^{le} 表示外国人持有美国股票(美国的股票外债)的收益率,r^{lf} 表示外国人持有 FDI 的收益率,r^{ld} 表示外国人持有债务的收益率,r^{lo} 表示外国人持有其他资产的收益率。

仔细观察表 12-1,我们可以发现几个典型事实。第一,在整个时期(1952—2004 年),美国对外总资产所获得的真实收益率高于总负债的真实收益率,差额为 2.11%(=5.72%-3.61%)。在布雷顿森林体系时期,超额收益率为 0.26%,在 1973 年布雷顿森林体系崩溃之后,所有资产收益率的波动程度都明显上升,夏普比率(Sharpe Ratio)都显著下降,且超额收益率很高,达到 3.32%。我们进一步考察了各资产的变化情况,对于股票资产,美国获得 340 个基点($r^{ae}-r^{le}$)的超额收益,债务类资产是 384 个基点($r^{ad}-r^{ld}$)的超额收益,银行贷款和贸易融资类资产是 224 个基点($r^{ao}-r^{lo}$)的超额收益。显然,对于各类资产,美国的资产收益率都要高于其他国家持有该类美国资产的收益率。由于其他国家持有的美国资产即为美国的负债,因此美国资产的收益率要高于美国负债的收益率。

第二,低风险的流动性资产(债务和其他资产)和风险性资产(股票和 FDI)的收益率存在显著差距,流动性资产的收益率远低于风险性资产的收益率。在布雷顿森林体系时期,外国投资者投资美国股票和 FDI 的收益率分别为 11.59% 和 9.96%,而外国投资者投资美国债务所获得的实际收益率却低得可怜(平均只有 0.80%)。在 1973 年布雷顿森林体系崩溃之后,外国投资者投资美国债务所获得的实际收益率就更低了(平均只有 0.32%)。

表 12-1 描述性统计:平均季度总实际收益率

单位:%

总实际收益	r^a	r^l	r^{ae}	r^{af}	r^{ad}	r^{ao}	r^{le}	r^{lf}	r^{ld}	r^{lo}
A.样本期间(1952 年第一季度—2004 年第一季度)										
均值	5.72	3.61	13.68	9.57	4.35	3.43	10.28	9.56	0.51	1.19
标准差	11.98	10.49	39.76	23.10	15.94	9.33	36.70	24.18	13.09	4.91
夏普比率	47.73	34.40	34.39	41.43	27.31	36.78	28.02	39.56	3.87	24.29
B.样本期间(1952 年第一季度—1973 年第一季度)										
均值	4.04	3.78	10.83	9.44	4.82	2.40	11.59	9.96	0.80	1.24

单位:% (续表)

总实际收益	r^a	r^l	r^{ae}	r^{af}	r^{ad}	r^{ao}	r^{le}	r^{lf}	r^{ld}	r^{lo}
标准差	4.79	9.60	36.83	16.32	17.67	1.75	36.29	21.33	10.66	1.32
夏普比率	84.51	39.34	29.41	57.85	27.29	137.10	31.93	46.68	7.47	94.63
C.样本期间(1973年第二季度—2004年第一季度)										
均值	6.82	3.50	15.54	9.65	4.05	4.11	9.43	9.31	0.32	1.16
标准差	18.84	11.07	41.61	26.69	14.77	11.89	37.09	25.96	14.50	6.24
夏普比率	45.91	31.60	37.35	36.16	27.40	34.54	25.43	35.85	2.19	18.58

美国总资产与总负债之间有着显著的收益率差额,即超额收益,为深入探究超额收益,我们首先定义两个效应:资产组合效应(Composition Effect)与回报效应(Return Effect),然后从这两个效应出发对美国的超额收益进行解释。具体而言:

(1) 资产组合效应。美国负债主要是低风险、低收益资产,美国资产则主要是 FDI 与股票(二者所占比例一直在持续上升)。因此,我们可以将美国看成是一位善用高杠杆进行经营的投资者,他不断出售低收益的国内金融资产给外国投资者,同时购买高收益的外国资产。这就是资产组合效应。

(2) 回报效应。对于同一类资产,美国从资产上所获得的回报总是高于为负债所支付的成本(对于外国投资者而言,即为购买美国负债的回报)。回报效应是美元特殊地位的重要体现,它必然会发生,因为国际储备货币的发行者享受流动性折扣。流动性折扣的表现形式是美国以极低的利率发行债务,然后利用所获资金购买海外高收益资产。美国作为全球储备货币的发行者,为全球供应流动性,必然要获取相应的回报,世界其他国家为获得流动性要支付对价。

我们将总资产的收益率 r^a 和总负债的收益率 r^l 分解如下:

$$r^a = \mu^{ae} r^{ae} + \mu^{ad} r^{ad} + \mu^{af} r^{af} + \mu^{ao} r^{ao}$$

$$r^l = \mu^{le} r^{le} + \mu^{ld} r^{ld} + \mu^{lf} r^{lf} + \mu^{al} r^{lo}$$

其中,μ^{ae}、μ^{ad}、μ^{af} 和 μ^{ao} 分别表示股票、债务、FDI 和其他资产(银行贷款和贸易融资等)占美国总资产的比例。因此,总资产与总负债的超额回报可以表示为:

$$\underbrace{E(r^a - r^l)}_{\text{超额收益}} = \underbrace{E[\bar{\mu}^o(r^{ao} - r^{lo})] + E[\bar{\mu}^d(r^{ad} - r^{ld})] + E[\bar{\mu}^e(r^{ae} - r^{le})] + E[\bar{\mu}^f(r^{af} - r^{lf})]}_{\text{回报效应}} + \underbrace{E[(\mu^{ad} - \mu^{ld})(\bar{r}^d - \bar{r}^o)] + E[(\mu^{ae} - \mu^{le})(\bar{r}^e - \bar{r}^o)] + E[(\mu^{af} - \mu^{lf})(\bar{r}^f - \bar{r}^o)]}_{\text{资产组合效应}}$$

其中,$E(\cdot)$ 代表预期收益率差额,$\bar{\mu}^i$ 是第 i 种资产在整个资产组合里的平均权重,$\bar{r}^i$ 是第 i 种资产的平均收益率。等式右侧的前四项代表回报效应,它们分别表示每一类资产中美国对外资产收益超过对外负债成本的平均差额。等式右侧最后三项代表了资产组合效应。因此,美国对外净资产的超额收益,可以分解为资产组合效应和回报效应。

接下来,我们分析资产组合效应和回报效应对超额收益的影响,表 12-2 显示了回报效应和资产组合效应的权重及其相对重要性。

表 12-2　超额收益在回报效应和资产组合效应中的分解　　　　　　单位:%

样本 期间	回报效应					资产组合效应				超额收益
	其他 (1)	债务 (2)	股票 (3)	FDI (4)	总计 (1)—(4)	债务 (5)	股票 (6)	FDI (7)	总计 (5)—(7)	$r^a - r^l$ (1)—(7)
1952—2004 年	1.00	0.56	0.35	0.06	1.97	0.03	-0.59	0.70	0.14	2.11
1952—1973 年	0.69	0.38	0.04	0.12	1.23	-0.23	-1.46	0.73	-0.96	0.27
1973—2004 年	1.21	0.68	0.55	0.01	2.45	0.20	-0.02	0.68	0.86	3.31

我们发现,在整个时期(1952—2004 年),美国超额收益为 2.11%,其中回报效应为 1.97%,资产组合效应仅为 0.14%,作用较小。在布雷顿森林体系时期(1952—1973 年),超额收益只有 0.27%,其中回报效应为 1.23%,资产组合效应甚至为负数(-0.96%)。在布雷顿森林体系崩溃后(1973—2004 年),超额收益上升至 3.31%,其中回报效应为 2.45%,资产组合效应为 0.86%。值得注意的是,从布雷顿森林体系时期到其崩溃后,超额收益增长了 3.04%(3.31%-0.27%),资产组合效应增长了 1.82%(0.86%+0.96%)),回报效应增长了 1.22%(2.45%-1.23%),在这一过程中资产组合效应对超额收益增长的贡献达到了 60%(1.82%÷3.04%)。因此,在布雷顿森林体系崩溃后,资产组合效应对超额收益的贡献非常显著,是促进超额收益快速增加的主要因素,但是不管在哪个时期,回报效应对超额收益的贡献都非常大。

因此,由于存在回报效应和资产组合效应,美国资产的收益率超过负债的收益率,这使得美国能够获得巨大的超额收益。为了清晰地说明美国资产和负债之间的超额收益,图 12-10 展示了美国总资产和总负债年均收益率的变化。其中,实线表示美国总资产的年均收益率,虚线表示美国总负债的年均收益率。从图 12-10 中可以明显看出,虽然美国总资产和总负债的年均收益率均有较大幅度的波动,但是总体而言,美国总负债的年均收益率显著低于美国总资产的年均收益率。尤其在布雷顿森林体系崩溃后,美国总资产的

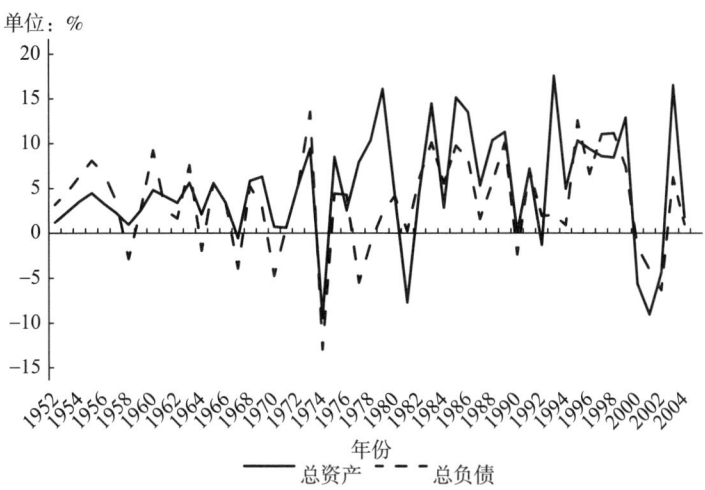

图 12-10　美国总资产和总负债的年均收益率

年均收益率达到6.8%,总负债的年均收益率却下降到仅为3.5%,超额收益达到3.3%。这也意味着,只要美国总资产的收益率高于总负债的收益率,美国就可以像银行那样获取金融中介利润,该利润在布雷顿森林体系崩溃后进一步扩大。

以上分析表明,美国非对称的资产负债表结构为美国带来了巨大的财富效应,收益差的现象得以解释。尽管美国持有的国外总资产远远少于对外总负债,但美国持有的国外资产所产生的收益远远大于外国持有的美国资产所产生的收益(即美国必须支付的负债成本)。这是美元霸权的一个重要表现,即资本持续不断地以低成本流入美国,因此美国可以进行低成本的融资,然后又通过对外投资获得一个更高的收益率。

但是,以风险性资产和流动性负债为主的资产组合并不是什么时候都很好,在危机时期会带来严重的财富损失。表12-3阐释了在2008年金融危机时期美国的经常项目和估值效应的变化,以及资产端和负债端变化额及其占GDP的比例。可以看出,在危机时期(2007年第四季度—2009年第一季度),美国遭受了较大的经济损失,其中净国际投资头寸下降了2.966万亿美元,达到了GDP的21.1%。在这2.966万亿美元中,一部分源于经常项目赤字(0.767万亿美元),但主要部分还是源于严重的负向估值效应(2.199万亿美元)。而负向估值效应则主要源于资产端股权投资和FDI等风险性资产的严重受损,股权投资和FDI等风险性资产在资产端的风险性资产损失达18.9%,占总资产损失的87.5%。因此,在金融危机时期,过高的风险性资产会导致严重的财富损失。

由此可见,在经济正常时期,美国享受超级霸权,从世界金融市场融资时,可以享受低利率"折扣"。但是在危机年代,美国需要承担超级责任,并承担全球冲击带来的损失。

表12-3 2008年金融危机时期美国的经常项目和估值效应的变化,以及资产端和负债端变化额及其占GDP的比例

	2007年第四季度	2009年第一季度	变化	
	占GDP的比例(%)		占GDP的比例(%)	十亿美元
净国际投资头寸	−10.2	−31.4	−21.2	−2 966
经常项目			−5.5	−767
估值效应			−15.7	−2 199
总负债	132.7	113.4	−21.7	−3 040
银行贷款	38.9	34.8	−4.8	−669
债务	46.0	48.9	2.0	288
政府	22.3	29.7	7.0	987
企业	23.7	19.2	−5.0	−699
股权	22.6	13.5	−9.5	−1 333
FDI	25.2	16.2	−9.4	−1 326

(续表)

	2007 年第四季度	2009 年第一季度	变化	
	占 GDP 的比例(%)	占 GDP 的比例(%)	占 GDP 的比例(%)	十亿美元
总资产	122.4	81.9	-42.7	-6 006
黄金	1.5	1.7	0.2	22
银行贷款	36.2	35.4	-1.4	-200
债务	11.1	8.8	-2.5	-353
股权	36.7	17.0	-20.4	-2 866
FDI	36.9	19.0	-18.6	-2 609

在了解了美国的资产负债表结构后,我们想知道美国的资产负债表结构是否为特例,世界其他国家的资产负债表结构又是怎样的。我们选取有代表性的发达国家(G7 国家:美国、日本、英国、德国、法国、意大利、加拿大)和发展中国家(金砖国家:巴西、俄罗斯、印度、中国)进行分析。我们将 FDI 与股权投资定义为风险性资产,并将一国持有的资产划分成风险性资产和其他资产,然后将风险性资产的占比与其他资产的占比的差额定义为一国净风险性资产头寸。图 12-11 展示了 1970—2010 年代表性国家的资产组合中净风险性资产头寸的变化情况。可以看出,各国互持资产中资产组合存在显著差异。在整个时期内,发达国家资产组合中净风险性资产头寸占 GDP 的比例均为正数,在 1990 年之后实现较快增长,到 2010 年净风险性资产头寸占 GDP 的比例达到 16%。与之形成对比的是,发展中国家则主要持有国外风险性很低的债券,持有风险性资产占 GDP 的比例都很低,且一直为负数,尤其是在 1990 年之后,发展中国家持有的风险性资产占 GDP 的比例急剧下降,与发达国家的差距逐渐拉大。2012 年,发达国家的风险性资产占比:美国为 49%,加拿大为 50%,法国为 31%,英国为 26%,而发展中国家的风险性资产占比:印度为

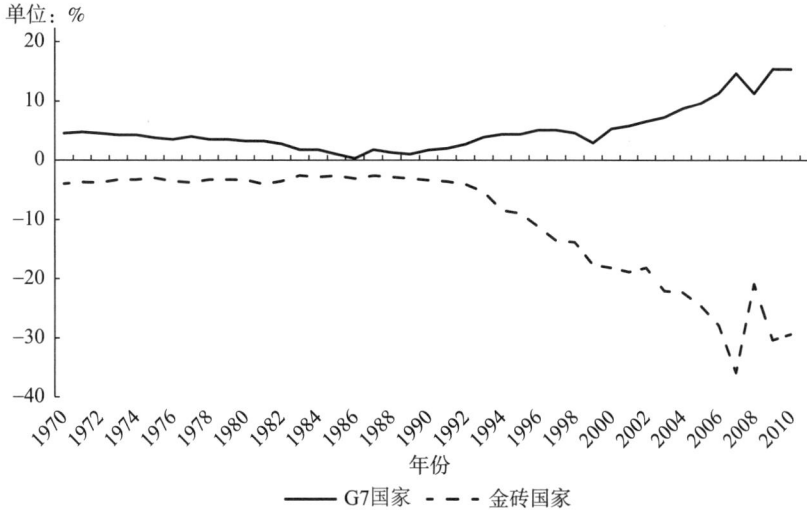

图 12-11 净风险性资产头寸占 GDP 的比例

5%,俄罗斯为 18%,中国为 9%。那么,为什么美国等发达国家都持有较高的风险性资产,而发展中国家却持有较高的安全资产?造成这一现象背后的原因是什么?下一节我们将详细阐述。

第三节 安全资产理论

综合前文的内容可知,自 20 世纪 90 年代起,全球贸易长期处于失衡状态,且世界利率持续走低,同时发达国家持有越来越多的风险性资产,而新兴经济体持有越来越多的低风险性资产。对于这些现象,其背后的原因是什么?有一种观点认为新兴经济体存在高储蓄率是引发这些现象的重要原因。因为高储蓄率使得新兴经济体长期处于贸易顺差状态,积累了大量的外汇储备,进而在国际金融市场上产生大量的投资需求。然而,这种做法难以对现实做出较好的解释。首先,自 20 世纪 90 年代起亚洲新兴经济体开始出现显著的贸易失衡,但是这些国家存在的高储蓄率并不是从 20 世纪 90 年代才开始的,在时间上,这些国家贸易失衡和储蓄率变动并不匹配。其次,亚洲新兴经济体高储蓄率背后的原因并没有得到很好的解释。最后,即便高储蓄率能导致新兴经济体产生大量的资产投资需求,但仍无法解释为何这些投资需求大规模集中于低风险性资产,如美国国债。因此,高储蓄无法对发达国家和新兴经济体资产负债表的变化趋势做出较好的解释。

发达国家和新兴经济体的金融市场发展程度存在较大差异导致了上述现象的产生。具体而言,该观点将全球各国家和地区分为三类:经济和金融市场均发达的地区 U(如美国和英国)、经济增速放缓但金融市场发达的地区 E(如欧盟和日本)以及经济增速高但金融市场欠发达的地区 R(包括中国以及其他新兴经济体、石油输出国等)。其中 R 地区经济发展较快,迅速积累了大量财富,使得其需要借助大量的金融工具来对这些财富进行储值。因此,虽然地区 R 创造了大量的财富,但其他地区缺乏足够的金融工具进行财富储值,需购买地区 U 和地区 E 的资产,导致大量资本不断流入地区 U 和地区 E。同时,地区 U 的经济增速相较于地区 E 更高,更多的资本流入地区 U,导致地区 U 的利率下降,经常项目长期维持逆差状态。

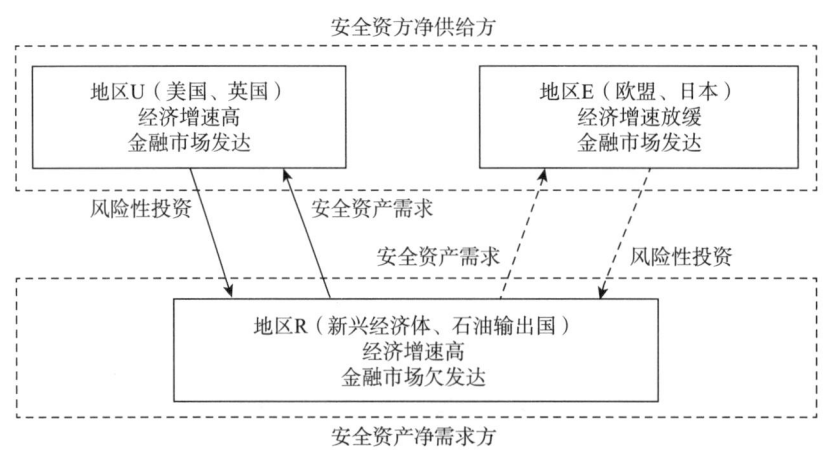

图 12-12 三个地区的特点及资金流动方向

具体来讲,一国金融工具能否保存该国财富的总价值,取决于该国金融市场的发达程度。由于地区 R 国内金融市场相对欠发达,由其国内金融市场创造出的金融资产工具价值稳定性相对较差,对财富价值的保存功能不足。20 世纪 90 年代,以新兴经济体为代表的地区 R 遭受一系列金融危机冲击,其从危机中吸取教训,认识到本国金融资产安全性较差,难以保存国民财富价值。这导致多数新兴经济体开始选择积累更多国外低风险性资产以便更好地应对外部危机。自此,地区 R 开始在国际金融市场上寻求其他国家价值相对更加稳定的金融资产工具进行投资。我们把各国提供相对价值稳定金融资产工具的能力称为安全资产的供给能力。安全资产(Safe Assets),指在金融市场上被广泛视为低风险、高流动性和可靠的投资工具,通常具有以下特点。第一,低信用风险:被认为具有较低的违约风险,具备良好的还款能力和信誉;第二,高流动性:易于买卖和转换为现金;第三,价值稳定:价格波动较小,能够在市场上保持相对稳定的价值。安全资产通常包括国家政府债券(特别是具备高信用评级的债券)、中央银行发行的货币、具备高流动性的公司债券以及其他高质量的债务工具。美国作为全球安全资产的最主要提供者,为世界各国提供价值稳定和具有流动性的资产以实现财富避险。由于地区 R 提供安全资产的能力相对较弱,其在国际金融市场上呈现对国际安全资产的净需求。因此,随着地区 R 经济的快速发展和财富规模的迅速上升,其对低风险性资产的需求相对供给迅速扩张,导致在国际金融市场上对安全资产的净需求也迅速增大。

与地区 R 不同,地区 U 和地区 E 的金融市场相对更发达,安全资产的供给能力更强,在国际金融市场上表现为对安全资产的净供给。因此,地区 R 购买持有地区 U 和地区 E 的安全资产,使得地区 R 的资金不断流入地区 U 和地区 E。此外,各地区安全资产的供给能力也取决于该地区经济发展的程度。由于地区 U 的经济增速高于地区 E,地区 U 的经济规模大于地区 E,因此地区 U 对安全资产的供给能力强于地区 E,使得国际金融市场上地区 U 安全资产的供给规模大于地区 E。这也意味着地区 R 的资金将更多地流入地区 U。

因此,随着 20 世纪 90 年代后新兴经济体财富的快速积累,地区 R 持续上涨的安全资产的需求促使大量资金持续流入地区 U,进而导致全球资产组合中地区 U 安全资产的占比持续上升。地区 R 持续扩张的安全资产需求以及大量资金由地区 R 流向地区 U 的过程也导致全球利率(尤其是地区 U 的利率)持续走低。这一过程较好地解释了为什么自 20 世纪 90 年代起,全球利率与美国国债利率均持续走低。新兴经济体财富迅速积累导致国际市场上对安全资产的需求持续扩张,进而导致世界利率和美国国债利率持续走低。

新兴经济体购买的安全资产主要包括外汇储备和其他低风险性资产等。其中,由于美元储备资产以美国国债为主,具有流动性强、风险性低的特性,因此其成为新兴经济体持有外汇储备的重要组成部分。

此外,大量资本流入美国还导致同时期内美元的价值相对于其他货币上升,即美元汇率表现得较为强势。强劲的美元使得美国商品在国际市场上变得更加昂贵,缺乏竞争力,导致美国出口减少。而美国国内的低利率又会刺激其国内经济需求,使得国内消费增加。这样一来,大量资本流入引发的美元高估和低利率组合效应,将导致美国出口减少和国内消费增加,进而导致美国进口的商品和服务规模超过其出口规模,使得美国经常账户处于赤字状态,并持续恶化。与之相对应,其他新兴经济体通过出口商品和服务获得大量美元,其经常账户持续处于盈余状态。因此,自20世纪90年代初起,美国经常账户持续处于赤字状态,随着90年代末新兴经济体持有美元储备资产规模的持续扩大,该时期内美国经常账户赤字规模也不断扩大,而与之相反,同时期内新兴经济体的经常账户余额开始由赤字转为盈余状态,且盈余规模持续扩大。由此全球经济长期处于失衡状态,且失衡程度日益加剧。综合上述分析可知,安全资产稀缺理论为全球贸易长期处于失衡状态,且世界利率持续走低,以及美国对外资产负债表结构特点这些现象提供了一个较为合理的综合解释,并能够在时间上与之匹配。

由上述分析可知,美国作为安全资产的净供给方,新兴经济体不断购买美国的安全资产,资本源源不断地以低成本流入美国,导致美国可以持续以低成本为其经常账户赤字融资。那么美国的资产是否一直是安全的?美国的资本是否会遭受账户逆转?2007年美国爆发次贷危机后,其在国际金融市场上的融资成本开始逐渐上升,并在2008年雷曼兄弟破产后出现短暂的急剧上升,此时美国虽然经历了短暂的资本流入下降,贸易逆差明显减小,但这一调整过程很快便戛然而止,美国并没有发生彻底的资本账户逆转。

次贷危机爆发后,美元资产一开始被认为不再安全,国际投资者开始寻求国际市场上其他的安全资产,进而转向大宗商品和欧元市场,导致流入美国的资本减少,美国融资成本上升,经常账户逆差明显缩小。这也导致危机时大宗商品价格飙升,但此时大宗商品的实际市场需求不大,难以维持高价格水平,促使投资者马上退出大宗商品市场,进而引发大宗商品价格泡沫破裂。与此同时,欧债危机爆发,美国当局也采取了一系列紧急和有效的措施,使得美国金融市场逐步恢复稳定。在这种情况下,投资者最后仍继续选择美元资产作为安全资产,美元资产在危机期间仍被认为是相对稳定和安全的避险资产。因此,美国在国际金融危机爆发后只经历了小规模的资本账户逆转,并未彻底发生。究其本质,是新兴经济体缺乏对财富的保值能力,全球安全资产匮乏,使得美元资产在危机时期仍被视为可避险的安全资产,由此吸引国际资本持续流入美国,进而保证美国即使在危机时期也能够避免发生彻底的资本账户逆转。然而,现阶段随着美国的高债务问题以及全球经济格局的变化,人们对美元作为安全资产的信念开始产生动摇。同时,新兴经济体金融市场逐渐发展壮大,也对美元作为安全资产的地位提出了挑战。未来美元资产能否持续保持安全属性仍有待检验。

小 结

本章探讨了全球经济失衡和美元霸权之间的内在关联,即为什么美国可以持续低成本地为其经常账户赤字融资。第一节首先介绍了全球贸易失衡的特征事实:从20世纪80年代至今,贸易失衡在世界范围内出现,美国长期处于贸易赤字状态。美国的净国际投资头寸与经常账户在多数时间内保持同向变动关系,但是变动并不完全一致,其原因在于估值效应对美国的净国际投资头寸产生了较大影响,在某些时期估值效应可达到美国GDP

的±15%。虽然美国的净国际投资头寸长期为负数,但是其 NII 却为正数,为解释"负 NIIP-正 NII"悖论,第一节提供了两种解释,一种解释是暗物质,另一种解释是收益差,但经分析表明,收益差的解释更为可信。

第二节通过拆解美国的对外资产负债表,详细分析对外资产负债表的构成及其影响,对收益差现象产生的原因进一步做出解释。布雷顿森林体系崩溃后,美国的国际收支结构越来越像风险投资家的资产负债表,资产项下多是高回报的风险性资产,而对外债务仍主要集中于低收益的流动性负债,因此美国对外总资产与总负债之间有着显著的收益率差额,即超额收益。进一步研究发现,在布雷顿森林体系崩溃后,资产组合效应对超额收益的贡献非常显著,是促进超额收益快速增加的主要因素,但是不管在哪个时期,回报效应对超额收益的贡献都非常大。最后,第二节还发现美国和发达国家普遍持有较多的风险性资产,而新兴经济体普遍持有较多的安全资产。

第三节从金融市场发展程度差异角度对"发达国家持有越来越多的风险性资产,而新兴经济体持有越来越多的低风险性资产"这一现象进行了解释,即地区 U 和地区 E 的金融市场均相对更发达,安全资产的供给能力更强,在国际金融市场上表现为对安全资产的净供给。而地区 R 金融市场相对欠发达,由金融市场本身创造出的金融资产工具价值稳定性相对较差,对财富价值的保存功能不足。因此,地区 R 购买持有地区 U 和地区 E 的安全资产,使得地区 R 的资金不断以低成本流入地区 U 和地区 E。此外,第三节还发现大量资本流入引发的美元高估和低利率组合效应,导致美国出口减少和国内消费增加,进而导致美国进口商品和服务规模超过出口规模,使得美国经常账户处于赤字状态,并持续恶化。

 关键词

全球经济失衡	估值效应	净国际投资头寸
净投资收益	"负 NIIP-正 NII"悖论	暗物质
收益差	风险性资产	流动性负债
超额收益	世界风险投资家	资产组合效应
回报效应	安全资产	美元霸权
金融市场欠发达	净风险性资产头寸	

 练习题

1. 假设世界由两个国家组成,分别为本国和外国,这两个国家可以在商品市场和金融市场上进行自由贸易,假设两国国际收支平衡表除经常项目、资本和金融账户外,其他项目可忽略不计。已知本国在 2000 年年末的净国际投资头寸为 0,在 2009 年年末的净国际投资头寸为 45 000 亿美元,在 2010 年年末的净国际投资头寸为 50 000 亿美元。另外还知 2001 年年末至 2010 年年末本国的经常账户余额分别为 1 000 亿美元、2 000 亿美元、

3 000亿美元、4 000亿美元、5 000亿美元、6 000亿美元、7 000亿美元、8 000亿美元、9 000亿美元和10 000亿美元。根据这些信息回答以下问题。

  a. 本国在2010年的净国际投资头寸是否受到估值效应的影响？如果受到影响，估值效应是多少？

  b. 假设本国的金融资产为本国持有的以外币计价的外国F公司1 000亿股股票，2010年年初，F公司股价为100美元/股；本国的金融负债为外国持有的以本币计价的本国H公司1 000亿股股票，2010年年初，H公司股价为55元/股。假设本国和外国金融资产结构不变。现已知本币和外币在2010年年初的汇率为1单位外币等于1单位本币；2010年年末，F公司的股价为90美元/股，H公司的股价为120元/股，根据上述条件计算在2010年年末两国间的汇率是多少。

  2. 已知2018年美国的NIIP=−9.6万亿美元，NII=0.2581万亿美元，假设2018年美国的资产和负债的年收益率取$r=5\%$，根据已知条件计算2018年美国的资产低估值（"暗物质"）的规模。

  3. 依然以2018年为例，已知一年期美国国债的年收益率$r=2.25\%$，外国资产$A=25.3$万亿美元，对外负债$L=34.8$万亿美元，计算2018年美国的资产负债收益差。

  4. 美国的对外总资产与总负债之间有显著的收益率差额，请从资产和负债的收益视角，拆解美国的资产负债表，对收益差的现象进行解释。

  5. 请分析美国持有资产和负债的主要类型的变化，并解释为什么说美国从保守的"世界银行家"向富有冒险精神的"世界风险投资家"转变。

  6. 美国的资产负债表结构是特例吗？如果不是，其他国家的资产负债表结构有何特点？

  7. 请基于安全资产理论简要概述全球经济长期处于失衡状态的原因。

  8. 为什么美国在次贷危机中只经历了小规模的资本账户逆转？请简述理由。

第十三章　欧元区与欧债危机

引　言 >>>

1999年1月,部分欧洲国家决定建立一个共同货币区,即各国用单一货币或共同货币来代替母国货币,该区域被称为欧元区。在国际货币制度的历史上,欧元的实施是最大胆的试验之一。至今,人们仍不断惊叹于欧元的庞大影响力,并且欧元已经成为当今对宏观经济感兴趣的人们的重要研究对象。

首先,本章的主要目标是讲述欧元区建立的逻辑。通过研究和应用最优货币区理论,本章分析了欧元诞生的经济学逻辑以及建立欧元区带来的损益。尽管最优货币区理论所描绘的图景十分美好,但是依然面临着一系列的挑战。

其次,本章将介绍欧元的历史逻辑和政治逻辑。通过分析欧元区的建立过程,讨论欧元区的历史渊源和近期的演变。从这些方面介绍欧元区计划的画卷是如何一步步展开的,并且取得了怎样的成就。

再次,本章将讲述欧元是如何取代诸多货币的,在欧元区建立的过程中又做了哪些制度设计,这些制度设计的目的是什么。

最后,本章将详细讲述欧债危机的始末及其背后深层次的原因,通过分析欧元区面临的现实困境,总结应对危机的经验教训。总体上,欧元区度过了相对顺利的前十年,直到2009年欧债危机的爆发使得欧元区各国受到了不同程度的侵害,目前仍有部分国家受到危机的困扰。此次危机不仅在政治和经济上对欧元区产生了严重的影响,也暴露出欧元区一系列深层次的制度性问题。

学习目标 >>>

1. 学习最优货币区理论的主要内容及面临的挑战。
2. 了解欧元区成立的经济和政治原因,了解欧元区的建立过程。
3. 了解欧元区的中央银行体系、货币政策的制定过程以及欧元区成员国面临的财政政策的限制。
4. 学习欧债危机爆发的历程,了解危机产生的原因,并分析欧元区深层次的制度性问题。

第一节　最优货币区理论

不同的国家使用同一种货币能够消除汇率波动,国际债务和国际贸易的财务核算更加方便,有利于国际贸易、国际信贷和国际投资的开展,也使得进行这些国际贸易的经济主体面临汇率波动的风险损失较小。但是,统一的货币也意味着货币制度的转换,这种转换在产生巨大经济成本的同时也放弃了调整汇率和使用货币政策调节稳定经济的权利。本节将主要讨论欧元区——统一货币区——建立的得与失及其背后的经济学逻辑,即一国如何决定是否加入货币区?本节将介绍一系列理论试图说明不同的经济单位(国家或者地区)应该在哪种情况下采取统一的货币。

一、早期的最优货币区理论

2021年4月4日,罗伯特·蒙代尔(Robert Mundell)逝于家中,享年88岁。蒙代尔留给世界的学术遗产格外丰厚,其中,对世界格局运行轨迹影响最大的贡献应该就是"最优货币区理论"。最优货币区理论是指,在符合经济金融某些条件的国家和地区相互建立紧密联系的货币制度,如固定汇率制,甚至统一货币的区域。欧洲一体化的过程,从固定汇率制到统一货币——欧元,可以说是最优货币区理论的实践史。成立货币区会获得交易成本降低等种种益处,但是也要付出相应的代价。本节将说明成立最优货币区会带来哪些收益和成本,一国如何决定是否要加入货币区,以及"最优货币区"面临的挑战和可能的改进措施。

1961年,蒙代尔提出需求转移是一国出现外部失衡的主要原因,会导致两国间的收支不平衡。例如,如果需求从A国转移到B国,则B国会出现超额需求,而A国会出现超额供给。在劳动和资本等生产要素不流动的情况下,A国将会出现生产要素的过剩;若要解决A国生产要素过剩的问题,则必须通过调整两国的汇率实现需求转移进而降低B国的需求。但在生产要素可以自由流动的情况下,生产要素将从A国转移到B国,从而减少A国生产要素的供给,而增加B国生产要素的供给,在汇率不发生调整的情况下,就可以消除经济的不平衡。显然,若要在国家之间维持固定汇率制,并保持物价稳定和充分就业,就必须保持生产要素的高度流动性。

此后,该理论经历长期的发展,在蒙代尔提出以生产要素自由流动作为成立最优货币区的标准后,经济学家们相继提出了其他的"最优"衡量标准。但是传统的"最优货币区理论"强调单一标准下对最优货币区的判定,缺乏综合性指标分析体系,并且各指标的相对重要程度和量化方法较难实现。1990年,克鲁格曼运用成本-收益分析法提出了一个统一的分析框架——GG-LL模型,采用经济的一体化程度①这一综合性的指标作为衡量标准,判断一个区域内各国是否应当加入货币区。

---

① 经济一体化程度指不同国家或地区之间在经济领域内的相互依存程度。这种依存程度可以通过贸易、投资、劳动力流动等方面来衡量。经济一体化程度越高,不同国家或地区之间的相互依存程度就越高,彼此之间的利益也越相互关联。

二、成本-收益综合分析框架

决定一个国家是否加入最优货币区的因素是什么?为了解答这个问题,本节将构建一个简单的模型来进行说明。表 13-1 展示了加入最优货币区的收益和成本。选择共同货币意味着两个地区采用固定汇率制,而采用固定汇率制的优点是简化货币换算,降低经济活动中的不确定性。固定汇率制的货币效率收益(Monetary Efficiency Gain)等于一国所避免的汇率波动带来的不确定性、复杂性以及结算和贸易成本等损失。如果两国之间的贸易量很大或者生产要素能够自由流动,那么采用固定汇率制所得的货币效率收益也就更大,因此可以得到一个简单的相关关系,这两个国家的跨国贸易和要素流动越广泛,亦称经济的一体化程度越高,这种收益就越大,代表收益的 GG 曲线的斜率为正。

表 13-1 加入货币区的收益和成本

收益	提高了货币流动性,减少了投机性资本的流动 消除外汇风险可以提高资源配置,并促进生产一体化和国际贸易 固定汇率制可节省直接和间接交易成本 提高货币区内经济的开放性,资本、商品的流动性进一步提高,利于资源在货币区内的有效配置
成本	贫富地区的经济悬殊加剧 放弃了汇率调节工具 存在货币制度的转换成本 丧失了货币政策的自主权

与此同时,采用共同货币意味着放弃调整汇率和使用货币政策调节稳定经济的权利,并且经济稳定性损失(Economic Stability Loss)与货币效率收益一样与该国的经济一体化程度有关。在一国经济面临冲击时,缺少有效的调控措施会使该国更难达到理想的经济稳定状态,这种固定汇率制引起的不稳定性就是经济稳定性损失。例如,当一个国家的经济出现不稳定因素,如通货膨胀或经济衰退时,政府可能需要调整利率来应对,但这会对汇率产生影响。如果汇率固定,政府就不能通过调整汇率来维持经济稳定。但是经济一体化程度可以影响稳定性损失的大小,例如如果一国的跨国贸易和生产要素流动程度高,那么它就可以通过进出口平衡国内商品供给,同时失业的工人和多余的资本可以流向其他国家,从而降低损失。由此可以得出结论:一个国家和它加入货币区的经济一体化程度越高,在面临经济波动时,其经济稳定性损失就越小,代表成本的 LL 曲线的斜率为负。

图 13-1 将 GG 曲线和 LL 曲线结合起来,说明一国如何决定是否加入货币区。如果经济一体化程度高于 θ_1,那么收益大于损失,就应该加入货币区。

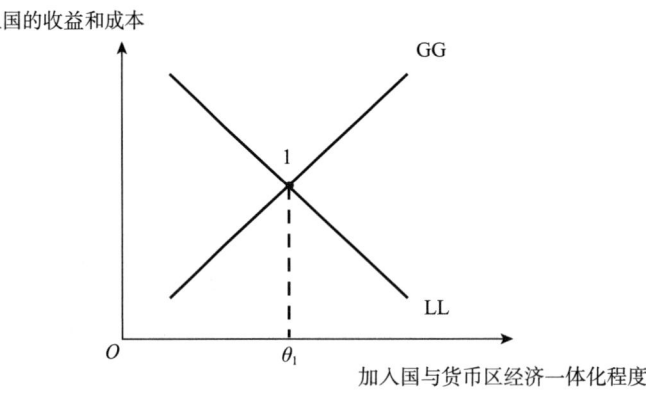

图 13-1 决定何时加入货币区

图 13-2 表示,如果一国需求变动范围增大、频率加快,会使 LL_1 曲线向右移到 LL_2, LL 曲线的右移使得决定是否加入货币区的经济一体化临界程度上升。这是因为在给定该国与货币区国家的经济一体化程度下,需求变动的范围增大、频率加快会加大一国经济的波动,放弃独立的货币政策的产出稳定性损失更大。

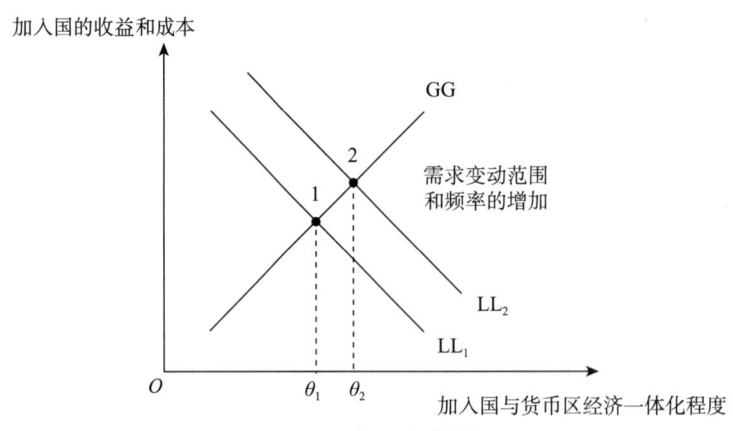

图 13-2 出口波动增加

三、最优货币区理论面临的挑战

最优货币区理论自面世以来经历了诸多发展,但是也面临着一系列的挑战:

第一,在生产要素不能完全自由流动的情况下,可能造成"贫者越贫,富者越富"的现象。最优货币区理论的一个重要标准是生产要素的自由流动,资本能够通过国际资本流动去到任何国家,但是劳动力的流动往往受到语言、文化、社会保障以及其他社会因素的影响,从而被限制在原地。如果一国的经济受到负面冲击,例如经济危机、总需求下降等,该国的资本会流向经济增长率更高的国家,但是劳动力却不能一起流动,这就导致经济中出现严重的失业现象,自然会出现"贫者越贫,富者越富"的情况。现实数据能更好地说明这一现象,实现共同繁荣一直是欧洲一体化的基本动力,但是发展结果却正好相反:在1999 年欧元启用时,欧元区成员国中,初始生产率较低的国家的平均增长率落后于初始生产率较高的国家,这进一步扩大了各成员国之间在潜在竞争力方面的差距,其经济增长也朝着趋异的方向发展。产业的集聚效应、规模效应、向更发达国家移民等因素导致生产要素流动,可能会使得货币区成员国之间的经济水平差异更大。2002 年,人均产出水平最高的卢森堡是人均产出水平最低的葡萄牙的 2.88 倍。在接下来的 10 多年里,卢森堡的年平均增长率为 3.11%,而葡萄牙仅为 1.78%,到 2016 年,它们之间的差距已经扩大到了 3.46 倍。

第二,统一的货币政策与不同的经济周期造成成员国之间政策协调的困境。如果货币区成员国处于不同的经济周期,采用紧缩性货币政策,处于经济衰退期的国家会面临更严重的经济衰退;采取扩张性货币政策,处于经济繁荣期的国家会面临严重的通货膨胀。在这种情况下,必定有部分国家的货币政策是"错配"的,这种政策错配可能导致经济持续恶化,甚至发生经济危机。

第三,经济一体化促进专业化分工,出口商品的多样性减弱,抵御外部需求冲击的能力降低。经济相似度越低的国家,发生非对称性冲击①的概率越大。例如 A 国主要出口汽车,B 国主要出口衣服,如果国际钢铁价格上升,那么会使得 A 国制造汽车的成本上升,但是 B 国的衣服基本不受影响,两国受到的冲击是不对称的。在货币区中,要素的高度流动和紧密的贸易关系,会促进各成员国进行生产的专业化——国际分工,这种分工可能是产业内分工也可能是产业间分工。前者具有产品多样化特征,但是后者会使一国的产品单一化,经济相似度下降,更有可能面对非对称性冲击,进而导致经济周期有所不同。而最优货币区只能采用统一的货币政策,这就可能会产生过度的通货紧缩或者通货膨胀,进而导致经济动荡、衰退等后果。

虽然最优货币区理论存在种种挑战,但是它依然描绘了让人难以拒绝的美好愿景,欧元区是走上这条道路的先行者,下一节将会通过介绍欧元区建立的曲折历程加深读者对最优货币区理论的理解,并讨论实践中遇到的问题。

第二节　欧元区的建立

本节将阐述欧元区建立的历史脉络,为后文详细介绍欧元区的制度和现状提供一定的基础认知。首先将介绍欧洲寻求联盟的原因,在经历纷争不断的第一次世界大战和第二次世界大战后,欧洲重新萌生了建立政治和经济联盟的想法;其次将介绍建立经济联盟的计划和曲折的建立过程;最后将介绍现今欧元区的建立过程。

一、欧洲经济一体化的起点

较早地提出建立较为系统的欧盟和欧洲单一货币思想的是 19 世纪法国伟大的诗人和作家维克多·雨果(Victor Hugo)。此后,欧洲大陆就为此宏伟目标开始了数次尝试,而

---

① 非对称性冲击,指某一特定国家或地区受到经济冲击(诸如战争、自然灾害、贸易条件恶化、金融危机、石油危机等)时,由于这种冲击带来的不利经济影响与其他国家或地区不同步,即不对称,需要特殊的经济政策进行调节。

这些尝试几乎都是从货币的统一和联盟开始的①,但是均以失败告终。直到20世纪50年代,经历了第一次世界大战和第二次世界大战后,一方面,残酷的战争让欧洲诸国风光不再,又处在美苏两大阵营的夹缝之中,另一方面,美国通过马歇尔计划、北约等途径,力图全面控制西欧,而苏联在东欧建立起经济互助委员会和华约组织,使西欧国家产生重新陷入战火的忧虑和恐惧之中,它们不愿意成为美苏阵营对立的牺牲品,所以在反思如何才能发展。欧洲的政治精英们认识到要想不受超级大国的控制和威胁,西欧各国只有走联合自强之路,才能有效地维护自身的利益,才能在国际舞台上扮演重要的角色。

1950年5月,法国外交部长罗贝尔·舒曼(Robert Schuman)提出欧洲煤钢联营计划(即舒曼计划),核心内容是在欧洲建立一个煤钢联盟,以消除欧洲各国之间的摩擦与矛盾,进而为实现"欧洲合众国"开辟道路。1951年4月,法国、意大利、联邦德国、荷兰、比利时、卢森堡六国签订了为期50年的《欧洲煤钢共同体条约》(又称《巴黎条约》),此后西欧进入了经济高速发展的时期。为进一步推进欧洲一体化进程,1955年6月,参加欧洲煤钢共同体的六国外长在意大利墨西拿举行会议,建议将煤钢共同体的原则推广到其他经济领域,并成功地于1957年3月签订了建立欧洲经济共同体与欧洲原子能共同体的两个条约,统称为《罗马条约》。1965年4月,法国、联邦德国、意大利、荷兰、比利时和卢森堡六国在比利时首都布鲁塞尔又签署了《布鲁塞尔条约》,决定将欧洲煤钢共同体、欧洲经济共同体和欧洲原子能共同体合并,统称"欧共体"。欧共体的建立是欧洲经济和政治一体化进程的起点,此后将逐步进入一体化的高潮。

二、欧洲货币体系的建立

20世纪60年代末,布雷顿森林体系摇摇欲坠,国际货币开始出现大幅价值波动,但是除了动荡年代中短暂的危机时期(战争时期、大萧条以及20世纪70年代早期),大多数欧洲国家从19世纪70年代起相互之间一直采用钉住汇率制。随着布雷顿森林体系的崩溃,各国汇率开始浮动,欧洲的决策者担心浮动汇率制会影响欧洲各国由庞大贸易带来的繁荣阻碍经济联盟的实现,便宣称有必要建立一个欧洲自己的小型布雷顿森林体系。1971年3月,"魏尔纳计划"②应运而生,该计划主张在10年内分三个阶段建成欧洲经济货币区。第一阶段,消除欧洲各国间的汇率波动;第二阶段,将欧盟货币政策的决策权集中化,建立欧洲货币储备基金;第三阶段,逐步减少欧洲各国间现存的贸易壁垒,向统一货币过渡。1972年4月,欧共体各成员国对美元汇率的波动幅度收缩至2.25%,各方达成了协议,接受这种"蛇形浮动"的汇率体系。"蛇形浮动"亦称联合浮动,是欧共同体在布雷顿森林体系面临危机时,为维持一个相对稳定的货币区域而建立的成员国相互之间保持固定汇率,对外则共同实行浮动汇率的一种汇率制度。起初,由于西欧各国货币对美

---

① 拉丁货币同盟(Latin Monetary Union, LMU)成立于1866年,斯堪的纳维亚货币联盟(Scandinavian Monetary Union, SMU)成立于1873年。

② 以卢森堡首相兼财政大臣皮尔瑞·魏尔纳(Pirri Werner)为首的委员会,于1970年10月向欧共体理事会提交了《关于在共同体内分阶段实现经济和货币联盟的报告》,即魏尔纳计划,亦称"魏尔纳报告"(The Werner Report)。该计划建议1971—1980年分三个阶段实现欧洲货币一体化。

元采取联合浮动的方式,如同一条蛇在洞内蠕动,因此这一体系被称为"隧道中的蛇形浮动"。图13-3展示了美元汇率变动的范围。

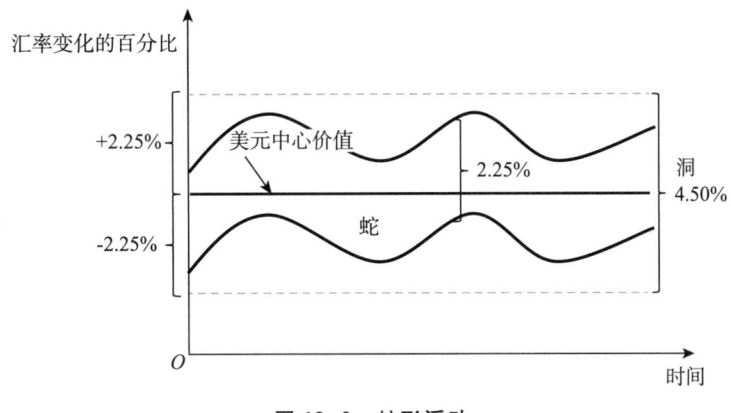

图 13-3 蛇形浮动

然而,20世纪70年代动荡的金融形势以及欧共体国家发展程度的巨大差异,使得"魏尔纳计划"几乎完全落空。1973年3月,布雷顿森林体系崩溃,美元大幅贬值,欧共体决定其成员国货币对美元自由浮动,不再有任何上下限的约束。这样,"洞"就不再存在,"蛇"在其后仍然存在,成员国货币对美元仍然实行联合浮动,这就是没有洞的蛇行浮动,该体系后来演变成欧洲货币体系。在缺乏真正货币区的情况下,"蛇"充当了一个支撑,在国际货币混乱的背景下提供了一个相对稳定的区域。

"蛇形浮动"体系建立后,许多国家的货币汇率都曾偏离过这条"隧道"①,因此那时的欧洲并没有出现一个货币区。为了解决这些问题,1978年春,法德两国一致认为,必须采取一些行动来促使货币体系重新恢复正常。于是,1979年1月1日,欧洲货币体系正式启动,其核心是欧洲汇率机制(Exchange Rate Mechanism,ERM),该机制规定了欧共体成员国货币对其他货币的中心平价,即ECU(欧洲货币单位)。实际上,由于德国马克稳定的汇率和出众的银行声誉,除德国马克外的货币最终都采用钉住德国马克的方式维持汇率,此时的德国马克正如布雷顿森林体系中的美元一般。成立之初,参与欧洲汇率机制的仅有联邦德国和法国等八个成员国②,之后,西班牙于1989年6月、英国于1990年10月、葡萄牙于1992年4月陆续加入欧洲汇率机制。欧洲汇率机制保证了成员国之间汇率的相对固定(它是"固定的但可以调整"),这样就使成员国的货币在对美元和其他货币的联合浮动中,处于较为有利的地位,从而加强了欧洲货币体系在整个国际货币体系中的地位。

进入20世纪80年代,欧共体进一步实行一体化的呼声仍然高涨。由于欧共体成员国不满成员国之间的非关税贸易壁垒,许多产业在欧洲进行贸易仍然会受到政府实施标

---

① 1974—1976年,意大利、英国、爱尔兰和法国的货币受到通货膨胀和国际收支赤字的破坏。这些国家的货币发生疲软促使它们多次离开"蛇"。法国于1974年退出该系统,并于1975年重新加入。1976年,法国再次退出了该系统。

② 联邦德国、法国、意大利、荷兰、比利时、卢森堡、丹麦及爱尔兰。

准和注册要求的限制,而政商界领袖渴望协调法律,以解决政策上的差异。这最终催生了《单一欧洲法案》(即《罗马条约》修正案),该法案的核心是期望在1992年之前于欧共体内建立一个单一市场,实现服务和资本的完全自由流动。经济联盟带来的贸易红利使欧洲各国持续推进欧洲市场一体化,欧共体各国不再满足于一个"小型的布雷顿森林体系"(欧洲货币体系),它们需要一种更加有利于商品和生产要素流通的货币体系。

三、单一货币的演变

随着欧洲市场一体化程度的提高以及资本的完全自由流动,欧洲货币体系的弊端逐渐暴露,除德国马克外的货币事实上钉住德国马克,根据利率平价理论,这些国家会丧失货币政策的独立性。而德国实行的货币政策强调自身的宏观经济目标,如果其他国家处于不同的经济周期,则政策会与经济周期不匹配,这会牺牲其他成员国的利益,因此欧洲各国需要一个更稳定且更独立的货币体系。1989年6月,欧共体委员会主席雅克·德洛尔(Jacques Delors)提出《德洛尔报告》(The Delors Report)①,该报告主张分三个阶段创建欧洲经济与货币联盟:第一步,完全实现资本自由流通;第二步,增强各国中央银行的合作,建立欧洲货币局(即欧洲中央银行的前身);第三步,在欧洲实行单一货币制,将各国的货币政策决定权交由欧洲中央银行体系。《德洛尔报告》的通过为欧洲单一货币的产生奠定了基础。如果经济利益是欧洲单一货币演化的强大动力,那么政治上的挑战使欧洲进一步联合势在必行。表13-2展示了欧洲一体化进程中的重要事件和时间节点。

表13-2 1967—2023年欧洲一体化进程

	货币一体化及有关欧元的情况	欧洲一体化进程中的整体情况、欧洲形势、世界其他国家动向
1967年		签署《合并条约》(《布鲁塞尔条约》),欧共体成立
1971年	"维尔纳计划"通过,主张在10年内分三个阶段建成欧洲经济与货币联盟	布雷顿森林体系崩溃
1972年	受"尼克松冲击"的影响,外汇市场动荡不安,欧共体开始实行"蛇形浮动"制度	
1973年	欧共体成员国的货币对美元实行共同浮动制度("出洞之蛇")	爱尔兰、丹麦、英国加盟欧共体(加盟国增加至9国)
1979年	欧共体中8个成员国(英国没有参加)正式建立欧洲货币体系	

---

① 1988年6月,汉诺威首脑会议委托以德洛尔为首的欧洲委员会制定欧洲货币一体化的具体步骤。1989年4月,以德洛尔为首的欧洲委员会提出《欧洲共同体经济和货币联盟的报告》,即《德洛尔报告》,并于6月提交欧洲理事会马德里会议讨论获得批准。会议决定,从1990年7月1日起,开始进入货币联盟的第一阶段。

(续表)

	货币一体化及有关欧元的情况	欧洲一体化进程中的整体情况、欧洲形势、世界其他国家动向
1986 年		西班牙、葡萄牙加盟欧共体(12 个成员国);12 个成员国签署《欧洲单一法案》
1989 年	欧洲理事会马德里会议批准了《德洛尔计划》,规定分三个阶段完成欧洲经济货币同盟(EMU)的组建,并决定从 1990 年 7 月 1 日起开始进入 EMU 的第一阶段;欧洲理事会斯特拉斯堡会议一致同意开启政府间会议,讨论货币一体化进程	"柏林墙"倒塌;美苏首脑布什和戈尔巴乔夫在马耳他会晤
1990 年	EMU 第一阶段开始;英镑加入欧洲汇率机制	伊拉克入侵科威特,引发海湾危机;德国统一;欧洲安全与合作会议特别首脑会议签署了《新欧洲巴黎宪章》,宣告"欧洲对抗和分裂的时代已经结束";英国首相撒切尔辞职
1991 年	欧共体首脑会议就签订《马斯特里赫特条约》(即《欧洲联盟条约》)达成一致	海湾战争爆发(至 2 月底);南斯拉夫内战爆发,斯洛文尼亚、克罗地亚独立;苏联解体,建立独立国家联合体
1992 年	欧共体 12 国签署《马斯特里赫特条约》和《政治联盟条约》);英镑暴跌,英国退出欧洲汇率机制;欧洲爆发货币危机	
1993 年	因欧洲爆发货币危机,欧共体经济与金融事务委员会决定,将欧洲汇率机制的汇率波动幅度扩大到中心汇率的上下 15%;欧洲理事会布鲁塞尔特别会议决定,自 1994 年 1 月起进入 EMU 的第二阶段	丹麦举行第二次全民公投,赞成签署《马斯特里赫特条约》;《马斯特里赫特条约》生效,欧盟成立
1994 年	EMU 第二阶段开始;欧洲中央银行的前身欧洲货币机构创立	在摩洛哥马拉喀什举行签署《关税及贸易总协定》仪式
1995 年		奥地利、瑞典、芬兰加入欧盟(成员国增至 15 国)
1998 年	欧盟特别首脑会议正式确定 EMU 的 11 个加盟国(法国、德国、意大利、西班牙、比利时、卢森堡、荷兰、爱尔兰、葡萄牙、芬兰、奥地利);欧洲中央银行成立,总部位于德国法兰克福	
1999 年	EMU 的第三阶段开始,欧洲货币联盟 11 国引入欧元	

(续表)

	货币一体化及有关欧元的情况	欧洲一体化进程中的整体情况、欧洲形势、世界其他国家动向
2000年	欧洲理事会在费拉举行首脑会议,批准希腊加入欧元区;丹麦完成全民公投,拒绝引入欧元	
2001年	希腊引入欧元(欧元区第12国)	欧盟15个加盟国签署《尼斯条约》;美国发生"9·11"恐怖袭击
2002年	欧元现金开始流通;欧元流通过渡期结束,欧元成为欧元区各国的唯一法定货币	
2003年	瑞典全民公投,拒绝引入欧元	
2004年		塞浦路斯、捷克、爱沙尼亚、匈牙利、拉脱维亚、立陶宛、马耳他、波兰、斯洛文尼亚、斯洛伐克10国加盟欧盟(成员国达到25个);欧盟25个成员国签署《欧盟宪法条约》
2007年	斯洛文尼亚引入欧元(欧元区第13国)	保加利亚、罗马尼亚加盟欧盟(成员国达到27个);欧洲理事会签署了《里斯本条约》
2008年	塞浦路斯、马耳他引入欧元(欧元区国家扩大到15国)	美国投资银行雷曼兄弟控股公司破产,引发世界金融危机
2009年	斯洛伐克引入欧元(欧元区第16国)	
2010年	希腊发生债务危机,欧盟和IMF实施第一次贷款援助,金额为1 100亿欧元;欧盟和IMF决定对爱尔兰进行总额达850亿欧元的贷款援助	
2011年	爱沙尼亚引入欧元(欧元区第17国);欧盟和IMF决定对葡萄牙进行总额达780亿欧元的贷款援助;签署建立欧洲稳定机制	
2012年	欧盟和IMF决定对希腊进行第二次贷款援助,总额为1 200亿欧元;欧洲中央银行行长马里奥·德拉吉(Mario Draghi)宣布,将无限度购买危机国国债	
2013年	欧盟和IMF贷款援助塞浦路斯,总额为100亿欧元	克罗地亚加盟欧盟(成员国达到28个)
2014年	拉脱维亚引入欧元(欧元区第18国)	

(续表)

	货币一体化及有关欧元的情况	欧洲一体化进程中的整体情况、欧洲形势、世界其他国家动向
2015 年	立陶宛引入欧元（欧元区第 19 国）；欧洲中央银行开始实施量化宽松政策；来自欧盟和 IMF 的希腊援助计划失效；希腊对 IMF 的贷款违约，总额达 15 亿欧元	希腊全民公投，拒绝了欧盟实施经济紧缩性措施的建议
2016 年		英国全民公投决定"脱欧"
2017 年		英国正式启动脱欧程序
2019 年		新冠疫情在全球蔓延
2023 年	克罗地亚引入欧元（欧元区第 20 国）	

1989 年柏林墙倒塌，1991 年苏联解体，冷战结束，标志着东西对立的欧洲重新聚首，东欧迫切希望进入资本主义，而融入欧共体是达成这个目标最直接的方式。与此同时，民主德国和联邦德国的和平统一，直接对欧共体成员国之间的内部关系造成影响，稳定的政治和经济环境又会面临巨大的挑战。对于整个欧共体而言，又该如何针对这些问题做出反应？

1992 年 2 月，欧共体国家签署了《马斯特里赫特条约》（以下简称《马约》），该条约重申了建立"一个更加紧密的欧洲各民族的联盟"的目标，至此欧盟正式成立。《马约》不仅使欧洲各国在政治上进一步走向联合，也是欧洲从欧洲货币体系下的固定汇率制向经济与货币联盟过渡的蓝图，要求在密切协调成员国经济政策和实现欧洲内部统一市场的基础上，形成共同的经济政策。具体内容包括：统一货币，制定统一的货币兑换率，建立一个制定和执行欧共体政策的欧洲中央银行体系。同时，该条约还规定了一系列宏观经济指标，申请加入经济货币体系的欧洲各国必须满足这些指标。《马约》推动了 20 世纪 90 年代以后欧盟政治和经济的发展，为其他欧洲国家加入欧盟指明了道路。但是，《马约》规划的过渡计划很快遭到阻碍，因欧洲货币危机（1992—1993 年），英镑和意大利里拉相继退出欧洲汇率机制，许多国家的货币都进行了大幅贬值。欧洲汇率机制的汇率波动幅度扩大到中心汇率的上下 15%，欧洲货币体系陷入混乱，货币一体化进程也陷入停滞。这种情况一直持续到 1994 年，直到 EMU 第二阶段[①]的开始，欧洲中央银行的前身欧洲货币机构创立。此后，EMU 继续发展，1998 年欧洲中央银行成立，1999 年 1 月在欧洲货币联盟 11 国[②]正式引入"欧元"（Euro）并取代欧洲货币体系所创立的 ECU，至此"欧元区"建立，同时也标志着 EMU 第三阶段的开始。最初，欧元的使用只在非现金领域，诸如银行之间的交易等，到 2002 年 1 月欧元现金开始流通，并成为欧元区各国的唯一法定货币。

欧元自建立以来，其发展如火如荼，从最初的 11 国到 2009 年的 16 国，欧元区成员逐步壮大。欧元区的发展也经历了许多挫折，2010 年 5 月希腊发生债务危机，此后债务危机逐渐蔓延到意大利、西班牙、葡萄牙、爱尔兰、希腊等欧盟其他国家。尽管欧洲主权债务

---

① 《德洛尔计划》规定从 1994 年 1 月进入 EMU 第二阶段。
② 德国、法国、意大利、荷兰、比利时、卢森堡、爱尔兰、西班牙、葡萄牙、奥地利和芬兰。

危机的爆发给欧元区的前途笼罩上了一片阴影,有关欧元区制度设计缺陷的批评不绝于耳,但是截至2024年,欧元区成员国已经拓展到20个国家,未来欧元区的成员还会进一步壮大。① 毫无疑问,欧元的问世是当今世界经济史首次出现区域集团整体放弃国家货币主权的壮举,是一次通过统一货币结成货币区的伟大尝试,也获得了举世瞩目的成就。

放弃本国货币而使用欧元将欧元区内各国用货币捆绑在一起,在建立经济与货币联盟的道路上迈出了重要的一步,这基本上消除了欧洲大国之间战火重燃的可能性。在稳固和平局面的同时,欧元区的建立也使得欧洲国家在单个国家实力相对下降的情况下,依然在国际舞台上占据重要位置。2020年,欧元区国家的GDP占世界生产总值的15.1%,商品和服务出口总额占比达26.6%。从2023年开始,克罗地亚加入欧元区,欧元区国家数量增加为20个。目前,在20个欧元区国家有超过3.4亿人使用欧元,市场流通的欧元纸币总金额超过1.5万亿欧元,其中约1/3在欧元区以外,世界上其他60个国家和地区的1.75亿人将欧元作为本币或将本币与欧元挂钩。截至2021年,欧元已经成为仅次于美元的全球第二大流通货币,欧元在全球外汇储备中占比约20.6%,全球跨境贸易支付中有约36%使用欧元支付,欧盟出口的一半以上使用欧元结算,全球绿色债券发行量的一半以上以欧元计价。现任欧洲中央银行行长克里斯蒂娜·拉加德(Christine Lagarde)声称,欧元是全球稳定和稳固的灯塔,欧洲和欧元已经密不可分,对于年轻的欧洲人……几乎不可能想象没有欧元的欧洲。

第三节 欧元区的货币制度

前面的章节已经介绍了欧元区和欧元的由来。本节将详细介绍欧元区的制度设计。具体而言,第一部分将介绍欧洲中央银行体系和货币政策的制定;第二部分将介绍加入欧元区需要哪些条件;第三部分将介绍欧元区成员国需要遵守的规则。本节的内容有助于解答以下问题:为顺应欧元区的建立,中央银行体系有哪些改变?货币政策如何制定?加入欧元区或者其中的成员国需要遵守哪些规则?设计这些制度的目的是什么?

1999年,欧元诞生,它取代了11种欧洲货币,其中包括德国马克这样已经具备重要国际地位的货币。诞生之初,欧元作为国际货币发展势头良好,无论是作为国际储备、国际债券的计价货币,还是作为商品交易的计价和结算单位,抑或是其他国家货币汇率的锚,欧元都比1999年以前的德国马克发挥了更重要的作用。而负责发行欧元并制定货币政策的机构是欧洲中央银行,这也是世界上第一个管理超主权货币的中央银行。虽然成立的时间较短,但是欧洲中央银行的组织和功能已经十分成熟,甚至拥有极强的独立性和超然的地位。欧洲中央银行作为整个欧元区的中央银行,其职权范围覆盖多个国家,包括所有将欧元作为法定货币的国家。要理解欧元为何能够在国际货币体系中占据如此重要的地位,首先要知道欧洲中央银行以种组织架构进行运作,有哪些政策目标,又是如何实现的。

---

① 克罗地亚于2023年1月1日加入欧元区,成为加入欧元区的第20国。

一、欧洲中央银行体系

(一) 组织机构

欧洲中央银行由两个层次组成:一个是欧洲中央银行本身,另一个是由欧洲中央银行和欧盟各成员国中央银行共同组成的欧洲中央银行体系。欧洲中央银行与欧盟成员国中央银行共同组成欧元体系(Euro System)。欧洲中央银行具备法人身份,是决策机构,负责制定欧元区统一的货币和金融政策;欧洲中央银行体系则不具备法人身份,是执行机构。

在欧洲中央银行体系中主要有两个决策机构,分别是管理委员会(Governing Council)及执行委员会(Executive Board)。执行委员会由欧洲中央银行行长、副行长及其余四名成员组成。而管理委员会则由执行委员会的所有成员以及其他欧元区成员国的中央银行行长组成。管理委员会是欧洲中央银行的最高决策机构,负责制定欧元区的货币政策,并且就设计货币政策的中介目标、指导利率以及法定准备金等做出决策。执行委员根据管理委员会规定的指导方针做出决定,实施欧元区的货币政策,向欧元区国家协调机构发出必要的指示,并且负责管理欧洲中央银行的日常业务。

(二) 管理与决策

《马约》第105(1)款明确规定,欧洲中央银行的主要目标①是"维护欧元区内物价的稳定"。次要目标是"支持共同体内总体经济政策以促成共同体目标的实现"。对欧洲中央银行来说,物价稳定作为最重要的货币政策目标,其地位是法定的。尽管《马约》没有给出物价稳定的具体定义,但是欧洲中央银行管理委员会把物价稳定定义为整个欧元区调和消费物价指数(HCPI)的年度涨幅不超过2%。

欧洲中央银行管理委员会负责制定具体的货币政策,每六周对经济和货币条件发展进行详细评估并做出货币政策决议,会后由欧洲中央银行行长在副行长的协助下主持新闻发布会,对本次货币政策的决定做出详细解释。此外,管理委员会每月召开两次日常会议,主要讨论欧洲中央银行在银行监管方面等问题。管理委员会采取轮换投票机制,将委员会成员划分为三组,其中执行委员会成员享有永久投票权,而成员国中央银行行长依照其所属经济体的规模排名被分为两组,进行投票权的轮换②。

(三) 责任和独立性

由于德国马克稳定的汇率和德国中央银行强大的公信力,欧洲中央银行在成立之初参照德国中央银行的模式,独立于欧盟机构和各国政府之外。欧洲中央银行是唯一有资格发行欧元的机构,欧元区各国政府则失去了制定货币政策的权利,统一由欧洲中央银行的货币政策代替。图13-4展示了欧元区部分国家通货膨胀率的变化情况。独立统一的货币政策也使欧元区各国的通货膨胀趋于一致。

---

① 很多中央银行也有类似的工具和目标,但是相对来讲欧洲中央银行更重视通货膨胀。
② 投票轮换详情见欧洲中央银行官网介绍:https://www.ecb.europa.eu/ecb/educational/explainers/tell-me-more/html/voting-rotation.en.html(访问日期:2025年6月3日)。

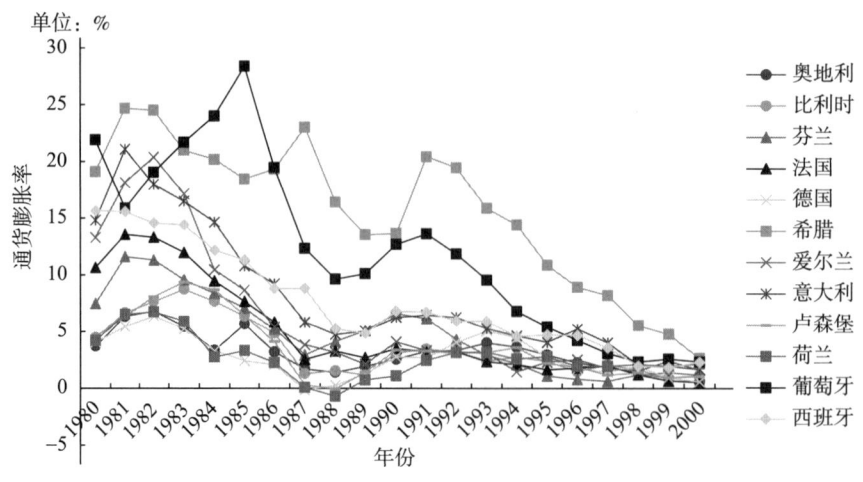

图 13-4 欧元区部分国家的通货膨胀率

欧洲中央银行的独立性体现在经济和决策等各个方面：

- 财务独立,欧洲中央银行可以自由支配收入,拥有独立预算权和独立决算权。
- 决策独立,在监管和决策上,任何欧盟机构都不得对欧洲中央银行进行正式监管,并且欧洲议会无权改变欧洲中央银行体系的章程。货币政策的独立性还体现在公平的投票机制上,不允许大国拥有过多的投票权。
- 货币政策"目标"和"工具"独立,在工具(设置利率)以及目标(定义"物价稳定")这两方面拥有独立性,即"目标独立性"和"手段独立性"。为了防止将货币政策用于其他目的,欧洲中央银行不得直接向财政赤字的成员国提供资金,不得向成员国政府或是各国的公共机构提供救助。此外,如果发生银行业危机,欧洲中央银行也无权通过向欧元区内金融机构提供信用贷款的方式来充当最后贷款人。多数国家的中央银行不受此限制,通常可以充当最后贷款人。

 阅读材料

德国模式

第一次世界大战后,德国发生了严重的通货膨胀,1923 年 1 美元可以兑换 4 万亿马克。这场恶性通货膨胀是由未经深思熟虑的财政政策造成的(这一财政政策使政客接管了货币政策并开动了印钞机)。此后,民众通过政治途径表达对反通货膨胀的强烈偏好,1958—1999 年,这一偏好在德国中央银行货币政策执行过程中得以反映。为了确保能够提供一个稳固的名义锚,德国中央银行谨慎地与政治干涉相隔离。德国中央银行有以下两个特点:一是德国中央银行格外强调币值稳定这一货币政策目标,并用法律形式把维持币值稳定的任务确定下来。当币值对内稳定和经济增长相冲突时,最终还是选择优先保障币值对内稳定。二是德国中央银行在货币政策执行过程中更加注重规则。虽然德国中央银行在短期内也会相机抉择,但始终不脱离长期规则的轨迹。德国货币政策的这些特点给经济社会带来了不少好处,币值稳定为经济发展提供了良好的秩序,稳定了公众对通

货膨胀的预期,也树立了德国中央银行的公信力。1971年,联邦德国人均GDP迈入4 065美元(以当年的美元计)大关,到1972年,联邦德国人均GPD增加到4 850美元,涨了20%,此时已经超越英国。联邦德国强劲的经济复苏使其对欧洲的影响力急剧增强,联邦德国中央银行的模式也成为欧洲中央银行的重要参考。

欧洲中央银行的支持者认为较强的独立性与不受政治干涉的自由度,是一个正在努力获取公信力的年轻机构所需要的;他们还认为近年来欧元区突出的问题一直是通货膨胀而不是通货紧缩。对于很多这类支持者来讲,欧洲中央银行的运营方式是正确的——几乎完美复刻了德国中央银行的模式,将货币政策完全与政治独立,高度看重较低的通货膨胀以至于忽略了其他标准。

如今,良好的货币政策普遍是将中央银行的独立性与通货膨胀目标相结合。有时通货膨胀目标是由政府制定的,即所谓的"新西兰模式"。但所谓的"德国模式"发展得更快:德国中央银行不仅是第一家拥有完全独立性的中央银行,而且拥有"工具独立性"(在短期内自由使用利率政策),以及"目标独立性"(在长期内有权决定通货膨胀目标)。德国制定了加入货币联盟的大多数条件,德国模式也成为欧洲中央银行的模式。这既是对德国货币政策制定者和政治家在设计欧元计划中具有强有力影响的一种证明,也是对德国经济出色表现,尤其是从20世纪50年代到90年代德国货币政策出色表现的一种证明。

二、准入规则

《马斯特里赫特条约》确立了准入规则,想要加入欧元区的国家必须达到这些准入规则。即便是已经加入欧元区的国家也应遵循最后两条准入规则。

表13-3 欧元区准入规则

准入规则	规则
汇率	连续两年处于欧洲汇率机制波幅(15%)之内,货币不贬值(中心平价不变)
通货膨胀率	不得超过在物价稳定方面表现最好的三个成员国的通货膨胀率+1.5%
长期名义利率	不得超过成员国中三个通货膨胀率最低国家上一年利率水平+2%
政府赤字	不得超过上个财政年度GDP的3%
政府债务	不得超过上个财政年度GDP的60%

注:上述某些规则存在例外情况。

这五条规则可以分成两部分:前三条在名义上稳定了汇率,后两条则要求财政纪律性。前三条规则体现了共同货币的一些特征。在钉住汇率制下,汇率必须是固定的或是变动不得超出严格的规定范围,可以看作一种不太严格的固定汇率制。根据购买力平价,两国的物价保持相对稳定,汇率才能稳定下来,因此两个国家的通货膨胀率必须非常接近。同理,根据无抛补利率平价,两个国家的长期名义利率也必须非常接近,否则投机性国际资本流动冲击会使固定汇率无法维持。这三条规则存在的意义在于降低了一国与欧元区的磨合难度。加入欧元区意味着各国必须接受统一的货币政策,如果一国已经适应了高通货膨胀率(名义利率＝实际利率＋通货膨胀率,高通货膨胀率往往带来高名义利率)的环境,贸然加入欧元区首先会面临通货膨胀率突然降低的冲击,此后是消费需求骤降等经济动荡。如果两个通货膨胀率不同的国家选择采用共同货币,它们的通货膨胀率必须趋同。

准入规则不仅直接对通货膨胀进行限制,还对造成通货膨胀的原因同样进行严格的限制。《马斯特里赫特条约》认为造成通货膨胀的根本原因和深层原因是财政问题,而后两条准入规则的目的正是对财政政策进行约束。

用一个简单的例子可以说明:假设有两个国家,一个国家(A国)政府的负债水平低,而另一个国家(B国)政府的负债水平高,它们都加入了货币联盟。首先,B国有动力去为高通货膨胀而游说(因为高通货膨胀会减少政府债务的实际价值)。其次,较高的政府债务水平意味着高违约风险,在B国面临危机时,欧洲中央银行可能会面临政治上的压力(B国逼迫欧洲中央银行直接为其融资)。只要欧洲中央银行为B国融资加速印钞,就势必会对通货膨胀率目标的达成产生影响。因此要达成一个稳定的货币同盟,这需要进入者在财政上具备较强的实力以及纪律性,以防可能出现高通货膨胀。

三、遵守规则

对于已经加入欧元区的国家,由于使用统一货币,针对通货膨胀率标准的前三条规则能够水到渠成地遵守,但是为了控制通货膨胀,后两条规则仍需要遵守。正如前文所描述的那样,欧元区成员国的通货膨胀问题更有可能是一个财政问题。如果已经加入欧元区的国家想要获得比规则所允许的货币和财政上更强的灵活性,并且"加入"意味着它们不再担心受到被驱逐出欧元区的惩罚,那么可以预料到一旦各国加入了欧元区,就会出现更多严重的预算问题,也会产生更多的为获取宽松的货币政策而进行的游说活动。对于这些问题,欧元区制度在设计之初就已经考虑到了,并且进行了相关的制度设计。在货币方面,能否保持低通货膨胀的关键在于欧洲中央银行能否承受政治压力、独立地执行通货膨胀标准。实际中,欧洲中央银行承袭了德国中央银行的一部分制度设计,尽可能保持独立性;在财政方面,关键在于遵守《马斯特里赫特条约》中趋同标准的后两条规则。在这方面,欧元区做出了哪些努力?

在实施《马斯特里赫特条约》的过程中,欧盟认为要让各国维持财政的纪律性,需要有更大的监督和执行权利。1997年6月,阿姆斯特丹首脑会议通过了《稳定与增长公约》。该项公约提出一系列规则约束各国行为,并规定了财政方面的限制(此后还经历了数次修订,主要增加了一些例外的特殊情况以及惩罚措施):

- 要求成员国提交相关的经济数据和报告,并且欧洲中央银行会对成员国的财政状况进行监督和审查。如果成员国违背了《稳定与增长公约》规定,欧洲中央银行有权对成员国实施"赤字程序"或者制裁,其他国家也有义务对成员国施加"同辈压力"[①]。

[①] 同辈压力指因避免被同辈排挤而选择按照同辈规定的规则行事所产生的一种心理压力。

• 惩罚措施:欧元区各国政府的财政赤字不得超过当年该国 GDP 的 3%,公共债务不得超过该国 GDP 的 60%。一国财政赤字若连续 3 年超过该国 GDP 的 3%,则该国将被处以最高相当于该国 GDP0.5% 的罚款。

但是《稳定与增长公约》在欧元区成立后两年便遭遇执行危机。2001 年,法国和意大利的财政赤字接近 3% 的警戒线,德国和葡萄牙财政赤字占 GDP 的比例分别高达 3.7% 和 3.4%。欧盟财长理事会依据《稳定与增长公约》对其实施惩罚,但是 2003 年德法两国联合意大利等国冻结了这项惩罚程序,《稳定与增长公约》的执行遭遇严重危机。图 13-5 展示了部分欧元区国家一般性政府债务占 GDP 比例的变化,从中可以看出诸多欧元区国家的财政赤字违反了《稳定与增长公约》标准。2020 年 3 月 23 日,欧盟财长理事会于 23 日做出史无前例的决定,暂停履行《稳定与增长公约》义务,中止各国为实现财政目标而必须实施的结构调整,允许额外支出数十亿欧元以缓解新冠病毒导致的"严重经济衰退"。

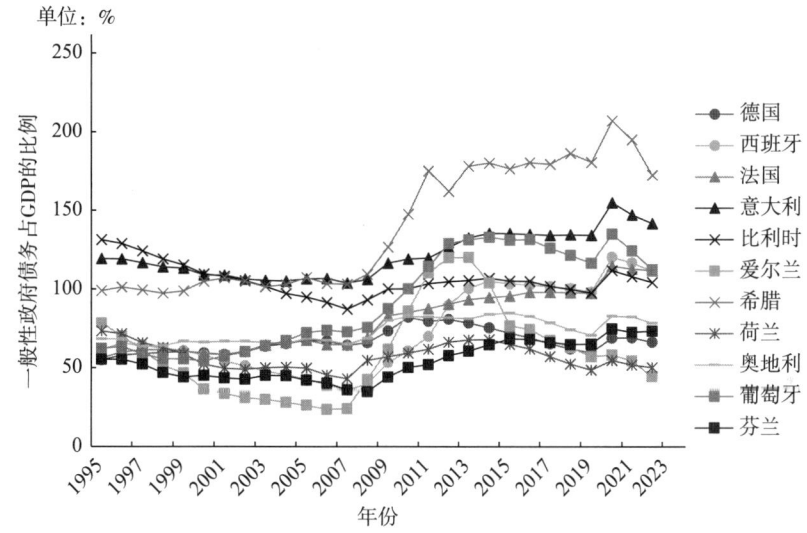

图 13-5　部分欧元区国家一般性政府债务占 GDP 的比例

资料来源:欧盟统计局、Wind 数据库。

第四节　欧债危机

欧元在诞生之后取得了巨大的成就,欧元区各国沉浸在成功的喜悦之中,但是 2009 年欧债危机的爆发则为欧元区敲响了警钟,其制度设计仍存在重大缺陷。本节将围绕欧元区爆发的主权债务危机展开论述,涵盖危机爆发的始末、危机爆发的原因,最后深入发掘危机背后的制度性问题。

欧债危机,全称为欧洲主权债务危机,指自 2009 年以来在欧洲部分国家爆发,以国家主权信用为担保进行贷款或者发行债券,但是出于各种原因又不能按时如约偿债还贷款造成的信用违约危机。2009 年 12 月,希腊爆发主权债务危机,迅速席卷"欧洲五国"(葡萄牙、意大利、爱尔兰、希腊、西班牙),欧元区各国都在不同程度上受到了欧债危机的侵害。此次欧债危机迁延时间之久、范围之广、影响之大远超各国决策者和市场的预期,直到 2013 年,欧洲五国经济才开始复苏,受影响严重的希腊经历了长达七年的衰退才出现经济复苏的迹象。本节将详述欧债危机在爆发前的风险聚集、爆发的过程和应对措施。通过对这些背景的分析可以看出,欧债危机的爆发和蔓延源自欧元区制度设计上的缺陷和救助的不及时。借此,本节试图说明欧债危机背后更为深层次的原因,以及为何欧债危机持续的时间如此之长、范围如此之大。

一、欧债危机的演变

为了更好地理解欧债危机,本节将详细介绍欧债危机爆发的始末,以及相关的关键事件。欧债危机可以纵向分为危机的爆发、恶化、蔓延、好转四个阶段:2009 年 12 月欧债危机爆发,2010 年欧债危机开始恶化,2011 年、2012 年是欧债危机愈演愈烈的全面蔓延阶段,2013 年欧债危机开始好转,2014 年之后欧元区经济开始艰难地复苏。

第一阶段:希腊主权债务危机

2009 年 10 月,希腊政府公布其存在严重的财政预算缺口,财政赤字与债务率预计将分别达到 12.7% 和 113%,远超欧盟《稳定与增长公约》规定的财政赤字 3% 和债务率 60% 的上限。该消息一经披露便引发投资者对希腊债务问题的担心,随后三大国际评级机构纷纷下调希腊政府的主权信用评级,希腊政府的借贷成本大幅提高,并且极有可能发生债务违约。希腊主权债务危机爆发后,危机愈演愈烈,开始从希腊向其他国家蔓延。国际信用评级机构对葡萄牙、意大利、爱尔兰及西班牙等国(与希腊一起被称为欧洲五国,"PIIGS")的主权信用评级提出警告或者做出负面评价,欧债危机进一步深化。

第二阶段:主权债务危机引发银行流动性危机

2011 年 9 月 14 日,穆迪下调法国农业信贷银行和法国兴业银行的信用评级,这是欧债危机爆发以来银行业首次被下调评级,主权债务危机通过银行持有的政府债券波及银行体系。

欧元区国家银行体系互相持有政府债券,使得经济背景相对较差的次主要国家意大利、西班牙等国的银行体系也遭受了资产减值损失,阻碍实体经济信贷扩张,经济开始陷入衰退,财政体系不堪重负。随着欧洲各大银行持有的大量债务国国债价格大幅下跌、违约风险上升,银行业资产负债表受到影响。欧洲银行通常以所持有的债券,向中央银行借贷或开展同业拆借(例如贴现获取资金),欧洲五国的债券收益率上升直接推高了银行的融资成本。与此同时,欧洲多国政府陷入财政危机,向银行提供担保的能力不断降低,银行评级受到影响。

另外,银行危机迫使欧洲多国政府为银行注资,进一步加大了政府主权债务危机,风险传导出现恶性循环。主权债务危机和银行危机的爆发,使市场恐慌情绪大幅上升,资金流向更加安全的地区,欧元区开始出现流动性危机。风险升高迫使银行在市场上抛售资产,进一步促使市场流动性紧缺,金融资产价格降低,最终资产负债表的持续恶化导致部分银行在此次危机中被迫破产。

第三阶段：欧债危机蔓延至核心国家

2011年11月，德国信贷风险不断加大，德国、法国和荷兰的信用违约互换利率[①]上升，危机正向欧元区核心国家蔓延。随着主权信用的降低，社会融资成本大幅提高，欧洲五国信用违约掉期价格自2010年中期开始大幅攀升。德国和法国的银行机构持有大量意大利和西班牙政府债券，这些国家的主权债务恶化增加了德国和法国的银行业风险。法国主权信用评级被调降，而德国被纳入负面展望，欧洲金融稳定基金的信用评级也由AAA下调至AA+，这意味着欧债危机蔓延至整个欧元区。在此期间，美股市场、亚太市场亦全线下跌，危机不但冲击了欧洲国家，全球资本市场也未能幸免。

第四阶段：欧债危机好转

随着各国反危机措施的实施和国际救助的全面展开，作为一个整体，欧元区经济在连续18个月收缩之后，2013年第二季度GDP增长0.3%。受影响最严重的欧洲五国，在欧债危机期间遭受了严重的经济衰退和财政困境。随着时间的推移，这些国家的经济状况逐渐好转，尽管复苏情况并不一致，但是普遍经历了一段漫长且艰难的时间。受次贷危机影响的美国在危机两年后的2010年便实现了经济的正增长，但是到2013年12月爱尔兰才退出纾困机制，成为深陷欧债危机国家中首个脱困的国家。希腊经济在欧债危机后经历了长达七年的衰退，2017年才开始出现复苏迹象。欧债危机的爆发暴露了欧元区脆弱的本质，其迁延时间之久、范围之广、程度之深、影响之大远超各国决策者和市场的预期。

二、危机前的风险积聚

冰冻三尺，非一日之寒，欧债危机的爆发也不能简单归结于希腊公布的财政赤字占GDP比例超出投资者预期这一简单的原因。事实上，在欧债危机爆发前，欧元区国家的系统性风险一直在积聚，其金融系统已经十分脆弱，并且政府赤字也维持在高位。

第一，欧元区外围国家[②]经历大规模资金流入，其国内信贷规模和银行部门杠杆率大幅上升，催生了资产价格泡沫，金融系统的脆弱性上升。伴随着欧元区的成立，欧元区外围国家的融资成本和难度降低，大量资本流入外围国家。一方面，各成员国的贷款利率趋同，例如图13-6中展示的欧元区部分国家贷款利率的变化。希腊在2001年加入欧元区使其收益率非常接近德国，这显著降低了外围国家的融资成本。出现这种情况的原因是存在隐性担保，尽管欧元区的制度中并没有规定相应的救助措施，但是市场预计会针对困境中的国家提供某种救助。另一方面，金融一体化和欧元的引入完全消除了汇率风险、降低了交易成本，并且降低了欧元区内部的国别歧视和证券的持有成本，其他国家的投资者大量持有外围国家的债券和股票。1997年，欧元区本国发行的长期债券和股票有12%被其他欧元区国家居民所持有，到了2006年这一比例分别上升到了58%和29%。

[①] 在信用违约互换交易中，违约互换购买者将定期向违约互换出售者支付一定费用（称为信用违约互换利差），而一旦出现信用类事件（主要指债务主体无法偿付），违约互换购买者有权将债券以面值递送给违约互换出售者，从而有效规避信用风险，信用风险越大则要求利率越高。

[②] 欧元区的外围国家和核心国家根据欧元区内成员国的经济实力、政治影响力和金融稳定性等因素进行区分。外围国家指经济实力较为薄弱、政治影响力较小、金融体系相对不稳定的国家，例如希腊、葡萄牙和意大利；相对地，其他经济实力较强的国家则是核心国家，例如德国和法国。

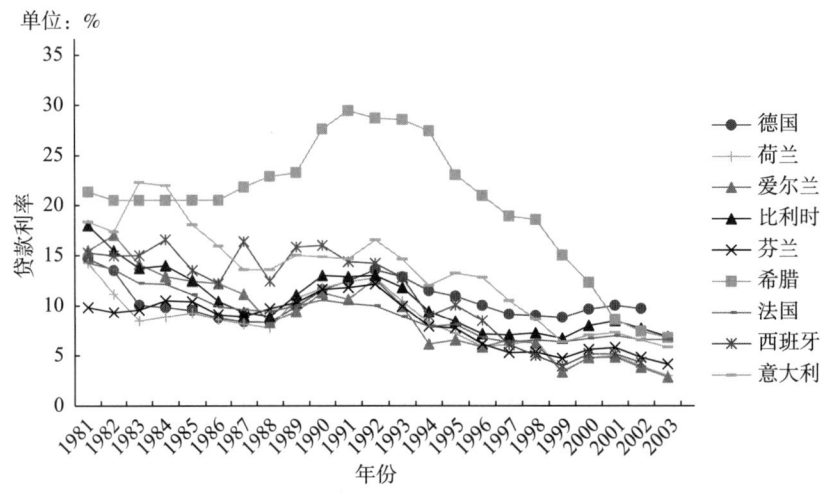

图 13-6 欧元区部分国家贷款利率

资料来源:Wind 数据库。

国际资本长期流入外围国家导致其银行信贷迅速扩张,带动银行的资产大幅上升及产生借贷热潮,也催生了大量的资产泡沫。图 13-7 展示的是国内银行私人部门信贷占 GDP 比例的变化,从中可以看出外围国家的国内银行私人部门信贷占 GDP 的比例上升到较高的水平。宏观杠杆率的上升也表明金融风险正在积累,特别是在借贷热潮期间,大部分增加的投资进入了非贸易的行业,尤其是房地产行业,1999—2007 年西班牙房地产行业的投资额从 120 亿欧元增长到 280 亿欧元,爱尔兰房地产行业的投资额从 40 亿欧元增长到约 200 亿欧元。大量资金进入证券和房地产行业,也催生了资产泡沫。以房价为例,图 13-8 展示了欧元区实际房价指数的变化,在 2020 年危机爆发前,部分国家的实际房价处于一个较高的水平,如希腊、西班牙、爱尔兰等,但是在 2010 年危机爆发之后,这些国家经历了房价的急剧下跌。

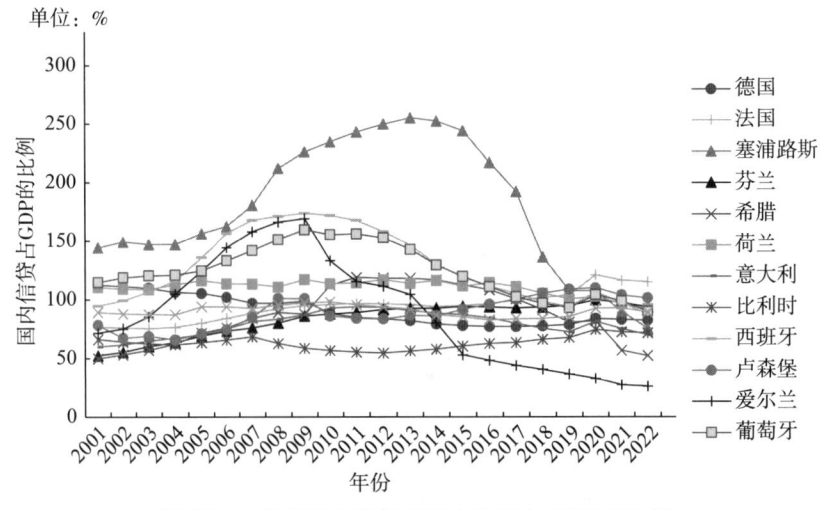

图 13-7 银行私人部门的国内信贷占 GDP 的比例

资料来源:世界银行。

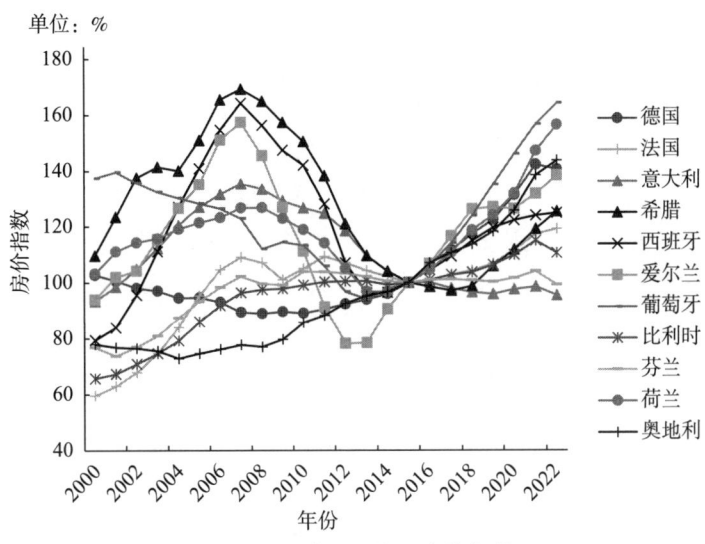

图 13-8 欧元区实际房价指数

资料来源：OECD，以 2015 年为基期。

第二，外围国家财政赤字的规模也在逐年扩大。如图 13-9 所示，欧元区成立以来，外围国家的财政盈余逐年下跌，财政风险逐渐加剧。到 2010 年，希腊的财政盈余达到最低点，仅为-11.4%，并且西班牙、葡萄牙和意大利同期分别为-9.5%、-11.4%和-4.2%。欧洲中央银行披露的其他数据显示，到 2010 年，欧洲五国的负债率中，葡萄牙为 92.4%，西班牙为 60.1%，意大利为 119%，希腊的形势最为严峻，其负债率高达 143%。造成这一局面的主要原因在于，尽管欧元区的成立加快了欧元区金融市场和要素市场的一体化，各成员国的劳动力价格、资源价格和金融资产价格等名义变量迅速趋同，但是各国的技术水平、人口素质和要素市场弹性等结构性变量在短期内仍然存在较大差异，外围国家的产品竞争力并没有得到提高。而且，由于工资和生产资源价格快速上涨，生产成本迅速攀升，

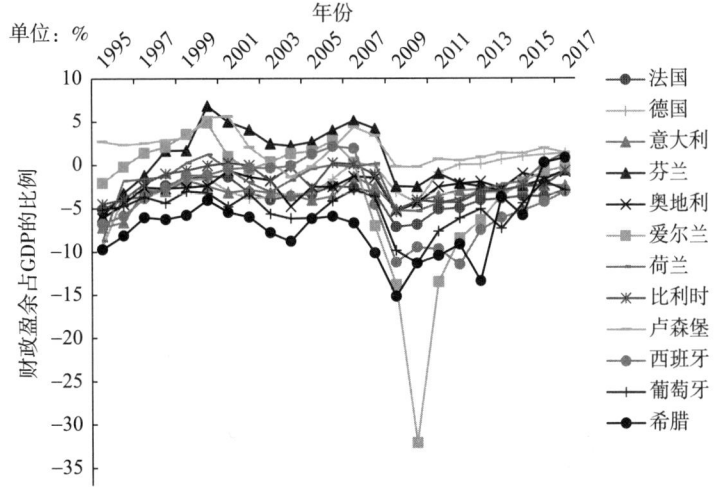

图 13-9 财政盈余占 GDP 的比例

资料来源：欧洲中央银行。

第十三章 欧元区与欧债危机 235

削弱了这些国家产品的竞争力。贸易品部门增长缓慢的同时,由于投资大量流入房地产行业这种劳动生产率增速较慢的行业,外围国家的生产部门整体增长缓慢,无法通过本国生产率的提高支撑经济发展和国民福利,因此只能发行外债进行财政支出刺激经济。与此同时,金融一体化带来的便利信贷正好满足了这部分信贷需求,其他国家的金融部门大量购买外围国家的政府债券,外围国家的财政赤字在此期间快速增加。尽管《稳定与增长公约》和《马斯特里赫特条约》限制欧元区成员国的财政赤字,但是现实中两种制度安排并没有得到很好的执行。图 13-10 展示了欧元区国家外部失衡的格局。

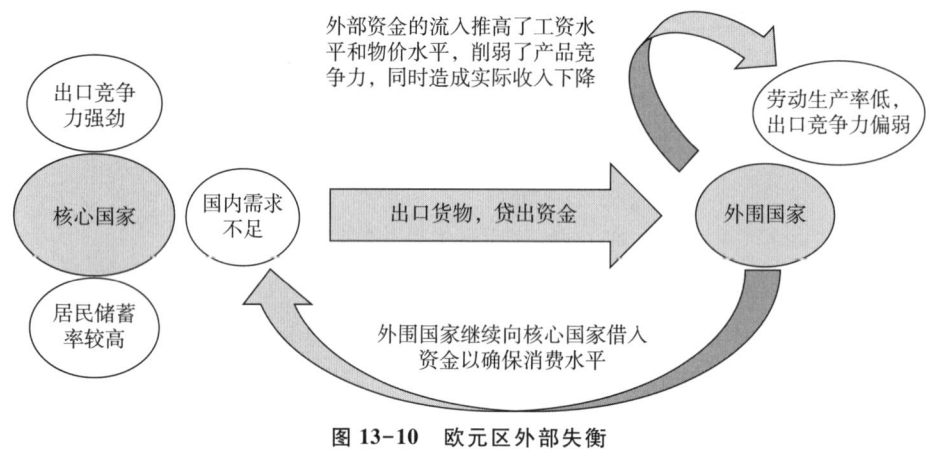

图 13-10　欧元区外部失衡

三、危机持续深入发展的原因

上文初步介绍了欧债危机的事件经过和欧元区在危机爆发前的经济状况,但是要想真正理解欧债危机还需要透过这些现象看到问题背后的原因。主权债务危机在国际金融历史上并不少见(例如俄罗斯、阿根廷、诸多发展中国家等等都爆发过不同程度的主权债务危机),但是影响范围和时间能够和欧债危机相提并论的甚是少见。欧债危机的爆发和蔓延绝不仅仅是财政赤字过高导致政府无力偿还外债,更重要的原因在于过高的财政赤字和脆弱的金融部门相互影响,造成主权债务危机与银行危机交织在一起,最终在混乱的救助下,危机的影响范围和持续时间远远超出市场的预估。

(一)主权债务危机与银行危机交织

全面审视欧债危机的整个历程可以看出,危机经历了从金融冲击到银行危机,再到主权债务危机,最后到主权债务危机与银行危机相互交织的过程。外部金融冲击导致欧洲银行业遭受重大损失,为了避免发生银行危机,欧洲各国政府纷纷向银行业注资。但是这使得主权债务规模和借贷成本进一步攀升,违约风险由此增大。特别是对于财政赤字原本就处于高位的外围国家来说,银行危机极易演变为主权债务危机。而主权债务危机带来的金融市场动荡又会使银行面临的信用风险转而增加,融资成本提高。欧元区主权债务危机和银行业危机呈现恶性循环之势。

从金融冲击到银行危机。2008 年美国次贷危机爆发后,迅速蔓延至全球,导致全球经济衰退,严重冲击了欧洲银行业。2008年之前,欧洲各大银行购买了大量的美国抵押贷款支持证券和住房贷款抵押债券,次级贷款违约后,欧洲银行业资产端的坏账大量增加,并且投资者重新评估资产价格和增长前景,风险偏好下降,国外投资纷纷撤出。为了满足《巴塞尔协议Ⅱ》最低资本充足率的要求,欧洲银行不得不抛售资产,但是仍有很多银行无法达到要求,面临倒闭。

从银行危机到主权债务危机。为了维护金融系统的稳定,很多国家开始通过发债对银行业进行财政救助,实施注资和一揽子担保等措施。对银行业的救助使得欧元区各国的财政赤字急剧上升,2008年美国次贷危机刚开始时,欧元区国家的财政赤字都维持在2%～8%,而在2009年之后则大幅度攀升,特别是外围国家,比如,希腊达到了12.9%,爱尔兰达到了10%以上。由于欧洲中央银行并不承担最后贷款人的角色,并且银行由各个国家的政府监管,政府只能使用财政手段进行救助,因此政府债务和赤字剧增,欧债危机随即爆发。

从主权债务危机到银行危机。主权债务危机从以下几个方面对欧洲银行业造成了严重冲击:第一,欧洲银行业大量交叉持有各国国债,特别是非外围国家大量购买外围国家的政府债券,欧债危机致使欧洲银行业面临的主权债务风险和信用风险骤升,政府债务违约风险上升带来资产预计减值损失。第二,金融市场恐慌导致投资者风险偏好降低,国际投资撤出,市场环境恶化。第三,主权债务危机可能导致宏观经济趋弱,银行业的盈利能力减弱,可能产生更多的贷款和资产价值的损失。第四,在缺少欧洲中央银行作为最后贷款人的情况下,银行获得无限融资的担保取决于政府支付的可信度,财政赤字高企会使政府对金融系统的隐性担保失效,金融系统的脆弱性随之增加。

(二) 混乱且不合时宜的救助措施

从2010年5月开始,为了避免危机深化进而导致更大的金融危机,欧盟理事会、欧洲中央银行以及IMF组成"三驾马车"终于出台了救助措施[①]。但是距离2009年10月希腊公布财政状况已经过去了7个月,其间欧洲各个主要市场均经历了大幅下挫,众多国家受到波及,甚至南非标准银行一度预测希腊和爱尔兰可能在2010年年底前被迫退出欧元区。此后,直到2013年仍有国家(塞浦路斯)需要加入正式的援助计划,这场危机持续时间之久、影响范围之大的部分原因也可归结于混乱且不合时宜的救助措施。

国家之间分歧严重,未及时采取行动。欧元区成员国就是否援助、如何援助等问题争论不休,没有进行及时救助,任由危机蔓延。虽然最后的结果是欧盟、欧洲中央银行及IMF"三驾马车"实施了救助,但整个救助决策过程却异常艰难。主要原因在于欧盟各国在做出决策时,不仅要考虑高债务国和欧元区的利益,更要从自身利益和救助成本等方面

---

① 主要有:金融稳定基金、金融稳定机制和IMF向重债国提供紧急贷款;欧元区国家提供的双边贷款;欧洲中央银行在一级、二级市场上购买欧元区主权债券,并通过调整主要利率政策、扩大合格抵押品范围等方式向金融机构提供流动性;重债国通过结构性调整和财政紧缩等方式进行自救。

进行全面考量，进而加大了危机救助决策的难度。其中，德国在欧债危机救助中的态度至关重要，其强硬的立场就多次掣肘了欧债危机的救助，导致危机久拖不治。作为欧元区的经济大国，德国承担了大部分欧洲稳定机制的负担。德国政府和民众担心过早实施救助措施会给德国国内经济和财政带来负担和风险。他们认为，必须确保救助方案有效且受益国家有良好的财政纪律才能提供支持。

救助措施本身存在问题。其要求危机国实行紧缩性财政政策以控制财政赤字，但是这也会使本就低迷的经济陷入进一步的衰退。为了遵循《稳定与增长公约》的规则，许多债务国实行了紧缩性财政政策，导致经济萎缩，甚至陷入衰退。例如，2011年6月，为了争取新一轮援助，希腊分别通过一系列私有化程序和一个为期5年的紧缩性财政方案以减少债务。IMF于2011年7月8日同意向希腊政府支付32亿欧元，欧元区领导人则于2011年7月21日同意欧元区通过紧急峰会向希腊提供新一轮1 090亿欧元援助贷款。此后，希腊经历了多轮救援和债务减记，在每一轮救援资金到期后，希腊都必须与债权人进行谈判或寻求新的救援，以避免违约的发生。长期的紧缩性财政政策也引起国内民众的不满，执政党或政府高官频频更迭，每一次更迭都会引发新一轮对希腊政策走向及其债务可持续性的猜测。希腊自2009年开始陷入欧债危机，经历了长达8年的财政困境和紧缩性财政政策，直到2017年才实现经济正增长。

阅读材料

2010年5月，欧盟成员国财长理事会、欧元集团联合IMF达成了一项总额为7 500亿欧元的救助机制。救助资金主要由三部分组成：①欧元区17国根据相互之间的协议组建欧洲金融稳定基金，筹资4 400亿欧元；②根据《里斯本条约》的相关条款，欧盟27国委员会成立欧洲金融稳定机制，从金融市场上筹集600亿欧元；③IMF提供2 500亿欧元援助资金。图13-11展示了各项援助措施生效的时间。

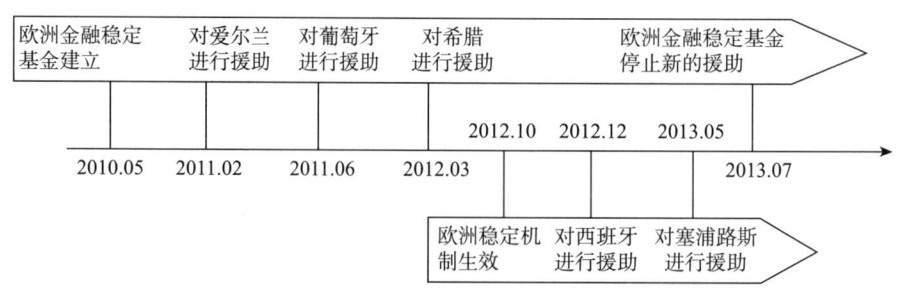

图13-11 援助时间轴

欧洲金融稳定机制：由欧盟委员会提供隐性担保，融资上限为600亿欧元，主要功能是代表欧盟27国委员会向遭遇金融或经济危机的欧元区成员国提供资金救助。与欧洲金融稳定基金不同，欧洲金融稳定机制的担保方是欧盟27国委员会，而不是欧元区17国集团。尽管欧洲金融稳定机制原则上可向欧盟所有国家提供资金救助,但是,它目前的主要救助对象是欧元区 17 国。

欧洲金融稳定基金:筹资规模为 4 400 亿欧元,为期三年。欧洲金融稳定基金作为一家在卢森堡注册的公司,欧洲金融稳定基金以欧元区成员国的共同信用作为担保,通过发行债券向那些申请援助并得到批准的欧元区成员国政府提供紧急贷款援助。欧洲金融稳定基金与 IMF、欧洲中央银行共同构成解决欧债危机的三大金融支柱。救助资金通常由稳定基金与其他国际机构和国家共同提供。例如,在对爱尔兰的金融救助中,爱尔兰自筹资金 175 亿欧元,稳定基金提供 177 亿欧元,欧盟委员会和 IMF 分别提供 225 亿欧元,其他成员国合计提供 48 亿欧元。

欧洲稳定机制(ESM):欧元区建立永久性危机解决机制的想法达成一致。在 2011 年 3 月召开的欧盟峰会上,欧洲稳定机制最终获批,并于 2012 年 10 月 8 日正式生效。作为一个遵循国际公法的永久性政府间组织,欧洲稳定机制的目标是为陷入债务危机的欧元区成员国提供金融援助。2013 年 6 月到期后,欧洲金融稳定机制与欧洲金融稳定基金将不再提供新的援助,而是由欧洲稳定机制取代这两个临时机制提供新的援助。欧洲稳定机制的援助能力也是前两者之和,总金额为 5 000 亿欧元。

四、深层次的制度问题

欧债危机爆发反映出欧元体制本身存在一系列长期性、结构性和制度性问题。欧元区的成立在促进欧元区成员国间的经济一体化方面发挥了积极作用,比如消除汇率浮动、促进跨境贸易和跨国就业等,使得政府和企业在国际资本市场上融资更加便利,与其他国家之间的资本流动更加顺畅。但是,将经济发展水平不同的国家置于一个统一的货币区内存在诸多难以调和的矛盾,制度初始设计上的弊端也为债务危机的爆发埋下了伏笔。

首先,缺少退出和救助机制设计。欧元区设计上没有退出机制,缺乏一个强有力的惩罚措施来规避道德风险。道德风险是指,如果一个成员国预期自身能够通过大规模扩张刺激经济,即使自身财政出现问题也会受到救助而不用接受惩罚,那么该成员国就会不遵守财政纪律。尽管欧洲货币联盟制定出严格的财政纪律来规范各国的财政政策(一国财政赤字若连续三年超过该国 GDP 的 3%,则该国将被处以最高相当于其 GDP 的 0.5% 的罚款),但是德法两国率先违规却没有受到相应的制裁。缺乏退出机制导致欧元区无法对其成员国有足够的约束和威慑,这导致《稳定与增长公约》和《马斯特里赫特条约》没有得到很好的执行。个别成员国在遇到问题后,只能通过内部开会讨论来解决所出现的问题,市场也随着一次次的讨论而跌宕起伏,也正是漫长的讨论和缺少现成的救助措施使得危机不能得到及时解决。

其次,缺少统一的金融监管,事前防范和事后政策干预都存在问题。在事前防范方面,第一,没有统一的监管机构,欧洲中央银行的职能只是制定和实施统一的货币政策,金融监管的权力被分散在各个成员国的金融监管机构。第二,缺少协调的金融监管措施,由于各个国家的经济发展情况不同,各成员国都为了各自的利益采取相应的金融监管措施,在整个欧元区内并不协调统一,而且欧元区的相关监管法律很宽松,缺乏对它们的制约。第三,金融监管制度革新的步伐始终落后于金融一体化的脚步,存在比较明显的监管漏洞,无法对跨境风险进行有效监控,产生危机的跨境传染效应。特别是在欧元区成立之后,资本市场一体化加速发展,跨境资本流动大幅提升,欧洲中央银行对于跨境资本流动疏于监管,对金融一体化的潜在风险管控不力,没有及时抑制信贷的大规模扩张和资产泡沫。在危机爆发后,欧洲中央银行并不承担最后贷款人的角色,同时也缺少其他能够在危机中提供流动性的机构,欧元区国家只能依靠财政注资稳定金融体系。

最后,统一的货币政策和分散的财政政策。第一,财政政策与货币政策是一个主权国家调节经济运行的两种主要政策工具,两者通过不同的政策指向与调节机制对经济运行实施有效调节。欧洲中央银行实行货币政策的目标是维持低通货膨胀,保持欧元币值的稳定;而各成员国的财政政策则着力于促进本国经济增长、解决失业问题等。这就意味着欧洲中央银行和各国政府财政政策的目标是不一致的,这种不一致性导致政策效果大打折扣。在应对银行危机时,分散的财政政策作用十分有限,特别是对于政府赤字较高的部分外围国家,银行的资产负债表在经历了金融一体化之后规模过大,财政资源已经无力支撑。在这种情况下,欧盟的相关条约并没有帮助欧元区建立相应的财政转移支付机制,因此,在一些国家发生债务危机之后,欧元区的其他成员国政府不能为陷入危机中的国家的债务提供担保。在没有现成财政转移支付机制的情况下,欧盟如果要对某一成员国进行救助,就必须得到所有成员国的同意,这就使得一些深受危机困扰的国家很难及时得到救助。第二,财政政策本身受到严格的限制,失去货币的自主权之后,成员国只能采用单一的财政政策应对各项冲击,但是其使用受到各种制度的限制。例如,《稳定与增长公约》规定各国政府的财政赤字不得超过当年 GDP 的 3%,这使得政府很难对经济实施有效的救助。

小 结

为了便于理解欧元区建立背后的逻辑,本章首先阐述了最优货币区理论,通过研究建立货币区的收益和成本,分析并判断一国是否应当加入货币区;随后介绍了理论面临的挑战,生产要素不完全流动、货币政策错配和非对称性冲击等因素导致加入货币区的各国会面临诸多冲击。

本章继续探讨了欧元区建立的历程,从经济和政治两方面介绍欧元区建立的原因。在经历战争后,欧洲为了和平发展萌生了建立政治和经济联盟的想法;从欧洲货币体系稳定汇率到统一货币经历了三十余年的演变过程,并且最终建立了欧元区,迄今为止仍不断有国家加入。欧元取代了欧元区各国的主权货币,同时欧元区也建立了新的中央银行体系发行货币并制定政策。欧元区是统一采用欧元的货币联盟,加入联盟需要满足相应的条件,并且加入后也需要遵守一定的财政纪律。

自 1999 年欧元正式作为记账和转账货币以来,欧元区度过了相对顺利的前十年,直到 2009 年欧债危机的爆发使得欧元区各国遭受了不同程度的侵害，目前仍有部分国家没有摆脱危机的后续影响。尽管欧元区制定了财政纪律，但是希腊等国仍出现了严重的财政问题，并且危机逐渐扩散到欧元区其他国家。主权债务危机通过金融系统的脆弱性引发了银行危机，两种危机相互影响形成恶性循环，这使得危机的迁延时间之久、范围之广、程度之深、影响之大远超各国决策者和市场的预期。欧债危机的现象反映了欧元制度本身存在一系列结构性和制度性的问题，欧元区缺少退出和救助机制设计以及统一的金融监管，并且统一的货币政策和分散的财政政策相矛盾，这些制度初始设计上的弊端都为债务危机的爆发埋下了伏笔。

 关键词

欧元区	经济一体化	最优货币区
货币效率收益	经济稳定性损失	经济周期
非对称性冲击	舒曼计划	《巴黎条约》
《罗马条约》	欧洲汇率机制	蛇形浮动
《单一欧洲法案》	《德洛尔计划》	欧洲货币危机
《马斯特里赫特条约》	超主权货币	欧洲中央银行
《稳定与增长公约》	德国模式	欧元体系
欧债危机	金融一体化	欧洲金融稳定机制
欧洲金融稳定基金	欧洲稳定机制	

 练习题

1. 请简述最优货币区理论，并说明加入货币区有哪些收益和成本。

2. 使用 GG-LL 图说明一国货币需求的意外变动幅度和频率增大时，会对该国加入币区的意愿产生哪些影响？

3. 请简述最优货币区理论面临哪些挑战。

4. 假设欧洲货币体系成为一个使用统一货币的货币联盟，却没有设立一个欧洲中央银行来管理统一的货币。相反，它允许各国中央银行各自发行并管理这种货币，各国愿意发行多少货币就可以发行多少并且可以进行公开市场操作。请预测一下这将会产生什么问题。

5. 2023 年 1 月，克罗地亚加入欧元区，成为欧元区第 20 个成员国。对此，克罗地亚政治分析人士达沃尔·盖内罗在接受新华社记者采访时做出如下评述："克罗地亚加入欧元区将给民众带来经济实惠和更强的心理认同，一方面将促进商品和服务快捷流通，吸引更多欧盟游客访问克罗地亚；另一方面，欧元作为官方流通货币将有助于金融稳定和降低利率水平。"

请回答下列问题：

a. 克罗地亚加入欧元区后，其劳动力市场、资本市场和商品市场等会出现哪些变化？

b. 请预测加入欧元区后克罗地亚的通货膨胀指数、经济增长、失业率等重要经济指标会出现哪些变化，并查阅相关资料进行验证。

c. 加入欧元区是否促进了克罗地亚的融资增长，对金融稳定产生正面作用？

6. 请简述希腊主权债务危机爆发的原因。

7. 欧洲银行体系在欧债危机中扮演了什么样的角色？银行危机与主权债务危机如何形成恶性循环？

第十四章　全球金融周期

引　言

20世纪90年代以来,国际金融格局发生了巨大变化,伴随着西方国家纷纷放松管制,以及大量发展中国家的金融深化和金融自由化,以欧洲货币市场为萌芽的国际金融一体化日益加强。资本在国家间自由流动,国际金融资产日益多样化。伴随着全球金融一体化程度的加深,各国跨境资本流动总量、资产价格、信贷增长和杠杆率之间存在一种共性,出现所谓的"全球金融周期"。那么,如何理解全球金融周期?全球金融周期具有哪些重要特征?本章第一节将从金融一体化的演变出发,介绍导致全球金融周期出现的背景条件;紧接着将通过梳理跨境资本流动的相关事实,清晰地呈现全球金融周期的重要特征。

从根本上讲,全球金融周期阐述了金融状况如何从中心国家扩散到世界其他地区。众所周知,布雷顿森林体系瓦解后,美国仍然处于国际货币体系的中心地位,美元也成为全球金融中介的主要融资货币。在全球金融周期背景下,美国的货币政策也会对全球其他经济体的货币政策产生冲击。尤其是,新兴经济体货币政策的独立性备受挑战。那么,美国的货币政策与全球金融周期又有怎样的内在联系呢?美国的货币政策是如何实现跨国传导,从而将其国内的金融状况扩散到全球的?随着全球金融周期的出现,"三元悖论"是否仍然成立?"三元悖论"是否已经转变为"两难困境"?本章第二节将梳理美国货币政策外溢的内在逻辑,从而揭示美国货币政策在驱动全球金融周期中发挥的重要作用。本章也将在全球金融周期背景下,重新审视"三元悖论"。

学习目标

1. 理解全球金融周期的基本概念及其经验事实。
2. 理解并掌握美国货币政策的外溢效应和作用渠道。
3. 了解"三元悖论"与"两难困境"之争。

第一节　全球金融周期与金融一体化

一、金融一体化

金融一体化是各国金融环境的"依赖"关系,这种依赖关系存在两种状态:一种状态是金融环境的相互依赖（Mutual Dependence）；另一种状态是单方面依赖（Unilateral Dependence），即这些国家的金融市场只会受到外部影响。原则上，金融一体化与金融全球化是两个不同的概念。金融全球化是一个总体概念，指通过跨境金融流动加强全球联系；而金融一体化则更强调一国或地区与国际资本市场的联系。显然，这两个概念是紧密相关的，日益深化的金融全球化必然离不开金融一体化程度的加深。

金融一体化程度的度量方式主要包括两种：一种是直接统计实际发生的跨境资本流动，另一种则是通过考察跨境资本流动的管制程度来间接反映金融一体化水平。在实际应用过程中，后者往往会带来一定程度的测量偏误。例如，尽管一国对资本流动的管制程度不高，但仍可能出现由于该国金融市场不发达而造成实际跨境资本流动偏低的情况。为此，本节将分别展示两种不同衡量方式下全球金融一体化状况，利用全球跨境资产和负债占全球 GDP 的比例衡量金融一体化程度，并绘制 1995—2015 年金融一体化变化趋势（如图 14-1 所示）。

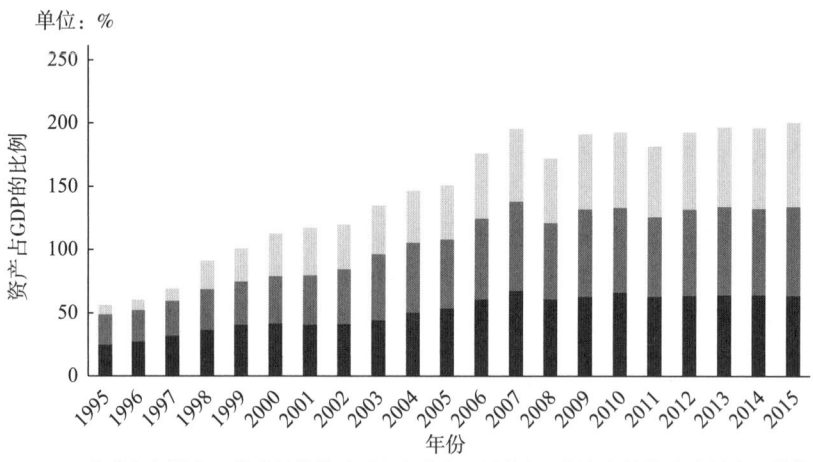

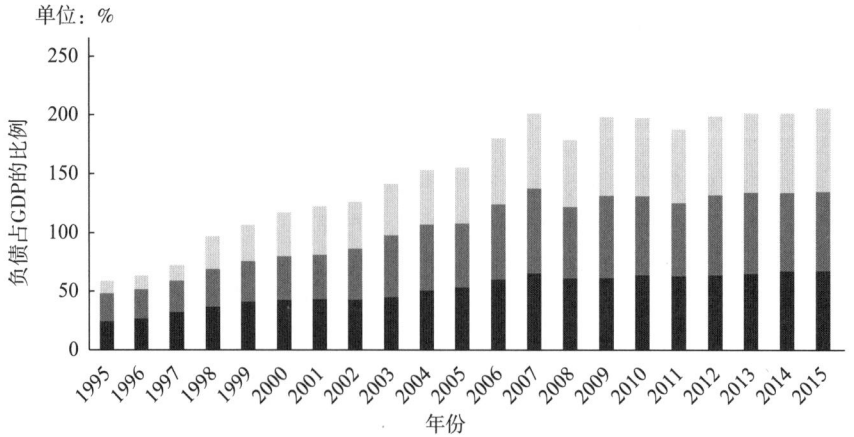

图 14-1　全球跨境资产和负债占 GDP 的比例

资料来源：根据 External Wealth of Nations 数据库计算而得。

图 14-1 分别展示了发达经济体(不含金融中心国家)、金融中心国家,以及新兴经济体和发展中经济体金融一体化程度的变化趋势。数据显示,自 20 世纪 90 年代以来,无论是跨境资产还是负债都在迅速扩张,直至 2007 年达到一个峰值,全球跨境资产和负债总额占全球 GDP 的比例均超过 200%。其中,金融中心国家的金融一体化增长幅度最大。2008 年国际金融危机导致全球金融一体化程度整体上有所下降,但是很快又回升,并从 2011 年开始保持稳定的增长趋势。

为了更加全面地衡量金融一体化程度,本节还利用资本管制程度衡量法律上的一体化程度,并将其与用资本流动衡量的事实上的一体化程度进行对比,绘制相应的变化曲线(如图 14-2 所示)。

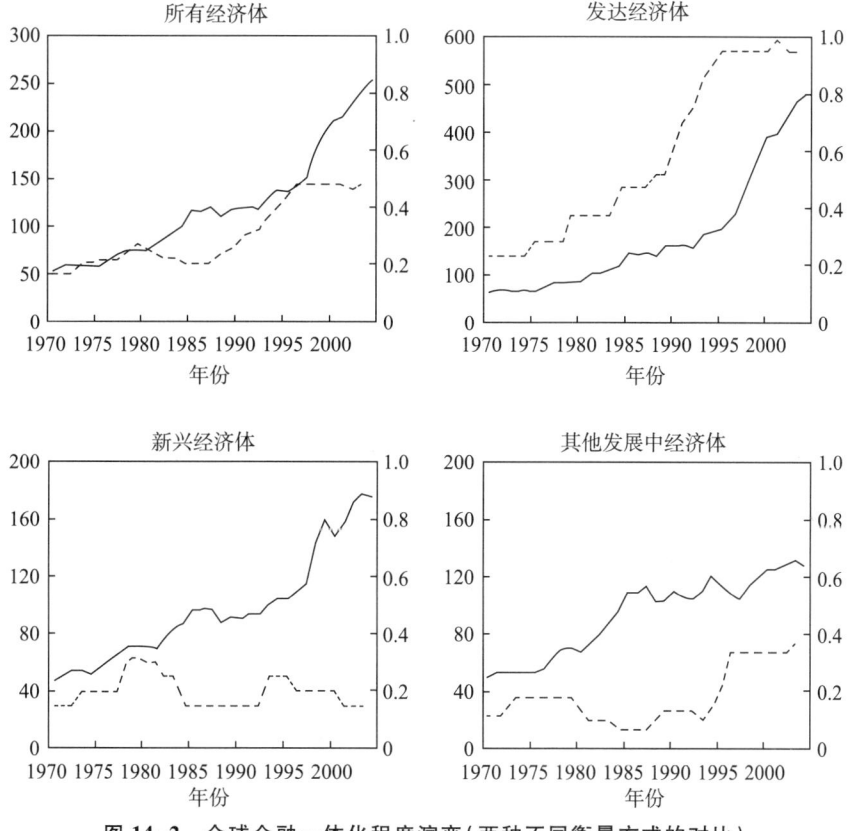

图 14-2 全球金融一体化程度演变(两种不同衡量方式的对比)

资料来源:资本管制的资料来源于 IMF,跨境资本流动的资料来源于 Philip 和 Gian 2007 年基于 External Wealth of Nations 数据库构建的数据集。

图 14-2 中左上角的小图展示了所有经济体的金融一体化程度,横轴是观测的年份,左侧纵轴是跨境资产和负债占 GDP 比例的平均值,并用实线绘制;右侧纵轴是各经济体法律上资本管制(0-1 变量)的平均值,用虚线绘制。同样地,图中剩余部分依次展示了发达经济体、新兴经济体和其他发展中经济体的金融一体化程度变化。由图 14-2 可知,过去 20 年间,无论是从法律上的一体化程度还是事实上的一体化程度来看,发达经济体已深度融入全球金融市场;对于新兴经济体而言,法律上的一体化程度并没有太大变化,但

事实上的一体化程度大幅提高;对于其他发展中经济体而言,法律上的一体化程度在过去10年大幅提高,高于新兴经济体的水平,但事实上的一体化程度并没有太大的变化。

由此可见,无论是在哪种衡量方式下,全球金融一体化程度都呈现出不断提高的趋势。伴随着金融一体化程度的不断加深,全球跨境资本流动呈现出跨区域、跨类型的相关性,全球资产价格也具有在共同的变化趋势。

二、基本事实

在全球金融一体化背景下,金融市场的复杂性和各国金融市场相互依存的关系日益凸显。在这一背景下,全球跨境资本流动呈现如下特征:

第一,跨境总资本流动以及各种类型的资本流动在全球不同区域呈现明显的正相关性。图14-3展示了1990年第一季度至2012年第四季度不同区域(北美洲、西欧、中东欧、拉丁美洲、亚洲、亚洲新兴经济体、非洲)按不同类型资本(FDI、股权投资组合、债务投资组合和信贷)分类的跨境资本流动的相关性。其中,图14-3(a)是资本流入的相关性,图14-3(b)是资本流出的相关性,图14-3(c)是净资本流入的相关性。图中的颜色表示不同地区和不同类型资本流动的相关性,相关性为正时是浅灰色,相关性为负时是深灰色。

由图14-3(a)中资本流入的相关系数大小和方向可以发现,全球跨境资本流入之间存在一种超类别、超地域的广泛相关关系,而且主要是正相关的。除世界各地的FDI、流入亚洲的债务投资组合以及流入亚洲和非洲的信贷外,其他类型的资本流入在不同地区间均存在很强的相关性。其中,流入北美洲和西欧的资本之间均存在很强的正相关性。

图14-3(b)中仅存在少量的深灰色区域,说明全球几乎所有区域和所有类型跨境资本的流出都存在正相关性。其中,各区域股权投资、债务和信贷流出均呈现非常明显的协同变动,尤其是对于金融中心区域(北美洲和西欧)而言。然而,由深灰色区域的分布可知,非洲与其他区域间不同类型的跨境资本流出的同步性都比较低。此外,值得注意的是,亚洲流出的FDI与其他区域不同类型的资本流出都存在一定的负相关性。

相比之下,图14-3(c)中深灰色区域和浅灰色区域的分布比较均匀,这说明跨境资本净流入并没有呈现出明显的共同变化趋势。由此可见,跨境资本流动的共同变动趋势主要体现为不同区域资本总流入和总流出的正相关性。就区域而言,亚洲和非洲的跨境资本流动与世界的联系相对不那么紧密;就资产类型而言,FDI与其他类型资本流动的相关性比较弱。

第二,波动率指数(VIX指数)与全球跨境资本流入存在显著的负相关性。波动率指数是由芝加哥期货交易所(Chicago Board of Trade,CBOT)编制的,以标准普尔500指数(S&P 500 Index)期权的隐含波动率计算得来。若隐含波动率越高,则VIX指数也越高。VIX指数广泛应用于反映投资者对股市的恐慌程度,又称"恐慌指数"。该指数越高,意味着投资者对股市状况越感到不安;指数越低,表明股票指数变动越趋缓。埃莱娜·雷伊(Hélène Rey)等大量学者将VIX指数作为全球风险避险程度的代理变量,发现VIX指数

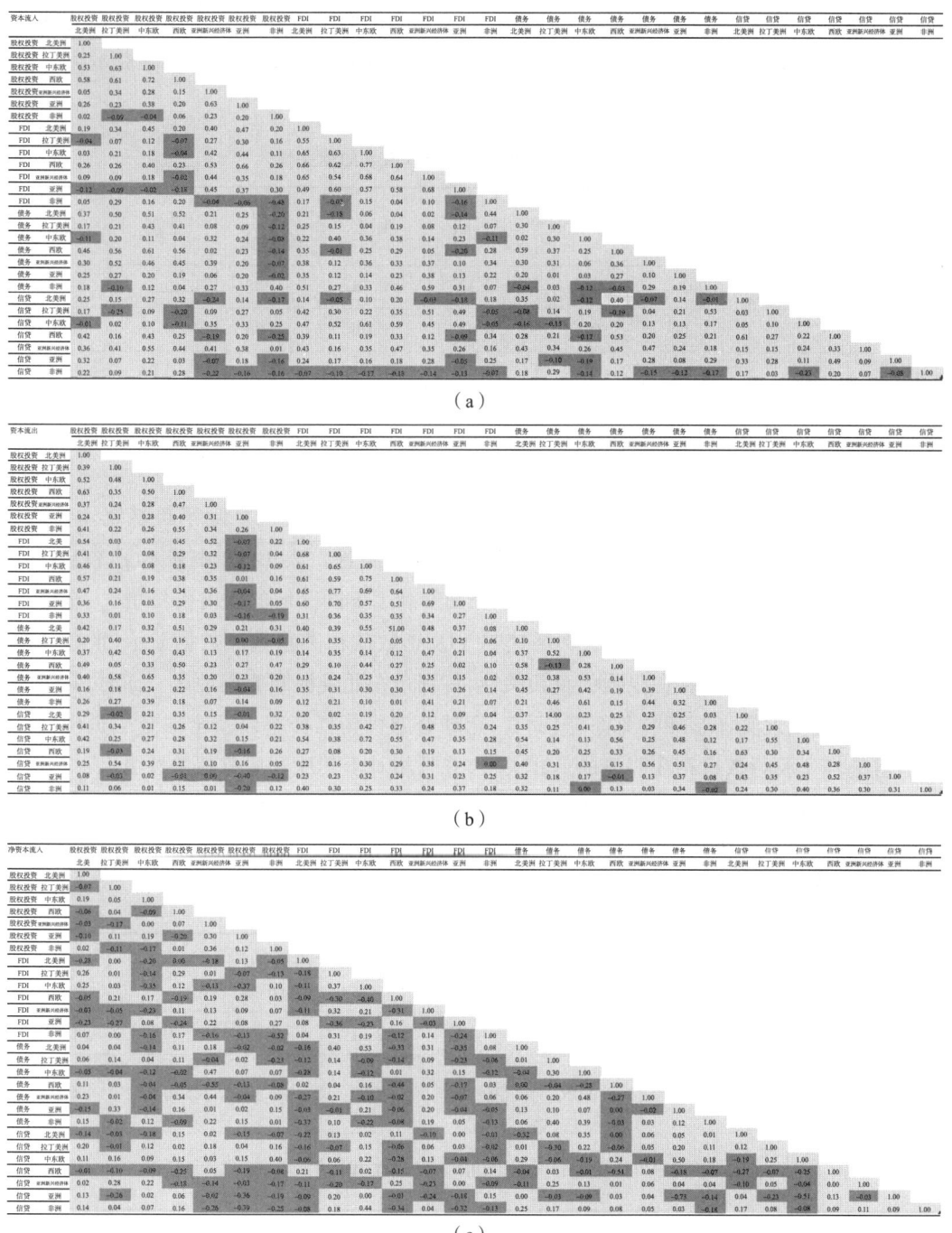

图 14-3 跨区域国际资本流动相关性

与跨境资本流动总量存在明显的负向联动关系,全球风险状况的恶化(VIX 指数的上升)会抑制资本流动。

为了观察两者之间的相关性,表 14-1 呈现了 VIX 指数与跨境资本流入之间的相关性。表中分别罗列了不同区域的股权投资、FDI、债务和信贷流入与 VIX 指数的相关系数。数据

第十四章 全球金融周期 247

显示,在控制了其他全球性因素后,除了 FDI,其他类型的跨境资本流入与 VIX 指数之间存在显著的负相关性。这意味着,当不确定性与风险厌恶程度都较低时,跨境资本流入会更多。

表 14-1　VIX 指数与跨境资本流入的相关性

相关性资本流入/VIX 指数	北美洲	拉丁美洲	中东欧	西欧	亚洲新兴经济体	亚洲	非洲
股权投资	-0.06	-0.31	-0.32	-0.38	-0.08	-0.34	-0.25
FDI	0.10	0.35	0.07	0.06	0.08	0.16	0.07
债务	-0.30	-0.15	-0.36	-0.23	-0.28	-0.06	-0.22
信贷	-0.29	-0.15	-0.16	-0.24	-0.26	0.09	-0.14

注:为了避免其他全球性因素的影响,计算中控制了世界利率和世界增长率。

第三,VIX 指数与全球金融机构杠杆率存在很强的负相关性。除了跨境资本流入,VIX 指数与全球金融机构杠杆率之间也存在很强的相关性。表 14-2 中展示了 VIX 指数与全球金融机构杠杆率之间的相关性,其中分别罗列了不同区域的国内信贷增长、全球金融机构杠杆率和全球金融机构杠杆率增速与 VIX 指数的相关系数。数据显示,世界各地的信贷增长与 VIX 指数存在很强的负相关性,特别是在北美洲和亚洲地区。同时,对主要的金融中心(如北美洲、西欧、亚洲等)而言,全球金融机构杠杆率以及全球金融机构杠杆率的增速与 VIX 指数也存在明显的负相关性,并且相对于其他区域负相关性更大。然而,对于拉丁美洲、中东欧和非洲等地区,VIX 指数与全球金融机构杠杆率却呈现微弱的正相关性。

表 14-2　VIX 指数与全球金融机构杠杆率的相关性

相关性信贷/VIX 指数	北美洲	拉丁美洲	中东欧	西欧	亚洲新兴经济体	亚洲	非洲
国内信贷增长	-0.26	-0.14	-0.14	-0.11	-0.01	-0.30	0.01
全球金融机构杠杆率	-0.17	0.05	0.30	-0.09	-0.12	-0.25	0.03
全球金融机构杠杆率增速	-0.32	0.06	0.07	-0.21	-0.06	-0.31	0.01

注:表中全球金融机构杠杆率是利用银行和其他金融机构的私人信贷占银行存款的比例衡量的。此外,为了避免其他全球性因素的影响,计算中控制了世界利率和世界增长率。

进一步地,本节单独考察全球银行杠杆率与 VIX 指数之间的关系,如图 14-4 所示。图 14-4 显示,VIX 指数与银行杠杆周期的确存在同步性。银行虽然是风险中性的投资者,但风险状况会导致其产生顺周期的杠杆行为。在经济繁荣期,风险程度低,银行的风险约束放松,从而杠杆率也会随之上升。

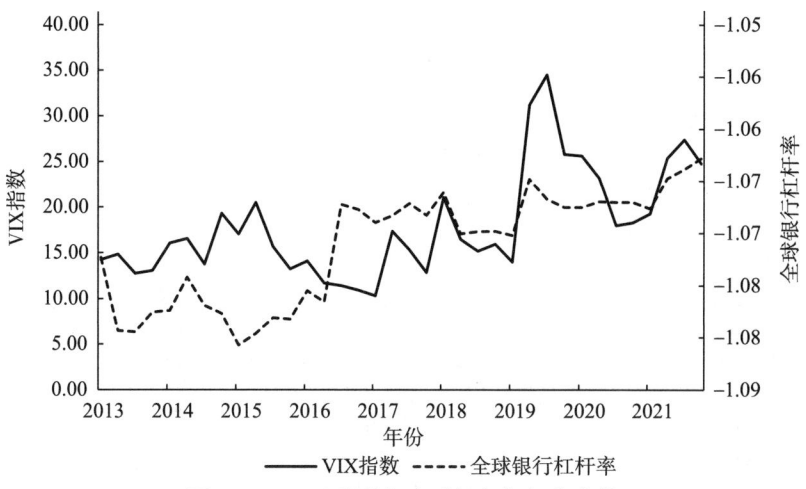

图 14-4　VIX 指数与全球银行杠杆率走势

资料来源：VIX 指数数据来源于芝加哥期权交易所，全球银行杠杆率数据来源于国际清算银行（BIS）。

第四，世界各地的风险性资产价格（股票、公司债券）受一个全球因素的驱动且这个全球因素与 VIX 指数密切相关。从数量上看，跨境资本流动呈现跨区域、跨类型的相关性。那么就价格而言，全球资本的价格是否也具有共同变化趋势呢？为了衡量共同的变化趋势，本节从全球所有主要市场的资本、一系列公司债券指数和大宗商品（贵金属除外）的价格序列中提取了共同因子，该因子能够解释风险性资产价格变动的 20% 以上。图 14-5 呈现了所提取共同因子的变化趋势。

如图 14-5 所示，共同因子发生明显变化的时期能够与美国国家经济研究局（National Bureau of Economic Research，NBER）确定的美国衰退时期（阴影区域）和全球重大事件相对应。共同因子在经济衰退时期下降，但在 20 世纪 90 年代初之前保持相对稳定，之后出现了持续的大幅上升。这种增长一直持续到 1997—1998 年，俄罗斯违约、东亚危机以及互联网泡沫破裂等重大全球事件逆转了增长趋势。从 2003 年年初开始，该指数再次上升，直到 2007 年第三季度初，随着次贷市场的崩溃，金融市场脆弱性增加，出现前所未有的暴跌。

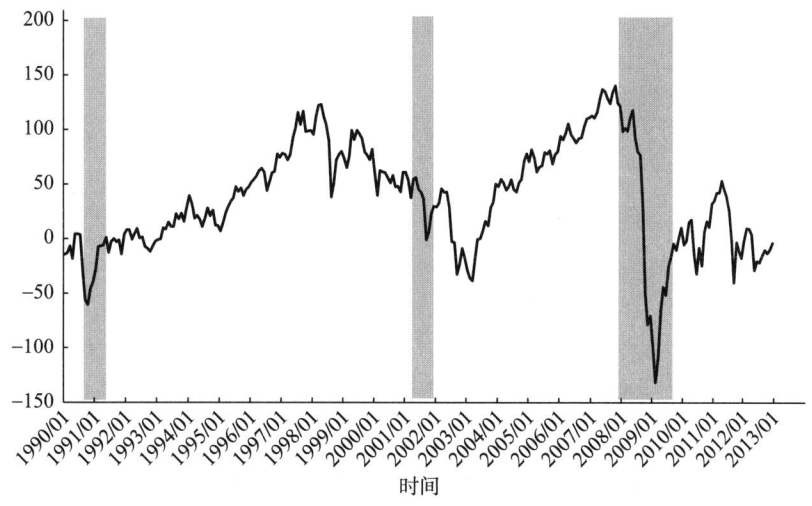

图 14-5　全球风险性资产价格的共同因子

根据上述分析,全球风险性资产价格变动的共同因子与全球风险状况似乎存在一定的联系。为了验证这一点,直接观察共同因子与VIX指数的变化趋势。如图14-6所示,VIX指数与资产价格的共同因子变化呈高度负相关关系。特别地,在2008年国际金融危机时期,VIX指数上升至峰值,而与此同时,全球风险性资产价格变动的共同因子也下降至最低点。

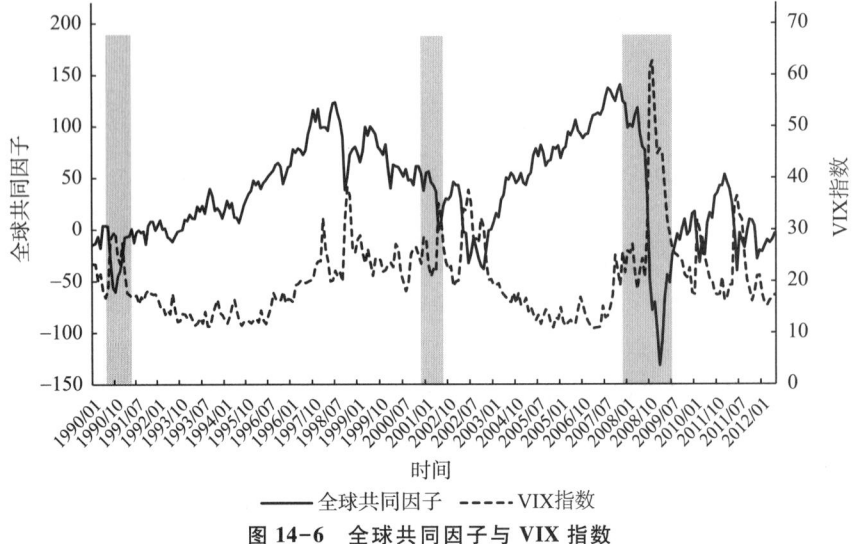

图14-6 全球共同因子与VIX指数

综上所述,随着全球金融一体化程度的加深,全球跨境资本流动的规模越来越大,各国资本流入流出呈现高度的同步性,国家间金融状况的联动性不断上升。全球风险性资产价格受到与VIX指数密切相关的全球共同因子的驱动,通过影响信贷和全球金融机构杠杆率进而影响全球资本流动,各国跨境资本流动总量、资本价格、信贷增长和杠杆率之间存在共性,出现了所谓的"全球金融周期"(Global Financial Cycle)。全球金融周期告诉我们,一国的跨境资本流动不但与资本流入国和资本流出国的经济状况相关,而且受共同外部因素的影响。其中,处于全球中心地位的美国的货币政策发挥着重要作用。下面将进一步探讨全球金融周期与美国货币政策的关系。

第二节 全球金融周期与美国货币政策外溢

上文梳理了全球金融周期的特征事实,并揭示了VIX指数如何驱动全球金融周期现象。考虑到VIX指数刻画美国金融市场波动,会受到美国货币政策的影响,那么美国货币政策又会如何影响全球金融周期呢?为了回答这一问题,本节将展示美国联邦基金利率对VIX指数的影响,以及美国货币政策外溢效应的几个方面。进一步,本节将梳理美元国际地位的演变历程,并结合相关数据展示美元在国际贸易计价和结算、国际证券发行、外汇交易和国际储备中的广泛使用,从而更好地解释美国货币政策驱动全球金融周期的内在原因。在此基础上,本节将从风险承担渠道、汇率-金融渠道以及风险溢价渠道等方面进一步厘清美国货币政策全球外溢的内在逻辑。最后,在全球金融周期背景下,围绕"三元悖论"和"两难困境"进一步探讨货币政策独立性和汇率制度选择问题。

一、美国货币政策的外溢效应

随着金融一体化程度的不断加深,美国货币政策调整产生的全球影响也越来越显著。图 14-7 展示的是 2008—2022 年美国联邦基金利率和 VIX 指数的月度变化。不难发现,两者的变化趋势大体一致,而且在大多数时期美联储的加息伴随着 VIX 指数的上升。

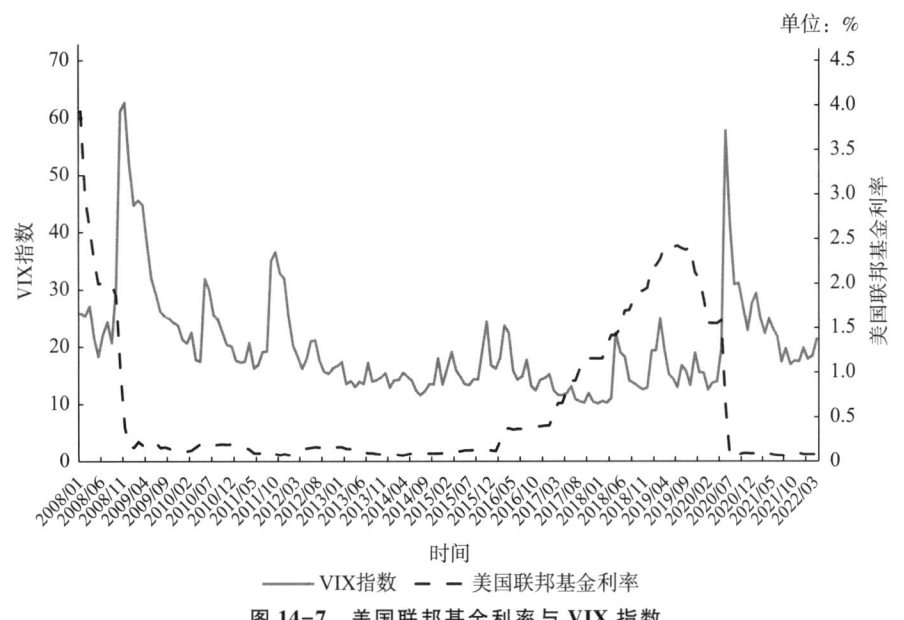

图 14-7　美国联邦基金利率与 VIX 指数

资料来源:圣路易斯联储银行 FRED 数据库。

美国货币政策的每一次常规或非常规调整,其他国家都会受到不同程度的冲击和影响。美国货币政策的外溢效应主要体现在以下几个方面:

第一,美国货币政策会影响各国的利率水平。由于美国在全球货币体系的中心地位,许多国家的利率水平都会因美国货币政策的冲击而做出相应的调整。美国短期利率水平与许多国家的短期利率水平均存在一定程度的正向联动。由于各个国家长期利率中的期限溢价成分均与美国债权中的溢价成分相关,各国长期利率也在一定程度上受美国货币政策的影响。美国货币政策对其他国家的短期利率水平与长期利率水平都具有明显的外溢作用。

第二,美国货币政策会影响全球资本流动。随着全球一体化进程的逐渐推进,越来越多的国家放开了资本账户。当美国发生货币政策调整或冲击时,由于美国与其他国家存在显著的利率差,资本必定会发生跨境流动。当美国实施量化宽松的货币政策时,由于美国利率水平持续走低,资本会流出美国,流入发展中国家与没有采取量化宽松政策的发达国家。美国实施紧缩性的货币政策则会导致更多资本流入美国,更多的资本从其他国家流出。

第三,美国货币政策必定会对其他国家的汇率水平造成显著的影响。美国采取宽松的货币政策,无论是非常规货币政策还是常规货币政策,都会使得美国利率下降,导致外围国家货币升值,或者实际有效汇率升值。相反,美国采取紧缩性货币政策时,美元利率上升,其他国家货币将会贬值,或者实际有效汇率贬值。

第四,美国货币政策变动会影响其他国家的金融资产价格。美国货币政策对各国金融市场的冲击存在国别差异。如果一个国家的金融市场较为开放,且流动性良好,贸易开放程度较高,跨境资本数量较大,那么这个国家的股市更容易受到美国货币政策的冲击。

二、美国货币政策外溢的基础条件

21世纪以来,伴随着新兴经济体的快速崛起、数字货币的迅速发展以及美国国内政治经济不稳定程度的提高,美元国际地位备受挑战。尽管如此,美元的国际主导地位在中短期仍然无可替代,其主要原因有以下两个方面。

其一,美元始终是全球最主要的储备货币。根据IMF的数据计算可得,2020年美国名义GDP占世界名义GDP的比例约为24.8%,而美元在全球外汇储备中的份额约为59%。相对于美国在全球GDP中所占的份额,美元在国际上扮演着极其重要的角色。此外,从全球外汇储备货币构成来看,美元始终占据最大比重。图14-8是IMF公布的2000—2021年全球外汇储备份额的变化。

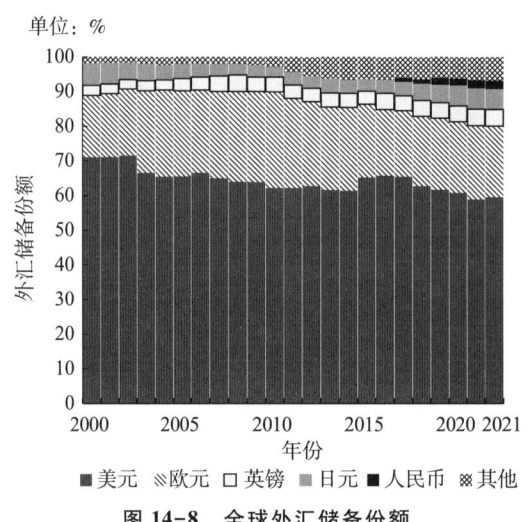

图14-8 全球外汇储备份额

资料来源:IMF。

如图14-8所示,虽然美元占全球官方外汇储备的份额从2000年的71%下降至2021年的60%,但是仍远超包括欧元(2021年为21%)、日元(2021年为6%)、英镑(2021年为5%)和人民币(2021年为2%)在内的所有其他货币。同时,值得注意的是,伴随美元份额下跌的不是另一种单一储备货币份额的上涨,而是多种储备货币份额的共同上涨。因此,尽管过去20年全球外汇储备逐渐多元化,但是美元迄今仍是占主导地位的储备货币。

其二,美元在国际交易和金融市场上占据主要地位。货币的国际地位也可以通过其作为交易媒介的使用情况来衡量,而相关研究数据显示,美元是全球贸易中使用频率最高的货币。图 14-9 是全球贸易出口发票中不同货币计价的占比情况。1999—2009 年,除欧洲外,在全球大部分区域美元计价的出口发票份额占主导(美洲为 96%,亚太地区为 74%,世界其他地区为 79%)。

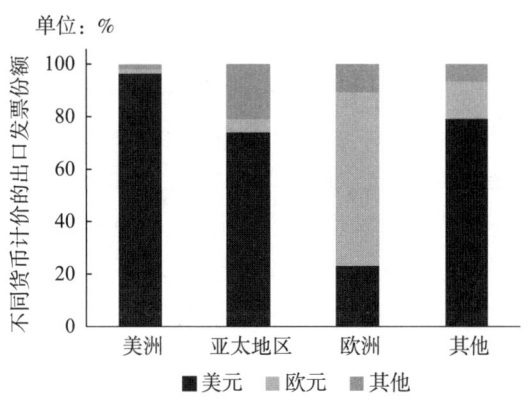

图 14-9 全球不同货币计价的出口发票份额

除国际贸易外,在国际金融领域,美元也发挥着重要的交易媒介作用。如图 14-10 所示,大约 60% 的国际债务和债券都以美元计价,而且这一比例自 2000 年以来一直相对稳定,远高于欧元的比例(约 20%)。

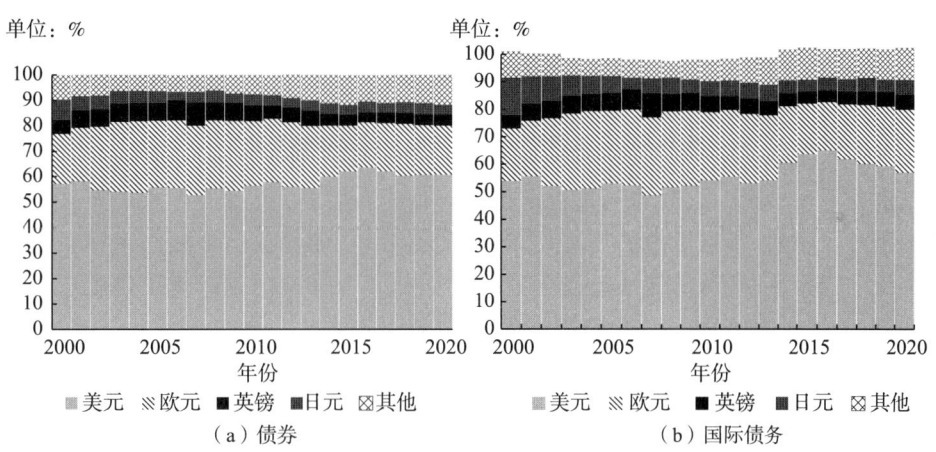

图 14-10 美元计价的国际债务和债券所占份额

从数据中可以发现,过去 20 年,美元在全球发挥着主导的、相对稳定的作用。随着国际贸易的迅速增长和全球金融一体化的不断加深,美元的国际地位使得美国货币政策成为驱动全球金融周期的重要因素,并且能够通过不同途径实现全球溢出。那么,美国货币政策究竟有哪些外溢渠道呢?下文将围绕这一问题展开讨论。

三、美国货币政策的外溢渠道

由于美元在国际货币体系中的重要地位,以及全球金融市场的密切联系,美国货币政策能够通过多种渠道在国际上进行跨境传导,从而实现宏观政策的全球溢出。

首先是风险承担渠道,具体表现为一国货币政策的调整通过影响该国银行跨境资本流动,影响东道国银行的杠杆水平和风险承担水平。值得注意的是,跨境资金流动主要包括直接投资、证券投资和其他投资(其他投资主要是银行存贷款)。在这三种渠道中,银行渠道(其他投资渠道)是跨境资本流动的主要渠道,通过银行渠道的资本流动对一国的冲击最大。当发生外部冲击时,资本主要通过银行渠道流入或流出,并以增加或缩减跨境借贷为主要形式。

由于美元是全球金融中介的主要融资货币,美国货币政策通过影响全球主要金融中介的融资成本,改变金融中介的风险承担意愿和杠杆决策,从而直接影响全球金融周期。以美国扩张性货币政策调整为例(如图14-11所示),美联储降低联邦基金利率导致美元融资成本降低,进而导致短期跨境资本流入外国。随着短期跨境资本的大规模流入,外国银行会出现"过度借贷"的行为,风险承担水平提高,从而对外国银行体系的稳定性产生冲击。一旦美国货币政策发生转向,短期跨境资本会突然大幅下降,甚至出现资本的净流出,即国际资本流动的逆转,进而增大外国银行的流动性风险,提高银行危机发生的可能性。

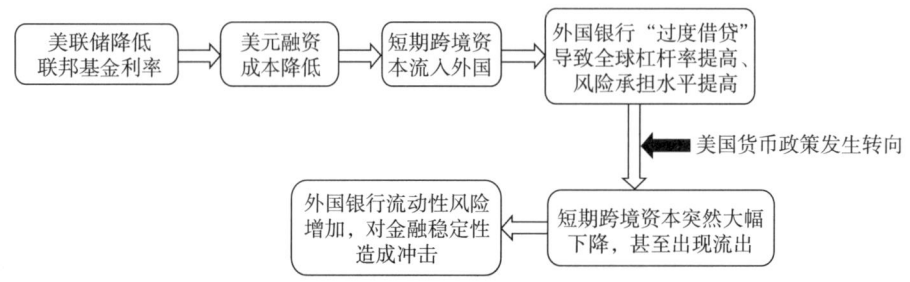

图 14-11 美国货币政策风险承担渠道传导路径

其次是汇率-金融渠道,也可以理解为资产负债表渠道。汇率通过影响外币信贷供需双方的资产负债表,影响国内的信贷需求和信贷供给。随着各国金融联系日益密切和国际资本流动规模不断上升,新兴市场国家普遍面临货币错配问题。货币错配会放大外部冲击的影响,也是美国货币政策汇率-金融渠道外溢的关键。

以美国紧缩性货币政策调整为例(如图14-12所示),汇率-金融渠道可以理解为美国提高利率会导致美元升值,进而导致外围国家的货币相对于美元被动贬值,本币贬值会恶化存在货币错配债务人的资产负债表,收紧债务人的融资约束,进而导致美元借款人借款意愿下降,同时资产负债表的恶化也使得债务人的违约风险上升,从而使得美元贷款人贷款意愿下降。因此,在汇率-金融渠道下,美国紧缩的金融状况会使得外围国家的金融状况也变得紧缩。

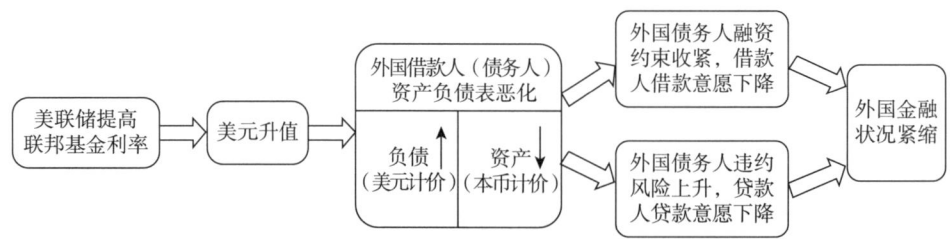

图 14-12 美国货币政策汇率-金融渠道传导路径

最后是风险溢价渠道,也可以理解为避险情绪的传递。即使在没有直接经济和金融联系的经济体之间,金融状况也可以通过投资者的风险情绪进行传导。从历史数据中不难发现,美国联邦基金利率与当期的 VIX 指数存在很强的相关性。美国货币政策能够影响全球的避险情绪,进而实现金融状况的全球传导。例如,2008 年国际金融危机爆发后,美联储通过实施前瞻性指引和大规模量化宽松政策使得全球风险偏好的同步性进一步提升,进而导致全球金融状况的联动性进一步增强。

以美国紧缩性货币政策为例,风险溢价渠道传导路径如图 14-13 所示,美联储加息导致全球避险情绪上升。外围国家的资本流入和流出对全球避险情绪的变动非常敏感,全球避险情绪的上升会导致资本流动紧缩,进而导致外围国家国内金融市场上短期利率的上升,从而导致信用利差增大、信贷成本提高以及金融条件收紧。考虑到外围国家短期利率的传导机制不完善,即使外围国家进行相应的货币政策调整,在短期内也难以减缓美国货币政策的外溢效应。

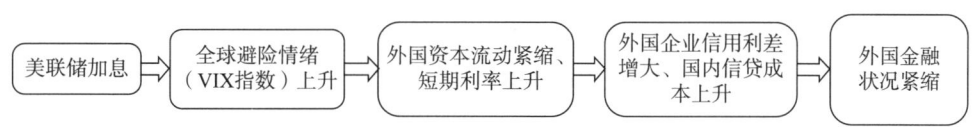

图 14-13　美国货币政策风险溢价渠道传导路径

综上所述,由于美元的国际主导地位以及全球金融市场的紧密联系,美国货币政策能够通过风险承担渠道、汇率-金融渠道以及风险溢价渠道将国内金融状况传导至全球,从而成为驱动全球金融周期的重要因素。为了更加全面地理解全球金融周期、美国货币政策以及全球避险情绪(VIX 指数)之间的关联,本节总结了全球金融周期的内在传导机制,如图 14-14 所示。其中,双向箭头表示两者之间互相影响。例如,美国货币政策的调整会影响全球避险情绪,同时全球避险情绪的变化(由金融危机、战争或恐怖袭击等重大地缘政治事件引致的)也会反过来改变美国货币政策的立场。由图 14-14 可知,全球避险情绪和美国货币政策不仅存在紧密的相互联系,而且能够通过不同的渠道影响跨境资本的流动和风险性资产的价格,从而共同驱动着全球金融周期。

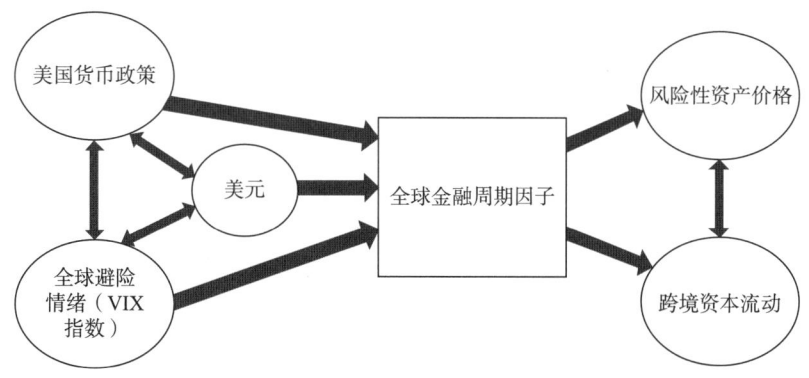

图 14-14　美国货币政策、全球避险情绪与全球金融周期的内在联系

四、"三元悖论"和"两难困境"

在全球金融周期背景下,美国货币政策也会对全球其他经济体货币政策产生巨大冲击,特别是给新兴经济体货币政策的独立性带来严重挑战。随着全球金融一体化的加深,浮动汇率制不再具有隔绝外部冲击、保持国内货币政策的独立性的作用,只要跨境资本自由流动,无论一国采用哪种汇率制度,都会受到中心国家货币政策的影响。也就是说,一国的资本自由流动与货币政策的独立性二者不可兼得,与该国采取哪种汇率制度无关,此时陷入"两难困境"。传统的"三元悖论"认为,本国货币政策的独立性、汇率的稳定性、资本的完全流动性三者不能同时实现,最多只能满足两个目标,而放弃另外一个目标。"两难困境"是对传统"三元悖论"的挑战,其政策含义具有颠覆性,意味着除非对资本账户进行直接或间接的管制,否则一国难以保持货币政策的独立性。

比较"三元悖论"与"两难困境"的具体内涵可知,两者的根本分歧在于"采用浮动汇率制的国家能否保持货币政策的独立性"这一关键问题。"三元悖论"认为,采用浮动汇率制国家的货币政策可以保持独立性,其逻辑是,采用浮动汇率制国家没有通过干预外汇市场而稳定汇率,因此货币政策相对会更加独立。比如,当采用浮动汇率制国家采取扩张性货币政策时,国内利率一般会随之下降,进而加大境内外利差,资本不断流出,从而导致货币贬值。但是,如果现实中存在某种因素阻碍或者逆转上述"三元悖论"传导链条中的某些环节,那么该因素就可能会影响货币政策的独立性,从而形成所谓的"两难困境"。有些学者认为,金融危机后国家间的资本流动对于利差和风险的敏感程度更高,世界各国的货币政策独立性有所下降。此时,资本管制是抑制资本流动的有效方式,而浮动汇率制并没有发挥相应的作用。也有学者认为,真实的货币政策跨国传导机制可能介于"三元悖论"和"两难困境"之间,即对于没有实施资本管制的国家,当中心国家提升利率时,采用浮动汇率制也能提供一定的货币政策独立性,但当中心国家降低利率时,采用浮动汇率制并不能隔绝外部货币冲击。这种非对称效应体现为"害怕升值",即中心国家降低利率导致外围国家货币升值预期强烈时,外围国家普遍采取降低利率并保持汇率稳定的政策,防止货币过快升值并导致货币政策丧失独立性。总之,是"三元悖论"还是"两难困境",目前学术界尚未形成一致观点。尽管如此,全球金融周期的确在一定程度上弱化了浮动汇率制对外部冲击的隔绝能力,这将影响开放经济下的宏观政策分析和选择。

小　结

本章首先介绍了全球金融周期的概念与相关经验事实,然后重点强调了美国货币政策作为全球金融周期的重要驱动因素所产生的全球外溢效应,最后围绕"三元悖论"与"两难困境",讨论了全球金融周期下浮动汇率制对外部冲击隔绝能力的变化。

具体而言,随着全球金融一体化程度的不断加深,全球金融周期现象出现,各国金融状况的联动性不断上升,跨境资本流动、资本价格、信贷以及金融机构杠杆率等存在协同变动模式,而这种协同变动的背后存在全球共同因子的驱动。美国货币政策作为全球金融周期的重要驱动因素,可以通过风险承担渠道、汇率-金融渠道以及风险溢价渠道产生显著的全球外溢效应。全球金融周期在一定程度上弱化了浮动汇率制对外部冲击的隔绝能力,而这将影响开放经济下的宏观政策分析和选择。

 关键词

全球金融周期　　　　金融一体化　　　　VIX 指数
全球共同因子　　　　外溢效应　　　　　风险承担渠道
汇率-金融渠道　　　　风险溢价渠道　　　三元悖论
两难困境　　　　　　协同变动

 练习题

1. 如何衡量金融一体化?
2. 如何理解全球金融周期?全球金融周期主要有哪些表现?
3. 美国货币政策与全球金融周期具有怎样的内在联系?
4. 美国货币政策是如何实现跨国传导,从而将其国内的金融状况扩散到全球的?
5. 试论述美国货币政策的外溢效应和作用渠道。
6. "三元悖论"与"两难困境"的根本分歧是什么?你更支持哪一种观点,理由是什么?
7. 在全球金融周期背景下,一国应当采取哪些措施加以应对?一国内部政策以及国与国之间的政策又该如何进行搭配与协调?

第十五章 国际货币体系挑战与改革

引　言 >>>

良好的国际货币体系在维护国际货币市场的秩序和稳定、促进国际收支平衡、提供国际信贷以应对各种意外的冲击等方面发挥着巨大的作用。然而,随着新兴经济体的迅速发展以及世界政治经济格局的改变,当前美元占主导地位的国际货币体系下国际失衡现象持续加剧,对国际货币体系以及全球经济的稳定性造成较大冲击、提出较大挑战,国际货币体系面临改革的关键时刻。因此,了解美元本位制下国际失衡现象,理解当前国际货币体系下的种种风险与挑战及其背后的根本原因至关重要。那么,针对这些风险与挑战,如何对国际货币体系进行改革以做出应对?在国际货币体系改革中,新兴经济体应该扮演怎样的角色,又该如何应对其中可能带来的潜在风险,把握改革机遇?

为了解决上述问题,本章的第一节将重点介绍当前美元本位制下面临的问题与挑战;第二节将针对这些问题与挑战,对可行的国际货币体系改革方案进行梳理和介绍,并对新兴经济体在国际货币体系改革过程中的应对方案展开讨论。

学习目标 >>>

1. 理解当前国际货币体系下储备资产供需失衡现象背后的原因。
2. 理解并掌握美元本位制下面临的挑战。
3. 理解国际货币体系改革措施的可行之处与尚存在的问题。
4. 了解新兴经济体在国际货币体系改革中面临的风险以及应对措施。

第一节　当前国际货币体系下的挑战

布雷顿森林体系瓦解后,1976 年 1 月,IMF 理事会"国际货币制度临时委员会"在牙买加首都金斯敦举行会议,讨论 IMF 协定的条款,签订达成了《牙买加协议》,同年 4 月,IMF 理事会通过了《国际货币基金组织协定第二修正案》,从而形成了新的国际货币体系——实行浮动汇率制的"牙买加体系"。与布雷顿森林体系下国际货币储备结构单一、美元地位十分突出的情形相比,在牙买加体系下,国际货币储备呈现多元化的局面,在欧元成立之前,德国马克由于德国经济的强劲发展已经成为一种重要的国际储备货币。

1999年欧元正式启用后,德国马克以及其他欧盟成员国的货币被欧元取代,随着欧元区经济实力和政治稳定性的增强,欧元很可能成为与美元相抗衡的、新的国际储备货币。与此同时,日元也因日本经济的恢复和增长而成为另一种重要的国际储备货币。虽然美元地位明显削弱了,但得益于美国经济的强劲和金融市场的发达,美元继续作为全球主要的国际储备货币和国际贸易的首选货币。截至2021年年初,95%的国际大宗商品、85%以上的国际贸易结算、59%的外汇储备、45%以上的未清偿国际债券均以美元计价、支付或储备,占比均为第一。且在过去几十年里,美元资产的避险功能凸显,美国国债成为世界各国中央银行最为偏好的储备资产和安全资产。因此,美元继续在国际货币体系中占据主导地位,国际货币体系仍呈现美元本位制的特征。

随着全球政治经济格局的变化,美元作为国际货币体系的核心面临着前所未有的挑战。特别是2008年国际金融危机发生后,对美元主导的国际货币体系的批评日益增加,国际社会对货币体系改革的呼声愈发高涨。这一节将介绍当前国际货币体系面临的挑战。

一、全球不稳定性加剧

当前的国际货币体系下,国际储备资产的需求日益增加,但其供给却受到限制,导致国际储备资产供给和需求呈现明显的失衡现象。其中国际储备资产需求上涨主要来源于新兴经济体对国际储备资产的强劲需求。一方面,随着新兴经济体的迅速发展,其想要积累大量财富,使得国内私人部门和公共部门都在寻找价值稳定的资产工具进行投资,进而产生大量安全资产需求。但新兴经济体的金融市场发展相对落后,其国内金融市场难以提供充足的安全资产,导致新兴经济体只能在国际金融市场上寻找安全资产,进而造成在发达国家金融市场上对安全资产的需求大量增加,尤其是对美元储备资产需求的大规模上升。

另一方面,新兴经济体更容易遭受全球经济冲击的影响,导致其存在强烈的预防性储蓄动机,并大量积累储备资产。① 尤其是1997年亚洲金融危机爆发后,许多新兴经济体开始策略性选择通过积累更多的国际储备资产进行自我保护,以应对未来潜在的外部冲击,避免对国内经济发展造成损害。近年来发生的金融危机中各新兴经济体的表现也表明,持有更多的国际储备资产有助于经济更好地抵御危机。2008年国际金融危机发生后,各新兴经济体于2009年迅速恢复了国际储备资产的积累。

相较于国际储备资产需求的迅速上升,国际储备资产的供给则呈现出明显不足。虽然欧元和人民币具备成为储备货币的潜力,有望增加储备货币的供给,但现阶段美元作为储备货币的主导地位仍难以被撼动,导致国际储备资产供给仍受限。持续失衡的国际储备资产供需关系促使新兴经济体寻求"类安全资产",加剧了短期内全球宏观经济的不稳定性和脆弱性,不利于全球经济稳定发展和国际货币体系的维持。

新兴经济体由于自身经济较为脆弱,缺乏适当的宏观协调机制,在外部环境发生变化

---

① 如大宗商品价格波动、全球利率的突然调整、国际资本流动的突然中断等都会对新兴经济体经济的发展带来较大风险,可能会导致国际资本大规模外逃、出口收入下降、债务负担加重以及货币价值剧烈调整,进而损害经济增长的动力。

时,更容易受到金融风险冲击的影响,如汇率的剧烈波动以及跨境资本流动的冲击。在此情况下,各新兴经济体对国际储备资产具有较强的预防性需求,通过积累国际储备资产进行自我保护,以抵御经济金融风险。这将导致新兴经济体对国际储备资产的过度积累,进而引发全球利率持续走低。20世纪90年代后,新兴经济体的国际储备激增,其持有的国际储备资产份额由20世纪90年代的19.6%升至2008年的62.2%。2008年国际金融危机发生之后,新兴经济体持有的国际储备份额虽有所下降,但仍保持高位。国际储备过度积累的现象仍十分明显,并且这种行为导致了对美元储备资产需求的大规模上升,继而引发了世界性的低利率(如图15-1所示)。在低利率的经济环境下,投资者的资金成本低,有利于全球经济增加宏观经济杠杆,加大投机行为,而高杠杆将加大经济的不稳定性和脆弱性。

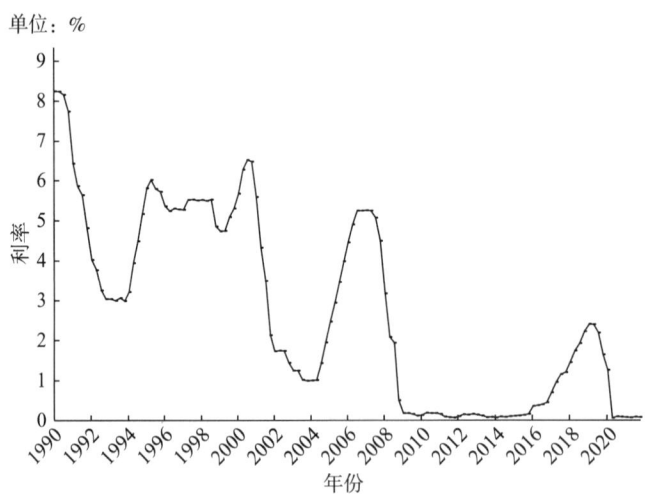

图 15-1 美国联邦基金利率

此外,当国际储备的供给无法满足新兴经济体对安全资产的需求时,新兴经济体将寻求安全属性更弱的资产充当安全资产,在市场中催生"类安全资产",以满足经济主体对流动性资产的超额需求。"类安全资产",指那些在某种程度上类似于安全资产的投资工具,这些资产在正常市场条件下价值相对安全和可靠,与安全资产表现相似,但在市场风险明显上升时,与安全资产的稳定价值表现不同,它们的风险将明显上升。换句话说,虽然"类安全资产"的风险水平低于其他高风险性资产,且这类资产与安全资产具有一定的相似性,但其本质上仍存在潜在的价值波动风险和不确定性,其价值可能会受到市场变动、信用事件或其他因素的影响。"类安全资产"实际上并非真正的安全资产,在风险发生时难以维持价值稳定。如基于美国抵押贷款以及一些国家(如希腊和爱尔兰)债务的AAA级资产支持证券(Asset-Backed Securities,ABS),在金融危机发生前被认为是价值相对稳定的"类安全资产",但在2008年国际金融危机发生时,其产品风险迅速呈指数级扩大。同时,投资者对"类安全资产"的偏好可能会引发"类安全资产"的资产泡沫。"类安全资产"难以抵御经济风险,当风险发生时,其资产价值的下跌可能会引发资产泡沫破裂,引发各经济主体的财富损失,并可能传递至其他经济部门,导致经济金融风险急剧上升,因此，经济中存在大量的"类安全资产"也将加剧金融市场的脆弱性，加大宏观经济的波动性。

阅读材料

资产支持证券和资产支持商业票据在国际金融危机中的角色及影响

资产支持证券和资产支持商业票据（Asset-Backed Commercial Paper，ABCP）是金融创新的产物，它们将不同类型的资产（如住房抵押贷款、汽车贷款、信用卡债务等）汇集在一起，然后将这些资产的收益权分割成多个不同级别的证券出售给投资者。由于 ABS 和 ABCP 是由实际的资产，如住房贷款和汽车贷款等所支持的，因此通常被认为风险较低，许多国家及其机构比如保险公司和资产管理公司等，都将 ABS 和 ABCP 作为价值相对稳定的"类安全资产"进行了大量购买。

然而，实际上 ABS 和 ABCP 的风险并不像表面上看起来那么低。由于住房抵押贷款提供了可预测的现金流和较低的违约风险，它们成为 ABS 和 ABCP 的主要支撑。这些金融工具通过将众多的住房抵押贷款聚合，形成了一个更大的、分散化的资产池，然后基于这些资产池发行新的证券。由于这些证券提供了不同级别的信用风险和回报率，各类投资者可以根据自身的风险承受能力和收益预期进行选择和购买。然而，在 2008 年国际金融危机期间，随着房地产市场的下滑，基于住房抵押贷款的 ABS 和 ABCP 的价值经历了显著的下跌，投资者遭受巨大的损失。尤其是次级抵押贷款支持的证券，其违约率飙升，导致整个金融系统发生信任危机。全球众多银行和金融机构都投资了这类产品，却未能充分认识到其潜在的风险。当这些资产开始贬值时，许多机构的资本受到严重冲击，导致信贷市场紧缩，进一步加剧了经济衰退。

这场危机凸显了金融市场中信息不对称和风险评估不足的问题。原先被认为是分散风险的金融工具，实际上因为过度依赖评级机构的评级和缺乏透明度，成了加剧金融不稳定的因素。此外，这也揭示了全球金融体系的相互依赖性和脆弱性，即一个市场的崩溃能迅速传导至全球范围。2008 年国际金融危机发生后，全球金融监管机构对 ABS 和 ABCP 的监管有了显著加强。现在，发行这些产品的机构需要披露更多信息，确保投资者能够更准确地评估风险。同时，银行和金融机构也被要求增加资本储备，以减轻潜在风险的影响。

总而言之，ABC 和 ABCP 在金融创新中发挥了重要的作用，但同时也揭示了现代金融市场的复杂性和潜在风险。所以，金融创新需要伴随充分的风险管理和透明度，以确保金融市场的稳定和健康发展。

二、新特里芬难题

在当前国际储备资产供给和需求失衡的情况下，全球经济体过度依赖美元作为仅有的国际储备货币将造成新特里芬难题（New Triffin Dilemma）。新特里芬难题指在美元作为国际储备货币的情况下，美国需要不断发行国债以满足全球对美元的需求，但这同时也导致美国的国际债务不断增加,使得美国的国际财务状况越来越脆弱,而这又会进一步削弱市场对美元价值稳定的信心,动摇美元作为国际储备货币的地位。

一方面,美元储备资产作为典型的安全资产,为全球经济提供流动性保障,近年来,各国,尤其是新兴经济体对美元储备资产的需求持续上升。2008年国际金融危机爆发后,主要发达经济体的发展遭受重创,而新兴经济体的经济规模持续扩大,引发增加大量美元储备资产的需求。根据IMF的数据,新兴经济体的总产出占全球总产出的比例由21世纪初的40%以上增加至2020年的57%左右。新兴经济体的迅速发展使得国内财富大量积累,但由于这些经济体的金融市场发展相对落后于经济发展,其国内金融市场缺乏足够的安全资产,难以保存全部财富价值,因此引发对外国安全资产,其中最主要的是美元储备资产的大量需求。随着新兴经济体规模的迅速扩大,美元储备资产的需求也将持续增大。

另一方面,美元储备资产最具代表性的就是美国的政府债务,即美国政府必须以财政赤字的方式持续向全球经济体提供美元储备资产。美元储备资产的供给主要受美国经济增长潜力和债务上限规模的影响。现阶段美国债务水平较高,已达债务上限水平,同时未来经济增长潜力较小,使得发行美元国债的潜在能力下降。2023年1月,美国联邦政府债务规模已突破31.4万亿美元的法定限额。其背后的原因主要在于:第一,美国次贷危机期间美国对银行金融系统进行大规模救助;第二,受危机影响,美国经济增速减缓,导致政府用于维持经济稳定的公共支出增加;第三,随着美国人口老龄化、国民健康等问题的加剧,美国政府用于公共健康医疗方面的财政支出增加。以上三个因素都给美国政府带来了较大的财政压力。美国债务的上升会导致宏观杠杆率的上升,加剧宏观经济风险,同时也将对美国国内经济发展产生较大的约束和阻碍。这将进一步限制美国的财政收入,损害其债务偿还能力。不断攀升的美国国债规模必然会引发国际市场对美元的"信心"问题,威胁美元的稳定性。

在新特里芬难题下,对美元资产不断增长的需求与美元资产安全性的矛盾难以解决,必将导致美元地位的自我削弱,加剧国际金融体系的不稳定性。

三、美元霸权

美元霸权已成为威胁世界经济的重要不稳定因素,同时,美国对美元霸权的滥用也将对美元地位形成挑战。在全球各经济体对美元过度依赖的背景下,全球经济会随着美国国际收支状况呈现周期性大波动,同时美国聚焦国内经济的宏观政策也会对全球经济产生显著的负面外溢性,加剧其他国家的宏观经济波动和风险。当美国货币政策处于扩张周期时,大量资本将流向全球,助推资产价格泡沫,引发金融风险聚集;当美国货币政策进入收缩周期时,资本将流回美国,使得其他国家面临本币大幅贬值、资产价格崩盘的恶果。如自2022年3月17日起,美联储为抑制美国国内通货膨胀,结束新冠疫情暴发以来的宽松货币政策,美元利率进入新一轮加息周期。美联储持续加息很可能推高全球债务违约风险,影响全球和各国债券市场的稳定运行,加剧全球经济波动。一方面,美元加息将导致美元进一步走强,美债收益率将持续上升,全球债券收益率曲线也将上移。而当下美国联邦政府债务和公司债务水平均处于历史高位,全球性利率上涨很可能加剧美国债务风险。另一方面,新兴市场和发展中经济体债务正处于前所未有的高位,美元走强还可能增加新兴经济体偿还美元债务的成本,使得其在加息周期和全球复苏放缓的环境下极其脆弱。据IMF统计,全球面临高债务的国家从2011年的22个激增到2022年的59个。联合国数据显示,世界上69个最贫穷国家中有37个处于高债务风险或已经陷入债务困境,世界上大多数最贫穷国家的偿债支出在2022年飙升至35%,债务风险严重影响世界经济的复苏。

此外,美国还将美元霸权变成一种地缘政治武器,频繁对他国采取违反国际法的金融制裁措施,运用冻结资产、阻碍交易和长臂管辖等手段,严重破坏国际秩序,威胁经济金融稳定。乌克兰危机升级以来,美国冻结俄罗斯外汇储备及俄罗斯大型国有金融机构在美国的资产,限制俄罗斯使用美元、欧元、英镑和日元进行商业交易的能力,制裁俄罗斯主要银行,并将大多数俄罗斯银行排除在环球银行金融电信协会(Society for Worldwide Interbank Financial Telecommunication, SWIFT)系统之外,导致国际金融及大宗商品市场剧烈波动。此外,从全球范围来看,制裁与反制裁的持续冲击也使得美元霸权的根基受到反噬。频繁的制裁不仅从根本上动摇了全球市场对美国的信任,使得各国更加重视储备资产的安全性并考虑避险选项,还使得多数国家选择易货贸易和使用本国货币而非美元进行交易等不同机制规避美国对俄罗斯的制裁,导致美元的使用受到限制。种种迹象表明,许多国家"去美元化"的进程正在提速,如俄罗斯出台与"不友好"国家和地区的"卢布结算令",印度中央银行推出国际贸易的卢比结算机制,以色列在历史上首次将加元、澳元、日元和人民币纳入其外汇储备,同时减持美元和欧元。

第二节 国际货币体系改革建议

结合前文可知,当前以美元为核心的国际货币体系正面临诸多挑战,对全球经济和国际货币体系的持续、稳定、健康运行造成巨大威胁,由此催生了国际货币体系改革的诉求。因此,基于前文对当前国际货币体系下存在挑战与问题的分析,本节将详细探讨国际货币体系改革的可行方案。主要脉络如下:首先,从全球层面讨论未来国际货币体系的发展方向和改革措施,主要包含发展多元化货币体系,以及中央银行和IMF充当最后贷款人的主要措施;其次,基于上述改革措施可能存在的风险和问题,围绕完善监管机制的具体措施展开讨论;最后,重点针对新兴经济体在国际货币体系改革中面临的风险与挑战,提出相应的应对措施。

一、发展多元化货币体系

以美元为核心的国际货币体系难以提供足够的安全资产,造成了新特里芬难题,从而导致了现行国际货币体系的不稳定性和不可持续性。因此,需要发展多元化货币体系,以增加国际货币的供给和币种的多样性,丰富储备资产种类和供给,减少对单一国际货币和储备资产的需求,缓解当下美元和储备资产供求失衡与国际收支失衡问题,进而有效缓解新特里芬难题。同时,多元化货币体系下,国际货币之间的可替代性大幅增强,促进各国之间形成相互竞争、彼此制衡的格局。这将对货币发行国形成约束与制约,促使各国际货币发行国为维持其国际货币地位实施更谨慎的财政政策和货币政策,从而增强各国际货币的稳定性,降低储备资产价格波动,并提升国际货币体系的稳定性和可持续性。此外,多元化国际货币体系不仅有助于降低国际金融体系的系统性风险,还有助于实现货币经济与实体经济之间的平衡,通过稳定各国间的汇率水平降低跨境交易成本。

但发展多元化货币体系是一个长期的变革过程,现阶段仍存在许多阻碍与不足。当前,美国仍是世界第一大经济体,美元在外汇储备、外汇交易、国际支付等领域依然保持优势地位。为维护美元霸权和传统优势,美国或将采取多种手段,以强势美元策略缓滞"去美元化"甚至推动"再美元化",阻碍多元化国际货币体系的构建。虽然美元存在一系列问题,但短时间内缺少能够与美元信用相当的币种,在 SDR 的一篮子货币的其他货币中,英镑因英国经济体量相对较小,且国内经济持续疲软而不足以成为主要国际储备货币。日本在 1985 年签署《广场协议》之后经济增长停滞,且日元国际化进程失败后日本未再积极推动日元国际化,使日元无法成为主要国际储备货币。欧元与人民币具有成为国际货币的潜在可能性,但现阶段仍存在一些问题。其中欧元区具有庞大的经济体量,使欧元成为未来国际储备的一个重要选择。然而,欧元区各国经济发展不平衡,内部矛盾不断加剧,政策协调存在问题,同时欧债危机频繁爆发,均严重影响欧元区国家的经济,使欧元在国际上的信用和竞争力明显下降,导致欧元无法在国际货币事务中发挥与经济规模相匹配的作用。对于中国而言,虽然人民币国际化水平有所提升,但中国加入 SDR 的时间较短,且目前资本账户开放程度尚处于较低水平,严重限制了人民币国际化的未来前景,且国内金融市场发展相对欠发达,导致人民币成为美元替代品的重要国际储备资产的条件仍有所欠缺。因此,现阶段美元仍然是国际最主要的储备资产。

另外,虽然多元化国际货币体系的主要优势在于它可能为各国储备资产提供多元化的选择,同时还可能在危机时期提供更多的全球流动性,但多元化国际货币体系也会带来一些不稳定因素。多元化国际货币之间互为替代品且替代弹性较大,一旦某种国际货币受到外部风险冲击便可能导致短期内国际货币之间发生大规模转换,以及资本在各类储备资产间重新配置,加剧跨境资本的大规模流动,并引发汇率大幅波动。这将放大冲击对全球经济的影响,导致全球风险增大,并损害国际货币体系的稳定性。同时,在多元化货币体系下,由于缺乏统一的调节和合作机制,各国际货币发行国之间会存在货币政策和金融监管之间的协调问题,且市场可能存在对某类国际货币的流动性偏好,这都会加剧国际货币体系的不稳定性。如在 20 世纪 20 年代,英镑作为国际货币的地位有所下降,与此同时,美元作为国际货币的地位有所上升,但二者之间存在一定的协调问题,使得各国中央银行在两类储备货币的持有量之间进行频繁调整。很多人认为这是造成当时国际货币体系和经济不稳定的原因。

二、事前建立中央银行间常备货币互换安排体系

各国积累储备资产的重要原因在于,一方面能够通过储备资产干预外汇市场,有效调节汇率波动,保持货币相对稳定性,防范汇率风险和货币危机;另一方面有助于中央银行

作为最后贷款人提供充足的流动性保障,应对国际资本流动带来的冲击和影响。最后贷款人的角色是金融体系的安全网,它的存在可以减轻金融机构和市场的恐慌情绪,稳定金融市场并防止系统性崩溃。随着跨境资本流动规模的加大和频率的加快以及其他外部冲击风险的增大,各国对储备资产的需求持续上升。对此,建立常态化中央银行间货币互换安排体系,能够提供一种更加有效的外部保险机制,进而缓解各国自行积累外汇储备的需求。货币互换安排,又称货币掉期,指两笔金额相同、期限相同、计算利率方法相同,但货币不同的债务资金之间的调换,同时也进行不同利息额的货币调换。简单来说,货币互换双方互换的是货币,它们之间各自的债权债务关系并没有发生改变。货币互换的目的在于降低筹资成本以及防止汇率变动风险造成的损失。

在危机时期,各国金融机构难以直接通过金融市场或外汇市场借入其他国家货币(以F国货币为例),因此需要由本国中央银行为国内金融机构提供足够的F国货币以满足参与国际市场交易的外币需求。此外,在发生针对本国货币的投机性攻击时,本国中央银行也需要持有充足的外汇储备以抵御攻击,维持汇率稳定。对于本国中央银行而言,可以在即期市场上直接购入或借入F国货币,但对F国货币的大量需求会导致本国货币相对F国货币贬值,进而引发进一步的经济波动。而货币互换安排允许本国货币与其他国家货币按约定的汇率、期限和利率进行互换。该措施既不会影响本国与相关国家货币的汇率,同时又有助于解决本国对其他国家货币的需求。因此,为避免外汇风险,本国中央银行需要通过与F国中央银行签订货币互换安排来获得F国货币。如果缺乏货币互换安排,那么本国中央银行只能通过自行积累外汇储备来满足外币需求,进而导致储备资产的过度积累。

在过去数年中,美国作为全球经济的最后贷款人,其与其他中央银行之间的货币互换安排为各国提供临时美元流动性,在应对危机中发挥了重要作用。如 2008—2009 年国际金融危机期间,美联储向多家海外中央银行提供临时的美元流动性互换,用以解决当时美国以外地区出现的短期美元流动性短缺问题。2020 年年初在国际金融市场发生动荡和出现"美元荒"问题时,美联储与主要中央银行之间的美元货币互换体系对于稳定全球美元流动性、平抑金融市场波动同样发挥了重要作用。但美元货币互换体系涵盖的范围有限,大部分新兴经济体都未参与其中,难以从中获得流动性援助。此外,近年来中国也正在加快推进货币互换协议。截至 2021 年年末,中国人民银行已与累计 40 个国家和地区的中央银行或货币当局签署过双边本币互换协议,总金额超过 4.02 万亿元,有效金额达 3.54 万亿元。

阅读材料

美联储的货币互换

历史上,美联储曾先后进行过三次较大规模的货币互换。第一次大规模货币互换发生在 20 世纪 60 年代至 70 年代世界经济出现失衡格局、布雷顿森林体系濒临崩溃期间;第二次大规模货币互换发生在 2008—2009 年国际金融危机和 2010 年欧债危机期间;第三次大规模货币互换发生在 2020—2023 年全球面临新冠疫情冲击期间。第一次货币互换是为了应对全球金融市场上出现的"美元被挤兑"问题;第二、第三次货币互换是为了应对全球金融市场上出现的"美元荒"问题,都是在美元和美国经济面临危机时刻的背景下启动的。

美联储货币互换网络的建立维护了全球金融市场的稳定,美联储实际上承担了"最后贷款人"的职能。然而,在历次美联储货币互换中,美联储都倾向于选择与其经济、贸易、金融、军事关系密切的发达国家建立货币互换协议。例如,2008年发生国际金融危机之后,美联储通过货币互换的方式帮助部分国家度过了流动性紧缺的难关,但只有少数国家能够参与其中,新兴经济体中仅有与美国在政治经济方面有着紧密联系的巴西和墨西哥有此机会,而军事和战略上与美国意见不一致的国家则显然无法获得这些救助资源。

美联储货币互换已逐渐成为危机期间美国捍卫美元国际地位的重要手段。随着以美联储为中心的货币网络开始形成,美元体系实际上实现了危机之下的再扩张,强化了美联储作为全球范围内美元流动性提供者即"最后贷款人"的地位,间接地维护了美元霸权。在这样的安排之下,原先以IMF为中心的全球金融治理体系遭受冲击,美国事实上创建了一套新的独立于IMF的储备货币供给体系,而绝大部分的发展中国家均被排除在这一体系之外。

但货币互换安排在为协议参与方提供便利的同时,也会给双方带来相应的风险。其中当一方发生违约(以A国为例)时,虽然另一方(以B国为例)能够获得A国抵押的货币资产,但如果A国货币已经发生贬值,那么抵押资产的价值下降,且短时间内难以大规模变现,并将给B国带来资产价值损失。基于此类违约风险的不对称性,进行货币互换安排的政治阻碍因素越来越多,许多新兴经济体都没有与其他主要中央银行进行货币互换安排。因此,为了促使各新兴经济体与其他主要中央银行间进行货币互换安排,在危机时期提供充足的外汇流动性保障,需要为主要中央银行参与方提供适当的补偿,在事前形成中央银行间常备货币互换安排,以降低各国自行积累储备资产的过度需求。

此外,由上述分析可知,货币互换安排实质上是在各国中央银行间形成保险制度,由主要中央银行作为最后贷款人,为其他中央银行提供流动性保障。那么与其他保险机制一样,主要中央银行作为保险代理人,其他中央银行作为被保险的委托人,二者之间存在信息不对称和利益冲突,导致货币互换安排同样面临委托代理问题。对此,需要建立适当的监管机制、订立明确的契约和增加信息披露,以促进货币互换安排的稳定运行。其中IMF作为国际金融机构,具有监管和监督国际金融市场的职责,能够通过对成员经济状况和政策进行定期监督和评估,及时发现和纠正可能存在的问题和风险,进而缓解货币互换安排面临的委托代理问题。因此,建立中央银行间常备货币互换安排体系时,可以考虑以IMF为中心在各国间形成星状货币互换安排体系,使IMF参与并兼管各国中央银行间的货币互换安排,促进货币互换安排的常态化,简化货币互换安排体系,促进流动性资产的合理分配。

三、强化IMF的流动性保障

通过货币互换安排可以在各国中央银行之间建立流动性保险机制,由主要中央银行作为最后贷款人,除此之外,还可以通过强化IMF的流动性保障机制,由IMF充当最后贷款人,为其成员提供更多的流动性保障,降低各国对储备资产的过度积累。但当前IMF提供流动性保障的能力仍有所欠缺,虽然 2021 年 1 月 IMF 新借款安排(NBA)改革生效,2021—2025 年规模几乎翻了一番,达到 3 610 亿 SDR(4 820 亿美元),但相较于全球流动性需求而言新借款安排规模仍较小,仍需进一步扩大新借款安排规模。对此,还应增加 IMF 可用资源,拓展 IMF 信贷工具,拓宽 IMF 资金来源,提升其服务世界各国的能力。比如允许 IMF 直接在债券市场进行融资,发行以 SDR 计价的债券,以丰富 IMF 的融资渠道,使其在危机发生时提供更多的流动性资产。同时,考虑道德风险和代理问题,在促使 IMF 向危机中各国提供更多流动性保障的同时,受援助国也需要给予 IMF 更多补偿。比如一个国家若想获得更多 IMF 的贷款帮助,则需要向 IMF 出让更多的 SDR,支付更高的保险费用,为保障 IMF 职能提供更多的帮助。

此外,IMF 在向成员提供援助时通常会附带一系列经济政策和结构改革条件,援助条件相对苛刻,存在救助不及时的问题。如 1997 年亚洲金融危机时期,许多新兴经济体为获得 IMF 贷款援助同意了 IMF 提出的稳定计划,但该计划对这些国家的宏观经济发展造成严重损害,这促使这些国家为摆脱对 IMF 的依赖而选择自行积累大量外汇储备。因此,为了激励新兴经济体在危机时及时向 IMF 寻求帮助,应适当放宽 IMF 的援助条件,允许 IMF 暂时放宽信贷便利资格标准,拓展 IMF 的灵活信贷额度和政策协调工具,使 IMF 在危机时能够向更多国家提供流动性援助。同时,IMF 在提供流动性援助时不宜公开接受援助成员名单,以免造成恐慌情绪。

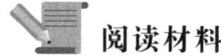

阅读材料

IMF 的救助工具

当 IMF 成员存在进口、偿还外债等国际支付需求,但又无法凭借自身条件获取足够的资金来满足这些需求时,成员可以向 IMF 申请援助。IMF 有一系列救助工具来为成员提供缓冲,同时帮助成员采取必要的调整和改革政策以解决国际收支困境。

灵活信贷额度(Flexible Credit Line,FCL)由 IMF 于 2009 年设立,2010 年得到进一步强化,是面向那些经济基本面、政策及政策实施记录较好国家的一种贷款工具。FCL 的期限为 1~2 年,贷款额度在个案基础上决定,不受贷款限额限制,不设事后条件,款项也不是分阶段划拨的,而是一次性拨付,成员可以选择在批准之时提用额度,也可以将其作为一项预防性额度。FCL 已被证明能降低借款成本和增加政策回旋空间。

政策协调工具(Policy Coordination Instrument,PCI)由 IMF 于 2017 年推出,是向所有 IMF 成员提供的一种不带资金拨付、帮助展现改革成效的信号类贷款工具。PCI 的期限为 6 个月至 4 年,这项工具虽是非融资性的,但可以加深成员与 IMF 之间的交流,让成员更好地展现自身的改革承诺。当成员出现国际收支需要时,若其 PCI 项目进展较为顺利,则有助于该成员更加快速地获取 IMF 其他的融资性救助资源。

近十年来有关 IMF 贷款工具的一项最大改革是 2020 年 4 月新冠疫情大流行期间设立的短期流动性额度(Short-term Liquidity Line,SLL)。SLL 预定先运行 7 年,为期 12 个月,面向有潜在、中等程度、短期的国际收支需求的成员,申请条件类似于 FCL,同样不设事后条件。SLL 最大的创新之处在于可循环使用,即允许成员在 12 个月内重复提取资金和偿还,类似于信用卡,可以在额度之内随用随还。另外,SLL也可以续期,只要成员继续符合条件并存在特殊的国际收支需求,就可以进行后续安排。SLL的这些特点对于那些试图克服危机并希望平稳度过复苏阶段的成员来说是十分宝贵的救助资源。

为强化IMF对全球各经济体的流动性保障,还可以在IMF内创建外汇储备存款机制,提供流动性转换服务。具体而言,类似于传统银行,在IMF建立储备资产账户,吸纳各国的储备资产,并将其用于建设性投资,提高储备资产的使用效率。此时相较于自行积累储备资产,各国将储备资产储存在IMF的储备资产账户中能获得更高收益。通过储备资产账户,IMF还可为成员提供流动性转换服务,当成员面临流动性需求时,根据其提出的流动性转换申请将账户内的储备资产转化为流动性资金,进而帮助解决流动性问题。因此,外汇储备存款机制提供的流动性转换服务能帮助各国在危机发生时获得更强的流动性,有效降低各国对安全资产的过度需求,进而加强全球金融体系的稳定性。

四、完善多边监管机制

虽然上述改革建议都能有效缓解各国对储备资产的过度需求,增强国际货币体系的可持续性和稳定性,但上述建议都面临道德风险。一方面,中央银行间常备货币互换安排体系的建立与强化IMF的流动性保障本质上都是IMF以及主要中央银行充当最后贷款人,由最后贷款人提供更多流动性救助,可能会助长债权人的冒险行为和投机性行为,导致投资或贷款行为发生扭曲,增加金融风险和系统风险。另一方面,债务国可能会将国际最后贷款人的救助视为应对不利冲击的收入保险,使其降低对危机的防范意识,甚至故意引发危机,进一步加剧债务问题和经济不稳定。因此,在进行上述改革的同时,还需要建立和完善国际监管机制以限制道德风险。

其中一种可能的方式是拓展国际机构如IMF对金融账户的多边监管,系统地收集各国基金的风险数据,构建更完善的风险监督指标。这些指标可以帮助债权人更准确地评估债务国的风险状况,并据此采取相应的风险管理措施。同时,基于该风险监督指标,可以建立市场与国家或区域监管者之间的互动沟通机制,从信息交流、风险评估和政策协调等方面进行沟通。此外,还可以据此采用奖惩并存的激励政策,对采取过度风险行为的国家施加惩罚,如增加获得贷款援助的附加条件、减少流动性供应、提高利率和增加抵押品要求等。这可以激励债务国采取更负责任的财政和经济政策,维持良好的财务纪律。然而,建立和完善国际监管机制也面临一些挑战。其中包括国家主权和政策独立性的考虑、国际合作的复杂性和困难性、监管标准的制定和执行等方面。因此,仍需要各国共同努力,通过国际合作和协商,寻求可行的解决方案,以促进多边监管机制的建立和有效运作。

第三节 新兴经济体的应对建议

上述讨论主要从国际货币体系的整体改革方向展开,但由于各国之间的利益冲突和协调困难、改革的复杂性和技术挑战以及政治因素等阻碍因素的存在,从整体上实施和推进国际货币体系改革毫无疑问是一个短期内难以实现的漫长过程。那么在改革的过程中,随着美元本位制的逐渐衰落,美元汇率以及其他主要货币币值必将产生剧烈的波动。国际金融市场上主要国际货币汇率的大幅波动不仅会严重影响国际贸易和国际投资的正常进行,还将引发新兴经济体汇率的过度波动,威胁新兴经济体的经济平稳运行。

对于新兴经济体而言,其在当前货币体系下的话语权仍相对较小,在对外交易中长期依赖储备货币计价、结算、借贷和投资,只能被动地选择钉住美元等少数几种货币的钉住汇率制,导致汇率缺乏弹性,且货币政策的自主性被严重削弱。因此,主要国际货币汇率的大幅波动会引发新兴经济体汇率的过度波动,进一步助长外汇投机活动对这些国家的冲击,易诱发债务危机和货币危机,造成经济发展困难和社会动荡,并严重危害国际货币体系的稳定性。对此,新兴经济体积累了大规模的外汇储备。然而,国际货币体系改革过程中美元地位逐渐下降引发的贬值,又将直接导致新兴经济体的外汇储备缩水和持有的国债收益下降,使得这些国家作为债权人的权益被严重稀释,进而陷入财富管理的困境,造成新兴经济体宏观经济风险急剧上升。

然而,新兴经济体的经济平稳运行对于全球经济的稳定、增长和可持续发展至关重要。过去数十年来,新兴经济体通过经济快速增长、贸易规模迅速扩大、外汇储备大规模积累的方式实现了经济崛起,在世界经济发展中发挥着越来越重要的作用,成为支撑全球经济的关键。截至 2021 年,新兴经济体整体规模约占全球总量的 40.9%。国际货币体系改革过程中引发的新兴经济体发展不稳定性将损害全球经济的整体稳定。因此,在积极推进国际货币体系改革的过程中,有必要关注新兴经济体能否实现稳定和可持续发展。那么,从新兴经济体自身的角度出发,各新兴经济体该如何应对国际货币体系改革过程中伴随的风险与挑战?

一、完善外汇"宏观审慎+微观监管"框架,切实维护外汇市场稳定

预防货币危机是引发新兴经济体过度积累外汇储备的重要原因之一。随着资本跨国流动规模的扩大以及新兴经济体对外开放程度的提高,外汇市场将会面临更加强烈的风险和冲击。对此,应不断完善外汇市场"宏观审慎+微观监管"两位一体的管理框架,防范跨境资本流动风险,维护国际收支基本平衡,切实维护外汇市场稳定。其中宏观审慎管理的重点是通过检测和评估整体外汇风险和金融风险,识别和应对外汇市场可能引发的潜在系统性风险,并采取必要的措施对外汇市场实施管理来强化外汇市场和整体金融系统的稳定性,旨在预防和降低系统性金融风险,维持金融体系的稳定。根据 IMF 全球宏观审慎政策工具调查的结果,2008 年国际金融危机爆发以后,世界各国总体上增加了宏观审慎政策的使用,但是在新兴经济体中使用得更频繁了,尤其在与外汇相关的政策中使用得更密集。以"金砖国家"为例,1996—2015 年,中国使用宏观审慎工具的次数达到 61 次,巴西使用了 49 次;2007—2015 年,印度使用了 31 次。微观监管则重点监管和监督外汇市场的参与机构和个体,通过对外汇市场各类主体及其交易行为实施真实审核、行为监管和微观审慎监管,维护外汇市场秩序,促进外汇市场的平稳有效运行。马来西亚在亚洲金融危机爆发期间,通过限制居民出入境携带货币的数量,有效阻止了资本外流,稳定了林吉特

的币值。通过综合运用这两个方面的监管手段,可以加强对外汇市场的监管和监督,降低外汇市场的风险,并降低由此引发的系统性金融风险,进而保护新兴经济体金融体系的安全和稳定。

二、构筑国家社会安全网,降低居民预防性储蓄需求

当前新兴经济体主要通过持有美元资产来满足自身的安全资产需求,由此引发的对美元资产的过度需求和美元资产的供给不足是导致新特里芬难题的重要原因。在新兴经济体对安全资产的过度需求中,居民为应对不确定性和风险而引发的预防性储蓄需求是其中的重要组成部分。因此,为降低新兴经济体对安全资产的过度需求,需要采取有效措施降低居民的预防性储蓄需求。比如完善社会保障体系和福利制度,为居民提供相对稳定的社会福利保障,构筑国家社会安全网,在国家层面建立有效的"最后贷款人"机制,进而有效降低个人或家庭对安全资产的预防性储蓄需求,并缓解新兴经济体对安全资产的过度需求。

三、深化金融体制改革,丰富安全资产供给

从根本上解决全球安全资产供需失衡问题,不仅要降低安全资产的过度需求,还应积极增加安全资产的供给。而安全资产的供给受一国金融发展程度的影响,一国的金融市场体系越完善,金融法治越健全,其创造安全资产的能力越强。为提升新兴经济体的安全资产供给能力,需要积极推动各新兴经济体金融市场的发展,丰富安全资产的种类和供给。虽然近年来新兴经济体对内采取了一系列金融改革措施以提高本国的金融发展水平,并对外不断提高本国金融市场的开放程度,但其金融发展水平和金融自由化程度离发达国家仍有较大差距,导致其安全资产供给仍处于稀缺水平。因此,新兴经济体仍需深化金融体制改革,提升金融市场的发展水平与自由化程度,丰富安全资产的供给,进而缓解全球安全资产供需失衡问题。

四、有序推进人民币国际化

作为最大的新兴经济体,中国积极推进人民币国际化是助推国际货币体系改革的关键一环。人民币作为潜在国际货币,扩大储备资产供应,逐步降低全球各经济体对美元单一储备货币的依赖,有助于缓解当前全球面临的储备资产供需失衡问题,提高全球金融系统和国际货币体系的稳定性及公平性。同时,中国作为全球第一大贸易国,是工业产品产量位居全球第一的"世界工厂",也是拥有全球最庞大中等收入群体的"世界市场"。人民币国际化将促进人民币在跨境贸易和跨境投融资中的使用,对于与中国有贸易和投资往来的众多经济体而言,这将有助于降低换汇成本,降低汇兑风险,进而促进全球经济实现更高水平的贸易和投资便利化。此外,有序推进人民币国际化,积极推动国际货币体系多元化改革,不仅有助于减少当前国际货币体系对新兴经济体造成的损失和威胁,也能够提升新兴经济体在国际金融体系中的话语权。因此,现阶段中国应不断完善金融基础设施,提升金融开放程度,稳慎推进人民币国际化,促进国际货币体系多元化发展。

阅读材料

人民币加入 SDR

IMF 每五年对 SDR 篮子货币进行评估,包括调整篮子货币中的货币权重,以及考虑是否纳入其他货币。2015 年,在 SDR 货币篮子调整日期来临之际,中国向人民币"入篮"发起冲刺。经评估,2015 年 11 月 30 日,IMF 执董会宣布将人民币纳入 SDR 货币篮子,人民币成为自 1999 年欧元取代法国法郎和德国马克以来首次加入的新货币。2016 年 10 月 1 日,人民币正式加入 SDR 货币篮子,SDR 货币篮子的构成变更为美元(41.73%)、欧元(30.93%)、人民币(10.92%)、日元(8.33%)和英镑(8.09%)。

人民币加入 SDR 对中国和世界都具有重要意义。首先,人民币入篮是人民币国际化的重要里程碑。人民币加入 SDR 后,人民币储备货币的地位得到正式认定,各国将人民币纳入外汇储备的意愿大幅增强,人民币在国际货币体系中的地位得以提升,人民币国际化进入新的发展阶段。其次,人民币入篮,有效增强了 SDR 的代表性。随着全球经济的不断发展,新兴经济体的重要性不断加强,国际力量对比"东升西降",将人民币纳入 SDR 能更加客观地反映全球经济格局的变化,有助于增强 SDR 的代表性和吸引力。最后,人民币入篮,是对国际社会要求改革国际货币体系的回应。人民币加入 SDR 体现了崛起的新兴经济体在国际货币体系中话语权的提升,能够推动国际货币金融体系朝着更加合理、均衡和公平的方向发展,也有利于全球经济的稳定与增长。

2022 年 5 月 11 日,IMF 执董会完成了 SDR 定值审查,决定维持已有的 SDR 篮子货币构成不变,同时将人民币权重上调。2022 年 8 月 1 日,新的 SDR 货币篮子权重正式生效,分别为美元 43.38%、欧元 29.31%、人民币 12.28%、日元 7.59% 和英镑 7.44%。此次人民币 SDR 权重的变化,反映了人民币国际化的新进展,也体现了国际社会对中国经济和金融市场发展的认可。

小 结

本章先重点介绍了当前国际货币体系下面临的问题与挑战,针对这些挑战,本章进一步讨论国际货币体系未来的整体改革方向和具体措施,并对新兴经济体如何应对国际货币体系改革过程中的潜在风险与挑战展开了讨论。

具体而言,当前的美元本位制下,美元资产成为全球重要的储备资产。近年来,新兴经济体的迅速发展使得全球储备资产的需求迅速上涨,而美国对储备资产的供给明显不足,导致全球储备资产供需持续失衡,给当前国际货币体系带来了一系列的挑战,主要表现为:产生大量"类安全资产",加剧全球宏观经济的不稳定性;造成新特里芬难题;美元霸权以及美国对霸权的滥用严重威胁全球经济的稳定性,也对美元地位构成挑战。对此,本章认为国际货币体系改革可从发展多元化的货币体系、事前建立中央银行间常备货币互换安排体系、强化 IMF 的流动性保障以及完善多边监管机制四个方面采取有效措施。

对于新兴经济体在国际货币体系改革中面临的债务危机和货币危机，本章介绍了各新兴经济体应完善外汇"宏观审慎+微观监管"框架，切实维护外汇市场稳定；构筑国家社会安全网，降低居民预防性储蓄需求；深化金融体制改革，丰富安全资产供给；尤其对于中国而言，作为最大的新兴经济体，中国应积极有序推进人民币国际化，促进国际货币体系多元化发展。

关键词

储备资产	美元本位制	预防性储蓄
自我保险	类安全资产	新特里芬难题
流动性保障	去美元化	多元化货币体系
流动性转换	宏观审慎	微观监管
人民币国际化	多边监管机制	国家社会安全网

练习题

1. 当前的国际货币体系下，全球储备资产需求呈现怎样的变化趋势？储备资产供给呢？二者之间的关系如何？

2. 为什么当前的美元本位制下容易出现"类安全资产"泡沫，进而损害全球经济和国际货币体系的稳定性？

3. 新特里芬难题的具体含义是什么？为什么会出现新特里芬难题？

4. 为什么美元霸权会威胁全球经济的稳定，并形成对美元本位制的挑战？

5. 当前国际货币体系改革的可行性措施包含哪些？新兴经济体在国际货币体系改革中将面临哪些风险与挑战？各新兴经济体应该如何应对？

第十六章　资本账户开放与人民币国际化

引　言

在经济全球化的背景下,随着国际贸易规模的不断扩大,部分国家选择开放本国的资本账户,以获取资本跨境流动的各种收益。同样地,通过积极融入世界贸易体系,中国经济得到了快速发展,资本账户的开放度也逐步提升。在经济体量不断扩大的同时,中国抓住各种有利时机推进人民币国际化,实现了资本账户尚未完全开放下人民币国际化的稳步发展。然而,自2018年起,单边主义、国际保护主义升温。面对变化的外部环境,中国选择加快国内金融业的开放,以开放促进改革,向世界展现更加开放的姿态,为全球金融稳定与发展做出贡献。

本章的第一节将首先介绍资本账户开放的概念,其次将结合理论与实践给出资本账户开放的收益和风险,体现资本账户开放的两面性,最后将归纳总结一国实现良好的资本账户开放应当具备的条件并对中国现状进行相应的评述。本章的第二节将在回顾人民币国际化的历史进程后从现实出发阐述目前人民币国际化面临的挑战和局限性。本章的第三节则将先对中国金融业开放的历史进行简单介绍,而后列举中国加快金融业开放后取得的进展与实际成果,最后给出未来中国应当实行的部分举措,以更好地获取扩大金融业开放所带来的红利。

学习目标

1. 理解资本账户开放的收益与风险及一国完全开放资本账户前应当具备的条件。
2. 熟悉人民币国际化的路线图,了解现阶段人民币国际化面临的现实挑战。
3. 熟悉中国金融业开放的历史与进展,了解未来中国金融业开放需要解决的问题。

第一节　资本账户开放的收益、风险和条件

资本账户开放即资本账户的自由化,指一国取消资本流动管制措施,允许资本和金融账户中各种类型的资本自由流动,为此,居民便可以自由地进出国际金融市场进行投资和筹资,非居民也可以自由地进出国内金融市场进行投资和筹资。

IMF每年发布一份《汇兑安排与汇兑限制年报》(Annual Report on Exchange Arrangements and Exchange Restrictions，AREAER)，该报告会对各成员当年的资本项目管制情况进行披露。于 2022 年 7 月发布的《汇兑安排与汇兑限制年报》(2021)显示,在划分的 7 大类、11 个小项、40 个子项的资本交易项目中,中国仅在 4 个子项上实现了完全可兑换,在 35 个子项上实现了部分可兑换,非居民参与衍生工具的出售和发行仍受到严格管制。就小项层面来看,中国在 11 个小项上均存在不同程度的管制,而相比之下,发达经济体的资本管制程度则普遍较低。因此,就现阶段而言,中国的资本账户开放程度仍处于较低水平,与真正的资本账户开放尚有不小的距离。2021 年部分 IMF 成员的资本账户管制情况如表 16-1 所示。

表 16-1 2021 年部分 IMF 成员资本账户管制情况汇总

资本账户		新兴经济体			发达经济体			
		中国	墨西哥	泰国	美国	德国	日本	韩国
1	资本市场证券	√	√	√	√	√	√	√
2	货币市场工具	√	√	√	√	√	×	×
3	集体投资类证券	√	√	√	√	√	×	×
4	衍生工具和其他工具	√	√	√	√	√	×	×
5	商业信贷	√	×	×	×	×	×	×
6	金融信贷	√	√	√	×	×	×	×
7	担保、保险和备用信用支持	√	√	√	×	×	×	×
8	直接投资	√	√	√	√	√	√	√
9	直接投资清算	√	√	×	×	×	×	×
10	不动产交易	√	√	√	√	√	×	×
11	个人资本交易	√	√	√	×	×	×	×

注:"√"表示一国在此资本账户下的子项受到部分管制;"×"表示一国在此资本账户下的所有子项均不受任何管制,即可完全兑换。

本节将分别阐述资本账户开放的收益、风险和实现资本账户开放应具备的前提条件。

一、资本账户开放的收益

随着经济全球化,各国之间的经济贸易往来越发频繁,国际资本流动的发展逐渐加快,资本管制的效率也出现了明显的下降。因此,为顺应全球化的浪潮,自 20 世纪 80 年代以来,大部分发达国家均相继开放了本国的资本账户,部分发展中国家也加快了资本账户开放的进程。

结合相关理论与部分国家的实践可以发现,开放资本账户能够给一国带来各种潜在收益,主要表现为以下几个方面:

(1)资本需求方降低成本,资本供给方增加收益,提高资本配置效率。资本账户开放后,意味着资本可以在各国之间自由流动,而国际资本流动本质上是一种生产要素在国与国之间的转移,与国际贸易类似,各国之间要素报酬的差异会造成生产要素的国际流动。

如果一国资本相对稀缺,那么该国作为资本报酬的利率就会较外国高,于是国际资本就会流向该国。在国际资本的跨境流动下,一方面,资本供给方能够通过投资资本相对稀缺的国家获取更高的资本收益;另一方面,资本需求方能够通过吸引资本相对富裕国家的投资获取相对廉价的资金,从而降低融资成本。

(2) 提高金融机构的专业化水平,提升金融市场效率。资本账户开放后,伴随着资本的自由流动,国内金融机构必然要拓展国际业务,国外金融机构也会进入国内市场,这会引起国内金融市场产生一些积极的变化。第一,开放资本账户能够推动国内金融市场的专业化分工,从而使得广大的市场参与者获得更多由金融服务专业化带来的便利和收益;第二,开放资本账户意味着放松国外金融机构的市场准入,在竞争效应的作用下,新进入的国外竞争者将迫使国内金融机构提高服务效率,促进行业创新,增强国内金融市场活力,从而助力经济发展。

(3) 平滑消费,获得更多投资机会。在国际资本流动受限的情况下,若一国因外部冲击而使总产出与总收入下降,那么该国的消费水平也会立即下降,消费大幅波动会降低国民的福利水平。而对于资本账户开放的国家,面对冲击时,则可以通过国际借贷实现各期间消费的相对平滑,从而尽可能地减轻负面冲击的消极影响。另外,对于资本无法自由流动的封闭经济体,当出现较好的投资机会时,会面临有限的资源是用于投资还是消费的权衡,而实现资本账户开放的国家则可以通过国际借贷为优质项目筹措资金,无须以牺牲国民的短期消费为代价。

(4) 通过分散化投资,降低资产配置风险。资本对风险天然厌恶,投资者除关心投资收益本身外,也注重投资收益的稳定性。在开放资本账户后,一国资本所有者便可以在世界范围内开展投资,所谓"不能把鸡蛋放在同一个篮子里",这有助于本国居民和企业实现分散化投资,降低资产配置的风险,不会仅仅因本国或其他个别国家遭遇的特定冲击而使整体资产遭受巨大损失。

二、资本账户开放的风险

对一国经济而言,开放资本账户固然能产生多方面的收益,但也会使一国经济更加全面地暴露在各种国际经济冲击之下,从而导致一国经济面临更多的冲击与风险,主要包括以下几个方面:

1. 影响金融体系的稳定性

资本账户开放后会出现国际资本的大规模跨境流动,这将使得国内金融风险加大并突出地表现在以下两个方面:第一,利率和汇率的波动性会增大。资本的跨境流动会使得利率和汇率变得更加复杂,利率和汇率的波动也会因此变得更加剧烈,进而影响一国的经济波动。第二,金融危机的可能性会增大。伴随着国际资本的大量流动,可贷资金增多,一国金融机构的国际银行业务会得到快速发展,这可能会引发过度贷款行为,从而导致一国债务规模的快速扩张。而一旦国内外经济环境发生改变,出现国际资本迅速且大规模的撤离,那么必然会造成一国储备资产的急剧减少,导致该国国际收支面临危机进而有可能引发金融危机。

近年来，新兴经济体频繁爆发货币危机与金融危机，跨境资本流动扮演了非常重要的角色，如1994年资本大量流出导致的墨西哥金融危机，2001年资本流入大量减少导致的阿根廷金融危机，2008年爆发的国际金融危机也使得跨境资本在许多国家出现突停与逆转。当然，也有研究指出，跨境资本流动有助于提升一国金融市场的深度和广度，增加市场的流动性和金融体系的韧性，提高一国金融系统的稳定性。

2. 加剧国际金融市场的交叉感染

国际资本的大规模流动，在促进生产体系国际化的同时也使得国际各区域金融市场连成一体，形成了一个具有联动效应的网络结构，任何一个地区的经济和金融动荡，都会引起该地区资本流向的变化，并通过利率、汇率等渠道迅速传递到其他市场，从而造成各金融市场间的交叉感染。例如，2007年美国爆发的次贷危机最终演变为国际金融危机的重要原因之一就是其他国家大量购买了美国的资产支持证券（ABS），其价格在次贷危机爆发后出现了暴跌，之后，这一冲击便通过资产的价格渠道传递至其他国家进而引发席卷全球的金融海啸。

3. 加大监管的难度和政策调控成本

一国开放资本账户是为了更好地利用国际资本以服务本国经济，但这并不意味着对资本完全放任，适当的监管在防范风险方面必不可少。然而这又可能会引发其他一些问题：一方面，部分国家为了吸引更多的国际资本竞相放松本国对跨境资本的监管，造成各国之间的逐底竞争（Race to the Bottom），但过于宽松的监管环境又会导致资本不受约束，从而给一国经济带来更大的风险隐患；另一方面，部分国际金融机构利用国与国之间的政策差异，不断寻求监管套利空间，这减弱了各国的资本监管效果。因此，在资本大规模跨境流动下，无论是监管的难度，还是政策调控的成本都会明显上升。

4. 影响一国货币政策的独立性

对一国而言，掌握独立的货币政策意义重大，因为无论是应对国内经济周期、平滑经济波动，还是实现经济的平稳增长都需要一国拥有独立的货币政策。但根据"三元悖论"，如果要求汇率稳定和资本流动，就必须放弃货币政策的独立性。另外，还有观点认为现实情况可能是更为严格的"两难困境"而非"三元悖论"。原因在于资本账户开放国家的经济更容易受到全球金融周期的影响，导致无论在哪种汇率制度下，该国货币当局都将不得不出台对应的货币政策以抵消全球金融周期冲击，这也就意味着资本账户开放的国家即使选择浮动汇率制，也依然无法拥有独立的货币政策。

5. 导致资本外流，加剧国内资本的稀缺

"卢卡斯之谜"的存在说明资本并不总是由富国流向穷国，由于部分发展中国家本身存在政治风险高、资本市场不完全等诸多问题，一旦这些国家开放资本账户，可能不仅无法吸引国际资本流入，反而会出现国内资本大规模外流，从而加剧国内资本稀缺的问题，危害经济发展。例如，20世纪90年代，部分拉美国家如墨西哥和巴西等即使经济状况向好，在资本账户开放后仍然出现了大规模的资本外逃，并由此引发了一系列的危机。

三、实现资本账户开放应当具备的条件

基于前文对资本账户开放产生收益与风险的分析可以知道,开放资本账户有利有弊。那么,一国应采取哪些措施或者说具备哪些前提条件才能在降低风险的同时让资本账户开放的收益最大化呢?通过总结各国资本账户开放的经验和教训,我们将实现资本账户开放应当具备的条件概括总结为以下几点:

1. 健全的宏观经济状况

一国在开放资本账户后,意味着境内外资本均可以自由地进出国内市场,这就要求在开放资本账户时,该国经济处于正常有序的状态,没有严重的通货膨胀和经济过热现象,也没有大量失业等经济萧条问题,政府财政赤字处于可控范围内,金融领域也不存在银行巨额不良资产等混乱现象,否则可能会出现国内资本快速且大规模撤离的情况,给本国经济造成巨大冲击。之前介绍第一代货币危机模型时也曾提到,扩张性的财政政策和货币政策会导致一国经济基本面状况恶化,可能引发跨境资本的投机性攻击进而导致货币危机和金融危机的爆发。

就中国而言,考虑到目前国内经济潜在增速下行和地方政府债务规模较大,抵御冲击的能力较弱,有爆发系统性金融风险的可能,如果现阶段过快地开放资本账户,可能就会导致中国的资本流动幅度扩大,给经济造成较大的负面影响。

2. 成熟的宏观调控手段

资本账户开放后,政策的调控成本会增加,这就要求政府必须能够娴熟地运用各种宏观政策工具对经济进行调控,以应对各种复杂的局面。具体地,首先,国内要具备各种政策工具得以灵活运用的客观条件。例如,对于货币政策,要求具有较强的独立性,并拥有较为高效完善的操作场所,而对于财政政策,则要求一国财政状况良好,并且政府有着较强的决断力与执行力。其次,政府要拥有丰富的宏观调控实践经验和高超的操作技巧,能够根据具体的经济状况做出有针对性且恰当的决策。例如,政府应十分熟悉各种细分金融市场的特点,能够较为高效地利用这些市场达到宏观调控的目的。最后,决策者要建立言行一致的声誉,使得政策具备较强的可行性,能够很好地管理市场预期。

相较于过去,中国的宏观调控能力已经有所提升,政策工具的选择也越发趋向于理性成熟。具体地,中国于2019年设立了中国人民银行宏观审慎管理局,主要负责监测和评估系统性金融风险,提出防范和化解风险的政策建议、处置方案并组织实施,牵头跨市场、跨业态、跨区域的金融风险识别和处置等工作。后又于2023年成立了国家金融监督管理总局,统一负责除证券业外的金融业监管,强化机构监管、行为监管、功能监管、穿透式监管、持续监管,统筹负责金融消费者权益保护,加强风险管理和防范处置等。

3. 国际收支处于合理状况

开放资本账户要求一国即使在资本的大规模跨境流动下依然能够实现外部平衡,这就要求一国具有与国内外宏观经济相适应的、合理的国际收支结构,主要体现为国际收支的可持续性。具体地,则是要求一国能够消除外汇短缺和拥有充足的外汇储备。充足的

外汇储备能够使一国中央银行更好地充当最后贷款人的角色,从而更好地应对国际资本的投机性冲击,降低货币危机的可能性,维护国内金融系统的稳定,避免严重的经济动荡。因此,在资本账户开放时拥有一定的外汇储备对稳定一国经济十分重要。

国家外汇管理局的数据显示,截至 2023 年年底,中国外汇储备规模约为 3.24 万亿美元,总量居世界第一,是第二位日本的 2.7 倍。因此,相对而言,目前中国的外汇储备较为充足。

4. 恰当的汇率制度与合理的汇率水平

资本账户开放后意味着资本可以自由地跨境流动,货币可以自由兑换,而由于"三元悖论"的存在,一国必须决定是放弃固定汇率制度还是放弃货币政策的独立性。对中国而言,放弃固定汇率制度获取货币政策的独立性是唯一的选项,这就要求在开放资本账户时实行更具浮动汇率制度特征的汇率制度。

中国历史上共经历过三次较为重大的汇率制度改革,分别发生于 1994 年、2005 年和 2015 年。1994 年,人民币汇率制度改变实现了官方汇率与外汇调剂价格并轨,形成了以市场供求为基础的、单一的、有管理的浮动汇率制度。2005 年 7 月 21 日起,我国开始实行以市场供求为基础、参考一篮子货币进行调节、有管理的浮动汇率制度。2015 年 8 月 11 日开始实施的汇率制度改变则重点优化了人民币汇率中间价形成机制,使得中间价的形成主要由外汇市场供求情况所决定,做市商报价更为透明很大程度上缩小了中央银行对汇率中间价的操控空间。在上述一系列的改革中,人民币汇率的弹性越来越大,汇率决定机制也越来越市场化。然而,就现阶段而言,人民币汇率的波动仍存在较为明显的限制。我们还需认识到,人民币的汇率市场化改革并不能一蹴而就,而是一项长期工作,需步步为营,推进相关改革的方式也需十分稳妥。

5. 真正市场化的微观经济主体

前文介绍第三代货币危机模型时提到政府对金融机构的"隐性担保"会导致金融机构的权利与义务不对等,诱发金融机构的冒险投资行为,进而产生金融机构的道德风险问题。当外部经济环境发生不利变动时,会出现金融恐慌和国际资本的大规模撤离,最终引爆货币危机。因此,为了更高效地利用境外资本,在开放资本账户前,一国企业应当已成为真正自负盈亏、自我约束的利益主体,能够对包括利率在内的价格变动做出及时的反应,即市场机制能够有效发挥作用。

大量研究表明,目前中国的国有企业仍普遍存在中央或地方政府的"隐性担保"。而中国国内的各大商业银行出于自身利益的考虑,也更倾向于将资金贷给有政府"隐性担保"的国有企业,这导致中国长期存在国有企业过度借贷现象(Over-borrowing),利率的高低也没有对国有企业的借贷规模产生显著影响。因此,虽然中国已于 2015 年放开了利率管制,利率市场化取得了一定的进展,但由于国有企业对利率的变动缺乏敏感性,中国与真正的由市场供求双方共同决定的利率市场化仍有不小的差距。

综合以上分析可知,目前中国相关领域的改革仍在不断推进,过于激进的资本账户开放可能会给中国经济造成巨大冲击。另外,国际经验也表明,若要更好地获取资本账户开放带来的收益,并最大限度地规避开放可能带来的风险,需把握好开放的力度与节奏。具体地,应当对资本账户下各子项目的开放顺序进行科学合理的安排,并实行动态管理。

第二节 人民币国际化

1994年,中国废除了汇率双轨制,将官方汇率与外汇调剂价格并轨。1996年12月,中国正式接受《国际货币基金组织协定》第八条款义务,实现人民币经常项目可兑换,取消所有经常项目对外支付和转移限制。1997年下半年亚洲金融危机爆发,此次危机对中国的出口贸易、吸引外资、人民币汇率和经济增长率产生负面影响,同时中国政府格外重视对潜在金融风险的管控,采取了渐进、审慎的资本账户开放方式。2008年国际金融危机爆发,美元大幅度贬值,全球过度依赖美元等主要国际储备货币的弊端暴露无遗,美元霸权地位遭受挑战。由于危机之后中国经济快速恢复、贸易规模明显扩大、人民币升值等引起人民币国际需求大幅增加,人民币国际化迎来了重要的历史机遇。2008年以来,以人民币国际化为旗帜,中国大规模推行资本账户开放,在这个过程中人民币国际化取得了一定进展,同时也面临很多挑战。

本节主要包含两部分内容:第一部分是对人民币国际化历史进程的回顾,第二部分是对人民币国际化面临的挑战和局限性进行阐述。

一、人民币国际化的历史进程

一国货币成为国际货币应当具备以下三个条件:第一,要有一定的国际性需求。国际贸易是货币国际化的基础,货币国际化是国际贸易发展的客观要求,拥有旺盛的贸易需求和广泛的资本流动需求是一国货币具有普遍可接受性和可偿性的基础,因而贸易大国是一国货币成为国际货币的首要条件。第二,具备流动性或者可获得性。其他国家要能够较为便捷自由地获得该种货币,以满足国际交易和跨境投资的需要。货币国际化需要通过金融渠道来实现,全面废除外汇管制、实现资本账户的可自由兑换,是必不可少的重要条件。第三,具备价值的稳定性和可增值性。价值的稳定性要求该货币的汇率不能随意大幅波动,要求该货币发行国经济规模较大、基本面稳定,金融系统抗风险性能力强;价值的可增值性要求海外货币有回流、投资增值的渠道。因而拥有发达的金融市场是货币国际化的重要基础。中国于2008年开始有限制地开放人民币资本项目的自由兑换,以贸易为基础,缓慢有限制地推动资本账户人民币计值或标价,为持续推动人民币跨境交易结算提供了有力的增量。同时,为了帮助其他国家获得额外的人民币以满足市场需求,推行了人民币互换和发展人民币离岸市场。

中国推进人民币国际化的第一个重要步骤是推动跨境贸易以人民币结算。推动跨境贸易以人民币结算的主要目的是促进贸易的便利化,增强和扩展人民币的支付功能,进而把人民币打造成国际贸易中的载体货币。2009年,以服务实体经济为切入点,以中国与周边国家及地区经济联系为纽带,货物跨境贸易以人民币结算开始起步。2009年7月,中国人民银行、财政部等6部委出台了《跨境贸易人民币结算试点管理办法》。这一细则的出台具有里程碑意义,是中国在促进国际贸易中为发挥人民币载体货币功能提供的制度支持。截至 2009 年 9 月 30 日,跨境贸易人民币结算量超过 1 亿元人民币,人民币账户融资、贸易融资等相关业务也顺利开展,人民币出口退(免)税及报关等程序日益便捷、顺畅。2010 年 6 月,中国人民银行、财政部等 6 部委联合发布《关于扩大跨境贸易人民币结算试点有关问题的通知》,跨境贸易人民币结算的境外地域由港澳、东盟地区扩展到所有国家和地区,境内试点地区扩大到 18 个省(区、市),试点业务范围进一步扩大为进出口货物贸易、跨境服务贸易和其他经常项目结算,跨境贸易人民币结算业务量快速增长。2011 年 8 月,中国人民银行、财政部等 6 部委发布《关于扩大跨境贸易人民币结算地区的通知》,将跨境贸易人民币结算地区范围扩大至全国,至此贸易和经常项目方面的人民币结算框架基本形成。2012 年 2 月,中国人民银行会同相关部门联合发布《关于出口货物贸易人民币结算企业管理有关问题的通知》,明确所有具有进出口经营资格的企业均可开展出口货物贸易人民币结算业务,中国从事进出口货物贸易、服务贸易、其他经常项目的企业均可选择以人民币进行计价、结算和支付。至此,企业进出口货物贸易、跨境服务贸易和其他经常项目跨境人民币结算全面实现。

截至 2022 年,经常项目跨境人民币结算规模持续增大,结算金额从 2009 年的 35.8 亿元逐年递增至 2022 年的 10.51 万亿元,增长近 3 000 倍。但是当前主要的国际贸易结算货币仍是美元、欧元、日元,用人民币进行贸易结算的比例仍很低。国际贸易中人民币结算仍处于初级阶段,与美元、欧元在国际贸易中的使用相对差距仍很大。

分步骤、有限制地推进 FDI、证券、投资、债券发行以人民币计价或标价,是中国推进人民币国际化的第二个重要步骤。资本和金融账户是持续推动跨境人民币交易结算最有力的增量,也是人民币国际化崛起的新窗口。2011 年 1 月,中国人民银行发布《境外直接投资人民币结算试点管理办法》,允许境内机构以人民币开展境外直接投资,银行可以按照有关规定向境内机构在境外投资的企业或项目发放人民币贷款。2011 年 10 月,《外商直接投资人民币结算业务管理办法》发布,允许境外投资者以人民币到境内开展直接投资。2011 年 12 月,证监会等机构联合发布《基金管理公司、证券公司人民币合格境外机构投资者境内证券投资试点办法》,允许符合一定资格条件的境内基金管理公司、证券公司的香港子公司作为试点机构,运用其在香港募集的人民币资金在经批准的人民币投资额度内开展境内证券投资。该制度的实施,有利于促进跨境人民币业务的开展,拓宽境外人民币持有者的投资渠道,直接推动香港离岸人民币市场的发展。

由于离岸人民币市场资金池较小,以人民币进行投资的机构投资者数量和规模均十分有限,活跃的人民币金融产品市场难以形成,为带动人民币资金流入境外市场、激励境外金融市场推出人民币金融产品,2014 年 11 月,中国人民银行发布《关于人民币合格境内机构投资者境外证券投资有关事项的通知》,正式放开人民币合格境内机构投资者业务,允许经审批的境内机构以人民币资金投资于境外金融市场的人民币计价产品。国际债券市场的币种份额是衡量一国货币国际认可程度的重要指标之一,2015—2016 年,中国人民银行密集发布通知,逐步放开人民币清算行、境外参加行、境外中央银行、国际金融组织、主权财富基金、养老基金、慈善基金、捐赠基金等以人民币投资银行间债券市场。同时,在上海、天津、广东、福建四个自贸区开展企业本外币跨境融资试点,提升了人民币国际债券的流动性,增强了境外机构投资者对人民币金融市场的信心,对推动人民币债券与票据的需求增长发挥了积极作用。

推进人民币国际化的第三个重要步骤是与各国中央银行推行货币互换。人民币不能自由兑换,对于进口中国产品的国家或地区而言,缺少足够的人民币资金来源,导致境外主体使用人民币结算受限,为解决人民币输出困境,帮助其他国家获得额外的人民币以满足市场需求,中国人民银行与越来越多的中央银行签署了双边本币互换协议。2008年12月以来,与中国签署双边本币互换协议的中央银行(货币当局)数量不断增加,规模持续增大,截至2021年年末,中国人民银行累计与40个国家或地区的中央银行(货币当局)签署了双边本币互换协议,总金额超过4.02万亿元,有效金额为3.54万亿元。2022年7月,中国人民银行与香港金融管理局签署人民币/港币常备互换协议,这是中国人民银行第一次签署常备互换协议。双方将自2009年起建立的货币互换安排升级为常备互换安排,协议长期有效,互换规模由原来的5 000亿元人民币/5 900亿元港币扩大至8 000亿元人民币/9 400亿元港币,为香港市场提供了更加稳定、期限更长的流动性支持,更好地推动了香港国际金融中心建设和离岸人民币市场发展。

推动人民币国际化的第四个重要步骤是加快发展离岸人民币金融中心。在资本项目尚未完全开放、人民币不能自由兑换的情况下,推进人民币跨境贸易结算的发展需要一个离岸企业和机构能够进行人民币买卖、投资和避险的场所,建立离岸人民币市场成为必然的选择。香港是中国政府推进人民币跨境贸易结算试点的重要桥头堡,是人民币跨境贸易结算的主要来源地。人民币跨境贸易结算试点的实施推动了香港银行体系人民币存款规模的快速上升。支持发展香港人民币离岸市场的重要理由是风险可控:香港人民币离岸市场的每一步发展都需要内地与香港货币当局紧密合作,内地货币当局对香港的人民币业务发展能保持监管。在内地依然保持资本管制的环境下,香港人民币离岸市场的发展在一定程度上可以被视为放松资本管制的试点。

近年来,人民币离岸金融市场在多个领域取得了长足发展。第一,离岸人民币存款方面,截至2023年年末,主要离岸市场人民币存款余额约为1.54万亿元,其中香港人民币存款余额为9 389亿元,在各离岸市场中排第一位。第二,离岸人民币融资方面,2023年,主要离岸市场人民币贷款余额为6 776亿元,其中香港人民币贷款余额为4 412亿元。2009年后,香港人民币债券市场规模不断扩大:其一是债券规模不断扩大。据不完全统计,2023年,有人民币清算安排的国家和地区共发行人民币债券6 701.9亿元,其中香港人民币债券发行规模为5 757.8亿元。其二是发行主体日益多元化。人民币债券发行之初主要是内地的政策性银行及国有银行(点心债券)。2023年,财政部在香港发行300亿元人民币国债,2021—2024年广东省政府已经连续4年在澳门发债,2024年在香港发债完成后,广东省成为首个在香港、澳门发债的地方政府。截至2023年年末,有人民币清算安排的国家和地区人民币债券未偿付余额为6 109.7亿元,人民币存单(CDs)余额为4 735亿元。第三,离岸人民币清算方面,2023年,境外人民币清算行人民币清算量合计636.5万亿元,银行同业清算量为569.7万亿元。截至2023年年末,在境外人民币清算行开立清算账户的参加行及其他机构数达到993个。2023年,香港人民币实时支付结算系统(RTGS)处理的清算金额为531万亿元,保持较快增长。

人民币国际化进程中的一个标志性事件是 2016 年 10 月 1 日人民币正式纳入 IMF 的 SDR 货币篮子,成为继美元、日元、英镑、欧元后的第五种货币,其中人民币权重为 10.92%,位列第三。人民币加入 SDR,体现了国际社会对人民币国际使用功能的认可,有利于提升人民币在国际货币体系中的地位以及增强它作为国际储备货币的功能,为人民币国际化进程提供助力,是人民币国际化的重要里程碑,标志着人民币国际化进入新的发展阶段。2022 年 5 月,IMF 将人民币在 SDR 中的权重由 10.92% 上调至 12.28%,反映了人民币国际化的新进展。此外,人民币在国际储备中的占比逐渐提高。根据 IMF 的数据,截至 2024 年第二季度,全球中央银行持有的人民币储备规模为 2 452 亿美元,人民币在全球外汇储备中的占比为 2.14%,在主要储备货币中排名第七位。

二、人民币国际化面临的挑战和局限性

据 SWIFT 统计,2023 年 11 月,人民币在全球支付货币中的占比达到 4.61%,超越日元成为全球第四大活跃支付货币,这表明人民币国际化取得了一定的进展,然而,人民币国际化进程仍面临诸多挑战,主要有以下三个方面:

(1) 资本项目开放缓慢与人民币国际化的矛盾。人民币国际化指人民币的货币职能如价值尺度、交换媒介、支付手段、价值储藏在国际上发挥作用,而要实现这些功能就需要建立境外货币向境内回流的机制,完善人民币回流机制是人民币国际化的必然要求。目前在经常项目下人民币回流通畅,但由于境内资本账户管制较为严格,境外人民币难以通过资本和金融项目回流国内,降低了境外人民币的增值能力,阻碍了人民币作为储备货币的渠道,限制了人民币国际化进程。因而要推进人民币国际化,必须加快开放资本账户。然而,一旦完全开放资本和金融账户,我国金融市场就会面临大量资本流动的冲击,增加国内宏观金融风险,甚至引发严重的金融危机。资本账户开放需要与国内的金融改革相配套,但是人民币汇率、利率形成机制尚未充分市场化,国内的相关配套改革短期内难以完成。如果在资本账户没有完全开放的背景下推行人民币国际化,容易在在岸市场与离岸市场引发套利行为。2015 年下半年起,随着人民币兑换美元升值预期逆转为贬值预期以及境内外利差的缩小,跨境资本流动由流入转为流出,境外主体持有人民币金融资产的意愿大幅降低,用离岸人民币存款规模来衡量,人民币国际化的进展已经显著放慢,甚至出现了逆转。

(2) 国内金融市场不够发达。美元之所以是大宗商品贸易和金融交易的主要货币,不仅因为它是现货和期货市场计价结算的基准,更重要的是美国有发达的金融机构、丰富的金融产品和高流动性的金融市场。因而发达的、开放的、流动性强的金融市场是人民币国际化的基本要求。人民币储备货币功能的提升需要中国加快金融市场的改革,建立一个有足够深度和广度的金融市场,而目前中国金融市场可交易的品种还比较少,金融衍生品的发展更是处于初步阶段,无法为人民币境外持有者提供更多流动性良好的投资产品。外汇市场、股票市场、债券市场、期货市场还不够成熟,规模偏小,基础设施落后。总体来看,目前中国金融市场发展尚处于初级阶段,无法为境外人民币持有者提供以人民币计价的大量金融产品,也不能衍生出更多的投资渠道,这些因素使得以人民币计价的商品和金

融交易难以开展,难以形成人民币资产,从而阻碍了人民币国际化的进一步发展。

（3）国际货币体系的限制和惯性的制约。人民币国际化有利于形成多元制衡的国际货币体系,使广大发展中国家有机会选择更安全的国际储备货币,摆脱对美元的依赖。但国际货币体系演变存在网络效应和路径依赖,这对人民币国际化形成了约束。当前美元、欧元、英镑等国际货币存在先发优势,美元惯性也表现在任何一种经济行为中,货币的网络效应使其获得国际货币的垄断地位,而人民币存在后发劣势,这严重制约了人民币在国际上的使用。美元等货币的广泛使用降低了所属国的交易成本,而低交易成本反过来又巩固了国际地位。此外,美国对中国的打压也给人民币国际化带来了一定程度的干扰,当前,国际单边主义、贸易保护主义抬头,尤其是美国对中国采取打压政策,实行"脱钩断链",这会对中国经济的发展造成一定的负面影响。

第三节　中国金融业开放

2018年3月,时任美国总统特朗普宣布对中国进口商品加征关税,引发美国对中国的贸易冲突。而后,全球单边主义、保护主义逐步升温,加之地缘政治博弈对国际产业链和供应链、贸易和投资造成不利影响,全球经济发展面临的不稳定性、不确定性因素增多。为了稳定全球投资者的信心,中国决定进一步扩大开放,为国际投资者营造更加公平、友好的发展环境。然而,由前文发展分析可知,由于中国相关领域的改革仍在进行,现阶段尚不具备资本账户完全开放的条件。于是,风险相对可控、监管难度相对更小的金融业进一步开放成了一个较为合适的选择。

综合多方面的考虑,中国自2018年4月起决定加快推进包括金融服务业与金融市场在内的金融业开放。金融业开放能够给一国带来多方面的收益:首先,通过金融业的开放可以引入具有先进经验的国外金融机构,为此,国内金融机构将提升其专业水平,国内金融业将提高其运行效率;其次,通过开放国内金融市场,可以更便捷、更大规模地引入外部资金,吸引更多的国际资本,促进资本的流动,提高资本的配置效率;最后,在资本账户无法完全开放的情况下,通过加快开放国内的金融业,方便资金的跨境流动,能够进一步推进人民币的国际化。

本节将先梳理中国金融业开放的历史进程,再介绍中国金融业开放取得的最新进展,最后提出未来中国金融业开放可以改进的方向。

一、中国金融业开放的历史进程

回顾历史,可以发现,为了更好地融入世界经济,中国自加入 WTO 起,便走上了金融业开放之路。随着时间的推移和相关政策的不断出台,中国金融业开放也陆续取得了不同程度的进展。总结起来,中国金融业开放的历程可以大体分为以下三个不同的阶段:

第一阶段是2001—2008年。在此期间,为履行加入 WTO 的承诺,中国陆续出台了多项金融业对外开放的政策,明确了外商投资中国金融机构的相关条件和程序,并放开了部分业务范围。具体地,在银行业方面,2001年国务院修订了《中华人民共和国外资金融机构管理条例》,放宽了外资金融机构服务对象、设立条件与地域范围限制,之后,外资银行的业务范围逐步扩大,外资金融机构也开始入股中资银行。例如,2004年汇丰银行入股交通银行、2005年美国银行入股中国建设银行、瑞银集团入股中国银行等。在证券业方面,2002年出台的《外资参股证券公司设立规则》与《外资参股基金管理公司设立规则》明确了外资参股证券公司与基金管理公司的设立条件与程序。这一阶段中国证监会先后批准设立4家合资证券公司、31家合资基金管理公司,允许4家境外证券机构的驻华代表处成为沪、深证券交易所特别会员,并分别许可41家和19家境外证券经营机构在沪、深证券交易所直接从事B股交易。在保险业方面,2001年国务院颁布了《中华人民共和国外资保险公司管理条例》,2003年中保康联人寿保险公司成为全国第一家获准经营外汇保险业务的中外合资保险公司,2006年12月起外国保险经纪公司被允许在国内设立外商独资保险经纪公司。

此阶段是中国金融业开放的起步阶段,主要开始允许境外资本投资入股境内金融机构并取得了一定的突破性进展。

第二阶段是2009—2017年。2008年国际金融危机爆发后,为了维持金融市场稳定,中国的监管部门重点加强了金融业风险的防范,加强了国际监管的协调,以防范跨境金融风险,中国金融业对外开放也在一定程度上有所放缓。之后,随着国际、国内经济金融环境企稳,中国金融业对外开放迈出重要步伐。在银行业方面,2014年,国务院公布《国务院关于修改〈中华人民共和国外资银行管理条例〉的决定》,主动实施进一步的开放措施,适当放宽外资银行准入和经营人民币业务的条件,为外资银行设立和运营提供更加宽松、自主的制度环境。在证券业方面,开放有序推进,先后于2014年11月17日建立"沪港通"、2016年12月5日建立"深港通"、2017年7月3日建立"债券通"等境内外市场互联互通机制。在保险业方面,2012年,中国对外资保险公司开放机动车交通事故责任强制保险(交强险)业务,表明中国保险业基本实现了全面对外开放。截至2017年年底,共有来自16个国家和地区的境外保险公司在中国设立了57家外资保险公司。

此阶段是中国金融业开放的稳步发展阶段,其间虽然因金融危机的影响,部分外资机构收缩或退出了部分在华业务,但在这一期间,中国的金融业开放仍取得了不小的进展,也为下一阶段的开放奠定了基础。

第三阶段是2018年以后。2018年4月10日,习近平主席在博鳌亚洲论坛年会致辞中指出,中国将大幅放宽市场准入,推动对外开放重大措施落实"宜早不宜迟,宜快不宜慢"。次日,时任中国人民银行行长易纲在出席博鳌亚洲论坛"货币政策的正常化"分论坛时宣布了中国进一步扩大金融业对外开放的具体措施和时间表,确保放宽银行、证券、保险行业外资持股比例的限制,同时加大开放力度,加快保险行业开放进程,放宽外资金融机构设立限制,扩大外资金融机构在华的业务范围,拓宽中外金融市场合作领域。截至2022年年底,中国金融领域已先后推出50多条开放措施,其内容可概括总结为以下几个方面:第一,取消了银行、金融资产管理公司、证券公司、基金管理公司、期货公司、人身险公司等金融机构的外资持股比例限制;第二,大幅降低了外资准入数量型门槛,取消了总资产经营年限等多项数量型限制要求,更加注重运用审慎性条件,综合评估申请人资质,吸引具备专业特色的优质外资机构进入,丰富金融市场主体,优化金融供给;第三,丰富了外资机构的类型,鼓励具有专业特色的外资机构参与中国理财、养老等领域的市场建设;第四,基本实现了中外合资银行、保险机构业务范围与中国机构一致,进一步拓宽了外资银行、外资保险经纪公司的业务范围。

此阶段是中国金融行业开放的快速发展阶段。在取消各类金融机构的外资持股比例限制,并且中国人民银行、中国银保监会(现中国国家金融监督管理总局)等相关部门协调合作推进政策实质性落地后,外资加快进入中国金融业市场,中国金融业开放进入了快车道。

二、中国加快金融业开放的进展

自2018年博鳌亚洲论坛上中国宣布加快金融业开放以来,在各项支持政策陆续出台与落地以及各地方政府的积极配合下,近年来,中国金融业开放在多个领域均取得了一些新的突破。

在银行业方面:2018年,中国银保监会发布《中国银行保险监督管理委员会关于废止和修改部分规章的决定》,取消了中资银行和金融资产管理公司外资持股比例限制,实施内外资一致的股权投资比例规则。2019年7月,国务院金融稳定发展委员会发布进一步扩大金融业对外开放的"新11条",包括鼓励境外金融机构参与设立、投资入股商业银行理财子公司,允许境外资产管理机构与中资银行或保险公司的子公司合资设立由外方控股的理财公司等。2019年,国务院宣布对《中华人民共和国外资银行管理条例》做出修改,主要内容有:第一,取消拟设中外合资银行的中方唯一或者主要股东应当为金融机构的条件;第二,允许外国银行可以在中国境内同时设立外商独资银行和外国银行分行,或者同时设立中外合资银行和外国银行分行;第三,进一步放宽对外资银行业务的限制,允许其从事代理发行、代理兑付、承销政府债券以及代理收付款项和代理保险业务,将外国银行分行可以吸收中国境内公民定期存款的数额下限由每笔不少于100万元改为每笔不少于50万元,并取消对外资银行开办人民币业务的审批。2019年12月18日,为配合《中华人民共和国外资银行管理条例》的修改实施,落实银行业开放措施,中国银保监会公布了修订后的《中华人民共和国外资银行管理条例实施细则》。2019年12月20日,中国银保监会批准东方汇理资产管理公司和中银理财有限责任公司在上海合资设立理财公司(汇华理财),成为第一家在华设立的外方控股理财公司。2020年8月,中国银保监会批复建信理财和贝莱德设立合资理财公司(贝莱德建信理财)。2020年9月24日,汇华理财获得正式开业批准,成为首家获准开业的中外合资理财公司。2021年2月22日,施罗德交银理财获批筹建。2021年5月,高盛工银理财获批筹建。2022年3月,德国巴登-符腾堡州银行上海分行获批筹建,同年9月正式开业。2022年6月,利用"允许外国银行在华同时设立子行和分行"的对外开放政策,香港大新银行获批在已有法人子行的基础上,再新设直属外国银行的分行,成为全国首家"双牌照"的境外银行。

据原中国银保监会统计数据,截至2022年年末,外资银行在华共设立了41家外资法人银行、116家外国银行分行和135家代表处,营业性机构总数达911家,外资银行总资产达3.76万亿元。另外,截至2023年6月,中国国内共有31家银行业理财子公司,其中5家为中外合资子公司。

在证券业方面:2018年4月28日,中国证监会发布《外商投资证券公司管理办法》,允许外资在合资证券公司中持股比例最高达51%。2018年6月28日,国家发展和改革委员会、商务部联合发布的《外商投资准入特别管理措施(负面清单)(2018年版)》将证券公司、证券投资基金管理公司、期货公司的外资股比放宽至51%。2018年11月30日,中国证监会宣布依法核准瑞士银行增持瑞银证券有限责任公司的股份至51%,瑞银证券由此成为中国境内第一家外资控股的合资券商。2019年3月,摩根大通证券(中国)有限公司、野村东方国际证券同时获准设立。2019年7月,国务院金融稳定发展委员会发布进一步扩大金融业对外开放的"新11条",其中与证券业相关的共有4条:第一条,允许外资机构在华开展信用评级业务时,可以对银行间债券市场和交易所债券市场的所有种类债券评级;第二条,允许外资机构获得银行间债券市场A类主承销牌照;第三条,进一步便利境外机构投资者投资银行间债券市场;第四条,将原定于2021年取消证券公司、基金管理公司和期货公司外资股比限制的时点提前到2020年。2020年1月1日,中国证监会宣布正式取消期货公司外资股比限制。2020年4月1日,中国证监会宣布正式取消证券公司、基金管理公司的外资股比限制。2020年6月18日,中国证监会核准通过了摩根大通期货有限公司变更股权的申请,摩根大通期货由此成为国内首家外资完全控股的期货公司。2020年8月21日,中国境内首家外商独资公募基金管理公司——贝莱德基金获准筹建。2021年8月,摩根大通国际金融有限公司受让5家内资股东所持全部股权,成为摩根大通证券(中国)唯一股东,摩根大通证券(中国)由此成为中国首家外资全资控股的证券公司。2021年10月,高盛集团完成对高盛高华证券全部剩余股权的收购,高盛高华证券成为中国第二家外商独资证券公司。2023年1月,中国证监会核准设立渣打证券(中国)有限公司,渣打证券成为首家外资独资新设证券公司。2023年5月26日,中国证监会核准摩根士丹利在北京市设立摩根士丹利期货(中国)有限公司,摩根士丹利期货成为中国第二家外资全资控股期货公司。

据中国证监会统计数据,截至2023年6月,中国境内共有外商投资的基金公司48家,其中7家为外商独资的基金公司;共有外资券商10家,其中外商独资券商3家,外资控股券商7家。

在保险业方面:2018年6月28日发布的《外商投资准入特别管理措施(负面清单)(2018年版)》将寿险公司的外资股比放宽至51%。2018年11月,中国首家外资保险控股公司——安联(中国)保险控股有限公司获批筹建(2019年11月获批开业)。2019年7月,国务院金融稳定发展委员会发布进一步扩大金融业对外开放的"新11条",其中与保险业相关的有4条:第一条,允许境外金融机构投资设立、参股养老金管理公司;第二条,人身险外资股比限制从51%提高至100%的过渡期,由原定的2021年提前到2020年;第三条,取消境内保险公司合计持有保险资产管理公司的股份不得低于75%的规定,允许境外投资者持有股份超过25%;第四条,放宽外资保险公司准入条件,取消30年经营年限要求。2019年10月15日,国务院宣布对《中华人民共和国外资保险公司管理条例》做出修改,取消申请设立外资保险公司的外国保险公司应当经营保险业务30年以上,且在中国境内已经设立代表机构2年以上的条件;允许外国保险集团公司在中国境内投资设立外资保险公司,允许境外金融机构入股外资保险公司。2019年11月29日,为落实关于放宽外资人身险公司外方股比限制和关于放宽外资保险公司准入条件的开放举措,中国银保监会对《中华人民共和国外资保险公司管理条例实施细则》做出修订并对外公布。2020年1月1日,经营人身保险业务的合资保险公司的外资比例限制正式取消,合资寿险公司的外资比例可达100%。2020年6月,友邦人寿保险有限公司获得中国银保监会批复,成为境内首家获批设立的外资独资人身保险公司(2020年8月获批开业)。2021年1月27日,安联(中国)保险控股有限公司获批筹建安联保险资产管理有限公司,成为境内首家外资独资保险资管公司(2021年7月获批开业)。2021年11月17日,安联(中国)保险控股有限公司获批受让中信信托持有的中德安联人寿剩余的全部股权,成为中国首家合资转外资独资的人寿保险公司。2021年12月,中国银保监会发布《关于明确保险中介市场对外开放有关措施的通知》,大幅取消外资保险经纪公司的准入限制并降低准入门槛。主要内容有:第一,大幅取消外资保险经纪公司的准入限制,不再要求股东经营年限、总资产等条件;第二,进一步降低外资保险中介机构的准入门槛,允许外国保险集团公司、境内外资保险集团公司投资设立的保险中介机构经营相关保险中介业务;第三,保险中介机构按照"放管服"改革要求,适用"先照后证"政策的相关规定。2022年11月,中国银保监会批复同意安达北美洲保险控股公司受让华泰保险9位股东持有的该公司股份合计约11.10亿股,同意安达美国保险公司受让华泰保险2位股东持有的该公司股份合计3.33亿股。2023年3月交易完成后,安达系4家公司合计对华泰保险持股比例增至83.22%,华泰保险集团正式成为国内第一家从"中资"转为"外资"的保险集团。

据原中国银保监会统计数据,截至2022年年末,境外保险机构在华共设立了68家外资保险机构和79家代表处,外资保险机构总资产达2.26万亿元。

在金融市场方面:自2018年5月1日起,互联互通每日的额度扩大4倍("沪股通"及"深股通"每日额度从130亿元人民币调整为520亿元人民币,"港股通"每日额度从105亿元人民币调整为420亿元人民币)。2018年6月,摩根士丹利资本国际公司正式将中国A股纳入新兴市场指数,富时指数和标普道琼斯指数也均在2019年首次将A股纳入其中。2019年3月,摩根士丹利资本国际公司又宣布将指数中的中国A股纳入因子由5%分三步提高至20%。2019年4月,中国债券首次被纳入国际主流债券指数——彭博巴克莱全球综合指数。2019年6月17日,连接上海和伦敦两地股票市场的"沪伦通"在英国伦敦正式启动。2019年9月,国家外汇管理局宣布取消合格境外机构投资者和人民币合格境外机构投资者制度投资额度限制,并取消人民币合格境外机构投资者试点国家和地区限制。2020年2月,摩根大通宣布将9只中国政府债券纳入全球新兴市场政府债券指数。2020年5月正式发布的《境外机构投资者境内证券期货投资资金管理规定》,落实了取消限额,并大幅简化了资金汇入汇出手续。2020年9月25日,中国证监会、中国人民银行、国家外汇管理局联合发布《合格境外机构投资者和人民币合格境外机构投资者境内证券期货投资管理办法》,新增允许合格境外机构投资者、人民币合格境外机构投资者投资全国中小企业股份转让系统挂牌证券、私募投资基金、金融期货、商品期货、期权等,允许参与债券回购、证券交易所融资融券、转融通证券出借交易。2020年11月,中国国债和政策性银行债被完全纳入彭博巴克莱全球综合指数。2021年10月29日,富时罗素公司正式将中国国债纳入富时世界国债指数。至此,中国债券正式被悉数纳入全球三大主要债券指数。2022年7月4日,中国人民银行宣布将开展香港与内地的利率互换市场互联互通合作("互换通")。为进一步便利境外机构投资者投资中国债券市场,增强中国债券市场对境外机构投资者的吸引力,2022年11月10日,中国人民银行、国家外汇管理局联合发布《境外机构投资者投资中国债券市场资金管理规定》,并于2023年1月1日起正式实施。2023年4月28日,中国人民银行制定《内地与香港利率互换市场互联互通合作管理暂行办法》,用以规范开展内地与香港利率互换市场互联互通合作相关业务。2023年5月15日,"互换通"正式落地,"北向互换通"上线运行,境外投资者能够经由互联互通的机制安排,参与内地银行间金融衍生品市场。

三、中国金融业开放的未来

扩大金融业开放是一把"双刃剑",在促进一国金融市场发展的同时,也对维护市场稳定提出了更高的要求。为了应对金融业开放带来的各种挑战,有效防范化解金融业开放可能带来的风险与冲击,各经济监督管理部门必须加快完善风险防范体系,强化风险防范措施,部门之间也需加强合作,积极应对,以便趋利避害,从而使扩大金融业开放的政策实践产生预期的效果。未来中国可在以下几个方面做出改进:

(1) 加强金融市场基础设施与法律制度建设。金融市场基础设施是金融服务体系的"后台",发挥重要的底层服务功能,金融基础设施应当具有稳健、清晰、透明并可执行的法律基础。然而,现阶段,中国相关领域的法律并不足以支撑国内金融基础设施发挥金融稳定功能。因此,未来中国需进一步加强金融市场基础设施与法律制度建设。具体地,首先,加快制定规范金融基础设施行为的综合性法律,对市场准入、治理运营做出全面规范;其次,针对具体的金融基础设施制定专门的行为规章从而实现监管的细化;再次,促进金融信息标准化立法,明确信息采集范围、形式、口径,疏通监管部门与金融机构信息互换渠道,加强对金融信息的司法保护;最后,加强金融基础设施跨境监管立法供给,把握国际金融监管主导权,防范外部风险。

(2) 完善宏观审慎监管体系,提高风险防范水平。在金融业开放的情况下,若遭遇外部冲击,资本流出和货币贬值将互相加强,这会直接冲击金融部门的资产负债表,从而加剧整个宏观经济的波动。若要在加快开放金融业的同时,实现宏观经济和金融系统的稳定,前瞻性地提升防范系统性金融风险的能力,就要求中国的监管部门进一步提升宏观审慎监管水平,完善宏观审慎监管体系。例如,强化系统性金融风险的监测、评估和预警,开展宏观审慎压力测试,进一步丰富和优化宏观审慎政策工具箱,逐步扩大宏观审慎管理覆盖领域,防范金融体系的顺周期波动和风险的跨市场、跨部门传染。另外,严格落实附加监管规定,加强对系统重要性金融机构的监测分析与风险评估,持续加强境内外金融监管的协调与合作,努力实现国内金融机构的稳健经营。

(3) 严格监管地方政府和国有企业在金融业开放下的借贷行为,防止过度借贷的发生。金融业开放有助于降低政府和企业的融资成本,同时也可能诱发这些部门的过度借贷行为,这在欧债危机中的希腊等外围国家表现得尤为明显。希腊、葡萄牙等国加入欧元区后,因能以较低成本进行债务融资,其债务水平激增,远远突破了《稳定与增长公约》规定的公共债务占 GDP 比例不得超过 60% 的限制,最终触发持续至今的欧债危机。当前,中国中央政府对地方政府和国有企业的行为尚存在一定的"隐性担保",在加快金融业开放背景下,监督可能诱发这些部门的过度借贷行为。

因此,应妥善处理地方政府或国有企业的债务,加强预算管理,对债务进行统一规划,严格控制债务规模,防止无序扩张,建立完善的风险管理机制,对债务风险进行实时监控,及时预警并采取应对措施。

小　结

本章首先阐述了资本账户开放的收益和风险,对一国在决定完全开放资本账户前应当具备的现实条件做出总结,而后对人民币国际化的历史进行回顾并分析现阶段人民币国际化面临的挑战和局限性,随后又回顾了中国金融业开放的历史进程并介绍了近年来中国加快金融业开放后的进展与成果,最后说明为尽可能多地获取金融业开放的收益中国未来应当采取的具体举措。

相较于发达国家,中国各细分项的资本账户目前仍受到较大管制。资本账户开放能够带来多方面的收益,包括为资本的供求双方提供便利,提高资本配置效率;提高一国金融机构的专业化水平,提升金融市场效率;实现一国消费的平滑,利用国际资本实现更多的投资机会;通过分散化投资,降低资产配置风险等。然而,资本账户开放具有两面性,在创造收益的同时也会带来各种风险,如影响一国金融体系的稳定性,加剧国际金融市场的交叉感染,增加监管的难度和政策调控成本,影响货币政策的独立性及可能出现资本外流等。因此,一国若想以尽可能低的成本获取资本账户开放的收益,需要具备一定的前提条件,包括拥有较为健全的宏观经济状况,中央政府的宏观调控手段较为成熟、经验较为丰富,国际收支处于合理水平,汇率制度较为恰当,汇率水平较为合理,企业等微观经济主体真正实现市场化。就现阶段而言,中国在以上多个方面均有所欠缺,因此,不宜过快地完全开放本国资本账户。

人民币国际化是稳步推进的,有较为清晰的路线图。首先是推动跨境贸易以人民币结算,增强和扩展人民币的支付功能,进而把人民币打造成国际贸易中的载体货币;其次是有限制地推进 FDI、证券、投资、债券发行以人民币计价或标价;最后是增加中国与世界其他国家或地区的货币互换并加快发展香港等离岸人民币金融中心。2008 年以来,以人民币国际化为旗帜,中国加快了资本账户的开放,在这一过程中,人民币国际化取得了一定进展,但同时也面临诸多挑战,包括资本项目的开放仍相对缓慢,国内金融市场不够发达,以及其他现实因素如国际货币体系的惯性制约等。因此,人民币国际化未来仍道阻且长,是一个需要持续推进的事项。

中国金融业开放大体上经历了三个阶段:第一阶段是加入 WTO 后的 2001—2008 年。在此期间,中国陆续出台了多项对外开放的金融业政策,明确了外商投资中国金融机构的相关条件和程序,并放开了部分业务范围。第二阶段是2009—2017年。在此期间,中国的金融业开放虽受到国际金融危机的影响,但仍取得了稳步的发展。第三阶段是2018年之后。伴随着贸易保护主义升温和逆全球化趋势的抬头,全球经济发展面临着新的不确定性,中国选择以更加开放的姿态加速国内金融业的开放。在多项实质性支持政策陆续出台和迅速落地的情况下,中国的金融业在多个方面均取得了突破性进展,成果丰富。未来,中国若想更加高效地实现金融业开放,仍需要深化相关领域改革,包括:加强金融市场基础设施与法律制度建设;完善宏观审慎监管体系,提高风险防范水平;严格监管地方政府和国有企业在金融业开放下的借贷行为,防止过度借贷行为的发生;等等。

关键词

资本账户开放　　　金融业开放　　　沪港通
深港通　　　　　　债券指数　　　　资产配置
平滑消费　　　　　逐底竞争　　　　监管套利
人民币结算　　　　负面清单

练习题

1. 简述1979—2025年中国资本账户的变化趋势。
2. 简述中国的货币自由兑换经历了哪些阶段?
3. 金融业开放有哪些利得和风险?
4. 中国的金融业开放具有哪些特征?
5. 未来,中国应当采取哪些措施以防范金融业开放可能带来的风险?
6. 在决定完全开放资本账户前,一国应当具备哪些现实条件?

参 考 文 献

克鲁格曼,奥伯斯法尔德,梅里兹.国际经济学:理论与政策:第十一版[M].丁凯等,译.北京:中国人民大学出版社,2021.

萨克斯,拉雷恩.全球视角的宏观经济学[M].费方域等,译.上海:上海人民出版社,2004.

芬斯特拉,泰勒.国际宏观经济学:第三版[M].张友仁等,译.北京:中国人民大学出版社,2017.

Caballero R J, Farhi E, and Gourinchas P O. An equilibrium model of 'global imbalances' and low interest rates [J]. American economic review, 2008, 98(1): 358-393.

Caballero R J, Farhi E, and Gourinchas P O. Financial crash, commodity prices and global imbalances [J]. National bureau of economic research, 2008. DOI: 10.3386/w14521.

Eichengreen B. Exorbitant privilege: the rise and fall of the dollar and the future of the international monetary system[M]. New York: Oxford University Press, 2011.

Eichengreen B. Globalizing capital: a history of the international monetary system[M]. Princeton: Princeton University Press, 2019.

Miranda-Agrippino S, Rey H. The global financial cycle [J]. National bureau of economic research, 2021. DOI: 10.3386/w29327.

Philip R L, Gian M M. The external wealth of nations mark II: revised and extended estimates of foreign assets and liabilities, 1970—2004[J]. Journal of international economics, 2007, 73(2): 223-250.

Pierre-Olivier G, Rey H. From world banker to world venture capitalist: US external adjustment and the exorbitant privilege [J]. National bureau of economic research, 2005. DOI: 10.3386/w11563.

Rey H. Dilemma not trilemma: the global financial cycle and monetary policy independence[J]. National bureau of economic research, 2015. DOI: 10.3386/w21162.

Schmitt-Grohé S, Uribe M, and Woodford M. International macroeconomics: a modern approach[M]. Princeton: Princeton University Press, 2022.

教辅申请说明

　　北京大学出版社本着"教材优先、学术为本"的出版宗旨，竭诚为广大高等院校师生服务。为更有针对性地提供服务，请您按照以下步骤通过**微信**提交教辅申请，我们会在 1~2 个工作日内将配套教辅资料发送到您的邮箱。

◎ 扫描下方二维码，或直接微信搜索公众号"北京大学经管书苑"，进行关注；

◎ 点击菜单栏"在线申请"—"教辅申请"，出现如右下界面：

◎ 将表格上的信息填写准确、完整后，点击提交；

◎ 信息核对无误后，教辅资源会及时发送给您；如果填写有问题，工作人员会同您联系。

温馨提示：如果您不使用微信，则可以通过以下联系方式（任选其一），将您的姓名、院校、邮箱及教材使用信息反馈给我们，工作人员会同您进一步联系。

联系方式：

北京大学出版社经济与管理图书事业部

通信地址：北京市海淀区成府路 205 号，100871

电子邮箱：em@ pup.cn

电　　话：010-62767312

微　　信：北京大学经管书苑（pupembook）

网　　址：www.pup.cn